BRASÍLIA
KUBITSCHEK
DE OLIVEIRA

RONALDO COSTA COUTO

BRASÍLIA KUBITSCHEK DE OLIVEIRA

7ª EDIÇÃO REVISTA E AMPLIADA

EDITORA RECORD
RIO DE JANEIRO • SÃO PAULO
2025

CIP-Brasil. Catalogação-na-fonte
Sindicato Nacional dos Editores de Livros, RJ

C912b   Couto, Ronaldo Costa, 1942-
7ª ed. rev.   Brasília Kubitschek de Oliveira / Ronaldo Costa Couto.
– 7ª ed. rev. – Rio de Janeiro: Record, 2025.

Inclui bibliografia
ISBN 978-85-01-07521-5

1. Brasília (DF) – História. I. Título. II. Série.

01-0473.   CDD: 981.74
CDU: 981.74

Copyright © by Ronaldo Costa Couto

Projeto gráfico: Regina Ferraz

Editoração eletrônica: Abreu's System

Capa: Rodrigo Rodrigues

Imagem da capa: Time & Life Pictures/Getty Images

Texto revisado segundo o novo Acordo Ortográfico da Língua Portuguesa.

Direitos exclusivos desta edição reservados pela
EDITORA RECORD LTDA.
Rua Argentina 171 – Rio de Janeiro, RJ – 20921-380 – Tel.: 2585-2000

Impresso no Brasil

ISBN 978-85-01-07521-5

Seja um leitor preferencial Record:
Cadastre-se e receba informações sobre nossos
lançamentos e nossas promoções.

Atendimento e venda direta ao leitor:
sac@record.com.br

Rio de Janeiro, Copacabana, final de 1961. A carioquinha de 5 anos adora Brasília e JK, amigo do pai. Provoca a babá:

— *Quem fez o céu?*

— Foi Deus.

— *E o mar?*

— Foi Deus.

— *E eu?*

— Também foi Ele, menina. Foi Deus quem fez tudo.

— *É. Mas Brasília foi o Juscelino.*

Este livro é dela.

*Em memória de Vilma Gontijo Alves Pinto,
delicadeza que virou saudade em
30 de julho de 2000,*

*da doce, idealista e encantadora
Márcia Kubitschek, amiga querida, ausente
desde 5 de agosto de 2000, e*

*de mestre Ernesto Silva, apaixonado pelo Brasil
e Brasília, companheiro de sonhos e lutas de JK,
alma de herói, médico, pioneiro, educador, homem
público, historiador e defensor da cidade, que
partiu em 3 de fevereiro de 2010, aos 95 anos.*

Para

Affonso Heliodoro dos Santos,
Anna Christina Kubitschek Pereira,
Carlos Murilo Felício dos Santos,
Ildeu de Oliveira,
Maria Estela Kubitschek Lopes,
Serafim Jardim.

Céu de JK

Diamantina, lugar mágico do Vale do Jequitinhonha, Minas Gerais, 16 de abril de 2005. A nascente equipe da minissérie *JK*, a ser exibida pela Rede Globo de Televisão a partir de janeiro de 2006, percorre a cidade de Juscelino em dois carros. Num, a escritora Maria Adelaide Amaral, o diretor-geral Dennis Carvalho e este autor. No outro, o escritor Alcides Nogueira e o diretor Vinicius Coimbra. Entusiasmados, zanzam por toda parte, veem tudo, perguntam, reviram o velho cartão-postal. Da casa em que nasceu JK aos pés das jabuticabas que ele adorava, da Igreja de São Francisco ao Seminário Diocesano, da casa de Xica da Silva até o cemitério. Uma correria doida, suavizada pela cordialidade dos diamantinenses e belezas do lugar. Quase seis da tarde, fim do giro, início da volta à pousada. Todos exaustos, mas felizes.

De repente, bem no alto da montanha, Maria Adelaide, que estava no banco de trás, olha para a direita, espanta-se, dá um grito, aponta o horizonte, agita-se, grita de novo, pede para parar o carro. Depois do susto, Dennis e eu também vimos: muito longe, na linha do céu com a terra, um arco-íris inexplicável. Dia seco, sereno, céu de brigadeiro, apenas algumas leves nuvens brancas. Descemos, namoramos a maravilha, fotografei. Dennis e eu tentamos compreendê-la, decifrá-la. Adelaide, puro coração:

— É a bênção de JK! Ele aprova o projeto.

Dez vezes JK

1

Diamantina, final de 1910. Juscelino, o Nonô, de 8 anos, menino arteiro, apronta de novo. A mãe vê, resolve aplicar algumas palmadas corretivas. Era assim naquele tempo. Ele foge para o quarto humilde, mas volta logo. A severa e amorosa dona Júlia se senta, dobra o corpo do filho sobre as pernas, e solta a mão três vezes no magro traseiro dele. Surpresa: nenhum choro, nenhum gemido, nenhuma reclamação. Ela então percebe algo escondido sob a surrada calça curta. É um velho retalho de pano alcochoado. Não diz nada, livra o garoto, fecha-se no quarto para rir e agradecer a Deus.

2

Na virada para 1955, ainda governador de Minas, diante de clima militar ameaçador no Rio de Janeiro e tentativa de forçá-lo a desistir da candidatura à Presidência da República:

"Invectivas e calúnias não me farão recuar. Poupou-me Deus o sentimento do medo".

A frase final, talvez sua predileta, mudou para "Deus poupou-me do sentimento do medo".

3

Em setembro de 1956, conseguiu criar a indispensável Novacap para construir Brasília. Mas precisava de alguém competente e de pulso forte. De pouca conversa e muita ação. Precisava do seco, franco e enérgico engenheiro Israel Pinheiro da Silva. O problema é que ele e a família estavam muito bem e felizes no Rio. Deputado federal de mandato novo, presidia a cobiçadíssima Comissão de Orçamento.

Complicado e constrangedor tirá-lo de lá para morar no mato. Por duas vezes, JK esteve com ele, rodeou, rodeou, e não fez o convite. Acionou então o PSD mineiro, prepararam um voo de Belo Horizonte ao Rio em que os dois ficariam à vontade. O pequeno avião decolou da Pampulha, passou Santos Dumont, Barbacena, Juiz de Fora, e nada. JK falava sobre política, governo, Minas, Diamantina, família, o tempo e o vento, o Atlético, o Cruzeiro e o América, mas não entrava no assunto. Depois de Petrópolis, quase chegando, o resumido Israel disparou: "Tá bem, Juscelino! Você não precisa me convidar, eu aceito."

4

10 de novembro de 1956, inauguração do tosco Catetinho, palácio presidencial de tábuas de Niemeyer, construído em pleno ermo, em meio a um capão grosso, perto de improvisada pista de pouso. Muito entusiasmo e alegria. Para calar a UDN, JK queria um diretor da Novacap morando no canteiro de obras que ia nascer. Ou seja: no meio do mato. Juntou coragem, chamou Bernardo Sayão e, preparado para uma desculpa educada, perguntou se topava. O desbravador só quis saber quando. JK disse que era para ontem. O homão agradeceu, despediu-se, correu para seu teco-teco, decolou para Anápolis, Goiás.

Dia seguinte, antes das sete da manhã, JK ouve barulho de motor, chega à janela e vê um caminhão que vem velozmente. É Sayão com sua mulher, Hilda, e as pequeninas Lia e Lilian.

— *Pronto, chefe. Aqui estou para cumprir suas ordens.*

— Mas onde vocês vão morar?!

— *Primeiro, debaixo daquela árvore, depois numa barraca que trouxemos.*

Resolvido. A Novacap já tem diretor em Brasília.

Das memórias de JK: "Reservava para si as tarefas mais árduas e perigosas e as executava com seu inextinguível bom humor. À beleza viril do físico privilegiado aliava-se invejável formação moral. Era bom por natureza e bravo por instinto. Sempre considerei Sayão uma espécie de prolongamento de mim mesmo."

5

A Novacap ficou tão poderosa e atuante que a alegria dos candangos fez versos para o presidente Israel Pinheiro (o homem do dinheiro) e os diretores Bernardo Sayão (sinônimo de ação e trabalho), Íris Meinberg e Ernesto Silva:

O açúcar e o mel são filhos do Israel.
A carne e o pão são filhos do Sayão.
E o resto?
O resto é do Íris ou do Ernesto.

6

No biênio 1957-58, JK fez 225 viagens Rio-Brasília-Rio. Mais de duas por semana. Inspecionar obras, motivar, transmitir confiança e entusiasmo. Decolava do Rio depois do expediente, pousava no cerrado por volta das onze da noite ou depois. Quase quatro horas de voo. Dormia tranquilamente a bordo. Primeiro, sentado mesmo ou então no leito estreito improvisado num velho Douglas DC-3. Depois, num quadrimotor turboélice Viscount, mais veloz e confortável.

7

No clímax da glória, presidindo a inauguração de Brasília, em 21 abril de 1960:

— Deixemos entregues ao esquecimento e ao juízo da história os que não compreenderam e não amaram esta obra.

8

Em 30 de janeiro de 1961, véspera da solenidade de transmissão do cargo no Palácio do Planalto, soube que Jânio Quadros faria discurso que tangenciava o desacato. Irritado, mandou avisá-lo que responderia com um soco na cara diante do mundo. Jânio optou por texto delicado e respeitoso. Mas à noite, pela *Voz do Brasil*, JK e família a bordo de avião rumo à Europa, desancou o antecessor e seu governo.

9

No exílio, direitos políticos suspensos pelo regime militar, magoado, quase desesperado, doente de saudade do Brasil:

— Sei que estou em Paris, gosto daqui. Tudo isto é lindo, civilizado, mas não aguento ficar aqui. Morro de tédio. Ou Deus me leva ou eu vou ao encontro Dele, confiando na Sua misericórdia.

10

Fragmentos de seu diário:

"Vimos nascer 1976. Sentia-me bem. Uma sensação de inutilização e de abandono dominava-me no instante supremo da mudança. O céu carregado de estrelas atraiu os meus olhos. O que procurava eu nos mundos infinitos que piscavam para mim? O que trará 76? Até a morte pode trazer."

Partiu em 22 de agosto de 1976.

Sumário

Coisa de louco!, **19**
Coisa de louco?, **21**

Uma velha e boa ideia, 25
Caranguejos, **27**; O nascimento do Brasil, **27**; Perigo na Corte, **30**; *Correio Braziliense*, **31**; Petrópole ou Brasília?, **32**; Leite e mel, **33**; Em lombo de burro, **35**; Última forma!, **37**; Missão Cruls, **38**;Placa do século, **39**; Marcha à ré, **40**; Rumo ao Oeste, **40**; Via Dutra, **41**; O sítio de Vargas, **43**; Ponto mais alto, **44**

Presidente JK, 47
Breve história de vida de JK, **50**; De novo Jataí, **59**; De caso pensado, **63**; Nas estrelas, **66**; Especulação imobiliária, **67**; Finalmente Brasília, **68**; Engenho e arte, **70**; Coração do coração, **73**

Brasília antes de Brasília: Pampulha, 75

Tudo no nada, 87
Um certo doutor Israel, **96**; Mãos à obra, **103**; Setor privado, **104**; Palácio de tábuas, **106**; Sayão em Brasília, **110**; Primeira missa, **113**; Poeta da arquitetura, **114**; Plano Piloto, **116**; Lúcido Lucio, **121**; Burle Marx, **125**; Compromisso e sepultura, **126**; Niemeyer em Brasília, **128**; Sinal vermelho, **141**; Ritmo de Brasília, **142**; Cruzeiro de estradas, **150**; Morte na mata, **153**; Brasília e a Belém-Brasília, **158**; Um candango no Congresso, **159**; Saudade de Marta Rocha, **162**; O sonho de Seu Zé, **163**; Saudade de Juscelino, **164**; Nasce uma cidade, **166**; Brilho internacional, **168**; Congresso de lagartixas, **171**; Festas na Casa Preta, **173**; UnB, a filha de Darcy, **175**; Viva Brasília!, **179**; E o Rio de Janeiro?, **187**; Brasília sobrenatural,

190; Por que JK fez Brasília?, **192**; Por que tanta pressa?, **203**; Pane, **206**; Reencontro solitário, **207**; Ataque e defesa: críticas e críticos, **210**; Custos *versus* benefícios, **234**; Financiamento e controle, **242**; Brasília e o *instinto kubitschekiano*, **249**; Sabedoria seca, **253**

A primeira morte de JK, 255
Brasília chorou, **261**; Exílio, amor e dor, **262**; Cheiro de JK, **264**; Fortuna?, **266**

Brasília sem Juscelino, 273
Jânio e Jango: 1961-64, **277**; Regime militar e consolidação, **284**; Autonomia política, **289**

A segunda morte de JK, 295

A terceira morte de JK, 303

Campo da Esperança, 321

Brasileiro do Século, 327

Presente e futuro, 331
Patrimônio da humanidade, **333**; Ímã de migrantes, **336**; Juventude candanga, **341**; Futuro: esperança e preocupação, **343**

Era JK, 349

Capital da inflação?, 355

Cidade corrupta?, 359

JK voltaria, 363

Brasília Kubitschek de Oliveira, 369

Última palavra: Oscar Niemeyer, 377

O fim de Brasília, 383

Notas, **387**
Bibliografia, **397**
Abreviaturas e siglas, **405**
Índice onomástico, **407**
Agradecimentos, **415**

Coisa de louco!

Rio de Janeiro, final de 1953, almoço no Palácio do Catete. Muitos deputados, jornalistas, gente do governo. Lotação esgotada. De repente, alguém fala na transferência da capital. Quem conta, com alegria e saudade, em seu apartamento de Copacabana, Rio de Janeiro, em 10 de janeiro de 2000, é o legendário embaixador Walther Moreira Salles, amigo de Kubitschek. Ele ouviu a história do jurista Vicente Rao, último chanceler de Vargas:

Perguntaram: "Presidente, por que o senhor não faz isso agora?" Getúlio: "Mudar para quê? Mudar para onde?" A ideia era Petrópolis. "Para as serras próximas aqui do Rio, presidente. Assim a infraestrutura daqui seria aproveitada. E o governo faria apenas duas pistas de autoestrada para Petrópolis ou Teresópolis, por exemplo." Getúlio era muito pão-duro. "Mas isso ficaria muito caro!" Olha para Rao: "Ministro, o senhor, que é de São Paulo, por favor pergunte àqueles grandes empresários de lá que fazem estradas quanto custaria uma coisa dessa. Um valor aproximado, não um orçamento definitivo." Rao conversou com várias firmas e poucos dias depois trouxe a informação: "Olhe, presidente, verifiquei aquele assunto da estrada. Custaria aproximadamente duzentos milhões de dólares." O Getúlio era realmente pão-duro: "Oooh!!! Mas isso é demais! Deus me livre! Duzentos milhões de dólares?!" Rao: "Olhe, presidente, alguém pode vir depois do senhor e fazer isso." Getúlio: "Só se for um maluco!"

Três anos depois Brasília começa a ser construída em pleno sertão goiano, a mais de 1.200 quilômetros do Palácio do Catete. Um sonho, uma grande aventura brasileira. Ninguém sabe exatamente quantos bilhões de dólares custou.[1]

P.S. O embaixador Walther Moreira Salles faleceu em 27 de fevereiro de 2001. Vicente Paulo Francisco Rao (1892-1978) foi ministro até o suicídio do presidente Vargas, em 24 de agosto de 1954.

Coisa de louco?

Por que JK decidiu apostar tudo na construção de uma capital futurista em pleno sertão? Por que tão depressa? Valeu a pena? Quanto custou? Obra faraônica, capital da roubalheira e da inflação ou segunda descoberta do Brasil?

Quem foi realmente ele e o que realizou? Quais foram seus maiores sonhos? E os segredos do sucesso e brilho na Presidência da República? Como conseguiu a virada do rumo, sentido e velocidade do desenvolvimento brasileiro? Como fez para combinar — no auge da Guerra Fria e sob permanente ameaça interna de intervenção militar — liberdade, crescimento acelerado, integração nacional e inserção do país na modernidade? Quem eram e o que queriam seus adversários e inimigos políticos?

Polêmica muito antes de nascer, apaixonadamente idolatrada ou execrada, Brasília produziu pelo menos uma unanimidade: sua construção em apenas 42 meses é um feito espetacular do Brasil. Há muita grandeza, invenção, originalidade urbanística e arquitetônica. Arte, estilo, magia, surpresa. Ninguém lhe é indiferente. Encante ou desencante, espante ou desaponte, seduza ou afaste.

Para o entusiasmado visionário JK, ela é paixão, afirmação, desafio, alavanca da ocupação do que chamava de maior deserto fértil do planeta. Para Oscar Niemeyer, é o sonho de um presidente que amava o país. A Capital da Esperança, definiu o ministro francês André Malraux. Maior adversário e crítico de Kubitschek, Carlos Lacerda preferiu chamá-la de câncer. E Roberto Campos, de bazar de ilusões e perfeito exemplo de mau gosto monumental.

Jean-Paul Sartre disse que nada se fez de mais belo depois da Renascença. Mas Simone de Beauvoir, sua mulher, detestou conhecê-la e profetizou o pior: "Guardo a impressão de ter visto nascer um monstro cujo coração e pulmões fucionavam artificialmente, graças a processos de um custo mirabolante. Em todo caso, se Brasília sobrevive, a especulação vai se apossar dela."

Abismada, Clarice Lispector concluiu que se trata do fracasso do mais espetacular sucesso do mundo. Uma estrela espatifada, uma cidade linda, nua e implacável.

Na Unesco é patrimônio cultural da humanidade. Para a maioria dos moradores, cidade amada, e ainda um bom lugar para viver, trabalhar, criar família.

Brasília é Niemeyer, Lucio Costa, Israel Pinheiro, Bernardo Sayão, Ernesto Silva, Anísio Teixeira, Darcy Ribeiro, Burle Marx, Alfredo Volpi, Bruno Giorgi, Alfredo Ceschiatti, Athos Bulcão, Marianne Peretti, José Pedrosa, Honório Peçanha, Sérgio Bernardes e outros grandes intelectuais e artistas. É centenas de construtores e milhares de candangos. É sonho, suor e sangue da brava gente brasileira. Da multidão de candangos, como o Seu Zé, doce cearense sem medo e filósofo do povo que ilumina este livro. Mas é sobretudo símbolo, orgulho e obra maior de JK. É Brasília Kubitschek de Oliveira, a cidade dele.

Governo JK. O Brasil cresce e aparece. Consegue as mudanças mais profundas e consistentes de sua história econômica. Avança, afirma-se, impressiona no exterior, impõe-se. Período de sólidas transformações estruturais, intensa industrialização substitutiva de importações, integração nacional, forte urbanização, grande salto da renda interna e do emprego. Brasília é construída em 42 meses, a indústria automobilística implantada, a infraestrutura de comunicações, energia e transportes espetacularmente ampliada. Mais de treze mil quilômetros de novas estradas asfaltadas interligam as grandes regiões, mais de três mil quilômetros de ferrovias são entregues. Novas hidrelétricas funcionam. Brotam indústrias, inclusive de grande porte, como siderurgias e estaleiros. O produto interno bruto dispara. Seu valor, já descontada a inflação, aumenta quase 50%.

Anos JK, anos dourados. Combinação de quase impossível democracia com quase milagroso desenvolvimento e veloz inserção na modernidade. Ali o brasileiro deixou de ser um vira-lata entre os homens e o Brasil um vira-lata entre as nações, registrou Nelson Rodrigues.

Loucos? Juscelino, desde moço, trabalhava exageradamente, inclusive nos fins de semana. JK é o poeta da ação, resumiu o imortal das letras e da política Afonso Arinos de Melo Franco, expoente da União Democrática Nacional-UDN, seu adversário. Alegre, amável, extrovertido, sociável. Tinha aversão ao ódio e mais ainda à vingança. Hábil e intuitivo, carismático, dono de vasto capital político e prestígio popular, comunicava-se esplendidamente. Era uma usina de geração de esperança. Fez governo operoso, vitorioso e liberal. Não perseguiu ninguém, garantiu a liberdade de imprensa, os partidos políticos funcionaram normalmente, presidiu eleições limpas. Passou civilizadamente o poder ao presidente Jânio Quadros, adversário hostil. E deixou marca forte e definitiva na política brasileira. Ícone da democracia, campeão do desenvolvimento.

Por que, então, o prenderam e cassaram seu mandato de senador e direitos políticos? Por que foi tão perseguido e injustiçado, exilado, proibido até de rever sua Brasília? E por que morreu três vezes?

Uma velha e boa ideia

Caranguejos

O vazio do interior brasileiro e a concentração de população e atividades apenas no litoral já eram preocupação no século XVII. Por exemplo, do religioso baiano Vicente Rodrigues Palha, celebrizado como Frei Vicente do Salvador, historiador e cronista brasileiro, formado em Teologia e Cânones em Coimbra, que assinou, em 20 de dezembro de 1627, a primeira *História do Brasil*, considerada obra notável, pela fidedignidade do relato e encanto da prosa, como se vê no seguinte trecho:

> Donde se colige também que é a terra do Brasil da figura de uma harpa, cuja parte superior fica mais larga ao norte, correndo do oriente ao ocidente, e as colaterais, a do sertão do norte a sul, e da costa do nordeste a sudoeste, se vão ajuntar no rio da Prata em uma ponta à maneira de harpa, como se verá no mapa-múndi e na estampa seguinte. Da largura que a terra do Brasil tem para o sertão não trato, porque até agora não houve quem a andasse por negligência dos portugueses, que, sendo grandes conquistadores de terras, não se aproveitam delas, mas contentam-se de as andar arranhando ao longo do mar como caranguejos.[2]

O nascimento do Brasil

Em 1763, no reinado de José I, por decisão do marquês de Pombal, primeiro-ministro de Portugal, o Rio de Janeiro, substituindo Salvador, torna-se a capital colonial. Era cidade pequena e sem grandes atrativos, exceto a exuberante beleza natural. Um deslocamento litorâneo. Do Nordeste para o Sudeste. Puxado principalmente pelos interesses na mineração do ouro em Minas Gerais. O Rio será capital do país por quase duzentos anos.

Mas a ideia da mudança para o interior não demora a brotar. Por razões de natureza político-militar, ela floresce em Minas, Vila Rica, em 1788-89, anos marcados pelo declínio e crise da própria mineração. Surge no ideário de grupo de intelectuais conhecedores da filosofia das luzes, o Iluminismo. Poetas, juristas, cientistas e religiosos — aliados a militares, mineiros, comerciantes endividados e gente do povo. Um sonho libertário. Mais que de todos, de um alferes sem medo e semeador de esperança: "Se todos quisessem, poderíamos fazer do Brasil uma grande nação."[3] Joaquim José da Silva Xavier, o Tiradentes. O herói mártir da Independência, enforcado, decapitado e esquartejado em abril de 1792. Nos planos da Conjuração, que não se completaram, estavam a Independência, a República e também a nova capital: a Vila de São João del Rei.

É o que se vê, por exemplo, no testemunho do comerciante Domingos de Abreu Vieira, prestado em 20 de junho de 1789, na cadeia pública de Vila Rica de Nossa Senhora do Pilar do Ouro Preto, onde estava preso, em segredo, por ordem do Visconde de Barbacena, governador e capitão-general da Capitania. Nascido em Portugal, Vieira era o mais velho dos prisioneiros. Trechos:

> Não foi o Des. Gonzaga [o poeta árcade Tomás Antonio Gonzaga, autor de *Marília de Dirceu* e de *Cartas chilenas*], e sim aquele malvado alferes Tiradentes que, vendo em certa ocasião — pouco mais ou menos pelo tempo em que lhe contou o seu perverso desígnio — trabalharem os oficiais de pedreiro em um reparo que ele, Respondente, estava fazendo no muro do seu quintal, lhe aconselhou que não gastasse ali dinheiro, porque tudo se mudava para o Rio das Mortes [localização da Vila de São João del Rei], por ser terra muito melhor.[4] (...) Que a capital se havia de mudar para São João del Rei, por ser aquela Vila mais bem situada e farta

de mantimentos. (...) Que nesta Vila se havia de fazer uma universidade, como a de Coimbra.[5]

E também no depoimento do padre José da Silva e Oliveira Rolim, prestado na Casa dos Contratos, Vila Rica, em 26 de outubro de 1789:

> Que também sabe pretenderem os confederados — executado que fosse o levante — mudar a situação da capital. (...) Que nada mais lhe restava a declarar, e só sim lhe lembra haver-lhe dito o dito alferes Tiradentes que a capital se havia de mudar para São João del Rei.[6]

São João del Rei não é distante de Ouro Preto. Cerca de 240 quilômetros. Importante: o projeto dos conjurados era a separação de Portugal e a criação de uma república progressista. Não lhes interessava apenas Minas Gerais. Tentaram articular-se com unidades vizinhas. Visavam ao país inteiro. Pensavam na capital da grande nação republicana que sonhavam construir. Para Vila Rica, inspirados em Coimbra, imaginavam uma universidade. Nos últimos anos da década de 1750, Minas, ainda na fase de brilho da mineração do ouro e das pedras preciosas, era o centro da Colônia. Foi nessa ambiência que cresceu o menino Tiradentes, nascido em 1746, na fazenda do Pombal, então compreendida nos limites da Vila de São João del Rei. Síntese feliz do historiador Francisco Iglesias (1923-1999):

> A mineração exigiu intercâmbio com as Capitanias do norte e do sul, no primeiro momento de integração nacional. A área devia importar gêneros alimentícios, artigos elaborados. O ouro provocou a mudança da capital de Salvador para o Rio de Janeiro, em 1763. Criou uma consciência nacional, traduzida em rebeliões contra o poder português ou em movimento artístico fecundo. A riqueza pouco ficava em Minas ou no Brasil; nem mesmo em Portugal, pois ouro e diamantes só passavam por Lisboa, indo

para os Países Baixos — aí se fazia a lapidação dos diamantes, ou para a Inglaterra, em pagamento das inúmeras e dispensáveis importações.[7]

E outra do historiador Luiz Felipe de Alencastro:

No final da década de 1750, quando Antonio Francisco Lisboa, o Aleijadinho, entrava nos seus vinte anos, Minas Gerais era o centro do Brasil. Mais ainda, Minas Gerais estava inventando o Brasil e os brasileiros, um país e um povo que até então não tinham conhecimento de sua própria existência. Vinte anos mais tarde, duas gerações já haviam tido consciência da nova realidade geográfica e cultural. Atraídos pelo ímã do ouro, os criadores dos confins gaúchos, os paulistas, os fluminenses, os baianos, os pernambucanos, os sertanejos do São Francisco, os curraleiros do Maranhão afluíam para Minas. Toda essa gente de fala portuguesa até então dispersa pela América do Sul mal tinha notícia uma da outra e, sobretudo, nunca se tinha visto junto.[8]

É o nascimento do Brasil. Os brasileiros descobrem que são um povo. Tomam consciência de que constituem uma nação. Mesmo sem se concretizar como movimento de rebeldia, a Inconfidência Mineira impõe-se historicamente pela força simbólica. Tiradentes se transforma em dramático símbolo da liberdade e do inconformismo com a voraz espoliação da Metrópole. Em mito; mais tarde, em mártir republicano. Claro: as ideias e os ideais da Conjuração Mineira não morrem com ele. Pelo contrário. Ganham força ao longo da história. Inclusive o projeto de mudança da capital, que permanecerá na agenda política por mais de 160 anos.

Perigo na Corte

Quando a família imperial e a alta administração portuguesa vieram para o Brasil, em 1808, a questão da capital no interior foi abordada. Tinham sabiamente fugido da máquina de guerra napoleônica. Sabiam que o Rio de Janeiro, à beira-mar, era muito vulnerável a invasões estrangeiras. O registro da ideia consta de memorial do conselheiro e chanceler Veloso de Oliveira ao príncipe regente, datado de 1810. Em certo trecho, sugere a mudança para lugar "são, ameno, aprazível e isento de confuso tropel de gentes indistintamente acumuladas". Não prosperou.[9]

Correio Braziliense

O jornalista Hipólito José da Costa Pereira Furtado de Mendonça (1774-1823) é outra referência da ideia da capital no interior. Ele fundou em Londres, em 1808, o *Correio Braziliense* ou *Armazém Literário*, considerado o primeiro periódico brasileiro. Formato tabloide, capa dura, impresso na Inglaterra, redigido em português, circulou mensalmente durante mais de treze anos — de 1808 a 1822 — e 175 números. Hipólito da Costa considerava o Rio de Janeiro inadequado para sediar o governo, conforme mostra o seguinte trecho de artigo que publicou em 1813:

> Basta lembrar que está a um canto do território do Brasil, que as suas comunicações com o Pará e outros pontos daquele Estado são de imensa dificuldade e que, sendo um porto de mar, está o governo ali sempre sujeito a uma invasão inimiga de qualquer potência marítima.

Queria a capital junto às cabeceiras de um dos grandes rios e defendia a construção de nova cidade, interligada por novas estradas aos portos de mar. Em artigo de 1818, ele volta a considerar o Rio de Janeiro impróprio para a residência da Corte e, alegando manifesto interesse de ter a capital no centro da monarquia, observa que muitos lugares nas campinas do rio Doce e nas vertentes do rio São Francisco "oferecem as mais belas situações para se estabelecer a Corte".

Petrópole ou Brasília?

No princípio da nação, em *Ideias sobre a organização política do Brasil*, de 1821, o estadista José Bonifácio de Andrada e Silva expõe ideias semelhantes às de Hipólito da Costa. Homem do litoral, nascido em Santos (SP), preconiza a criação de cidade central no interior do país — indica a latitude de aproximadamente 15° — para assento da Corte ou da Regência em sítio sadio, fértil, ameno e junto a rio navegável. E dela abrir caminhos para as províncias e portos marítimos. Alega questões de segurança e a conveniência de deslocar população ociosa das cidades marítimas e mercantis. Ele tinha grande preocupação com a vulnerabilidade do Rio de Janeiro a ataques marítimos. Conhecia o assunto. Professor universitário e pesquisador em Portugal durante a invasão napoleônica, em 1807, alistou-se no corpo acadêmico. Foi tenente-coronel. Finda a invasão, assumiu a chefia de polícia do Porto. Morou 36 anos na Europa. Volta ao Brasil em 1819, sempre envolvido em atividades políticas. Entra fundo nos problemas nacionais. Torna-se adepto da monarquia constitucional e defensor da independência, alcançada em 7 de setembro de 1822. Pela atuação e influência sobre Dom Pedro I durante o processo que a produziu, fica conhecido como Patriarca da Independência. Na sessão de 9 de junho de 1823 da Assembleia Constituinte e Legislativa do Brasil, José Bonifácio sugere a construção de nova capital na Comarca de Paracatu, Minas. Trecho:

> Parece muito útil, até necessário, que se edifique uma nova capital do Império no interior do Brasil para assento da Corte, que a Constituição determinar. Essa Capital poderá chamar-se Petrópole ou Brasília.

Petrópole, cidade de Pedro. De Dom Pedro I, o rei. Hábil e pragmático Bonifácio! Mesmo assim, suas sugestões não prosperam. Mas a ideia sobrevive e o nome Brasília fica. Ele foi o primeiro a mencioná-lo oficialmente. Até o final do Império, muitos outros brasileiros ilustres retomaram a ideia de mudar a capital.[10]

Leite e mel

Era uma vez um santo italiano nascido em Becchi, no Piemonte, em 16 de agosto de 1815, filho de camponeses. Órfão de pai aos 2 anos, mãe analfabeta, viveu e estudou com grande sacrifício e dificuldade. Sempre quis ser sacerdote. Em 1835, entra para o seminário de Chieri, ordenando-se em 1841. Dedica-se principalmente ao ensino cristão. Preocupava-se especialmente com o futuro de crianças pobres e abandonadas. Com a educação e instrução profissional. É destaque internacional do ideal de educação da juventude. Em 1846, estabelece-se em Valdocco, bairro de Turim, onde funda o Oratório de São Francisco de Sales e depois escola profissional e ginásio. Em 1855, chama seus colaboradores de salesianos, palavra derivada de Sales. Com eles funda, em 1859, a Congregação Salesiana. Depois, com Santa Maria Domingas Mazzarello, cria o Instituto das Filhas de Maria Auxiliadora, para educação da juventude feminina. Os primeiros salesianos vão para a América do Sul em 1875. No Brasil, instalam-se inicialmente em Niterói, estado do Rio, e depois em São Paulo. Dom Bosco morre em 31 de janeiro de 1888, aos 72 anos. Foi canonizado pelo papa Pio XI na Páscoa de 1934. É considerado o visionário que anteviu Brasília.

Está escrito que, na noite de 30 de agosto de 1883, Dom Bosco teve estranho e iluminado sonho místico. Ele o revelou durante reunião do Capítulo da Congregação Salesiana realizada em 4 de setembro daquele ano. O padre Lemoyne anotou tudo. O santo conta que foi arrebatado pelos anjos e viajou com eles num sonho que não era só sonho. Mas visão, fato maravilhoso, profecia: o advento de grande civilização num lugar incompletamente definido. A latitude é apontada num amplo intervalo, cinco graus. Uma imensidão. A longitude não é mencionada. Para muitos, a antevisão de uma nova cidade, que creem tratar-se de Brasília. Está no volume XVI das *Memórias biográficas de São João Bosco*:

Por muitas milhas, percorremos uma enorme floresta virgem e inexplorada. Não só descortinava, ao longo das Cordilheiras, mas via até as cadeias de montanhas isoladas existentes naquelas planícies imensuráveis e as contemplava em todos os seus menores acidentes. Aquelas de Nova Granada, da Venezuela, das Três Guianas, as do Brasil, da Bolívia, até os últimos confins. Eu via as entranhas das montanhas e o fundo das planícies. Tinha sob os olhos as riquezas incomparáveis desses países, as quais um dia serão descobertas. Via numerosas minas de metais preciosos e de carvão fóssil, depósitos de petróleo abundantes que jamais já se viram em outros lugares. Mas isso não era tudo. Entre os paralelos 15 e 20 graus, havia um leito muito largo e muito extenso, que partia de um ponto onde se formava um lago. Então uma voz disse repetidamente: "Quando escavarem as minas escondidas no meio destes montes, aparecerá aqui a Grande Civilização, a Terra Prometida, onde correrá leite e mel. Será uma riqueza inconcebível. E essas coisas acontecerão na terceira geração."[11]

Curiosidade: o trecho que menciona os paralelos de 15 e de 20 graus foi acrescentado às anotações por Dom Bosco, de próprio punho, conforme consta de manuscrito existente na biblioteca da Congregação Salesiana, em Turim. A área de Brasília, aprovada em 1955, antes da eleição de Kubitschek, está situada entre os paralelos 15°30' e 16°03', e os rios Preto e Descoberto.

Juscelino agarrou-se a esse antigo sonho-profecia como símbolo e sinal de uma predestinação:

E veio-me à mente, outra vez, a frase profética do santo de Becchi: "E essas coisas acontecerão na terceira geração." Dom Bosco falecera em 1888. Computando-se o período de vinte anos para cada geração, era óbvio que a década dos 50 seria a da "terceira geração". As forças misteriosas que regem o mundo haviam agido no sentido de que as circunstâncias se articulassem e criassem a "oportunidade" para que o velho sonho se convertesse em realidade. Justamente na década de 50 a ideia havia chegado à maturação, requerendo execução. (...) A visão de Dom Bosco fora, de fato, uma antecipação, uma advertência profética sobre o que iria ocorrer no Planalto Central a partir de 1956.[12]

Assim, no maior país católico do mundo, a construção da nova capital se torna cumprimento da profecia de grande e venerado santo. Na Brasília deste começo do século XXI, Dom Bosco é santo, profeta, nome de santuário, de bairro, de escolas. Tem também pequenina Ermida, primeira construção em alvenaria da cidade, em forma de pirâmide, numa elevação da Quadra 29 do Lago Sul. Lá está seu busto, em mármore de Carrara, obra dos Irmãos Arreghini, de Pietra Santa, Itália. Ele é mito sagrado e consagrado. E também o santo fundador da Brasília mística.

Em lombo de burro

Viena, Áustria, 1854. Francisco Adolfo de Varnhagen, paulista de São João de Ipanema, Visconde de Porto Seguro, engenheiro, diplomata e historiador — dono de mais de cem títulos, considerado pai da historiografia brasileira —, publica os dois volumes de sua *História geral do Brasil*. Obtém ampla repercussão. Inclusive pela vigorosa defesa da mudança da capital para o centro do país, região que nunca visitara. Conhecia apenas textos e mapas. Essa ideia vai marcar profundamente seu final de vida. No livro, depois de ressaltar a vulnerabilidade do Rio de Janeiro a bombardeios e o perigo de ameaças, agressões e intimidações, pede a Deus que permita a retirada do governo imperial dali o quanto antes. E, como se verá, com prodigiosa e profética pontaria, adivinha o futuro novo sítio:

> E isto quando a própria Providência concedeu ao Brasil uma paragem mais central, mais segura, mais sã e própria a ligar entre si os três grandes vales do Amazonas, do Prata e do São Francisco, nos elevados chapadões, de ares puros, de águas boas e até de abundantes mármores, vizinho do triângulo formado pelas três lagoas, Formosa, Feia e Mestre d'Armas.

Viena, junho de 1877. Desafio, aventura, responsabilidade. Aos 61 anos, Varnhagen pede licença de seis meses da amena e sonolenta chefia da delegação diplomática brasileira na Áustria para mergulhar no sertão bruto brasileiro. Vem e lidera missão oficial ao Planalto Central. É sua última grande expedição. Morrerá em Viena no ano seguinte. Sai de São Paulo e segue até Uberaba, no Triângulo Mineiro, ponto terminal da Estrada de Ferro Mogiana. Daí viaja trinta dias seguidos em lombo de burro para chegar à Vila Formosa da Imperatriz, perto do coração do Brasil. Marchas cansativas, extenuantes, massacrantes. Principalmente para um intelectual sexagenário, homem de gabinete. Chegavam a percorrer mais de quarenta quilômetros diários. Objetivo oficial da missão: identificar terras adequadas ao sistema de colonização europeu. Objetivo específico de Varnhagen: localizar área para futura construção de nova capital. No final daquele ano, ele manda imprimir em Viena, Áustria, a que será sua última obra. Título: *A questão da capital: marítima ou no interior?* Trechos:

Qual o local mais conveniente para fixar a sede do Governo Imperial? Cremos haver deixado demonstrada a conveniência da exclusão de todos os portos de mar. E agora acrescentaremos: a capital do Império deve estar em alguma paragem bastante no interior, que reúna mais circunstâncias favoráveis. (...) É a em que se encontram as cabeceiras dos afluentes Tocantins e Paraná — dos dois grandes rios que abraçam o Império; isto é, o Amazonas e o Prata, com as do São Francisco que, depois de o atravessar pelo meio, desemboca a meia distância da cidade da Baía à de Pernambuco. É nessa paragem bastante central e elevada, donde partem tantas veias e artérias que vão circular por todo o corpo do Estado, que imaginamos estar o seu verdadeiro coração, é aí que julgamos deve fixar-se a sede do governo. (...) Refiro-me à bela região situada no triângulo formado pelas três lagoas Formosa, Feia e Mestre d'Armas, com chapadões elevados a mais de mil metros, como nessa paragem requer, para melhoria do clima, a menor latitude, favorecidas com algumas serras mais altas da banda do norte, que não só protegem de alguns ventos menos frescos desse lado, como lhes fornecerão, mediante a conveniente despesa, os necessários mananciais.

Confirma o que tinha posto no livro. É exatamente onde está situada Brasília.

Última forma!

No começo da República, a mudança da capital para o interior vira mandamento constitucional. Eis o artigo terceiro da Constituição outorgada em 24 de fevereiro de 1891:

Fica pertencendo à União, no Planalto Central da República, uma zona de 14.400 quilômetros quadrados, que será oportunamente demarcada, para nela estabelecer-se a futura Capital Federal.

Parágrafo único — Efetivada a mudança da Capital, o atual Distrito Federal passará a constituir um Estado.

Mesmo assim — apesar de novos estudos, do entusiasmo trazido pela República e das densas discussões na Constituinte —, ninguém acredita na sua eficácia, na concretização. Com razão. Torna-se letra morta. Apenas um preceito legal que, como muitos outros, ordinários ou não, não sai do papel. Porque, como a experiência mostra, no Brasil há leis que pegam e leis que não pegam. Isso também se aplica a artigos. Mas havia constituintes realmente comprometidos com a mudança. Pedro Américo, por exemplo:

É absolutamente necessário que a capital, o "cérebro da nação", saia do Rio para livrá-la de suas influências maléficas e imorais que visam a enfraquecer a autoridade nacional, e colocá-la no centro do país, no Planalto, livre de pressões locais, para irradiar a sua ação benfazeja, uniforme e indistinta a todos os pontos do país.[13]

Pelo menos uma coisa se moverá nos anos seguintes. Os estudos, as pesquisas e a delimitação da área. Lei de outubro de 1891 abriu crédito de 250.000$ para estudo, escolha e demarcação da área.

Nos debates da época, uma preciosidade: as manifestações do carioca Joaquim Maria Machado de Assis, gênio das letras. Machado é cortante. Entre 1892 e 1896, com palavras afiadas, aborda o assunto cinco vezes em sua crônica semanal na *Gazeta de Notícias*. Irônico, chama o Rio de capital interina. E garante que, "se viver", vai participar da inauguração da nova capital. Mas, se não viver, "a inauguração pode fazer-se sem mim, e tão certo é o esquecimento, que nem darão pela minha falta". Diz até que quer passar férias no Planalto Central, mas assegura que todos os deputados virão assistir às líricas e aos espetáculos cariocas. O Rio "é e ainda será sempre a capital verdadeira e histórica".[14]

Missão Cruls

Em maio de 1892, o governo Floriano Peixoto criou a Comissão Exploradora do Planalto Central e entregou a chefia a Louis Ferdinand Cruls — ou Luiz Cruls —, astrônomo e geógrafo belga radicado no Rio de Janeiro desde 1874, que dirigia o Observatório Imperial. Objetivo: conforme disposto na Constituição, proceder à exploração do Planalto Central da República e à consequente demarcação da área a ser ocupada pela futura capital. O grupo, de vinte pessoas, sai do Rio em 9 de junho de 1892 e chega a Pirenópolis, Goiás, no dia 1º de agosto. Do Rio até Uberaba, no Triângulo Mineiro, de trem. Daí em diante, a cavalo. O relatório final é apresentado em 1894. Fragmento:

> Em resumo, a zona demarcada goza, em sua maior extensão, de um clima extremamente salubre, em que o emigrante europeu não precisa da aclimação, pois encontrará aí condições climatéricas análogas às que oferecem as regiões as mais salubres da zona temperada europeia. (...) É inegável que até hoje o desenvolvimento do Brasil tem se sobretudo localizado na estreita zona de

seu extenso litoral, salvo, porém, em alguns dos seus estados do Sul, e que uma área imensa de seu território pouco ou nada se tem beneficiado desse desenvolvimento. Entretanto, como demonstra a exploração à qual procedeu esta Comissão, existe no interior do Brasil uma zona gozando de excelente clima, com riquezas naturais, que só pedem braços para serem exploradas.

A única objeção à mudança da capital que o relatório considerou merecedora de resposta foi a da distância. Mas a conclusão é que ela carece de fundamento, porque o centro do quadrilátero de 14.400 quilômetros quadrados demarcado dista aproximadamente 970 quilômetros do Rio de Janeiro e será sempre possível construir-se estrada de ferro cujo traçado não excederá 1.200 quilômetros, distância esta que poderia ser facilmente vencida em vinte horas. Cruls posicionou seu quadrilátero no triângulo formado pelas lagoas Formosa, Feia e Mestre d'Armas. O mesmo local indicado por Varnhagen em 1877. Está definida a área que vai ser a principal base dos estudos futuros.

Em tempo. Astrônomo, Cruls se encanta com o céu da área:

> O estudo do nosso céu e a limpidez atmosférica ferem a atenção. (...) A pureza atmosférica vai a ponto de, muito superior à do Rio, permitir com instrumentos menos poderosos ver os astros que lá exigem melhores condições para se mostrar. (...) O nosso céu, de uma beleza notável, carrega-se pela manhã de nuvens a leste, passando elas pelo zênite nas proximidades do meio-dia para, à tarde, acumularem-se pelo lado oeste e, afinal, desaparecerem quase totalmente, descendo a nebulosidade às vezes quase a zero; parecem fazer cortejo ao sol.

Placa do século

A propósito do centenário da Independência, em 7 de setembro de 1922, o governo Epitácio Pessoa faz assentar pedra fundamental da futura capital. Agora, ela é mais do que nada e tem até endereço geográfico. Placa fundida em São Paulo, no Liceu de Artes e Ofícios, é colocada no Morro do Centenário, em Planaltina, então Goiás, hoje Distrito Federal. Dizeres:

> Sendo presidente da República o senhor doutor Epitácio da Silva Pessoa, em cumprimento ao dispositivo do Decreto nº 4.494, de 18 de janeiro de 1922, foi aqui colocada, em 7 de setembro de 1922, ao meio-dia, a pedra fundamental da futura Capital Federal dos Estados Unidos do Brasil.

O governo do Distrito Federal formalizou o tombamento desse marco em setembro de 1982.

Marcha à ré

Nos anos 30, governo Vargas, ocorre claro retrocesso. Dispõe a Constituição de 1934 no artigo quarto das Disposições Transitórias:

> Será transferida a Capital da União para um ponto central do Brasil. O presidente da República, logo que esta Constituição entrar em vigor, nomeará uma Comissão que, recebendo instruções do governo, procederá aos estudos das várias localidades adequadas à instalação da Capital.

Apesar dos estudos anteriores e até da placa do Centenário, até o local volta a ficar indefinido. Vargas, pessoalmente, não era favorável à transferência. Mas, no seu governo democrático, iniciado em 1951, acabará colaborando com o projeto, como se verá. Circunstâncias políticas, pressões, pragmatismo.

Rumo ao Oeste

Em 1937, vem o golpe do presidente Vargas que institui o Estado Novo, regime ditatorial que vai se estender até 1945. Nova Constituição, então outorgada, não trata do assunto. Em visita a Goiânia, em 7 de agosto de 1940, Vargas lança a Cruzada rumo ao Oeste. Trecho do discurso: "O vosso planalto é o miradouro do Brasil. Torna-se imperioso localizar no centro geográfico do país poderosas forças capazes de irradiar e garantir a nossa expansão futura." Em nenhum momento menciona ou insinua que a construção de nova capital seria parte dessas forças. O Estado Novo não quer a capital em novo estado. A omissão apenas confirma o que todos já sabem.

Via Dutra

Com a democratização de 1945 e a instalação de Assembleia Nacional Constituinte no ano seguinte, o tema volta ao palco político. Mas o primeiro anteprojeto de constituição não incluía o dispositivo da mudança da capital. O constituinte mineiro Arthur da Silva Bernardes, presidente da República no período 1922-26, sugere a inclusão de preceito idêntico ao da Constituição de 1891. A ideia dispara os debates na Comissão Constitucional. É abril de 1946. Logo surgem duas novas propostas. João de Campos Café Filho, do Rio Grande do Norte, quer a capital na recém-inaugurada Goiânia, cidade planejada. Mas Benedito Valadares Ribeiro, de Minas, preconiza área do fértil Triângulo Mineiro. É a proposta aprovada na Comissão. Mudança para "a região central compreendida entre os rios Paranaíba e Grande", na prática eufemismo de Triângulo Mineiro.

Fazia sentido: área próxima aos corações geográfico e econômico do país, titular de respeitável infraestrutura econômico-social, inclusive considerável base urbana. Isso resultaria em prazo de construção menor e sobretudo em custo de implantação inferior. Muito inferior. Curioso: observe-se que não é definido com exatidão o município triangulino. Talvez pela dificuldade de escolher entre seus dois polos — Uberlândia e Uberaba —, históricos rivais.

No Plenário, a transferência para Minas tem o apoio de constituintes destacados, como os mineiros Daniel de Carvalho e os dois futuros pilares da construção de Brasília: Israel Pinheiro da Silva e Juscelino Kubitschek de Oliveira. Em 1946, eles defenderam vigorosamente a localização em Minas, lastreados em estudos preparados pelo engenheiro Lucas Lopes. A bancada de Goiás — com Pedro Ludovico Teixeira, João d'Abreu, Diógenes Magalhães e outros — admite Goiânia como opção temporária, mas luta tenazmente pela alternativa Cruls, a que prevalece na votação final. Cinco votos a mais que o Triângulo Mineiro.

O artigo quarto das Disposições Transitórias da Constituição de 18 de setembro de 1946 determina expressamente a transferência, mas não define data para a conclusão dos trabalhos técnicos e início das obras. Nem para a mudança:

Art. 4º — A Capital da União será transferida para o Planalto Central do país.

Parágrafo 1º — Promulgado este Ato, o presidente da República, dentro de sessenta dias, nomeará uma comissão de técnicos de reconhecido valor para proceder ao estudo da localidade da nova Capital.

Parágrafo 2º — O estudo previsto no parágrafo precedente será encaminhado ao Congresso Nacional, que deliberará a respeito, em lei especial, e estabelecerá o prazo para o início da delimitação da área a ser incorporada ao Domínio da União.

Parágrafo 3º — Findos os trabalhos demarcatórios, o Congresso Nacional resolverá sobre a data da mudança da Capital.

Parágrafo 4º — Efetuada a transferência, o atual Distrito Federal passará a constituir o Estado da Guanabara.

Militar disciplinado e legalista, o presidente Eurico Gaspar Dutra cria, dois meses depois, a Comissão de Estudos para a Localização da Nova Capital do Brasil, chefiada pelo general Djalma Poli Coelho. Reúne engenheiros, agrônomos, geólogos, higienistas, médicos e militares. É a chamada Comissão Poli Coelho. Sob o argumento de aproveitamento de série de trechos fluviais na fixação dos limites — para simplificar a questão da passagem das terras à jurisdição federal —, ela amplia o quadrilátero de Cruls para o norte e chega a área de forma irregular de 77.250 quilômetros quadrados. Uma enormidade. Mais de cinco vezes o quadrilátero original. A sorte está lançada.

O sítio de Vargas

Trabalho concluído, muita esperança dos mudancistas e nada mais. Depois do relatório da Comissão Poli Coelho, o assunto ainda se arrasta no Congresso por mais de cinco anos. Volta então ao começo: determinação de novo estudo da localização, mas agora fixado prazo máximo de sessenta dias para seu início e de três anos para a conclusão. É a Lei nº 1.803, de 5 de janeiro de 1953. No artigo primeiro, ela autoriza estudos definitivos na região do Planalto Central compreendida entre os paralelos sul 15°30' e 17° e os meridianos W. Gr. 46°30' e 49°30' — o chamado Retângulo do Congresso —, visando à escolha do sítio da nova capital federal. No artigo segundo, define:

> Em torno deste sítio, será demarcada, adotados os limites naturais ou não, uma área aproximada de 5.000 quilômetros quadrados, que deverá conter, da melhor forma, os requisitos necessários à constituição do Distrito Federal e que será incorporada ao Patrimônio da União.

Em 8 de junho de 1953, o presidente Vargas assina o Decreto nº 32.976, que cria a Comissão de Localização da Nova Capital

Federal, presidida pelo general Aguinaldo Caiado de Castro, na época chefe da Casa Militar da Presidência da República. Este rapidamente contrata levantamento aerofotogramétrico completo dos 52 mil quilômetros quadrados do Retângulo do Congresso. Área tão extensa que incluía Anápolis e Goiânia, em Goiás, e parte de Unaí, em Minas. A aerofotogrametria é entregue em janeiro de 1954. A Comissão da Nova Capital então viabiliza assinatura de contrato entre a Comissão do Vale do São Francisco e a firma norte-americana Donald J. Belcher and Associates Incorporated, de Ithaca, Nova York, especializada em estudos e pesquisas baseados em interpretação aerofotogramétrica. Produtos: mapas básicos da região; relatórios gerais sobre cada área selecionada; relatório geral com os dados básicos dos vários sítios e acompanhado de modelos em relevo e fotos oblíquas, de modo a permitir a comparação dos respectivos atributos e a escolha do local mais adequado à implantação da nova cidade.

Ponto mais alto

Antes da conclusão dos trabalhos da Donald J. Belcher — duram de abril de 1954 a fevereiro de 1955 —, ocorre o suicídio do presidente Getúlio Vargas, em 24 de agosto de 1954. O mapa político do país muda radicalmente. Assume o vice-presidente oposicionista João de Campos Café Filho, potiguar de Natal, que substitui o general Caiado de Castro pelo marechal José Pessoa Cavalcanti de Albuquerque — paraibano de Cajazeiras, combatente na Primeira Guerra Mundial, idealizador da construção da Academia Militar das Agulhas Negras — na presidência da Comissão de Localização. Homem determinado, reto e decidido, Pessoa abraça o projeto como desafio pessoal. Entra nele de corpo e alma, quase obsessivamente. Antes de tudo, mergulha fundo nos estudos preliminares da Belcher. Eles apontavam cinco sítios, cada qual com mil quilômetros quadrados e pintado em cor diferente dentro do chamado Retângulo do Congresso. Verde, Vermelho, Azul, Amarelo e Castanho.

O marechal Pessoa decide conhecer imediatamente a área. Apesar de idoso, não se poupa. Faz viagem extenuante. Toma avião no Rio de Janeiro, pousa em Pirapora, Minas, e continua até Formosa, Goiás, onde passa a noite. No dia seguinte, voa para Planaltina, Goiás. Daí, de jipe, realiza várias incursões cerrado adentro na área estudada. No final, manda tocar para o ponto mais elevado, localizado no Sítio Castanho do mapa da Belcher, com até 1.172 metros de altitude. Mas não apresenta suas conclusões naquele momento. Prefere aguardar o término dos trabalhos contratados, que recebe menos de um mês depois, no final de fevereiro de 1955. É o Relatório Técnico sobre a Nova Capital da República, conhecido como Relatório Belcher.

Finalmente, reunida em 15 de abril de 1955, a Comissão de Localização da Nova Capital compara vantagens e desvantagens das cinco áreas prioritárias para a construção da cidade. Opta pelo Sítio Castanho, 25 quilômetros a sudoeste de Planaltina. Define também o perímetro do futuro Distrito Federal. Área: cerca de 5.850 quilômetros quadrados. Em maio de 1955, o marechal José Pessoa manda fincar cruz de madeira no ponto mais alto, considerada marco fundamental da cidade. É na atual Praça do Cruzeiro, onde há uma réplica. A cruz original foi levada para a Catedral Metropolitana. Profundamente católico, o perseverante Pessoa sugeriu dar à nova capital o nome de Vera Cruz. É lá no Cruzeiro, dois anos depois, maio de 1957, a cidade fervilhando de obras, que Dom Carlos Carmelo, arcebispo de São Paulo, rezará a primeira missa.

Presidente JK

Final de 1954, Palácio das Mangabeiras, pé da Serra do Curral, Belo Horizonte, lusco-fusco. O governador Juscelino Kubitschek de Oliveira está à vontade, repousando no andar superior. De repente, anunciam que um frade barbudo está esperando por ele na grande sala da entrada do andar térreo. Admira-se. Não espera ninguém. Terá se esquecido? Falha do Cerimonial? Compõe-se e desce a escada encaracolada. Age cordialmente, com naturalidade, como se cumprisse a agenda. Não questiona a presença do visitante. Pelo contrário. Cumprimenta-o alegremente, senta-se para conversar.

O frade demora pouco e nada pede. A não ser que JK jamais abandone os propósitos humanitários e se prepare, pois vai ser presidente da República. Dá-lhe a bênção, despede-se e vai embora. Perplexo, Juscelino manda verificar o que aconteceu. Está impressionado e preocupado. Quer saber mais sobre a estranha visita. Sobretudo como o frade passou pela portaria chefiada pelo disciplinado e eficiente cabo Lucas. O Palácio é encravado na montanha, cercado, somente acessível pela portaria, muito bem vigiada. Dá as ordens. Verificam tudo, checam tudo. Conclusão: ninguém entrou, ninguém saiu.

Discretamente místico, Juscelino contava esse episódio com convicção absoluta, garante Affonso Heliodoro, como ele diamantinense e oficial da Polícia Militar de Minas Gerais. Foram amigos e companheiros de toda a vida. Trecho de carta manuscrita de JK a Heliodoro, datada de Paris, 18 de julho de 1964:

> Todas as manhãs, ao despertar, penso que ainda vou encontrá-lo no meu quarto e no meu banheiro para os primeiros comentários do dia, hábito velho que trouxemos de Minas, levamos para o Rio, transportamos para Brasília e novamente nos acompanhou para o Rio.[15]

Cidade de Jataí, sertão de Goiás, 12 mil almas, 4 de abril de 1955, segunda-feira, por volta das dez da manhã. A todo momento, todo mundo pesquisa o céu. Tempo fechado, ameaça de chuva. Mas o procurado chega primeiro aos ouvidos. Forte ronco desce das nuvens. O homem está chegando. O aeroplano, o PP-ANY, ronceiro e barulhento Douglas DC-3, fura as nuvens, circula, prepara-se e embica exato para o campo de aviação. Pouso manteiga: desliza suavemente na pista de terra, perseguido por impressionante rio de poeira. Para, manobra, taxia, para, desliga os motores.

A porta se abre. Um passageiro sorridente acena com entusiasmo. Aplausos da pequena multidão. É ele, Juscelino Kubitschek de Oliveira, deputado federal, prefeito de Belo Horizonte, deputado federal constituinte de 1946, governador de Minas, cargo que deixou há cinco dias para candidatar-se a presidente da República pela coligação PSD-PTB, com João Goulart de vice. É seu primeiro comício. Por que a pequenina Jataí? Contam até hoje que foi porque era o município mais pessedista do Brasil. Quase 100% dos eleitores. E também porque Serafim de Carvalho, o chefe político local, era velho e bom amigo de JK, contemporâneo de curso de medicina em Belo Horizonte. Cumprimentos, muita alegria. E, ato contínuo, a ida à pracinha do comício. Já está na hora. Mais de mil pessoas esperam. Maior multidão da história jataiense.

Breve história de vida de JK

Parêntese para breve síntese biográfica de JK. Ele não traz para a campanha presidencial apenas poderosas credenciais políticas. É também dono de bela e forte história pessoal e familiar. Mineiro de Diamantina, antigo Arraial do Tijuco, no Vale do Jequitinhonha — uma das áreas mais pobres do Brasil —, nasceu em 12 de setembro de 1902. É filho da professora primária Júlia Kubitschek e de João César de Oliveira, garimpeiro, delegado de polícia, fiscal municipal de rendas, caixeiro-viajante. O pai era irrequieto, alegre, boêmio, mão-aberta, extrovertido, comunicativo, generoso. Adorava movimento, viagens, dança, serenatas, festas, aventuras. Contam que certa vez João César já estava há vinte dias longe de casa, trabalhando e farreando no Serro, a umas dez léguas de Diamantina. Dona Júlia, sempre fechada, não falava nada, mas sentia muito. O amigo Eliazinho resolve tapeá-lo. Telegrafa: "Naná doente. Venha urgente." Mineiro desconfiado, João César não cai na armadilha. Responde: "Júlia está aí e Diamantina tem médico, pharmácia e padre. Não vou!"[16]

Dona Júlia era mesmo severa, disciplinada, determinada, escrava do dever, às vezes dura como o diamante de sua terra. Mas também afável e bondosa. Lecionava todas as manhãs numa escolinha em Palha, a três quilômetros do centro de Diamantina. Ia e voltava a pé.

Lembranças registradas por Juscelino, cuja alma cigana reúne as melhores características da mãe e do pai. Uma síntese. O primeiro Kubitschek, Jan Nepomuscky Kubitschek, bisavô materno de JK, casado com Teresa Maria de Jesus, chegou a Diamantina em 1830. Veio de Trebon, Tchecoslováquia, então parte do império austrohúngaro. Tinha algum sangue cigano. Certamente fugia da crise e das guerras sucessivas em sua terra. O hipnótico brilho do ouro e das pedras preciosas do Arraial do Tijuco ainda era ímã. Instalase como marceneiro, vira João Alemão por batismo do povo, não enriquece, casa-se, torna-se pai de dois filhos bem criados — João e Augusto Elias — e vive ali até o último dia. Augusto Elias, avô materno de Juscelino, comerciante e fazendeiro, foi vereador em Diamantina. Não estudou muito. Mas aprendeu a valorizar a escola, tinha consciência da importância e das vantagens da instrução. Tanto que, mesmo com sacrifício, estimulou e apoiou a filha Júlia — mãe de Juscelino — a se formar pela Escola Normal de Diamantina, fato incomum entre os menos abastados da época. Sobretudo quando se tratava de filhas. O outro filho do velho Jan, João Nepomuceno Kubitschek, tio-avô do futuro presidente da República, estuda na Faculdade de Direito de São Paulo, advoga e leciona em Diamantina, mete-se na política. Esse Nepomuceno dele é o Nepomuscky do velho João Alemão depois de peneirado no criativo mineirês de Diamantina. Homem conciliador, de rara habilidade e simpatia, grande educador e poeta, João Nepomuceno foi senador estadual e vice-presidente do estado no período 1894-98. Era considerado malabarista político. Deixou fortes rastros políticos, que JK conhecia de cor. Maria da Conceição, a Naná — a outra irmã, Eufrosina, morreu prematuramente —, tinha 4 anos de idade e Juscelino, o Nonô, apenas 3, quando ficaram órfãos de pai. Uma tuberculose levou João César aos 33 anos. Dona Júlia tinha 28 anos.

É com a própria mãe, na escola, que os dois começam o curso primário alguns anos depois. De 1914 a 1918, Juscelino, estudante aplicado, faz o curso ginasial no Seminário Episcopal, de padres lazaristas, em Diamantina. Em 1919, é aprovado em décimo nono lugar em concurso para telegrafista da Repartição dos Telégrafos, em Belo Horizonte. A nomeação sai em maio de 1921. Matricula-se na Escola de Medicina de Belo Horizonte em 1922. Termina o curso em 1927. É contemporâneo de universidade de muitos outros mineiros que se destacaram nacionalmente em diferentes áreas: José Maria Alkmim, Odilon Behrens, Pedro Nava, Pedro Aleixo, Milton Campos, Abgar Renault, Mário Casasanta, Olavo Bilac Pinto, Adauto Lúcio Cardoso, Francisco Negrão de Lima, Carlos Drummond de Andrade, Gabriel Passos, Octacílio Negrão de Lima, Dario de Almeida Magalhães. Vai para Paris em 1930. Objetivo: estágio e curso de aperfeiçoamento profissional. Volta a Belo Horizonte e ingressa na Força Pública estadual.

Casa-se, em 30 de dezembro de 1931, com a belo-horizontina Sarah Gomes de Lemos, de família abastada, filha do deputado Jayme Gomes de Souza Lemos e de Luisinha Negrão Lemos.Contam que ela se apaixonou assim que o viu. Sonhava ter vários filhos. Mas a filha Márcia só veio em outubro de 1943, doze anos depois do casamento. Em 1946, o casal adotou Maria Estela, criada como segunda filha, irmã e maior amiga de Márcia. Bem instruída, disciplinada e determinada, apesar de conservadora, como toda a família, Sarah estará à frente de seu tempo na vida pública. Será uma primeira-dama atuante e dinâmica. Criará e comandará obras sociais significativas, especialmente nas áreas da saúde e da educação. Terá papel relevante nas conquistas políticas do marido, inclusive a da Presidência da República.

Em 1932, durante a Revolução Constitucionalista, Juscelino serve como oficial médico em Passa Quatro, sul de Minas. Integra a tropa legalista estadual enviada para conter o avanço militar paulista na área de fronteira. Faz de um vagão de trem pronto-socorro. É quando conhece e se aproxima de político ligado a Olegário Maciel, presidente do estado. Benedito Valadares Ribeiro, designado chefe de polícia para a região do Túnel. Em 1933, Vargas surpreende. Com a insólita perda de Olegário Maciel — morreu numa banheira e ainda se discute em Minas se foi do coração ou afogado depois de ataque cardíaco —, pretere estrelas da política mineira, como Gustavo Capanema — o substituto interino —, Francisco Campos e Virgílio Alvim de Melo Franco, e nomeia o até então pouco expressivo Benedito Valadares interventor federal no estado. Não estava atrás de talentos consagrados nem de lideranças fortes. Não garimpava comandante político culto, de inteligência penetrante, como Capanema ou os outros dois. A busca não necessariamente incluía títulos acadêmicos vistosos ou brilho intelectual. O perfil era de alguém antes de tudo leal a ele, Getúlio, e dotado de habilidade, tato e malícia política. Isso sobrava no ex-prefeito de Pará de Minas e agora deputado Benedito Valadares, também concunhado de Ernesto Dornelles — futuro ministro da Agricultura do presidente Kubitschek —, militar de confiança do presidente. Vargas também carregava o nome Dornelles: Getúlio Dornelles Vargas. O objetivo do talentoso e astuto enxadrista político era enfraquecer as forças oligárquicas, em benefício de sua estratégia de centralização do Estado. Reduzir a influência dos liberais, integrar Minas mais profundamente no contexto revolucionário.

Adversários atribuíam a Valadares episódios jocosos, que ridicularizavam seu preparo intelectual. E também diziam que bebia muito. Conta-se que ao voltar radiante ao hotel, na avenida Rio Branco, no Rio, altas horas da noite, com a notícia de que seria o novo interventor federal, sua mulher, Odete, perguntou: "Bêbado de novo,

Benedito?" Ele fica onze anos consecutivos no comando de Minas, funda o PSD mineiro em 1945, elege-se deputado federal, participa da Constituinte de 1946, torna-se senador em 1954, publica dois romances: *Esperidião* e *A lua caiu*. Morre em março de 1973.

Gustavo Capanema assume o Ministério da Educação e Saúde do governo Vargas (1934-45). É com seu entusiasmo e apoio que se desenvolve no Rio, a partir de 1936, o projeto do Conjunto do Ministério da Educação e Saúde, marco do modernismo. Chefia de Lucio Costa, luzes de Le Corbusier, expoente da arquitetura nascido na Suíça. Também na equipe, o jovem e talentoso Oscar Niemeyer.

Na mesma linha de Vargas, o interventor Valadares abre espaço em Minas para novos atores políticos. Um deles é o amigo Juscelino, a quem convida para secretário da Interventoria de Minas Gerais, cargo hoje equivalente ao de secretário de Governo. Kubitschek hesita, reluta. Sabe que a oportunidade é de ouro, mas também envolve mudança brusca e profunda. De volta da França, especializado em urologia, havia instalado excelente consultório na rua da Bahia, edifício Parc Royal. Grande clientela, muito prestígio, boa renda. Tinha lutado muito para chegar àquela situação. Mas o convite é tentador e praticamente irrecusável. Ainda mais para vocação política tão poderosa quanto a dele, apesar de ainda não revelada. Resolve experimentar. Responde que vai ficar dois ou três meses no cargo. Diz que é para que o amigo Valadares possa escolher calmamente outro nome. É o começo do casamento indissolúvel com a política. O primeiro grande passo do diamantinense numa das trajetórias públicas mais luminosas da história brasileira. Trajetória de estrela e mito político. Inicialmente, dona Sarah desaprova a decisão. Ela contava que chorou a noite inteira. Depois abraça de corpo e alma a opção do marido. Juscelino, peixe vivo jogado nas águas da política, logo toma gosto:

> E à medida que me deixava absorver pelos assuntos submetidos à minha atenção, via diluírem-se, dentro de mim, os antigos valores que me absorveram: a medicina, o trabalho no Hospital Militar,

os doentes da Santa Casa, a atividade no consultório. Era um universo — minúsculo, sem dúvida, mas construído com as próprias mãos — que começava a se esboroar. Mesmo a tese que, secretamente, e com tanto carinho, estava elaborando para concorrer a uma cátedra na Faculdade, acabou deixada numa gaveta e dali não sairia mais.[17]

Durante algum tempo, ele tenta conciliar a medicina e a política. Não abandona a clínica. Vai todas as manhãs ao Hospital Militar, conserva o consultório, esforça-se para continuar tecnicamente atualizado, faz cirurgias. Não quer perder a destreza. É destro, mas hábil com ambas as mãos.

Acaba encantado e tragado pela política. Em 1934, estimulado por Valadares e com base em Diamantina e apoio de amigos, colegas, pacientes e suas famílias, Kubitschek elege-se deputado federal pelo Partido Progressista:

A engrenagem política colhera-me por fim. Percebi desde logo que já não conseguiria fugir mais ao seu processo de trituração. Tudo havia acontecido por acaso, sem que eu houvesse feito o menor esforço para orientar, naquela direção, o rumo de minha vida.[18]

Perde o mandato em 1937, devido ao golpe getulista que implantou o Estado Novo. Volta então à medicina e à Força Pública. Valadares o faz prefeito de Belo Horizonte em 1940. JK novamente se esforça para conciliar o exercício da medicina com a vida pública. Consegue fazê-lo até o final de 1944, com crescente dificuldade, devido à escassez de tempo. O último paciente foi o escritor Eduardo Frieiro, que ele operou de apendicite aguda, já com indícios de comprometimento peritonial, no Hospital São Lucas, em Belo Horizonte:

"Hoje, vou dar duas altas, dona Noêmia. Uma ao Frieiro, que já está bom e pode retornar a suas atividades. E outra, a mim mesmo, pois encerro, com o caso do seu marido, minha atividade profissional." Dona Noêmia olhou-me estupefata. Tirei o avental branco e o guardei no armário da sala dos médicos. Vesti o paletó. Apanhei alguns livros que estavam sobre a escrivaninha. Estendi a mão a dona Noêmia e saí. A opção, sobre a qual eu havia hesitado durante tanto tempo, acabara de ser feita. Já não era médico. Mas político.[19]

Tempo curto, escasso. Mas JK fazia milagres com o seu. Dormia pouco, movimentava-se muito, decidia rápido. E ainda conseguia divertir-se. Tinha hábitos, manias e comportamentos marcantes. A começar da gargalhada fácil e frequente, que o jornalista Carlos Castello Branco descreveu como uma jovem, sadia e sonora explosão de alegria. Para ele, JK foi um rapaz que morreu aos 73 anos. Pura jovialidade, bom humor, coragem, dinamismo e simpatia.

Livrava-se dos sapatos assim que dava para disfarçar, por baixo da mesa, por exemplo. Mesmo de terno e gravata, e até em ocasiões solenes. Criança, luxou o dedo mínimo do pé direito. Tratamento malfeito, sequela definitiva. Sofria muito em caminhadas longas.

Ao vestir-se, gostava de ter todas as peças colocadas em sequência sobre a cama, cadeira e outros móveis: cueca, calça já com os suspensórios (não usava cinto), meias dobradas do avesso, camisa desabotoada (não gostava de abotoaduras), gravata, paletó, geralmente um lencinho de bolso, e, junto ao *closet*, o par de sapatos sem cadarços, sempre um ou dois números acima do normal, para não pressionar o frágil mindinho e serem calçados e descalçados facilmente.

Era realmente preocupado com a aparência. Penteava e repenteava o cabelo com frequência. Valorizava quase ao extremo a indumentária. Maior xodó: as gravatas. Tinha coleção enorme, adorava escolhê-las e comprá-las. Não abria mão de dar o laço, um caprichoso e comprido triângulo. Generoso em quase tudo, morria de ciúme delas.

Quase obsessivo com pontualidade, olhava toda hora o relógio de pulso, sempre adiantado cinco minutos.

Embora pouco bebesse, tinha preferência pelo *champagne rosé*. Nas festas e recepções, aceitava uma ou outra dose de uísque, que raramente bebericava. Gostava mesmo era de ficar sacudindo o copo e ouvindo o tilintar dos cubos de gelo. De vez em quando pedia um cigarro e "fumava" apagado. Punha na boca, não acendia, brincava com ele nos lábios, jogava fora. Quando chegaram os de filtro, mordicava a ponta, descartava.

Sentia-se em casa a bordo de aviões. Conversava, despachava normalmente, dormia feito um bebê feliz. Não tinha medo: acreditava piamente que não morreria em acidente aéreo.

Dormia menos de cinco horas por noite. Deitava tarde, acordava antes das 6h30, ligava para a mãe, dona Júlia, pedia a bênção, conversava com ela. Depois banho, geralmente de banheira. Não era incomum despachar no banheiro com assessores mais íntimos, como o coronel Affonso Heliodoro. No Laranjeiras, havia um telefone ao lado da banheira, cadeira de barbeiro também. Gostava de comida de sal no café da manhã, como bifes fininhos, bem passados. Gostava de muita gente por perto, detestava ficar sozinho. Raramente almoçava ou jantava com menos de dez pessoas. Dependendo do cardápio, costumavam servir-lhe comida mineira, em separado. Às vezes dormia quinze a vinte minutos depois do almoço. Se estava em casa, fazia questão de botar pijama. Fora, programava o inseparável despertador de pulso, pedia licença, buscava um canto discreto, tirava o paletó, sentava ou deitava, fechava os olhos, dormia quase instantaneamente. Era o bastante para vencer o cansaço e recuperar a energia. Acordava novo em folha, refeito, animadíssimo.

Dançava bem, era um "pé de valsa". Em campanhas ou visitas, nas festas simples do interior, trocava sempre de par para prestigiar todas as moças. Adorava conviver com intelectuais e artistas. Tinha paixão por música, literatura, pintura, escultura, cinema e teatro. Amava saraus, serenatas e serestas. Conhecia profundamente a natureza humana. Talvez mais ainda a feminina.

Em Minas, sempre se ouve que JK não podia ver rabo de saia. Contam muitos casos. Um deles? Só pode ser lenda, mas garantem que ele nasceu com dois apêndices ileocecais. Um fenômeno, caso único no mundo. Estudante de medicina, teve apendicite aguda e foi operado às pressas. Anos depois, prefeito de Belo Horizonte, vai à festa da Polícia Militar, onde tinha sido capitão médico. É apresentado à bela admiradora, fogosa noiva de esquentado e decidido sargento. Ela se insinua. Ele a convida para dançar. Giram pelo salão, entusiasmam-se, apertam-se, excedem-se. Um perigo. O sargento chega inesperadamente. Enciumado, arranca o trabuco e manda bala. Uma atinge a barriga de Juscelino. Meio de lado, nada muito grave. Correm com ele para o Hospital Militar, tiram a bala, arrumam e costuram as futuras entranhas presidenciais. Pronto. Agora só falta o problema da repercussão. Tem dona Sarah, tem a opinião pública. Então a notícia sai assim: "Juscelino é operado de apendicite e passa bem." Será?

Jararaca e Ratinho, a histórica dupla sertaneja, fazia um show no Cassino da Pampulha. Cantavam, brincavam com os políticos, ironizavam. Incluíram o episódio. Jararaca: "É, cumpade... Apendicite sara?!" Ratinho: "Sara, mas abala, cumpade...".

De César Prates, extraordinário seresteiro, amigo fiel e companheiro de sonhos e andanças, em janeiro de 2001, aos 88 anos:

> Ele não dava em cima de mulher de ninguém. Mulher é que vinha e dava em cima dele, mas aí qualquer um vai, né? Inclusive nós aqui. Não aparece mais ninguém igual ao Juscelino não. Levantava todo dia às cinco horas da manhã e acordava todo mundo. Que saudade do Nonô! Você sabe que lá em Diamantina ele era o Nonô, né? Ninguém tinha mais intimidade com ele do que eu. Nem mais liberdade.[20]

Pouco tempo depois de assumir a Prefeitura, JK convida Oscar Niemeyer para projetar o Conjunto da Pampulha — então um vazio, matagal —, que vai ser o precursor arquitetônico de Brasília. Permanece no cargo até 1945. Faz administração vibrante, dispara forte surto de modernização. Abre e arruma ruas e avenidas, faz pavimentação e ajardinamento, canaliza córregos, cria novos bairros.

Inova, pensa grande, dissemina investimentos públicos, entende-se com o setor privado, amplia os espaços e os horizontes da cidade, cuja população salta de 211 mil, em 1940, para 272 mil em 1945. Projetos urbanísticos inovadores, audaciosos.

Age com a força e a motivação de quem sonha sonhos muito mais altos. Sacode e remodela Belo Horizonte, mexe em tudo, ganha fama no estado. Mostra tirocínio administrativo e político, extraordinária capacidade de inovar e de assumir riscos, coragem. Diferencia-se do modelo típico de governante da época, autoritário — era a ditadura Vargas — e preso a rotinas. Chegam a chamá-lo de prefeito-furacão. Primeiro, pejorativamente. Depois, pelo contrário.

No final de 1945, elege-se deputado federal constituinte pelo recém-criado PSD. Participa ativamente da Constituinte de 1946, inclusive das discussões sobre a interiorização da capital da República. Em 1950, ano em que Getúlio Vargas é democraticamente eleito presidente da República, também se impõe nas urnas e ganha o Palácio da Liberdade, em complicada disputa com o concunhado Gabriel Passos, da UDN, casado com Amélia, irmã de dona Sarah. Durante a campanha, diziam em Minas que ninguém sabia quem ia ser o governador, mas todo mundo sabia quem seria a sogra dele: dona Luisinha Negrão Lemos.

Realiza gestão marcada pelo dinamismo administrativo, espírito inovador, otimismo, profusão de obras públicas — principalmente de infraestrutura, com destaque para o binômio energia e transportes — e intensa atuação política, inclusive no plano nacional. Sua possível candidatura à Presidência da República tinha a simpatia e o apoio do presidente Vargas, que se suicidou em 24 de agosto de 1954. Agora era a vez e a hora de tentar o voo mais alto, chefiar a nação.

De novo Jataí

Fim do parêntese. Outra vez a pequenina Jataí, 4 de abril de 1955. Exatamente quando a comitiva chega ao palanque, começa a chover. Um corre-corre dos diabos. Alguém se lembra do galpão da oficina mecânica, ali pertinho. Correm para lá. Espremem-se para fugir da chuva, agora pé-d'água. Não cabe todo mundo, apenas umas duzentas pessoas. Juscelino não desiste do comício. De terno e gravata, lenço impecavelmente dobrado aparecendo no bolsinho do paletó, sobe na carroceria de surrado caminhão Bedford.

Grande orador, grande pregador, grande sedutor, dispara discurso hipnótico. Desenvolvimento, transformação do Brasil, fim da miséria, empregos. Democracia, cumprimento fiel das leis e da Constituição. Deixa o povo à vontade, não fala de cima para baixo, sorri muito. É alegre, bem-humorado, simples, cativante. No final, provoca a plateia. Quer debater, trocar ideias. Pede que perguntem o que quiserem. Silêncio. Repete, insiste. Nada. Inibição, timidez, talvez até deslumbramento com o orador e seu discurso. O deputado estadual José Feliciano Ferreira — depois governador de Goiás — pede a palavra e encoraja os conterrâneos. Surpresa: um primo do doutor Serafim de Carvalho, rapaz franzino, de pé bem próximo do caminhão, se anima. É o Toniquinho da Farmácia, Antonio Soares Neto, solteiro, inspetor de seguros, 28 anos, homem simples, simpático e bem-falante. Trêmulo, ofegante, junta toda a coragem e, voz embargada, quebra o gelo. Ele mesmo explica:

Veio uma palpitação no meu coração e eu fiz a pergunta. Já que ele estava falando tanto em cumprir a Constituição, perguntei se caso eleito fosse mudaria a capital, conforme estava previsto no artigo 4º das Disposições Transitórias [Constituição de 1946]. Ah, ele tomou um baita susto! Sofreu um impacto grande, muito grande. Ficou quase um minuto olhando de um lado pra outro. Então respondeu que a pergunta era muito oportuna e feliz, que aquilo realmente estava consignado na Constituição e que a partir daquele momento faria daquela ideia o objetivo principal de sua campanha e de sua administração, se eleito fosse. Quer dizer: Brasília passou a ser a metassíntese de seu futuro governo. Aí o povo ficou encantado, gostou demais! Aplaudiu, foi um delírio total. Mas um delírio mesmo! Todo mundo feliz, gritando, aplaudindo, pulando. Parece que aquilo entusiasmou muito o candidato.

Eu não tinha nenhuma experiência política. Aquilo foi uma predestinação política. A gente chega a pensar que foi uma iluminação vinda lá do Alto. Porque eu nem estava pensando naquilo. Quando ele aterrissou, não tinha prenúncio de chuva não. Mas quando o cortejo chegou lá na praça e foi anunciada a presença do candidato, começou a chover. Tudo repentino! Quando fui lá pra oficina, não sabia que ia ter discurso nem nada. Depois do comício, teve um almoço e ele mandou me chamar. Fomos apresentados, tiramos retrato. Daqui ele voou pra Anápolis e lá já falou no novo compromisso. Ele voltou a Jataí dois anos depois, como presidente. Tornei a tirar retratos com ele, fui chamado para o palanque. Ficamos amigos.[21]

Na verdade, JK conhecia o comando de cor e salteado. Tinha lutado muito para incluí-lo na Constituição de 1946. Mas, talentoso ator político, aparentou espanto, refletiu teatralmente alguns segundos, e escancarou o coração:

Cumprirei na íntegra a Constituição. Durante o meu quinquênio, farei a mudança da sede do governo e construirei a nova capital.

Euforia. Um trovão de palmas, pulos de alegria, gritos de entusiasmo. Era o que todos queriam saber. O sonho maior de Goiás e de quase todo o Brasil profundo. Nas memórias, JK diz que Brasília nasceu ali e que ouviu a mesma pergunta nos mais de mil comícios da duríssima disputa. A ideia ajudou-o a fisgar apreciável apoio no interior, inclusive no Nordeste. Vencerá as eleições de 3 de outubro de 1955 com 36% dos votos.

Corte para Brasília, 17 de dezembro de 2009, palavra para Herbert de Assis Gonçalves, jataiense de 1946, primo de Nelita, mulher de Toniquinho:

Desde menino ouvi meu pai, Sebastião Bento Gonçalves, contar essa história. Acho que ele tinha orgulho dela. Ia ter um comício na praça, mas armou uma tempestade muito grande. Então foram para o Galpão da Willys. Eu estava lá. Menino de cidade do interior é curioso. Fui ver a movimentação. O Juscelino falou da carroceria de um caminhão e abriu para o público perguntar. Foi aí que meu pai cutucou o Toniquinho: "Eu sou muito tímido, não dou conta de falar em público. Pergunte a ele se, se eleito for, vai cumprir a Constituição, transferindo a capital para o Planalto Central." O Toniquinho, muito saído, fez a pergunta. (...) O autor da ideia foi o meu pai. Na época, ele era avaliador, contratado pelo Banco do Brasil. Mais tarde, foi fiscal de rendas do Estado.

Goiânia, 18 de dezembro de 2009. Dona Iva de Assis Gonçalves, 99, viúva de Sebastião Bento Gonçalves, também estava lá:

Quando o Juscelino Kubitschek esteve em Jataí, meu marido falou pro Toniquinho: "Pergunte a ele se, se for a presidente, muda a capital." Aí o Toniquinho perguntou. E o negócio saiu na hora. Meu marido era muito simples. Não sabia chegar numa pessoa importante e conversar, frequentar a alta sociedade. Mas a ideia foi do Sebastião. Foi ele quem pediu ao Toniquinho para perguntar. (...) O Juscelino prometeu e cumpriu. Mas você precisava ver que reunião boa que foi essa! Naquele tempo o Juscelino era bonitão.

Welse de Assis Gonçalves, filha de Iva e Sebastião, acrescenta que o pai não se importava com fama e dizia que glória não enche barriga.

Juscelino deixou escrito que depois de Jataí ouviu a mesma pergunta em centenas de comícios seguintes. Pergunta esperada, resposta preparada. A promessa o ajudou a fisgar preciosos votos, principalmente no interior.

Almoço, congraçamento, hora de partir para o comício seguinte, em Anápolis. O DC-3 urra, arranca, patina levemente na lama, acelera, avança, posiciona-se, acelera mais, dispara bonito e empina roncando para o céu agora limpo, de brigadeiro. Embaixo, aplausos, emoção, rastros de magia e esperança. Todos sabiam que

Juscelino era homem de palavra, de grandes desafios e até de aventuras desenvolvimentistas. Provara isso em gestões brilhantes na Prefeitura de Belo Horizonte e no governo de Minas. Tinha experiência urbanística arrojada, inovadora e vitoriosa: a Pampulha, então belíssima vitrine, com sua arquitetura precursora da brasiliense. Dispunha, portanto, de credenciais e equipe para concretizar cidade moderna, revolucionária, diferente. Uma cidade do futuro, quase uma utopia, marca de sua grandeza de espírito e dimensão de homem público.

De caso pensado

Parece que o anúncio-compromisso de Jataí foi mesmo de caso pensado. Mas por que primeiro o Planalto Central, de complicado acesso e escassos eleitores, e não Belo Horizonte, Rio, São Paulo, Recife, Porto Alegre ou outra grande cidade? Há quem acredite que foi por ser Jataí o município proporcionalmente mais pessedista do país. Outros, que JK quis prestigiar o amigo Serafim de Carvalho, colega de curso de medicina em Minas que lá residia. Com boa vontade e bastante candura, até poderia ser. Mas na Minas do manhoso e pragmático PSD de José Maria Alkimin, todo mundo sabe que em política a versão vale mais do que o fato. Parece que JK escolheu a simbólica e simpática cidadezinha, porque sabia que o coração do Brasil era o ambiente e o palco mais adequado para anunciar seu principal propósito: a construção da nova capital e acelerada interiorização do desenvolvimento, com ênfase no binômio energia e transportes. A futura Brasília, polo de integração e centro irradiador de desenvolvimento, seria a metassíntese de seu sonhado governo.

A decisão já estava tomada. O que houve em Jataí foi o anúncio do histórico compromisso público do candidato. Político habilidoso e pragmático, consciente da forte resistência à mudança, principalmente no Rio, o hábil e astuto JK preferiu não tomar a iniciativa de revelá-la unilateralmente. Melhor fazê-lo perto do local previsto, surpreendido por justa e espontânea cobrança popular de obediência à Constituição. Coisa fácil de combinar, provocar ou induzir. Solução brilhante, engenhosa, politicamente mais palatável. Inclusive junto ao Poder Militar, guardião da Carta Magna e tão influente em tempos de Guerra Fria. Como um verdadeiro democrata poderia descumprir o que a Constituição mandava e o povo cobrava?

Juscelino nunca tinha tirado o assunto da cabeça. Deputado Constituinte em 1946, lutara duro pela mudança da capital. Ao lado de Israel Pinheiro, José Francisco Bias Fortes (1891-1971) e outros aliados, conseguiu incluir a regra declamada por Toniquinho. Dizem que ela só foi aprovada, porque ninguém acreditava que sairia do papel. Vinha desde a Constituição de 1891, artigo 3º, mas não pegara. Coisas do Brasil. Ele lutou para que fosse no Triângulo Mineiro, perto de Tupaciguara. Perdeu por cinco votos para o Planalto Central, dos goianos. Homem nascido e criado no interior, governador integracionista de estado mediterrâneo, não se conformava em ver a população e a economia tão concentrados na faixa litorânea. Chamava o vasto vazio interior de maior deserto fértil do mundo. Entusiasmara-se com a Marcha para o Oeste do primeiro governo Vargas. Encantara-se com a epopeia de Bernardo Sayão na implantação da Colônia Agrícola Nacional de Goiás, em plena selva do então chamado Mato Grosso de Goiás. Oscar Niemeyer, em entrevista de dezembro de 1999: "Ele queria construir a nova capital. Era o sonho dele. Achava que era importante levar o progresso para o interior."

Chegou a Jataí sabendo de tudo. Desde o sonho mudancista dos Inconfidentes mineiros, que queriam a capital em São João del Rei, aos trabalhos finais da Comissão de Localização criada por decreto de Vargas de junho de 1953. Que essa Comissão acabara de receber o relatório técnico contratado com a empresa norte-americana Donald J. Belcher, mapeando, analisando e avaliando cinco sítios mutuamente excludentes para sediar a nova capital, desenhados em cores diferentes. Que os membros da Comissão estavam prestes a indicar qual deles seria. Que o governo de Goiás iria ao limite do possível pela causa.

No final de 1954, cinco meses antes da passagem por Jataí, já em pré-campanha, JK havia visitado Goiás e o governador Juca Ludovico. "Ficamos lá quase uma semana assuntando, falando de interiorização, integração nacional, capital no Planalto. Circulamos pelo interior, fomos até à Ilha do Bananal visitar os índios", conta o lúcido, lépido e irrequieto coronel Affonso Heliodoro dos Santos, 93 anos, presidente do Instituto Histórico e Geográfico do Distrito Federal, assessor e anjo da guarda de JK, guardião de sua memória. "Ele escolheu começar a campanha em Jataí e lá assumir o compromisso da construção e inauguração de Brasília de caso pensado. Ia fazê-la de qualquer jeito."

Toniquinho da Farmácia tornou-se advogado, casou-se, tem cinco filhos. A pergunta marcou sua vida. Para ele é Deus no céu e Juscelino na terra. No cartão de visita, usa o nome "Toniquinho JK". Uma única queixa: no livro de memórias, Juscelino trocou seu nome para Antonio Carvalho Soares e escreveu que era coletor estadual. O engano se espalhou, repetiu-se, quase virou verdade. Culpa a assessoria do ídolo e corrige: "Sou o Antonio Soares Neto e naquela época era inspetor de seguros da Sul América."[22]

Visão de Juscelino:

Desde muito tempo, já me habituara a ver, no mapa do Brasil, aquele retângulo colorido, assinalando o local do futuro Distrito Federal. A ideia sempre me parecera utópica, irrealista. Entretanto, naquele comício de Jataí, vi-me, de súbito, posto frente a frente com o desafio. O aparteante, sendo goiano, tinha interesse no problema. Além do mais, a mudança estava prevista na Constituição. Não hesitei um segundo e respondi, com firmeza: "Acabo de prometer que cumprirei, na íntegra, a Constituição, e não vejo razão para ignorar esse dispositivo. Durante o meu quinquênio, farei a mudança da sede do governo e construirei a nova capital!" O aparteante chamava-se Antonio Carvalho Soares, o Toniquinho. Era coletor estadual. (...) Assim, ao deixar Jataí, para ir a Anápolis, já o meu Programa de Metas estava alterado. As trinta metas iniciais seriam mantidas, mas a elas havia sido acrescentada a da construção de Brasília, que eu iria denominar a metassíntese. (...) Brasília nasceu de um aparte político.[23]

Visão do desenvolvimento do país, olhar geopolítico, segurança, governabilidade. Construir e inaugurar Brasília no horizonte de governo foi mesmo decisão audaciosa e complexa, longamente amadurecida. Por que, então, o atento Juscelino deixou nas memórias que a cidade nasceu de um aparte político? Ninguém sabe. Sua delicadeza e os interesses, mistérios e manhas eleitorais do PSD mineiro terão tido peso decisivo?

Ou será que a explicação está é num chamado João Guimarães Rosa, amigo fiel de JK, companheiro de farda e medicina na Polícia Militar de Minas Gerais? Para ele, gigante das letras, contar é muito dificultoso. Não pelos anos que se já passaram, mas pela astúcia que têm certas coisas passadas.

Em tempo: nas eleições de 3 de outubro de 1955, conforme o Tribunal Superior Eleitoral, Juscelino ganhou em Jataí, com 2.146 votos, correspondentes a 49,5% do total. E também em Goiás, onde recebeu 65.787 votos, cerca de 40% do total. No Brasil, obteve 36% dos votos. A falta de maioria absoluta — mais de metade — leva opositores a questionar a vitória. Mas a posse é assegurada por movimento político-militar de novembro de 1955, liderado pelo general Henrique Batista Duffles Teixeira Lott, ministro da Guerra, cargo em que é mantido no governo Kubitschek.

Nas estrelas

Brasília: audácia pública máxima do arrojado e determinado presidente Juscelino Kubitschek de Oliveira, paradoxalmente um político de alma conservadora, expoente do conciliador e pragmático PSD mineiro.

Ainda o início de 1955, Belo Horizonte. O governador Kubitschek é candidatíssimo a presidente da República pelo PSD. De repente, surge no mundo político a ideia de uma candidatura de união nacional. Tentam atraí-lo, não adianta. Está firme, bate o pé. Sabe que o verdadeiro objetivo é tirá-lo do páreo. Numa noite linda, céu coalhado de estrelas, o também mineiro José Aparecido de Oliveira, jovem e brilhante articulador político da UDN, vai ao Palácio das Mangabeiras, residência do governador, com a missão de tentar convencê-lo a apoiar a tal candidatura única. São amigos, conversam longamente. Prosa longa, boa, agradável. Só que mal tangenciam o tema. Coisas de Minas. Na saída, a hora da verdade. Kubitschek põe a mão no ombro de Aparecido e aponta para o céu: "Não adianta, Zé. Está escrito nas estrelas."[24]

Especulação imobiliária

De novo a localização. Definida a área, o marechal José Lopes vai ao presidente da República, João de Campos Café Filho. Informa sobre as atividades da Comissão e seus resultados. E o mais importante: solicita que edite decreto declarando o sítio escolhido de utilidade pública, para fins de desapropriação. Por quê? O presidente Kubitschek explica:

> A fim de evitar que, em face da próxima construção da capital, ali tivesse lugar desenfreada especulação imobiliária. (...) O marechal aguardou, com paciência, a providência do chefe do governo. Entretanto, o que obteve foi a mais penosa desilusão. No dia 28 de abril, voltando ao Palácio, já que Café Filho até então nada lhe comunicara, ouviu do próprio presidente a declaração de que, refletindo sobre o assunto, chegara à conclusão de que não lhe era possível baixar qualquer decreto declarando de utilidade pública, para fins de desapropriação, o perímetro do futuro Distrito Federal.[25]

No futuro, essa omissão federal iria dificultar sensivelmente a adequada política de uso do solo em Brasília. O incansável marechal não desanima. Voa para Goiânia e se reúne com o governador Pedro Ludovico Teixeira. Dois dias depois, em 30 de abril de 1955, decreto do governador Ludovico estadualiza a área do Distrito Federal para fins de desapropriação. Coisas do Brasil. Poucos dias depois, o governo goiano prepara pista de terra no Sítio Castanho e tosca "Estação de Passageiros", coberta de palha.

Juscelino e o presidente Café Filho se detestavam. Contam que em janeiro de 1955 trancou a raiva e foi ao Palácio do Catete. Deveres de governador, interesse de presidenciável. Assunto principal: financiamento da safra mineira de café. Entra cauteloso, preocupado. Surpresa: é recebido como um rei. Cordialidade, atenções, delicadezas, sorrisos. Café oferece até a cadeira presidencial. Desconfiado, JK agradece, resiste. Mas a insistência é tanta, que cede. Meio encabulado, senta no símbolo. Café então dispara: "É a primeira e última vez que você usa essa cadeira. Os militares não querem sua candidatura." Um espanto. O sangue sobe, mas JK se controla. Respeita a casa e o cargo do adversário. Ao sair, é cercado por pequena multidão de jornalistas no andar térreo. "E o café, governador?" "Qual? O vegetal ou o animal?"

Finalmente Brasília

Início de 1956. Começa o governo Kubitschek. O clima político é tenso. Muito ódio, ressentimentos. Sequelas do suicídio de Vargas em agosto de 1954 e da recente tentativa de golpear a eleição do próprio Kubitschek em novembro de 1955, como já se viu. O presidente concentra a atenção e melhores energias em mudar a ambiência de negativa para positiva. Fazer do limão, limonada. Quer pacificar a nação. Concentra-se no Programa de Metas e começa a difícil costura política da metassíntese, Brasília. Talvez a mais difícil. Interferia em fortes interesses econômicos, tinha poderosa oposição política, indignava o Rio de Janeiro, desagradava a quase toda a imprensa e principais formadores de opinião, não empolgava a sociedade, envolvia gastos astronômicos num país de economia pequena e em crise. Parecia aventura, leviandade, despropósito, megalomania, coisa de faraó.

Mas havia também trunfos fortes. Mais que tudo, a vontade de aço, o entusiasmo, a influência política e a determinação presidencial. E também o comando da Constituição de 1946, excelente escudo político e jurídico; o apoio dos estados beneficiados — Goiás e muitos outros — e a definição prévia do governo Vargas de localizá-la no Planalto Central, o que queimou etapa talvez agora invencível. Ou incompatível com a construção da cidade no horizonte de governo. Exigiria longos e custosos estudos técnicos, incontáveis discussões e negociações políticas, obstruções, engavetamentos, mudanças sem fim. Calendas gregas, dia de São Nunca. Uma conversa de mais de 160 anos, que se arrastava desde a Inconfidência Mineira. Para Tancredo Neves, por exemplo, Brasília e o intenso desenvolvimento dos Anos JK têm raízes e bases no governo Vargas:

> É verdade que Vargas sempre esteve muito mais preocupado com o social do que com o desenvolvimento econômico. Mas o desenvolvimento não teria sido possível no governo do Juscelino se Vargas não tivesse preparado as bases, os alicerces que o possibilitassem. Você vê, por exemplo: a mudança da capital. Se o presidente Vargas não tivesse fixado o local da capital, o Juscelino ia levar o governo todo só para escolher o lugar. Quando o Juscelino chega e vê Brasília fixada em um decreto — e um decreto que não veio por acaso, veio como resultante de diversas comissões que trabalharam no estudo da localização da capital — ele encontra meio caminho andado. (...) Tudo está muito vinculado, muito estreitamente vinculado. E o caso de Brasília é típico. Nesse caso, você vê que tudo estava ordenado.[26]

Outro trunfo era o sonho-visão de Dom Bosco, de 1883. O advento de uma grande civilização entre os paralelos de 15 e de 20 graus, na 3ª geração. E, para muitos, também de uma cidade, que seria exatamente Brasília. Assim, JK e demais construtores da nova capital estariam cumprindo a profecia do santo. Isso ajudou a quebrar resistências e facilitou o precioso apoio da poderosa Igreja Católica. JK dirá, em maio de 1957: "Brasília, a mais nova flama do Brasil, começa a erguer-se integrada no espírito cristão, causa, princípio e fundamento da nossa unidade nacional."

Engenho e arte

Mas ainda faltava muito. Quase tudo. Juscelino tem de carregar água na peneira para arrematar a costura política de Brasília. Faz impecável e quase impossível engenharia política. Antes de tudo, precisa de uma lei. E ela só sai se a oposição ajudar. Leia-se principalmente a UDN, adversária implacável, que tinha tentado melar sua vitória, promovendo impugnação da eleição junto ao Tribunal Eleitoral. Ela tem bancada numerosa e forte, no caso decisiva. Reúne muitos talentos — inclusive notórios demolidores —, muita imprensa, sabe e adora cortejar os quartéis. E tem disposição permanente de barrar projetos que valorizem o governo. Um perigo.

Juscelino sabe que não deve mostrar interesse pela mudança. "Se o fizesse, estaria mobilizando contra a mensagem todos os meus adversários no Congresso." Discretamente, pede ao professor Francisco Clementino de San Tiago Dantas, expoente político e jurídico do país, que prepare mensagem e anteprojeto. Recomenda que, se possível, evite nova recorrência ao Congresso. O assunto é polêmico e o tempo muito curto para a envergadura da empreitada. Quer liberdade de ação, carta branca. Assumir a responsabilidade, mas sem abrir mão dos poderes de realização. Quem assume a missão deve receber os meios.

O anteprojeto vem enxuto, conciso, preciso, irrepreensível. San Tiago garante que, se aprovado sem mudanças, o governo não vai precisar voltar ao Parlamento para construir Brasília. A única questão incontornável tinha sido a data da transferência, prerrogativa constitucional do Congresso. Astuto, Juscelino faz parecer que vai apresentar a proposta apenas para contentar os goianos. Dissimula, disfarça o entusiasmo. Engenho e arte da velha política mineira. Para o jornalista e analista político André Gustavo Stumpf, a obra de JK é ato político perfeito:

Convencer deputados e senadores, incluindo os de oposição, a aprovar as leis necessárias, conviver com uma barulhenta gritaria dos jornais contrários à mudança, e inaugurar a capital três anos e oito meses depois de assinar o ato determinando a transferência, exige coragem, determinação e uma infinita paciência para negociar com os contrários.[27]

Noite alta, 17 de abril de 1956. JK despreza conselho do ministro da Aeronáutica, brigadeiro Fleiuss, e sai do Rio num Douglas DC-3 rumo a Goiânia. Tempo fechado, sinais de tempestade. Voo para região quase deserta e sem recursos. Em caso de pane, não haveria alternativa. Chove muito. Tudo corre bem até as três da madrugada. O tempo piora. Perdem a rota. Tudo escuro, um breu. Angústia, expectativa de desastre. Mas, quando clareia o dia, o comandante reconhece a cidade de Morrinhos, Goiás, a pouco mais de cem quilômetros de Goiânia. Alívio. Faz as correções, chegam. Mais problema: não há como aterrissar. Fortíssima neblina, baixa visibilidade. Circulam algumas vezes, avaliam. Juscelino insiste no pouso, não tem medo algum. Mas o piloto tem juízo e não cede. É firme, conclusivo: não dá mesmo para descer.

Embaixo, no aeroporto Santa Genoveva, pequena multidão. Afinal, além de visita presidencial, trata-se de homenagem e deferência a Goiás: a assinatura da mensagem do projeto de criação da Novacap, essencial para a construção da nova capital logo ali, a menos de duzentos quilômetros. Lá estão o governador José Ludovico de Almeida e muita gente do seu governo, políticos, populares, tropa formada, banda de música. Uma festa. Alegria, comemoração, agradecimento. Mas a neblina não deixa.

Resolvem ir para o aeroporto de Anápolis, 1.100 metros de altitude, a apenas dez minutos de voo. Está aberto. Pousam sem problema. Faz um frio de bater queixo. Às cinco e meia, num botequim do aeroporto, Juscelino risca na mensagem datilografada a palavra Goiânia, escreve a mão, acima dela, a palavra Anápolis, e assina. Deixa a caneta de lembrança. O deputado Pereira da Silva improvisa ata, que vai para os anais da Câmara Municipal. Pronto.

O ligeiro Juscelino não quer atrasar nada. Principalmente o envio à Câmara dos Deputados.

Logo depois decola para Manaus, Amazonas. Vai visitar o poço pioneiro de Nova Olinda em companhia do coronel Janari Nunes, presidente da Petrobras. Tudo bem no estilo JK. Tudo para agora, acelerado, às vezes para ontem. Nada de demoras, perdas de tempo. Era quase obsessivo com relação a datas e a pontualidade. Considerava atrasos de horário grave descortesia, desrespeito para com os outros.

O que faltou em pompa na assinatura vai sobrar em empenho na tramitação do projeto. Discretamente, o próprio presidente acompanha de perto cada passo. Envolve-se pessoalmente nas articulações e costura política. Quer mesmo mudar a capital. A mensagem é rapidamente enviada à Câmara dos Deputados, no Rio de Janeiro. O projeto ganha o número 1.234. Vai à Comissão de Justiça para apreciação e parecer. Então acontece o previsto: um líder udenista pede vista e engaveta a papelada. Isso acontece no final de abril de 1956.

Nos meses seguintes, JK faz várias reuniões com a bancada goiana, com o governador José Ludovico de Almeida e outros mudancistas. Solicita que atuem junto à UDN para liberar o projeto. Pressiona. Fala claramente que se a lei não sair até outubro desistirá da mudança. Questão de tempo: não vai iniciar a cidade se não puder inaugurá-la. Simultaneamente, trata de convencer os próprios aliados, entusiasmá-los, seduzi-los para a ideia. Era muito forte nisso. Tancredo Neves, que o conheceu de perto, dizia: "O Juscelino, quando queria ser amável, era genial."[28] Cria espécie de frente ampla de sustentação da iniciativa. Mesmo assim, agosto de 1956 termina e a operação gaveta continua. Mas, no fim, a engenhosa e bem calculada operação política dá certo. O deputado mudancista Emival Caiado, da UDN goiana, entra fundo na luta dentro do partido. Não poupa esforços. Lidera, compõe, pede, persuade, negocia. Dá certo. Comunica ao presidente que o sonho vai andar. Finalmente tinham conseguido arrancá-lo da poderosa gaveta e da Comissão de Justiça. Daí em diante, a tramitação ganha velocidade. Mediante entendimento, passa pelo Plenário da Câmara e logo entra no Senado, onde o governo tem ampla maioria. O projeto é aprovado sem maiores contestações. Até mesmo deputados oposicionistas hostis votam a favor. Têm certeza de que o fracasso na construção da cidade — até por falta de tempo — vai desmoralizar Kubitschek e seu governo.

Em 19 de setembro de 1956, depois do jantar, cercado apenas da família, sem qualquer publicidade, JK sanciona o projeto. Nasce a Lei nº 2.874. Ele tem agora ampla liberdade de ação para construir Brasília. Está aprovada a transferência; definido o novo Distrito Federal, com área da ordem de 5,8 mil quilômetros quadrados; o governo autorizado a estabelecer e construir o sistema de transportes e comunicações do Distrito Federal e a constituir a Novacap, incumbida do planejamento e execução dos serviços de localização, urbanização e construção.

Rastro da engenharia política desenvolvida para conseguir a Lei: um terço da diretoria e dos conselhos fiscal e de administração da Novacap foram assegurados para indicações da oposição, no caso a UDN. Emival Caiado, na época deputado federal, costureiro dos entendimentos políticos na Câmara, relembra:

A UDN falava: "Corrupção, roubalheira, o diabo a quatro vai acontecer lá em Brasília." Nós então pusemos para ela um terço do conselho fiscal, do conselho de administração e da diretoria.[29]

Conforme Caiado, isso não só facilitou a aprovação do projeto, como pôs a própria UDN vigiando o dinheiro. Maior responsabilidade da Oposição, menos denúncias, suspeitas e provocações.

Coração do coração

O nome Brasília entrou na Lei 2.874 mediante emenda do deputado Francisco Pereira da Silva, do PSD do Amazonas, presidente da Comissão Parlamentar da Mudança da Capital, da Câmara dos Deputados, que assim resgatou a sugestão apresentada em 1823 por José Bonifácio de Andrada e Silva, o Patriarca da Independência.

Kubitschek considerou o nome perfeitamente adequado ao sentido integracionista da nova capital: "Brasília não iria se situar em local 'imediato às cabeceiras dos grandes rios', mas bem no coração do Planalto Central, o qual, por sua vez, é o coração do Brasil."[30]

Brasília antes de Brasília: Pampulha

É no bairro da Pampulha, Belo Horizonte, que Niemeyer faz a arquitetura brasileira tremer nas bases, conhecer algo novo, diferente, moderno, arrojado, revolucionário. O conjunto arquitetônico da Pampulha, de formas inesperadas e poderosa originalidade plástica. Leveza e liberdade de invenção, ruptura com o padrão racionalista. Primeiro projeto individual de vulto de Niemeyer. E primeira grande obra pública de Kubitschek, executada no triênio 1942-44. Integra arquitetura com escultura, pintura e paisagismo. Niemeyer repete sempre que Brasília é a continuação da Pampulha.

A área é grande e vazia, distante menos de dez quilômetros do coração da cidade. Veio então Kubitschek com a ideia de um plano concebido com visão artística para urbanizar o local, que ele considerava "um recanto paradisíaco". Em 1940, ao assumir a Prefeitura, com 37 anos, animadíssimo, cheio de sonhos, levou lá o célebre professor Alfred Donat Agache, urbanista francês. Decepção: o mestre não se empolga. Franco, diz que vê ali apenas um cenário como tantos outros. Sugere a criação de cidade-satélite, um núcleo de abastecimento de Belo Horizonte. Apesar de desapontado, Kubitschek não abandona a ideia do plano urbanístico. Promove concurso nacional. Nova frustração. Apenas projetos convencionais, alguns influenciados pelo estilo do Quitandinha, de Petrópolis, de grande prestígio e popularidade na época. Manda tudo para o arquivo.

No início de 1942, recebe na Prefeitura, na avenida Afonso Pena, o escritor, crítico e historiador de arte Rodrigo Melo Franco de Andrade, mineiro de Cidade de Minas (Belo Horizonte), fundador e diretor do SPHAN, do Ministério da Educação e Saúde. Conversam sobre a Pampulha. Kubitschek ouve maravilhas sobre um arquiteto carioca que está hospedado no Grande Hotel, logo ali na esquina da rua da Bahia com a avenida Augusto de Lima. Dons extraordinários de criatividade e originalidade artística, inventividade arquitetônica e bom gosto. Nascido em 15 de dezembro de 1907, o moço é arquiteto, turma de 1934, pela Escola Nacional de Belas-Artes, do Rio de Janeiro, então dirigida pelo arquiteto Lucio Costa, em cujo escritório tinha trabalhado. Casado aos 21 anos com Annita Baldo, de 17, filha de imigrantes italianos, tem uma filha, Anna Maria. Em 1936, tinha participado da equipe que desenvolveu o projeto do conjunto do Ministério da Educação e Saúde no Rio de Janeiro, chefiada por Lucio Costa. Aí conheceu e se aproximou do consultor do projeto, o suíço naturalizado francês Charles Édouard Jeanneret-Gris, conhecido como Le Corbusier, arquiteto, urbanista, pintor, decorador e teórico, que chegou num Zeppelin. O homem que veio do céu. Líder máximo da arquitetura contemporânea, na opinião de Niemeyer. Apreço bilateral: consta que Le Corbusier disse o seguinte ao conhecer os trabalhos do admirador: "Esse moço tem as montanhas do Rio nos olhos." Curvas, claro. Niemeyer conta que nessa mesma época ouviu dele o que seria palavra de ordem de vida inteira: arquitetura é invenção. Em 1939, Niemeyer realiza, com Lucio Costa, o projeto do pavilhão do Brasil na Feira Internacional de Nova York, destaque da arquitetura moderna brasileira.

Juscelino se entusiasma. A esperança está a apenas três quarteirões, bem ali no velho e bom Grande Hotel. Manda buscá-la.

Minutos depois, entra um moço magro, calmo, de cabelos pretos, sorriso simpático, voz pausada. O prefeito explica tudo, trocam ideias. Saem, pegam um carro e vão direto para a Pampulha. Entusiasmado, Juscelino mostra tudo. Como sempre, pensa grande, expõe ideias não conservadoras: formação de lago, cuidados paisagísticos, construção de igreja, restaurante e outras edificações, num conjunto arquitetônico com a indispensável unidade e também forte, marcante, diferenciado. Inclusive para chamar o turismo e permitir o lazer. Quer também rasgar autoestrada de acesso ampla e moderna, com 8,5 quilômetros de extensão, largura de 25 metros no perímetro urbano e de 125 metros no rural. Como um boulevard do tipo que tinha visto em Paris: várias pistas de rolamento, aleias ajardinadas, gramados, bancos de madeira e, sobretudo, grandes espaços abertos para soltar a vista e relaxar os nervos. Oscar Niemeyer observa tudo com grande interesse, faz perguntas e anotações, põe no papel a situação do terreno. Juscelino pede esboço para discutirem no dia seguinte.

O arquiteto vara a noite trabalhando. Por volta das dez da manhã, Melo Franco telefona a Kubitschek e pede que vá ao hotel. Explica que é complicado levar as plantas e grandes murais até a Prefeitura. JK vai correndo e dá de frente com desordem inacreditável. Folhas de papel rabiscadas pelo assoalho, silhuetas de edifícios, perfis de morros. Tudo em traços rápidos, mais figurativos que explícitos. Um espanto. Mas Niemeyer prontamente explica tudo. Juscelino conta que se extasiou com as novas ideias contidas na papelada. Tudo diferente, mas simples, fácil e lógico. Muita beleza, muita leveza, elegância. Algo inteiramente novo. Formas audaciosas, curvas graciosas, surpreendentes. Edifício com rampa em vez de escada; paredes de vidro em lugar de alvenaria; uma igrejinha inesperada, curvilínea, peculiar, completamente fora dos padrões vigentes. Nada monumental. Pequenina, toda curva, a torre subindo de lado. Muita liberdade plástica e invenção arquitetural. Um estilo difícil de rotular. Projeto audacioso, atrevido. Maravilha. O instinto kubitschekiano dispara. Está feito. Vai brotar a moderníssima Pampulha, precursora de Brasília. Está sacramentado o encontro de dois inovadores audaciosos e por isso, *mutatis mutandis*, cada qual no seu poleiro, de alguma forma parecidos. Até pela humildade altiva de ambos.

Segundo Niemeyer, o ministro Gustavo Capanema, em cujo gabinete trabalhou, já os tinha apresentado. O nascimento da longa simbiose com Kubitschek ficou assim na memória do arquiteto:

Nosso primeiro encontro ocorreu em 1940, quando, em companhia do meu velho amigo Rodrigo Melo Franco de Andrade, fui procurá-lo em Belo Horizonte para conversarmos sobre o projeto do Cassino da Pampulha. Conversa que não posso esquecer, principalmente quando ele — com o mesmo dinamismo de hoje — me pediu que elaborasse o projeto para o dia seguinte, desejo que atendi, desenhando-o à noite no quarto do antigo Grande Hotel, onde me hospedara. Lembro-me da luta que manteve para construir Pampulha, convicto de que seria para Belo Horizonte um bairro admirável, cheio de atrações e alegria. E, mais tarde, das dificuldades que surgiram, das incompreensões que tanto o embaraçaram e que ele — como agora, na escala muito maior de Brasília — soube vencer com uma tenacidade sem limites.[31]

Juscelino consegue atrair o setor privado, viabiliza recursos. Conclui a construção da barragem, de dezoito metros de altura, para formação da grande Lagoa da Pampulha, com dezoito quilômetros de perímetro. Nas margens e cercanias, ergue cassino, clube náutico, restaurante circular. Joias arquitetônicas de Niemeyer.

Completa o conjunto a inovadora Igreja de São Francisco de Assis, a primeira do Brasil realmente em estilo moderno, com abóbadas de concreto. Portinari decorou-a com painéis de azulejos, na parte externa, e pintura mural no interior.

Parêntese. Exatamente no painel de São Francisco, atrás do altar-mor, Portinari resolveu substituir o tradicional irmão-lobo por um irmão-cachorro brasileiro. Ao visitá-la com Juscelino, o arcebispo de Belo Horizonte, Dom Antonio dos Santos Cabral, primeiro se encanta. Afinal, ele é também homem de ação, fundador do jornal *Diário Católico*, educador, semeador de escolas. Compreende e admira empreendedores e seus feitos. Sabe das dificuldades, da luta que é executar obra como aquela. Mas tudo azeda quando ele vê o cachorrinho no lugar do lobo. Espanta-se, desaprova. Ou melhor, indigna-se. Diz a Juscelino que aquilo é inaceitável, um escárnio à religião. Atitude firme, rígida. Determinado, protetor das artes e dos artistas, o prefeito também bate o pé. Resultado: queda de braço que impede a sagração da igrejinha durante quinze anos. Como católico fervoroso, devoto de Nossa Senhora da Luz, coroinha e seminarista, prefeito, deputado federal, governador e presidente da República, JK faz o diabo para demover o obstinado arcebispo. Em vão. Só consegue avançar na luta pela sagração quando dom João Resende Costa se torna arcebispo coadjutor e administrador da sede plena da Arquidiocese de Belo Horizonte, em julho de 1957.

Finalmente, em 11 de abril de 1959, sai de Brasília com dona Sarah, Maria Estela e Márcia para assistir à primeira missa, capítulo final da novela. O simpático cãozinho brasileiro ficou.

"É a única igreja ainda capaz de converter", escreveu o poeta modernista Oswald de Andrade. "Um hangar de Deus", rezou o escritor mineiro Eduardo Frieiro.

O arquiteto e urbanista Lucio Costa foi ver a Pampulha e se entusiasmou. Mandou telegrama a Niemeyer: "Pampulha é uma beleza." O arquiteto francês Jean Deroche afirma vinte anos depois: "Pampulha foi o grande entusiasmo de minha geração." A crítica tentava estribar-se na questão da funcionalidade. A obra arquitetônica tem de ser antes de tudo funcional, prática, utilitária. Beleza vem em último lugar, argumentava. Como se beleza não fosse função. Como se a arquitetura e o concreto armado não servissem para fazer flores e poesia.

Não se sabe se o severo Dom Cabral levou em conta que Niemeyer e Portinari eram comunistas. Provavelmente, não. Talvez nem soubesse. Niemeyer conta que sua religiosidade não resistiu ao mundo injusto que foi descobrindo. Ele chegou a sentir atração pelo espiritismo, dissolvida pelo materialismo dialético. Uma pessoa morta? Então desaparecera, como disse Lacan pouco antes de morrer: "Vou desaparecer." Tudo acabado. Apenas um corpo frio a se decompor, nada mais. Mas confessa que quando é pessoa amiga tem vontade de abraçá-la, acariciar-lhe o rosto, ficar junto, solidário, como se ela pudesse se aperceber disso. Ele conta ainda que certo dia resolveu visitar a sepultura de Rodrigo Melo Franco de Andrade, a pessoa que mais influenciou sua formação humanística, morto em 11 de maio de 1969 no Rio de Janeiro. Sentou-se nela e mergulhou em lembranças. Era um fim de tarde cinzento e triste: "E saí devagar deixando sobre a sepultura do meu amigo uma pequenina flor que trazia no bolso, para ele." Muito depois, escreve sua saudade do amigo Darcy Ribeiro, morto em fevereiro de 1997:

> Você se lembra, Darcy, das viagens que fazíamos todo fim de semana para sua casa em Maricá? E as caminhadas pela praia deserta a sonhar sonhos impossíveis, com o mar à nossa frente, pequeninos diante de tanta beleza? E como o mundo, Darcy, nos parecia melhor?[32]

Brinca que suas relações com Deus são feitas por intermédio dos mineiros, que Nele acreditam, mesmo quando fingem o contrário. Assim, por encomenda de JK, fez a Igrejinha da Pampulha e, em Brasília, a Catedral Metropolitana e a Igrejinha de Fátima. Para José Aparecido de Oliveira, oratório familiar, no sítio dele em Miguel Pereira, estado do Rio. Candido Portinari — comunista de carteirinha, recebida do legendário líder Luís Carlos Prestes — não era ateu e era poeta bissexto. Na sede das Nações Unidas, em Nova York, estão o seu *Paz e Guerra*, de 1956. É o pintor brasileiro mais admirado internacionalmente. Sua obra reflete o engajamento político e a preferência por questões sociais. Quando morreu, em 1962, aos 58 anos, de hemorragia decorrente do uso durante mais de quarenta anos de tintas contendo chumbo, deixou versos que confirmam sua esperança na existência de vida depois da morte: "A morte será colorida? Qual a cor do outro lado?"[33]

Imagine-se o que faria o rigoroso e perseverante dom Cabral se descobrisse que Juscelino era católico de sólida fé, mas também estendia suas articulações sobrenaturais e esperanças a outras propostas e caminhos religiosos. Inclusive o espiritismo. Admirava o médium Chico Xavier, que então morava em Pedro Leopoldo, perto de Belo Horizonte, expoente do kardecismo brasileiro, a quem muito consultou discreta e respeitosamente. Os seguidores acreditam que o mestre Xavier incorpora, entre outros, os espíritos do senador Emmanuel, da Roma antiga; do médico Bezerra de Menezes; do médico sanitarista Oswaldo Cruz; de Meimei, moça mineira morta nos anos 40; do poeta Augusto dos Anjos e outros.

Psicografia: captação de mensagens de mortos por intermédio da escrita.

Há várias histórias de JK com o médium. Um exemplo? No final dos anos 40, deputado federal, ele foi reservadamente ao oráculo de Pedro Leopoldo. Tinha uma decisão política capital para tomar. Quem conta é o economista carioca Nelson Teixeira, que esteve ao lado dele no dia a dia de governo e palaciano. E também em dúzias de viagens. Um de seus cuidados era ter sempre à mão a bala de mel Abelhinha, que o presidente não dispensava: "Ficavam comigo, porque no terno ele só usava lenço. Não punha nem caneta, para não deformar o paletó." Era amigo também da família, inclusive da conservadora e severa dona Júlia Kubitschek. Acompanhou o presidente no Palácio do Catete, no Palácio das Laranjeiras e em Brasília, durante a construção e até o final do governo. Aspas para ele:

> Ele era muito místico. Depois da passagem dele pela Prefeitura de Belo Horizonte, inventaram aquela confusão toda da Pampulha. Acusações de adversários, aquelas coisas todas. Eleito deputado federal, os militares não queriam que fosse candidato a governador. Quando chegou a hora de decidir, ele foi ao Chico Xavier, que lhe disse para ir em frente. E mais: alertou-o de que chegaria à Presidência da República. Juscelino acreditava muito em espiritismo. Era católico, mas tinha lá também o seu tanto de Allan Kardec. Ele escutava mesmo o Chico Xavier.[34]

Parêntese. Durante várias décadas, com comovente generosidade, Chico Xavier atendeu a mais de dois milhões de pessoas em Uberaba. Na atualidade, saúde frágil, mais de noventa anos, teve de limitar drasticamente as atividades.

Bairro nobre, de grande beleza e charme, acesso fácil, a Pampulha logo atrai casas modernas e luxuosas. Depois clubes privados, tudo. Torna-se ímã turístico e área de lazer. Algumas analogias com Brasília são óbvias: o pioneirismo, o desbravamento, o lago artificial, a formação planejada da infraestrutura urbana, a arquitetura diferenciada de Niemeyer, os cuidados paisagísticos e, claro, o patrocínio e o entusiasmo de Kubitschek. Premiada pista de treinamento para o que floresceria mais de dez anos depois no meio do imponente ermo goiano. De Oscar Niemeyer:

> Eu comecei a minha arquitetura com a Pampulha. E Brasília foi o seguimento natural. E minha preocupação sempre foi a invenção arquitetônica. (...) Em termos de arquitetura, Brasília é continuação da Pampulha. Porque a Pampulha foi feita com o mesmo tipo de arquitetura. Arquitetura nova que a gente estava se impondo. Mais leve, utilizando a curva, mais próxima das igrejas de Minas Gerais, mais de acordo com o clima. E os meus problemas de tempo, de corrida. Tanta coisa! Pampulha foi o começo de Brasília.[35]

Em meados dos anos 1970, relatando visita que fez à igrejinha da Pampulha acompanhado de Portinari, Kubitschek a descreve assim:

> O templo, em forma de chapéu de freira, com os telhados caídos, quase servindo de parede; a fachada, toda de vidro, faiscava ao sol da manhã; e via-se, um pouco distante, o campanário esguio, concebido em linhas retas e separado do corpo da igreja, como nas românticas capelas da Idade Média.[36]

Ela também tem obras de Alfredo Ceschiatti e de Paulo Werneck. Parêntese. Ceschiatti, belo-horizontino de 1918, morreu no Rio em 1989. Um dos principais escultores do modernismo brasileiro. Tem obras marcantes em Brasília. Conta-se em Minas que ele já nasceu escultor. O pai tinha uma padaria. O menino Ceschiatti de vez em quando aparecia lá para fazer pão, adorava. Gostava de botar de lado as fôrmas tradicionais e modelar figuras. Com o fermento da massa e tudo o mais, saíam do forno uns pães malucos. Ninguém entendia aquilo. Inclusive o pai. Cismado, pediu à célebre educadora e psicóloga Helena Antipoff, fundadora do Instituto Pestalozzi (para excepcionais), para avaliar o garoto. Ceschiatti ficou lá alguns dias. Continuou fazendo seus modelos e bonecos.

Dona Helena examinava e se assombrava com a perfeição. Logo concluiu: "Menino, você não tem problema algum. Você é um gênio." Em Brasília, são dele: *As banhistas*, em bronze, no espelho-d'água do Palácio da Alvorada; *A Justiça*, em granito, na Praça dos Três Poderes, em frente ao Supremo Tribunal Federal; *Os anjos*, suspensos dentro da Catedral Metropolitana (Gabriel, Rafael e Miguel), e *Os evangelistas*, em bronze, de pé diante da Catedral, ao ar livre. Paulo Cabral da Rocha Werneck, pintor e desenhista carioca nascido em 1907, trabalhou com Niemeyer.

Niemeyer tem lembranças menos doces e mais atuais. Ele se entristece com a Pampulha de hoje, que considera desvirtuada pelo mau gosto. O cassino é agora museu; o clube náutico está cercado por muro que mutila ou impede a vista da Lagoa; a Casa do Baile não encontrou solução adequada. A própria Lagoa está poluída, suja, maltratada. Em 1984, ele visitou o bairro com o governador Tancredo Neves e o secretário de Cultura de Minas Gerais, José Aparecido de Oliveira. Propósito: o eventual tombamento das obras, tendo em vista que delas surgiu arquitetura diferente que se espalhou pelo mundo. Conclusão: a implosão necessária é inviável. O Conjunto da Pampulha está desfigurado, cercado de prédios medíocres, distante da pureza arquitetônica que prenunciava e merecia.[37]

Sua arte pôs outras belezas em Minas. Em Belo Horizonte, por exemplo, entre outras: o Palácio das Mangabeiras, residência oficial dos governadores; Colégio Estadual, no bairro de Santo Antonio; Biblioteca Pública, na Praça da Liberdade; prédio residencial, na Praça da Liberdade, em frente ao Palácio da Liberdade.

Tudo no nada

Com a lei na mão, o presidente desencadeia série de providências urgentes. É o começo do ritmo de Brasília. Era indispensável e urgente projeto que a fixasse em termos arquitetônicos e urbanísticos. Era necessário fazer tudo.

No dia 24 de setembro de 1956, nomeia o presidente e dois diretores da Novacap: Israel Pinheiro da Silva, Bernardo Sayão Carvalho Araújo e Ernesto Silva, este — depois importante defensor e historiador de Brasília — considerado pelos pioneiros um "candango de antes". De antes do primeiro candango. Doutor Ernesto começou a trabalhar pela nova capital na equipe do marechal José Pessoa, em setembro de 1954. O quarto nome saiu de lista tríplice apresentada pela UDN: João de Campos Café Filho, ex-presidente da República, adversário de Kubitschek; o udenista goiano Jales Machado, vetado pelo adversário político Pedro Ludovico, pessedista, aliado do governo e velho entusiasta da mudança; e o deputado mineiro Íris Meinberg, obviamente o escolhido. Tudo pronto para a grande aventura no ermo.

No início dos anos 50, quando este autor era menino de calça curta na pequenina Luz, oeste de Minas, goiano parecia coisa de lenda. Nunca tinha visto um nem conhecia ninguém que conhecesse. Já Goiás era algo mais concreto, apesar de absolutamente remoto. Diziam Goiaz, com zê, ou então Goiais, bem aberto. Para mim, tinha um quê de magia, porque certa vez meu avô Candido, que para mim sabia tudo, me contou que lá era lugar de muito ouro, muita onça, muito peixe, muita caça e muito índio. Mas Goiás era sobretudo sinônimo de sertão, um onde mais do que longe, quase despovoado, misterioso, fim de mundo. Esconderijo certo e seguro dos criminosos de morte de Luz e de outros lugares, um perdido impossível de achar. Na minha imaginação, era terra tão distante, tão inacessível, tão impossível, que eu não entendia como o jovem e rico fazendeiro luzense Eurico Pinto, bravateiro e perigoso quando bebia, conseguira fugir definitivamente para lá, depois de, corpo e alma encharcados de cachaça, matar a sangue-frio, em pleno meio-dia, diante de um ror de apavoradas testemunhas, com seis tiros à queima-roupa e muito palavrão, o veterano e pacífico delegado de polícia João Baptista, amoroso chefe de família. Por quê? Porque ele, desarmado, evitou-o quando oferecia os bilhetes de loteria que vendia para complementar o vencimento magro, quase miserável. O coitado morreu instantaneamente e derramou enorme poça de sangue bem no coração do armazém do Seu Ozório, ali no Refego, a três quarteirões do Santuário de Nossa Senhora de Fátima e a quatro da cadeiazinha quase sempre vazia e do velho Grupo Escolar Sandoval de Azevedo, único de Minas construído exatamente em cima de um antigo cemitério. Zeca perdeu o pai e meu pai, um amigo. Para toda a meninada, o Goiás de antes de Brasília era um longe onde nem polícia ia. Não adiantava.

Rio de Janeiro, 17 de setembro de 1956. Juscelino quer conhecer logo a área. Vê-la, senti-la, caminhar sobre ela. Marca viagem para quinze dias depois, 2 de outubro de 1956. Uma aventura. Não há vias de acesso. E a Presidência da República não dispõe de helicóptero. Tem de ser de avião, mas não existe pista de pouso adequada. A solução é mesmo o veterano Douglas DC-3. Lento, barulhento, desconfortável, mas com capacidade para dezenas de passageiros, econômico e seguro. Um grande jipe alado. O mais recomendável é seguir via Goiânia, situada a cerca de duzentos quilômetros do local. Depois, voar de teco-teco até Planaltina, pegar um jipe e seguir trilha aberta no cerrado até o destino.

Mas JK resolve ir direto, aterrissar numa fita de terra desbastada no cerrado bruto pelo engenheiro Bernardo Sayão, na época vice-governador de Goiás. Uma pista com formigueiros e precariamente nivelada. O DC-3 decola do aeroporto Santos Dumont às 7:45 do dia 2 de outubro de 1956. Além do presidente, leva o general Teixeira Lott, ministro da Guerra; o almirante Lúcio Martins Meira, ministro da Viação e Obras Públicas; o governador Antonio Balbino, da Bahia; o general Nelson de Melo, chefe da Casa Militar; o brigadeiro Araripe Machado; Israel Pinheiro da Silva, presidente da Novacap; Oscar Niemeyer; Régis Bittencourt, diretor do DNER; o coronel Dilermando Silva, o doutor Ernesto Silva, Octávio Dias Carneiro, técnicos do Conselho de Desenvolvimento — responsável pelo planejamento e metas do governo. Há um quê de moderna entrada ou bandeira no ar. Um sentimento bandeirante. Quatro horas de voo.

Na chegada, Juscelino avalia o cenário. Conclui que é plano e amplo. Um descampado sem fim, com suaves ondulações, que não ultrapassam duzentos metros. Ele vê a cruz fincada pelo marechal José Pessoa no ponto mais alto e, pouco depois, a fita de terra vermelha improvisada por Bernardo Sayão (onde está hoje a Estação Rodoferroviária).

Octávio Dias Carneiro, preocupado, pergunta ao presidente se é mesmo ali que vão pousar. Ele confirma alegremente. Denso silêncio. O avião se posiciona, dá uma guinada e inicia os procedimentos de descida. Pancada dos pneus batendo no chão áspero, muita poeira, incontáveis solavancos, muitos corações disparados, parada, taxiamento e pronto. Alguns lívidos e trêmulos, JK sorridente e entusiasmado. Descem e veem pendurada num pau fincado ao lado da pista precária tabuleta em que o otimismo quase infinito de Bernardo Sayão escreveu: "Aeroporto Vera Cruz". São 11:40 e o sol bate forte. Calor de estalar mamona e luminosidade de apertar os olhos. O céu é indescritivelmente lindo.

O governador goiano José Ludovico de Almeida; Bernardo Sayão, diretor da Novacap; Altamiro Pacheco e outras autoridades levam a comitiva para um toldo de lona. Numa rústica mesa de madeira, o presidente assina o primeiro ato oficial de Brasília. A nomeação do novo ministro da Agricultura, Mário Meneghetti.

Depois vai com Niemeyer ao Cruzeiro, ponto mais alto. Acha a vista maravilhosa. Os dois examinam mapas, assinalam acidentes topográficos e estimam distâncias, conversam sobre projetos. Não é algo novo. Tinham se entendido perfeitamente em Minas, quando das várias e revolucionárias criações de Niemeyer na Pampulha,

Belo Horizonte. Mas agora é um ermo gigantesco, distante e muito mais complexo. E ainda não há nem ideia de como será a cidade. Isso depende do resultado do concurso.

Mesmo assim, trocam ideias e decidem definir logo uma área prioritária para servir de apoio às obras. Localizam, então, na parte em que vai ser construído o palácio presidencial, um núcleo pioneiro, imediatamente demarcado. Niemeyer é encarregado do projeto e do de um hotel de turismo. Para isso — e para ver pronto o tosco e simpático Catetinho, seu primeiro projeto em Brasília — estará ali um mês depois, com Israel Pinheiro e o engenheiro Marco Paulo Rabello, construtor do conjunto arquitetônico da Pampulha, que depois vai concretizar diversos projetos do arquiteto em Brasília.

Num certo momento, o general Lott se afasta até a margem da pista. Parece desconcertado. Irrepreensivelmente fardado, quepe na cabeça, óculos escuros, ele olha com misto de curiosidade e descrença a enormidade do cerrado bruto soberano naquele cafundó do sertão. Um carrascal coberto com a vegetação típica dos chapadões. Árvores retorcidas, capim ralo, solo duro, ácido e pobre. Desalentadora solidão. Território de bichos. Onças, veados-campeiros, emas, siriemas, muitos passarinhos, papagaios e tucanos, lobos-guarás, micos e macacos, pacas e capivaras, tatus, gambás, tamanduás-bandeira, formigas-cabeçudas e outras, abelhas e marimbondos, traíras, bagres e outros peixes, sapos, jararacas, jararacuçus, cobras-coral, cascavéis e companhia. Não há nem vestígio de índios por perto.

Para o poderoso ministro da Guerra, que tinha confirmado e bancado a vitória eleitoral de Juscelino há menos de um ano, típico militar de carreira, homem rígido e disciplinado, habituado ao cumprimento intransigente da lei e dos regulamentos, às coisas estruturadas, organizadas e previsíveis, tudo aquilo deve ter sido mesmo chocante. Maluquice. Um presidente da República de terno, gravata e chapéu de feltro, empolgado e risonho — cercado de ministros, dois governadores, técnicos e muita gente mais —, sob sol de rachar, ali no meio do ermo, do mato bravo, zanzando sem parar de um lado para outro, ansioso para erguer cidade monumental, num prazo miúdo, sem projeto urbanístico e sem saber ainda de onde tirar os recursos. Cena realmente surreal. Kubitschek, pura felicidade, alegria quase infantil, vai até ele. "Mas o senhor vai mesmo construir Brasília, presidente?" Juscelino sorri. Sabe como tratar o general. Tinha sido militar. Chegara a tenente-coronel médico da Polícia Militar de Minas Gerais, em 1938. Sim, responde com firmeza. Mais: avisa que nela vai terminar o governo e passar a faixa ao sucessor.

O justo e respeitoso espanto do desalentado Lott não terá desdobramento. Acaba ali. Ele vai ser irrepreensivelmente solidário todo o tempo. Tanto, que será o candidato de Kubitschek à própria sucessão. As Forças Armadas simpatizavam com a transferência. Principalmente por razões geopolíticas. Conquista e ocupação do território, interiorização do desenvolvimento, integração nacional, posição estratégica do Centro-Oeste na América do Sul, vulnerabilidade militar muito menor que a do Rio. A era dos mísseis ainda não tinha explodido, apenas engatinhava. A presença do general Lott na comitiva presidencial é mais uma demonstração da sabedoria e sagacidade política de Kubitschek. Ela sinalizou a não oposição das Forças Armadas ao projeto e também seu envolvimento e aval. Que realmente viam a transferência com bons olhos. Em certo momento, Lott pergunta a Niemeyer: "Os prédios do Exército serão modernos ou clássicos?" A resposta o faz sorrir com simpatia: "Numa guerra, o senhor prefere armas modernas ou clássicas?"[38]

A propósito, o general Leônidas Pires Gonçalves, ministro do Exército do governo Sarney (1985-90), explica como o Exército viu a criação de Brasília:

> O Juscelino pensava grande. Eu o considero uma figura respeitável. O desejo geopolítico de fazer a capital no centro do Brasil, onde as três grandes bacias se iniciam, vinha desde a Constituição de 1891. Nós apoiamos muito. O velho marechal José Pessoa estava nisso, lembra-se? Nós sempre fizemos nossos estudos dentro da estratégia e da geopolítica. E sob esses ângulos a criação de Brasília é absolutamente correta.[39]

Darcy Ribeiro descreve o lugar, em entrevista de 1956:

Não se vai desbravar nada, pois no local escolhido eu vi: havia uma cidadezinha meio morta, de 1720, e muitos latifúndios criando um gadinho chifrudo e mofino.[40]

A comitiva segue para uma casa velha, precária, agora sede do núcleo pioneiro. Juscelino:

O único testemunho da passagem do homem por ali era um pardieiro, pomposamente denominado Fazenda do Gama, uma casa de telhado baixo, com um cercado no fundo, no qual viviam confinados uns vinte bois e uns três leitões.

Durante algum tempo, servirá de dormitório para dirigentes da Novacap. Ali, de pé, bem penteado e sempre de terno e gravata, JK toma cafezinho fresco numa canequinha de roça, enquanto se distrai vendo a amamentação de leitõezinhos, cercado de parte da comitiva, do governador José Ludovico, de Bernardo Sayão, de moradores da fazenda e também de galos e galinhas. Pouco antes, ele tinha conversado com o engenheiro Saturnino de Britto sobre o abastecimento de água da cidade. Discutiram a construção de barragem para a formação de um grande lago. Juscelino se lembrou da profecia de São João Bosco. Um lago, uma cidade na terceira geração, leite e mel.

Incansável, JK quer ver mais. Entra no pequeno monomotor do governador Ludovico e sobrevoa baixo toda a área. Quer ter uma ideia mais clara dos sítios onde vão ser construídos os primeiros edifícios. Depois volta à fazenda do Gama. Para relaxar, vai com um grupo até a mata ao lado das nascentes que futuramente abastecerão o Catetinho, futuro primeiro palácio presidencial, de madeira. De terno e gravata, senta-se num toco de árvore, à beira do córrego, e estende as pernas. Distraído com as conversas, nem presta atenção em volta. De repente, baita susto. O general Nelson de Melo aponta enorme jararaca que serpenteia ameaçadoramente quase junto dos pés presidenciais. No reflexo, Juscelino dá um salto, felizmente antes dela, salvando a si próprio e a Brasília.

Parêntese. As jararacas — *Bothrops jararaca* — são responsáveis pela maior parte dos acidentes graves decorrentes de picadas de cobras no país. Na ausência de socorro rápido e apropriado, particularmente aplicação de soro antiofídico, seu veneno é letal. Desarruma o sistema de coagulação. As células sanguíneas migram para outros tecidos. Provoca inchaço, diminuição da temperatura do corpo, hemorragias e sonolência. A morte ocorre por parada cardíaca. As adultas podem ultrapassar um metro de comprimento.

Refeito, ele anota longa mensagem num caderno pomposamente intitulado Livro de Ouro de Brasília. Fragmentos:

Politicamente, Brasília significa a instalação do governo federal no coração mesmo da nacionalidade, permitindo aos homens de Estado uma visão mais ampla do Brasil como um todo e a solução dos problemas nacionais com independência, serenidade e paz interior. (...) Na primeira História do Brasil que se escreveu, a de Frei Vicente do Salvador, nos primórdios do século XVII, já observava o seu autor que a colonização se fazia como a de caranguejos, agarrados ao litoral. Euclides da Cunha acrescentava profeticamente, no limiar do século XX, que o drama político e sociológico do Brasil continuaria a ser a separação, com disparidade de estilos de vida entre o litoral e o interior, como se fôssemos duas nações dentro de uma nação. Deste Planalto Central, desta solidão que em breve se transformará em cérebro das altas decisões nacionais, lanço os olhos mais uma vez sobre o amanhã do meu país e antevejo esta alvorada, com fé inquebrantável e uma confiança sem limites no seu grande destino.

Esse trecho final está gravado no mármore da parede externa do Museu Histórico da Cidade, junto à efígie dele na Praça dos Três Poderes, coração de Brasília.

Um dia inesquecível. A comitiva chega ao Rio de Janeiro no fim da noite.

Em livro de memórias, Kubitschek dirá que nesse dia, ali no coração do Brasil, um vazio demográfico, sentiu-se em situação parecida com a de Tomé de Sousa, primeiro governador-geral do Brasil, ao chegar à Bahia. Escolhido em 1548 pelo rei Dom João III, o Povoador, ele fundou Salvador em 1549. Kubitschek:

> Esse fato espantoso repetiu-se no dia 2 de outubro de 1956. Não cheguei através do oceano, mas pelo ar, a bordo de um DC-3, e desembarquei, igualmente, no espaço vazio — o Planalto Central —, chegando primeiro que meus governados, e construí, no cerrado, a nova capital do Brasil. No dia 21 de abril de 1960 — três anos e sete meses depois — a cidade, já em pleno funcionamento, estava inaugurada. Repetia-se em pleno século XX outro exemplo de precedência ontológica do Estado ao povo, muito embora o povo já existisse, mas confinado na estreita faixa litorânea, com algumas penetrações maiores na região Centro-Sul.[41]

Tomé de Sousa, primeiro governador-geral, chegou à Baía de Todos os Santos em 29 de março de 1549, trazendo funcionários da administração, seis jesuítas — chefiados por Manuel da Nóbrega — e colonos. Havia índios na área, tupinambás. O governador se impôs a eles com o auxílio de Diogo Álvares Correia, o Caramuru, conhecedor da região. Logo após o desembarque, iniciou-se a construção e a fortificação do que seria a cidade de Salvador.

Um certo doutor Israel

Do final do século XX, Oscar Niemeyer contempla fotografia antiga de Brasília e, com saudade, recorda-se da cidade e de seu construtor, Israel Pinheiro:

> Fomos escolher o local onde deverá ficar o Alvorada. E a foto revela o nosso entusiasmo, a penetrar pelo cerrado adentro, com o capim a nos bater nos joelhos, ansiosos para iniciar a construção

do Palácio e, com ela, a da Nova Capital. Israel comanda o grupo, com seu espírito otimista e dominador. À volta, é o descampado sem fim, a terra vazia, hostil e silenciosa. Estamos longe de tudo. No fim do mundo. E fico a lembrar aquele homem admirável, que nos velhos tempos de Brasília nos deu exemplo diário de trabalho e determinação. Cedo, muito cedo, Israel já estava a correr os canteiros de serviço, a tomar as providências mais urgentes, a cuidar dos transportes e das moradias. Sem burocracia, assumia a responsabilidade de tudo, animando-nos com sua presença fraternal e comunicativa. É claro que tivemos divergências. As divergências inevitáveis que uma obra como aquela estabelece. Todas elas tendo como motivo único os prazos fixados. Israel, com boas razões, decidido a mantê-los, e eu, como arquiteto, defendendo a minha arquitetura. (...) Brasília surgiu como uma flor do deserto, dentro das áreas e escalas que seu urbanista criou, vestida com as fantasias da minha arquitetura. E o velho cerrado cobriu-se de prédios e de gente, de ruído, tristezas e alegrias.[42]

Mineiro de Caeté, nascido em 1896, engenheiro pela Escola de Minas de Ouro Preto, Israel Pinheiro da Silva era enérgico, duro, voluntarioso e personalista, características talvez indispensáveis à construção de Brasília em apenas 42 meses. Rosto fechado, quase não sorria. Um homem dominador, direto e seco, às vezes áspero. Mas honesto, solidário e generoso. Um chefe dinâmico, prático e objetivo. Mais de fazejamento que de planejamento. Um realizador. Tinha enorme disposição de trabalho. No tempo de Brasília, normalmente das seis da manhã às oito da noite. Ou estava no escritório da Novacap, na hoje Candangolândia, antigamente conhecida por Velhacap, ou dentro de uma Rural Willys com o número 1 escrito num papel colado no para-brisa. Otimista, não era de muita conversa, mas sabia fazer acontecer. Um episódio emblemático? No final de outubro de 1956, portanto antes até do Catetinho, a primeira construção, vai a Brasília grupo de japoneses interessados em desenvolver granjas e pomares. Homens da terra. Hospedam-se num barracão improvisado da Novacap. Acompanhados de um jornalista, saem vendo e examinando tudo, principalmente a terra. Ficam muito preocupados. Terra bruta, dura, ácida, de baixa fertilidade. O jornalista vai a Israel:

— Os japoneses acharam a terra muito ruim.

— Uai! Se fosse boa, pra que japonês?

O primeiro núcleo de imigrantes japoneses instalou-se em agosto de 1957.

Quando as coisas evoluíram e se organizaram melhor, Israel passou a viver com a família na Granja do Ipê. Era para ser Granja Israel. Já tinha até placa. Mas exatamente então, época de acirramento dos conflitos entre judeus e árabes no Oriente Médio, foi hospedar-se lá poderoso líder político árabe. Tiveram de mudar a placa. Saiu Granja Israel, entrou Granja do Ipê. *I* de Israel, *Pê* de Pinheiro. Nome tão criativo, que foi mantido. Ipê é também árvore deslumbrante do cerrado. Talvez a mais linda. Em setembro, troca as folhas por flores, vira árvore-flor. Ou amarela ou roxa ou branca. Maravilha.

Filho do estadista João Pinheiro da Silva — jornalista, professor de direito internacional, constituinte de 1890-91, deputado, senador, governador de Minas eleito em 1906 —, Israel já era dono de respeitável biografia pública ao assumir a Novacap em setembro de 1956. Engenheiro, foi um dos pioneiros da metalurgia e da siderurgia no país. Participante da Revolução de 1930, é nomeado secretário dos Negócios da Agricultura, Indústria, Viação e Obras Públicas, em dezembro de 1933, pelo interventor federal Benedito Valadares Ribeiro. Revela-se um inovador. Constrói escolas e prioriza a educação de interesse do setor. Fazendas-escolas, fazendas-fábricas, ensino superior, industrialização. Designado pelo presidente Getúlio Vargas, integra, em 1941, a Comissão de Acordos de Washington. Novamente indicado por Vargas, lidera, em 1942, a constituição da Companhia Vale do Rio Doce, de que se torna o primeiro presidente. Aí permanece até fevereiro de 1946. Elege-se deputado federal em 1945, 1950 e 1954. Constituinte de 1946, bate-se pela transferência da capital para o interior do país. Seu sonho é vê-la no Triângulo Mineiro. Depois de comandar a construção de Brasília, torna-se seu primeiro prefeito, governando-a até a posse do presidente Jânio Quadros, em 31 de janeiro de 1961. Em outubro de 1965, elege-se governador de Minas para o período 1966-71, cargo que o pai ocupara havia mais de sessenta anos. Enfrenta período difícil, de vacas magras no país. Mas trabalha intensamente e prepara o relançamento do desenvolvimento estadual que se seguiu.

As liturgias e as pompas do cargo não o afastam um milímetro do velho estilo. Certo dia, recebe o embaixador da Tchecoslováquia e comitiva no Palácio da Liberdade. Na pauta, venda de equipamentos. Audiência no Salão Nobre, tradicionalmente cerimoniosa, recheada de salamaleques, não me toques e rapapés. Ele detestava essas chatezas. Já começou pelo atalho: "Embaixador, o senhor pode ir direto ao ponto. Sou um homem objetivo. Se o que o senhor tem me interessar, eu vou lhe dizer. Se não me interessar, vou lhe dizer também." Exatamente nesse momento, entra Antonio Cosenza, uma estrela do jornalismo mineiro, então fotógrafo oficial. Tranquilo, tira as fotos e vai saindo discretamente. Ia. O governador dá outra canelada no protocolo. Aponta para Cosenza e fala quase gritando: "Ô rapaz, qual é o seu nome?! Não me entre mais aqui com barba de ontem não, viu?" Falou sem raiva, mas firme e forte, apesar de fora de hora e contexto. Era assim, não deixava nada para depois.

Janeiro de 2001. Aspas para César Prates, que viu Brasília nascer e crescer:

Israel era um sujeito ótimo. Engraçado: qualquer coisa que a gente perguntasse pra ele, ouvia primeiro um não. Depois ele pensava um pouco, a gente argumentava e tudo bem. Mas primeiro tinha o não. Muito simples e honesto. Certa vez, na casa dele, vi a dona Coracy costurando uma calça que ele usava muito. Fiquei pensando: "Puta que pariu! O homem com tudo na mão e a mulher costurando calça dele." Isso é coisa dos homens públicos antigos. Não tem disso mais, não aparece gente assim mais não! Eu vivi numa época de políticos sérios. Agora tem muita esculhambação.

Não é só aqui, é no mundo inteiro. Hoje só se pensa em dinheiro, dinheiro e dinheiro.[43]

Em 4 de julho de 1973, Israel Pinheiro sente-se mal durante almoço no Palácio da Liberdade, então sob a batuta do governador Rondon Pacheco. Levado rapidamente para o Hospital das Clínicas, faz exames e recebe alta no dia seguinte. Resultados normais, exceto velha hérnia diafragmática que parece estrangulada, comprimindo a massa estomacal e causando problemas respiratórios e desconforto. Em casa, muita dor. Aos 76 anos, na manhã de 6 de julho de 1973, pouco depois das sete da manhã, não resiste a angina pectoris fulminante. É enterrado em Caeté, ao lado do pai, conforme velho desejo manifestado ao filho Israel Pinheiro Filho: "Era a origem de tudo." Por isso, a família depois desestimulou iniciativa de transferência dos restos mortais para a cripta da Catedral Metropolitana de Brasília.[44]

Israel Pinheiro foi o grande esteio da construção da cidade. Mandava e desmandava, prometia e cumpria, virava e desvirava a mesa. Resolvia as coisas. Sua contribuição está subestimada. O reconhecimento ainda não corresponde aos serviços prestados. Pode parecer estranho, mas é fato. Há quem atribua isso ao bombardeio político dos adversários durante e depois da construção. Bobagem. Com Juscelino não é assim. E ele não foi menos atacado, caluniado, difamado.

Outros mencionam possível abalo do relacionamento com o antigo chefe. JK teria ficado frustrado com o não empenho de Israel — eleito governador de Minas pela oposição, em outubro de 1965 — em tentar reverter a cassação de seus direitos políticos. Mas a verdade é que, naquele momento, Israel não tinha nem espaço nem condições para isso. Sua própria eleição — assim como a do governador Francisco Negrão de Lima, da Guanabara, também do MDB e igualmente ligado a Juscelino — não foi assimilada pelos militares da linha dura. Eles viram nessas vitórias oposicionistas a volta do passado, do regime que tinham derrubado. Tentaram colocar em xeque o próprio presidente Castello Branco. Ele conseguiu assegurar a posse dos dois oposicionistas, mas não sem muitas concessões.

Começou aí o progressivo enrijecimento do regime militar, que deu na solitária eleição indireta do presidente Costa e Silva — então líder dos duros — em outubro de 1966, e depois no golpe dentro do golpe, com o sinistro AI-5, de 13 de dezembro de 1968. Israel aderiu à Arena, partido do governo, em 1966, o que também desagradou a Juscelino. Há versão de que JK teria se irritado com o amigo, quando ele deu o nome de Castello Branco a importante obra viária de seu governo. Nos livros de memórias de Juscelino, não há uma só palavra desrespeitosa ou deselegante em relação ao velho companheiro. Também não há ênfase no reconhecimento de sua enorme contribuição. Mas a presença não é rala nem rara. De Oscar Niemeyer:

> Às vezes eu acho que se fala pouco em Israel Pinheiro. Ele foi importantíssimo. Sem ele, Brasília não era feita. Um sujeito empreendedor, ativo, que se dedicou inteiramente. Honesto. Foi fantástico.[45]

Parece que a imagem ao mesmo tempo grandiosa e opaca de Israel Pinheiro deve-se principalmente a seu próprio perfil de homem obsessivo com o trabalho e avesso a luzes e palcos. Um mineirão prático, objetivo, dinâmico e mandão. Gostava muito de fazer e pouco ou nada de aparecer. Nelson Rodrigues pôs tudo isso numa síntese perfeita:

> Desde Brasília, foi talvez o homem público mais caluniado deste país. E o dramático é que ele era, a um só tempo, célebre e desconhecido. Dizer que o Brasil todo o conhece é uma verdade: dizer que o Brasil todo o desconhece é outra verdade. Sua morte teve boa imprensa. E eu li tudo o que se escreveu sobre a sua vida. Escreveu-se tanto e, ao mesmo tempo, tão pouco. O verdadeiro Israel Pinheiro esteve ausente do próprio necrológio. Nunca vi uma coisa assim: grande homem. Notem que não digo grande político.

Isso é o secundário, o irrelevante, na sua vida. Ele me importa e me impressiona como o grande homem... dizia o poeta que o gênio é o que acompanha a natureza. Assim foi Israel Pinheiro. Força da natureza, ele ventava, chovia, trovejava, relampejava.[46]

No final de 1956, quando Juscelino decidiu arrancá-lo do Congresso, Israel desfrutava posição invejável. Deputado federal, presidia a disputada Comissão de Finanças da Câmara. Ele tinha o perfil político profissional ideal para liderar a construção de Brasília. Principalmente em prazo exíguo, apertado. Era homem de confiança de Kubitschek, pessedista como convinha, de grande prestígio no Congresso, habituado a pensar como administrador público e a agir como engenheiro tocador de obras de grande autoridade e firmeza, sem apreço por excessos burocráticos, nenhum medo e longa experiência. E mais: um apaixonado pelo projeto da mudança da capital para o interior, que considerava estratégico para o desenvolvimento econômico de todo o país, inclusive o do próprio litoral.

Reunia tantas qualidades para a tarefa que seu nome logo veio à tona. Era óbvio, quase inevitável. Todo mundo sabia. Mas consta que Juscelino estava constrangido de fazer o convite, exatamente pela situação confortável e prestigiosa que desfrutava o amigo. Então resolveu construir uma situação. Manha de mineiro. Israel Pinheiro Filho, igualmente engenheiro e político, que esteve ao lado do pai e de Juscelino na construção de Brasília, conta como o presidente não fez o convite que Israel não recusou:

Juscelino queria convidar o papai. Mas ele estava em começo de mandato e era presidente da Comissão de Orçamento da Câmara. Então Juscelino estava cheio de dedos para pedir a ele que renunciasse ao mandato de deputado federal e assumisse a Novacap. Mas mandou avisar papai que precisava conversar com ele. Combinaram uma viagem de avião de Belo Horizonte para o Rio. O avião decolou e nada, ficou aquele constrangimento. Ninguém tocava no assunto. De repente, papai não aguentou mais: *"Tá bem, Juscelino! Você não precisa me convidar, eu aceito."*[47]

Sem dúvida, a construção de Brasília marca o auge da vida pública de Israel Pinheiro. Essa parece ter sido também sua avaliação, apesar da passagem posterior pelo governo de Minas Gerais. Novamente Israel Pinheiro Filho:

> Para ele, a construção de Brasília foi o máximo. Governar Minas foi diferente, tinha outro significado, o sonho dele de terminar a obra de João Pinheiro. Brasília não foi só engenharia. Foi também uma obra política e ele gostava de política. Em Brasília ele atuava na engenharia e na política.[48]

Mãos à obra

Como começar tudo no nada? Logo depois da visita, a recém-nascida Novacap já está sobrecarregada de tarefas. Nem há como hierarquizá-las de forma racional. Simplesmente, porque todas são urgentes, urgentíssimas. E também prioritárias. Desabafo de um engenheiro ranheta: "Se tudo aqui é prioritário, não há prioridade."

Exemplos: é preciso promover concurso para o Plano Piloto de Brasília; iniciar a execução do aeroporto definitivo, com pista concretada de 3,3 quilômetros — a maior do país — e 45 metros de largura; melhorar a estrada para Anápolis, integrante da BR-14; abrir estradas dentro da própria área para comunicação entre os canteiros de obras; construir prédios provisórios para a administração da Novacap; construir alojamentos para funcionários e operários; providenciar a elaboração dos projetos da residência presidencial, do Brasília Palace Hotel, do Aeroporto de Brasília, da Usina do Paranoá e do Serviço de Águas e Esgotos; implantar imediatamente serrarias e olarias. E, claro, adquirir equipamentos e materiais indispensáveis à instalação da Novacap em Brasília e também dos escritórios no Rio de Janeiro, São Paulo, Belo Horizonte e Goiânia.

Primeiro o princípio: JK faz publicar edital de concurso para o Plano Piloto. Era indispensável e urgente fixar a cidade em termos arquitetônicos e urbanísticos. Era desesperadoramente urgente definir, projetar e disparar as obras. Tinha de fazê-la funcionar no horizonte de governo. "Não iniciaria a construção da capital para deixá-la, ao fim do meu governo, inacabada. Os meus sucessores a abandonariam e a ideia morreria de novo."

A burocracia é mínima. Para se ter ideia da flexibilidade administrativa da Novacap, basta mencionar que, em reuniões de novembro de 1956, seu Conselho de Administração, baseado na Lei 2.874, tomou decisões como a dispensa de concorrência pública — substituída por concorrência administrativa — para a construção da estrada Brasília-Anápolis, obra de vulto. E também a dispensa de concorrência administrativa — trocada por administração contratada — para a construção do Hotel de Brasília, da residência presidencial, do aeroporto e da sede e escritório da própria Novacap.

Kubitschek dá grande peso à flexibilidade operacional e à integração dos órgãos soberanos da Novacap na obtenção dos bons resultados colhidos sob a liderança de Israel Pinheiro. Particularmente na celeridade da construção da cidade propriamente dita, iniciada em fevereiro de 1957. A dimensão e complexidade das tarefas leva a empresa a se departamentalizar. Oscar Niemeyer chefia o Departamento de Urbanismo e Arquitetura, oficialmente criado em fevereiro de 1957. João Milton Prates vai para o de Comunicações e Transportes.

Setor privado

A Novacap evitou construir diretamente. Contratava empresas privadas, acompanhava e fiscalizava as obras e serviços. Era essencialmente uma contratadora. Foi o setor privado que executou as obras da cidade. Basicamente, o setor público planejava, encomendava, acompanhava e pagava.

Nos primeiros anos, Brasília não era uma cidade, mas uma grande obra. Mesmo em 1960, as condições de vida ainda eram precárias. Aldo Zaban, capixaba de Cachoeiro do Itapemirim, é contador. Chegou à cidade em 1960. Era cabo da Aeronáutica, servia no Gabinete do ministro da Aeronáutica. Daí foi para a Construtora Rabello, uma das mais ativas na construção de Brasília, onde ficou dois anos. Depois passou pelo governo do Distrito Federal e, finalmente, chegou ao Tribunal de Contas da União em 1968, por concurso. Construiu amplo reconhecimento como autoridade em finanças e controle externo e rigoroso chefe de Inspetoria no TCU:

As construtoras mais conhecidas foram a Rabello; a Camargo Correia, mais ligada à pavimentação e asfaltamento de estradas; a Saturnino de Britto; a Nacional, que construiu o Congresso; e a Mendes Júnior. Tinha também a Bragueto Carvalho, que fez a ponte para o Lago Norte; a Civilsan; a Ecisa; a Magnavaca; a Pederneiras, a Cosmos e outras boas construtoras. Mas muitas desapareceram. Nenhuma era gigantesca. A Pacheco Fernandes construiu rapidamente o Palácio da Alvorada. Havia obras por empreitada — combinava-se antes o preço e o prazo de entrega e pronto — e obras por administração: o que a empresa gastasse mais uma taxa de administração, normalmente de dez por cento. A Rabello fez o Supremo Tribunal Federal, a Rodoviária, o Teatro Nacional, o prédio do Banco do Brasil, a casa de força do Paranoá, o viaduto em frente ao Banco do Brasil, o minhocão da Universidade, o asfaltamento da rodovia Brasília-Anápolis. Contam que nos tempos pioneiros a entrega de obras era feita de modo prático e direto. Por exemplo: no caso da construção do Teatro Nacional, uma obra diferente, o próprio presidente Juscelino chamou as seis maiores construtoras e perguntou quem teria condições de executá-lo. Só a Rabello topou a parada![49]

Houve episódios de grande violência na fase de construção? Um dos poucos fatos apontados aconteceu no sábado de carnaval de 1959. A Guarda Policial da Novacap (GP) fez fogo contra operários da Construtora Pacheco Fernandes durante repressão a movimento de protesto contra a má qualidade da comida servida no refeitório do acampamento, perto do Palácio da Alvorada. Teriam participado cerca de trezentos trabalhadores. Há depoimentos que mencionam grande número de mortos e feridos. E outros que negam. Oficialmente, há registro de um morto e de alguns feridos. A GP acabou substituída pela Guarda Especial de Brasília (GEB). O episódio é contado no filme *Conterrâneos velhos de guerra*, de 1992, dirigido por Vladimir Carvalho.

Na fase pioneira, a batuta era mesmo da Novacap de Israel Pinheiro, com o apoio irrestrito de Juscelino. Dois mineiros da gema. Mas a maioria das empreiteiras era paulista e os candangos, quase todos nordestinos. Por isso, as pessoas se divertiam dizendo que mineiro mandava, paulista ganhava dinheiro, nordestino trabalhava e Goiás sempre saía lucrando.

Zaban explica como a Construtora Rabello pagava aos operários. Sempre aos domingos, para não prejudicar o andamento das obras:

> O Matias, que era o caixa, e eu fazíamos a folha de pagamentos. Depois pegávamos uma enorme mala velha de viagem, metíamos revólver na cintura — os outros funcionários ficavam rindo da gente — e íamos de Kombi para a agência do Banco de Crédito Real, na W-3. O gerente era o Bonifácio. Enchíamos a mala de dinheiro e voltávamos à empresa para envelopar. Revólver na cintura e de olho em tudo. Acho que era um negócio meio ridículo. [risos] Passávamos a noite envelopando o dinheiro para fazer os pagamentos no dia seguinte. Chamava-se virada. Virávamos a noite envelopando dinheiro. Envelopar significava pegar os vales de adiantamento e descontá-los, fazer os recibos, colocar o dinheiro dentro do envelope. Os recibos normalmente recebiam impressão digital do candango.[50]

Palácio de tábuas

O primeiro palácio de Brasília fica pronto menos de um mês depois da entusiasmada primeira visita presidencial. Endereço: clareira no meio do mato, fazenda do Gama. Descrição: palácio tosco, de tábuas, sustentado por grossos troncos de madeira de lei — ainda não havia tijolos nem pedras no local —, que Niemeyer esboçou durante animado encontro de amigos no Hotel Ambassador, na rua Senador Dantas, no centro do Rio de Janeiro. Data: 17 de outubro de 1956. Presentes o próprio Niemeyer, o construtor Juca Chaves — José Ferreira de Castro Chaves —, César Prates, Emídio Rocha, João Milton Prates, Roberto Penna, Joaquim da Costa Júnior e Dilermando Reis.

De repente, surgiu a ideia de construir residência provisória para o presidente em Brasília. O próprio grupo viabilizou financeiramente a ideia. Pura heterodoxia: César Prates emitiu nota promissória de quinhentos contos de réis, avalizada por Oscar Niemeyer e Juca Chaves. Foi descontada no Banco de Minas Gerais, em Belo Horizonte. O grupo se reunia no Juca's Bar. Logo veio o projeto final. O material foi comprado no Rio de Janeiro e em Belo Horizonte. Prazo máximo de construção: dez dias. Mais que meta, um atrevimento. Mais ainda, porque começaram com convite a Kubitschek para inaugurar seu novo palácio no dia 1º de novembro de 1956.

O material de construção sai de caminhão de Belo Horizonte no dia 18 de outubro de 1956; os equipamentos, de Araxá. Uma aventura que dá certo, após superação de incontáveis atoleiros e outros obstáculos com muita garra e criativas improvisações. Bandeirantes e pioneiros fazem seus caminhos. Cinco dias depois, todos são recebidos por Bernardo Sayão em Luziânia, Goiás. Em comboio, vão direto para o local, cerca de cinquenta quilômetros adiante. Entusiasmo, euforia. No dia seguinte, 24 de outubro, começa a construção. A serra é movida a jipe; luz elétrica vem de pequeno gerador de 2,5 hp comprado no Rio; à noite, uma estação de radioamador já está montada. Na manhã seguinte, sai o primeiro concreto, usado na fixação das vigas de sustentação. Instalam nova estação radiotransmissora, estabelecendo comunicação com o Palácio do Catete, no Rio de Janeiro, Belo Horizonte, Goiânia, Anápolis e Araxá.

Fim do isolamento absoluto. O Planalto passa a ter voz e ouvido. O ritmo é acelerado, apesar da chuva incessante. Assoalho, água, instalações sanitárias. No dia 29, os serviços de radiotelegrafia e radiofonia funcionaram e a pista de pouso ganhou radiofarol. Piso cerâmico é assentado no dia 30 de outubro e a pintura vara a noite e prossegue no dia 31. A caixa-d'água é de lata, presa no alto de uma árvore. No dia 1º de novembro de 1956 está tudo praticamente concluído. Um pequeno oásis no meio do cerradão. Um orgulho. Os engenheiros e operários comemoram com churrasco, costume que depois vai se incorporar à rotina dos brasilienses. Nos dias seguintes, cuidam de detalhes do acabamento. Mas a obra está pronta. De forma retangular, tem água corrente, luz elétrica, mobiliário rústico no térreo, cozinha e sala de jantar. No primeiro piso, sala, quartos e banheiros, ampla varanda. O nome Catetinho, diminutivo de Catete, Palácio presidencial do Rio, foi ideia do já mencionado Dilermando Reis, violonista e compositor paulista amigo de Kubitschek, autor das valsas "Noite de lua" e "Alma nortista", do choro "Magoado" e do bolero "Penumbra", grandes sucessos. O nome inicialmente sugerido pelo grupo foi Palácio da Alvorada, vetado por JK, que preferiu guardá-lo para a futura residência presidencial.

Preso a ror de compromissos oficiais inadiáveis, o presidente só consegue vir para a inauguração no dia 10 de novembro de 1956. Chega no início da tarde, 12:20, acompanhado de Israel Pinheiro, Renato Azeredo, Júlio Soares, José Moraes, coronel Dilermando Silva e tripulação do DC-3, comandada pelo coronel Lino Teixeira. Um festão dos pioneiros, que a chuva tirou do ar livre e empurrou para dentro do provisório Palácio.

Trecho de carta de JK a César Prates, datada de Nova York, 6 de abril de 1966:

> Acompanhei-o na varanda do Catetinho, diante da paisagem do Planalto, sonhando os mesmos sonhos que nos animaram na fase heroica do início da construção da Nova Capital. Tenho bem em conta o que representou naquela hora a aventura de um pequeno grupo de pioneiros cuja lembrança, gravada no bronze, ficará perpetuando o esforço dos meus dedicados amigos. Considero o Catetinho e a luta que vocês realizaram a primeira semente que deitamos no Planalto Brasileiro.[51]

Parêntese. Muitos anos depois, Kubitschek contou ao jornalista Carlos Chagas que queria mandar servir uísque, mas não havia gelo.

As geladeiras ainda não funcionavam. De repente, caiu o maior pé-d'água. Chuva de granizo. Pronto, gelo à vontade. Apanharam o que puderam e deram graças a Deus. César Prates confirma. À noite, houve serenata no cerrado. Violão de Dilermando Reis, voz de César Prates.

Preservado, distante 27 quilômetros do coração da cidade, o Catetinho é marco histórico de Brasília. Hoje museu, reúne móveis, objetos pessoais e de trabalho do presidente Kubitschek, acervo bibliográfico. Lá tem uma placa assim:

Esta casa, primeira construção de Brasília, executada em dez dias, de 22 a 31 de outubro de 1956, foi a residência provisória do presidente da República. Participaram desta obra pioneira: João Milton Prates, Oscar Niemeyer, César Prates, José Ferreira C. Chaves [Juca Chaves], Roberto Penna, Dilermando Reis, Emídio Rocha, Vivaldo Lírio, Osório Reis e Agostinho Montandon.

Os chamados boêmios patriotas do Juca's Bar.
No dia 19 de novembro de 1956, César Prates anotou em seu diário:

Hoje ficamos sem almoço. Motivo: uma cascavel feriu nosso cozinheiro, sendo levado para Luziânia, a fim de receber os necessários socorros médicos. Foi bem atendido. Está fora de perigo. O jantar foi improvisado. Feito a várias mãos. Talvez pela fome, consideramos gostosíssimo. Ficou assim provado, pelo menos desta vez, que de panelas em que muitos mexem saiu boa coisa.

Apesar da singeleza da construção, era uma indicação de que o avanço tecnológico facilitaria enormemente a implantação da capital. Sobretudo os modernos equipamentos de engenharia e novas técnicas de construção. Aviões, grandes máquinas, caminhões e automóveis, rádio, telégrafo e muitas outras conquistas da ciência e da tecnologia permitiriam queimar etapas e cumprir a metassíntese sacramentada pelo instinto kubitschekiano. Apenas um exemplo: a missão Cruls levou dois meses para ir do Rio à região em 1892.

No final dos anos 50, a viagem de avião do Rio a Brasília podia ser feita em menos de três horas.

Kubitschek usou intensamente o Catetinho na fase inicial de Brasília. Também Israel Pinheiro, Ernesto Silva e Íris Meinberg, diretores da Novacap. Conselheiros da empresa, engenheiros e visitantes eventualmente se hospedavam nele.

Para Juscelino, o Palácio de Tábuas virou símbolo de fé:

Foi ele a flama inspiradora que me ajudou a levar à frente, arrostando o pessimismo, a descrença e a oposição de milhões de pessoas, a ideia de transferência da sede do governo.[52]

Sayão em Brasília

No meio da festa de inauguração do Catetinho, o presidente chama Bernardo Sayão para conversa na varanda. Ele havia cooperado na construção do Catetinho. Dos diretores da Novacap, era o único que já morava em Goiás, em Anápolis. Vinha todo dia no seu teco-teco. Sayão chega com o chapelão de feltro na mão. Referindo-se ao monomotor dele, Kubitschek brinca: "Então, como vai sua máquina Singer?" "Sempre costurando, presidente." Nessa brincadeira, Juscelino se refere à velha máquina doméstica de costura Singer, então de amplo uso no Brasil, que ao funcionar produzia ruído regular, intermitente e discreto. A criação da Novacap não fora muito bem compreendida. Faziam acusações, distorciam, duvidavam. Criticavam a sede no Rio de Janeiro, onde ainda residiam os outros diretores. Em Brasília não havia moradias. Pede a Sayão que se mude para a área. "Que dia o senhor quer que eu esteja aqui?" "Ontem." Sayão despede-se e vai embora.

No dia seguinte, 11 de novembro de 1956, às seis horas da manhã, um caminhão chega ao Catetinho. É Sayão, com a mulher e duas filhas. Encontra-se com Juscelino: "Pronto, chefe, aqui estou para cumprir suas ordens." Juscelino pergunta aonde vai se instalar com a mulher e as duas meninas: "Primeiro, debaixo daquela árvore e, depois, armarei uma barraca."

Uma dessas meninas é Lílian, a caçulinha. A outra, sua irmã Lia Sayão de Sá, que ainda vive em Brasília:

Chegamos em novembro de 56. Foi a primeira família de engenheiro a vir. Meu pai era diretor administrativo da Novacap. Chegamos no começo de tudo. Moramos numa casinha pré-fabricada, de eucatex. Em menos de um mês faziam a casa inteira. Mas quando a gente chegou, ainda não havia casa pronta. A nossa terminou com a família dentro. Era ali onde hoje é a Candangolândia, na rua do Sossego. Meu pai gostava muito de estrada, de construir estradas. É vocação, eu acho. Primeiro, ele fez a ligação de Goiânia a Brasília. Foi a primeira obra. Os trechos que havia eram de estrada de terra. Faltava muita coisa, inclusive as pontes. A do Rio Areias foi a que demorou mais. Depois asfaltou tudo, ficou ótimo. Ele achava que o material para Brasília precisava vir mais de perto. A comida, tudo. Mas ele também olhava Brasília inteira em 57 e parte de 58. Não parava. De manhã, tinha sempre muita gente lá em casa. No começo, mesmo com distribuição de lotes, ninguém queria vir. Meu pai trouxe muita gente que trabalhou com ele na criação da Colônia Agrícola de Ceres. E também de Anápolis e Goiânia. Era para Brasília funcionar.[53]

Um deles, o engenheiro Joffre Mozart Parada, braço direito de Sayão em Brasília, não desgrudava da régua de cálculo. Ganhou o apelido de Homem da Régua. Talentoso, discreto e silencioso, trabalhava sem descanso. Casado com a prima Mercedes, transmitiu-lhe conhecimentos e manhas de cartografia. Ela passou a ajudá-lo, inclusive varando noites, por causa da correria das obras. Bravos candangos! Mais tarde lecionou na Universidade de Brasília, onde também coordenou o Instituto Central de Geociências. Era irmão de Boanerges de Oliveira Parada, marido da linda Anna Mülser, empresário e jornalista, fundador do jornal *O Pioneiro*. O primeiro número saiu em 3 de maio de 1957, data da primeira missa na cidade. Novamente Lya Sayão:

Só depois, quando a construção da cidade já tinha se firmado, é que ele foi fazer a Belém-Brasília, que começou no segundo semestre de 1958. Não sei como ele conseguia fazer tanta coisa. Ele dormia cedo e levantava muito cedo. Às vezes ainda achava tempo e levava a gente ao cinema lá no Núcleo Bandeirantes. Era de impressionar.[54]

Final de 1956. Álvaro C. dos Reis deixa tudo em Goiânia para juntar-se ao amigo Bernardo Sayão na grande aventura de construir a nova capital. Dois dias de viagem, vencendo atoleiros e outros transtornos. Chega à barraca de lona dele altas horas da noite. Resolve não incomodá-lo, deixar para o dia seguinte. Volta às sete da manhã. Ninguém. Só um homem que cava uma fossa a alguns metros. Pergunta por Sayão.

— Ele já saiu há muito tempo. Olhaí o rastro dele.

Álvaro procura rastros de bota no chão bruto e não acha nenhum. Só vê rastros de trator. De repente, entende tudo. Rastros de trator, rastros de Sayão. Segue-os e o encontra mais de um quilômetro adiante, alegremente encarapitado num enorme e barulhento trator de esteiras, abrindo a estrada de acesso ao futuro aeroporto.[55]

As obras na área são desencadeadas no final de 1956, sob a liderança e o olhar severo de Israel Pinheiro. Nos meses seguintes, a cidade começa pouco a pouco a delinear-se. Muito trabalho, atividade, barulho, a vida espantando a solidão. É tudo corrido e feito com grande entusiasmo. Para Kubitschek, o comportamento de Sayão reflete o espírito de Brasília, a mística de Brasília, o ritmo de Brasília:

> Quem olhasse o local onde estava sendo iniciada a construção de Brasília, sempre o veria: chapelão na cabeça; rosto queimado de sol, suando em bica. Estava em toda parte e sempre em atividade. Reservava para si as tarefas mais árduas e perigosas e as executava com seu inextinguível bom humor. À beleza viril do físico privilegiado aliava-se invejável formação moral. Era bom por natureza e bravo por instinto.[56]

Como diretor da Novacap, Sayão liderou também a ligação Brasília-Goiânia. Tinha paixão pela construção de estradas.

Os trabalhos de terraplenagem começam no dia 3 de novembro de 1956. No final do ano, aviões de maior porte começam a operar no local, utilizando pista provisória de três mil metros, cuja pavimentação é concluída no início de 1957. As obras nas estradas para as cidades mais próximas já estavam em execução. A Brasília-Anápolis, com 120 quilômetros, essencial para apoio logístico, estaria pronta em um ano. O mesmo prazo da também fundamental rodovia Brasília-Cristalina-Paracatu, de 280, saída para São Paulo e depois para Belo Horizonte e Rio de Janeiro. Iniciava-se levantamento do traçado da rodovia para o Nordeste, rumo a Barreiras, Bahia. Projetava-se a construção da Estrada de Ferro Goiás-Brasília. Começa a se formar rapidamente o Núcleo Bandeirante ou Cidade Livre, às margens do Córrego Vicente Pires. Aí não havia nem impostos nem taxas. E começa a aparecer de tudo. Rústicos hotéis e pensões, açougues, farmácias, barbearias, mercadinhos, igrejas, boates, bordéis e tudo o mais. E quase tudo de madeira, inclusive casas de operários. Há grande prosperidade, com as crescentes levas de candangos. Por volta de abril de 1957, já contava cerca de 10 mil habitantes. Colmeia de homens e esperança. A propagação de que havia muito trabalho e dinheiro em Brasília trouxe gente de todas as partes do país, principalmente do Nordeste. Vinham principalmente em carrocerias de caminhões. Homens pobres, rústicos, geralmente jovens. Muitos trazem pequena mala velha ou trouxa, caneco e faca. Alguns, menos que isso, quase nada. O governo montou escritório do Departamento de Imigração e Colonização para orientá-los. Comida, alojamento, inserção no mercado de trabalho.

Primeira missa

A primeira missa, em 3 de maio de 1957, rezada por Dom Carlos Carmelo, arcebispo de São Paulo, reúne cerca de 15 mil pessoas. Ela significa o batismo espiritual da cidade que nasce. É também evocação da primeira missa celebrada no Brasil, em 3 de maio de 1500, pelo Frei Henrique de Coimbra, na Bahia. Juscelino comparece com dona Sarah e as filhas, Márcia e Maria Estela. Um novo descobrimento? Um grande toldo cobre improvisado altar. Desaba três horas depois do fim da missa. Sem vítimas.

Juscelino, apesar do ecletismo religioso, nunca se afastou das raízes católicas. Confessava-se, inclusive. O escritor Autran Dourado, seu colaborador direto na Presidência da República, conta episódio que ouviu do poeta Augusto Frederico Schmidt:

> Como?, disse eu. Juscelino ingênuo, ele não tem os seus demônios? Schmidt sorriu e disse: vou lhe contar o caso do confessor do Juscelino. Foi durante o Congresso Eucarístico [ele ainda não era presidente], fui com ele ao Aterro do Flamengo, queria ver como se comportava. Ele me perguntou se eu não ia me confessar, eu lhe disse que não estava preparado. Ele procurou um padre, italiano, que falava um mau português e entendia menos a nossa língua. Eu achei que tinha sido matreirice dele. Quando voltou, vinha com a cara mais pia e santa do mundo. Rezou contritamente a penitência e saímos. Não tive mais sossego com o diabo do confessor. Ele passou a me procurar em casa, na Orquima; anunciava-se como o confessor do Juscelino e era de prosa longa e enrolada. Como eu perguntasse a Juscelino o que ele contara ao padre para ele ficar assim, deu uma enorme gargalhada, dizendo segredo de confissão. Resolvi me interessar pelo caso, perguntando ao padre como era a alma pecaminosa de Juscelino. O Juscelino não tem alma pecaminosa, é um Jesus menino! disse o padre.[57]

Poeta da arquitetura

Início da década de 1930, Rio de Janeiro. O jovem estudante de arquitetura Oscar Niemeyer está casado e é pai de uma menina. Vive do aluguel de uma casa, dinheiro contado. Mas em vez de correr atrás de salário, prefere se oferecer para trabalhar de graça no escritório de arquitetura de Lucio Costa e Carlos Leão. Quer aprender, praticar, espantar dúvidas, descobrir respostas, aprimorar o desenho ousado e inigualável, criar, ser bom arquiteto. Não imediatista, vê o trabalho ali como oportunidade de crescimento, privilégio. No futuro, dirá que essa experiência foi uma das mais importantes de sua vida. Carlos Leão, expansivo e amigo, sempre exemplar. O civilizado e educado Lucio Costa, mais distante e reservado, vai ser admiração permanente. Por seu zelo profissional, a empolgação pela obra de Le Corbusier, o apreço pela arquitetura colonial, a beleza e qualidade dos desenhos e projetos. E depois o surpreendente urbanista que arquiteta Brasília.

O desapego de Niemeyer por dinheiro nunca mudou. Concluído o curso de arquitetura, classificado em primeiro lugar, junto com Mílton Roberto, continua no escritório de Lucio Costa. Trabalha, por exemplo, no projeto para a Cidade Universitária de Mangueira. Ganha o mesmo que o colega Reis e menos do que o arquiteto Jorge Machado Moreira. Mas é evidente sua contribuição diferenciada, o talento especial. Lucio Costa: "Jorge, você não pode ganhar mais do que o Oscar. Temos de somar seus salários e dividir por dois." Niemeyer: "Preferia somar os três e dividir por três." Lucio: "Oscar é camarada."[58]

Apesar da condição profissional capaz de permitir incalculável acumulação de riquezas, inclusive pelo sucesso e fama, Niemeyer jamais fez disso objetivo. Pelo contrário. Dinheiro para ele é meio e não fim. Sabe que quando vira apenas fim é o fim. Conspurca, deforma, perverte, apequena as pessoas. "Se fosse rico, morreria de vergonha."[59] Na política, é movido a idealismo; na arquitetura, a beleza e invenção; na vida pessoal, a amizade, a solidariedade, a desprendimento e também a libido, claro. Maneiras simples, informal, nada vaidoso, parece não se cansar de ser incansável. Não contabiliza desilusões nem se entrega. Prefere fazer sua parte na luta desigual para desentortar o mundo. Nas memórias, conclui que é preciso reformar o homem. Cita Teilhard de Chardin: "Ser é mais importante do que ter." O essencial é melhorar o homem, ter consciência da fragilidade.

Vê sua arquitetura como algo muito pessoal, não como escola a seguir. Para ele, há boa e má arquitetura. E não arquitetura antiga e moderna. Comunista, sonha um mundo melhor para todos. Uma sociedade solidária, sem dolorosas desigualdades sociais, sem miséria, pacífica, sem tanta injustiça e desamor, com oportunidades iguais para todos. Inclusive de ser desigual. Utopia? Talvez. Mas também outra razão para viver. Desde sempre, ajudou muita gente. Inclusive financeiramente. E foi muito usado, explorado. Um exemplo? Certa vez, fez trabalhoso projeto de casa para empresário arquimilionário, mas não mandou a conta. Dias depois, em contrapartida, recebe em casa uma caixa enorme. Dentro, um aparelho de televisão. Pois é. Mas é paciente, compreende, perdoa.

Tem consciência dos oportunismos, das dissimulações, das safadezas. Mas também sabe que o ser humano é frágil, precário, vulnerável, muitas vezes interesseiro. Acredita que todos têm um lado bom. Sabe que a contabilidade da vida não pode ser feita em partidas dobradas, entradas e saídas, créditos e débitos. Assim, não economiza generosidade. Nem raiva dos predadores do belo e das coisas, dos direitos e sonhos do povo. Santa raiva!

Orgulha-se de não ser milionário. Cita o avô, Ribeiro de Almeida, procurador-geral da República e ministro do Supremo Tribunal Federal, que morreu pobre. Exalta a ação: "Ainda bem que trabalho não falta, pois é ele que me mantém bem vivo."[60] Gosta do que faz, diverte-se, encara o trabalho como passatempo. Adora criar, inventar, desenhar, ler, ouvir música. Mas diz que o importante mesmo é a vida, cuidar da família, viver com os amigos, lutar por um mundo mais justo. O poeta da arquitetura é um humanista.

Plano Piloto

Rio de Janeiro, 12 de março de 1957, quatro da tarde. Os sete membros do júri do Concurso do Plano Piloto de Brasília se reúnem para avaliar os projetos. É no Salão de Exposições do Ministério da Educação. Inicialmente, por unanimidade, descartam dezesseis.

Nos dois dias seguintes, concentram-se nos outros dez. A reunião final é em 15 de março de 1957, no mesmo local. Os urbanistas estrangeiros e Oscar Niemeyer já chegam com conclusão consensual. Trazem prontos, inclusive, projeto de relatório e a classificação. O representante do Instituto dos Arquitetos do Brasil (IAB), Paulo Antunes Ribeiro, recusa-se a assinar a ata e vai embora. Alegou que a avaliação foi feita sem seu conhecimento e participação. Dias depois fará declaração de voto, em separado. Anteriormente, o presidente do IAB, por intermédio de Israel Pinheiro, tinha ido a Niemeyer propor o cancelamento do concurso. Queria uma equipe de urbanistas planejando tudo. Resposta: "Você vai encontrar de minha parte todos os obstáculos." E fim de conversa.[61]

Os resultados são oficializados em 16 de março de 1957. O projeto do arquiteto Lucio Costa vence. É considerado obra de arte e o único que realmente apresenta plano para uma capital administrativa. Conforma o Plano Piloto a partir do sinal da cruz. Em forma de avião ou pássaro de asas abertas. Ou seria uma borboleta? Do que ele chama gesto primário de quem assinala um lugar ou dele toma posse. Dois grandes eixos cruzando-se em ângulo reto. O eixo monumental e o eixo rodoviário-residencial. A simplicidade é o principal traço da solução. Fragmentos do memorial:

> Não pretendia competir e, na verdade, não concorro, apenas me desvencilho de uma solução possível, que não foi procurada, mas surgiu, por assim dizer, já pronta. Compareço, não como técnico devidamente aparelhado, pois nem sequer disponho de escritório, mas como simples "maquis" no desenvolvimento da ideia apresentada, senão eventualmente, na qualidade de mero consultor. E, se procedo assim candidamente, é porque me amparo num raciocínio igualmente simplório; se a sugestão é válida, estes dados, conquanto sumários na sua aparência, já serão suficientes, pois revelarão que, apesar da espontaneidade original, ela foi, depois, intensamente pensada e resolvida; se não o é, a exclusão se fará mais facilmente, e não terei perdido meu tempo nem tomado o tempo de ninguém. A liberação do acesso ao concurso o reduziu

de certo modo à consulta àquilo que de fato importa, ou seja, à concepção urbanística da cidade propriamente dita, porque esta não será, no caso, uma decorrência do planejamento regional, mas a causa dele: sua fundação é que dará ensejo ao ulterior desenvolvimento planejado da região. Trata-se de ato desbravador, nos moldes da tradição colonial. E o que se indaga é como no entender de cada concorrente uma tal cidade deve ser concebida. (...) Ela deve ser concebida não como simples organismo capaz de preencher, satisfatoriamente, sem qualquer esforço, as funções vitais próprias de uma cidade moderna qualquer, não apenas uma *urbs*, mas como *civitas*, possuidora dos atributos de uma capital. (...) Cidade planejada para o trabalho ordenado e eficiente, mas ao mesmo tempo cidade viva e aprazível, própria ao devaneio e à especulação intelectual, capaz de tornar-se com o tempo, além de centro de governo e administração, num foco de cultura das mais lúcidas do país!

Comissão julgadora: Israel Pinheiro, presidente, sem direito de voto; Oscar Niemeyer, pela Novacap; Luiz Hildebrando Horta Barbosa, pelo Clube de Engenharia; Paulo Antunes Ribeiro, pelo Instituto dos Arquitetos do Brasil; William Holford, da Universidade de Londres, responsável pelo Plano Regulador de Londres; André Sive, professor de urbanismo em Paris, conselheiro do Ministério de Reconstrução da França; Stamo Papadaki, da Universidade de Nova York. Trechos do relatório final:

De um lado, considerou-se que uma capital federal, destinada a expressar a grandeza de uma vontade nacional, deverá ser diferente de qualquer cidade de quinhentos mil habitantes. A capital, cidade funcional, deverá além disso ter expressão arquitetural própria. Sua principal característica é a função governamental. Em torno dela se agrupam todas as outras funções e para ela tudo converge. As unidades de habitação, as unidades de trabalho, os centros de comércio e de descanso se integram em todas as cidades, de uma maneira racional entre eles mesmos. Numa capital, tais elementos devem orientar-se, além disso, no sentido do próprio destino da cidade: a função governamental. (...) Na opinião de seus membros [do júri], o projeto que melhor integra os elementos monumentais na vida quotidiana da cidade, como capital federal, apresentado numa composição coerente, racional, de essência urbana — uma obra de arte — é o projeto de número 22, do senhor Lucio Costa. O júri propõe seja o primeiro prêmio conferido ao projeto Lucio Costa.

Niemeyer ficou feliz com o resultado. Mas também se surpreendeu com o comportamento de alguns participantes:

Embora realizado honestamente, o resultado do concurso desgostou alguns interessados, provocando a paixão com que muitos se deixaram marcar. Ainda me vêm à lembrança certos incidentes, certas passagens que me fizeram descrer de muita coisa. Pela primeira vez senti como é forte a competição profissional e como a muitos domina, fazendo-os desprezar amizades e compromissos, em função exclusiva de uma ambição ilimitada. Mas senti, ainda, que aos inconformados faltava uma concepção mais realista da vida, que os situasse dentro da fragilidade das coisas, tornando-os mais simples, humanos e desprendidos. (...) Com a escolha do projeto Lucio Costa, a situação se esclareceu. Não se tratava apenas de um admirável projeto, mas, também, da obra de um homem puro e sensível, de um grande amigo com o qual me poderia entender. (...) Víamos com satisfação que o Plano Piloto de Lucio Costa era justo e certo, que se adaptava bem ao terreno, às suas conformações, e que os espaços livres e volumes previstos eram belos e equilibrados. Sentíamos que a atmosfera procurada já estava presente, uma atmosfera de digna monumentalidade, como uma capital requer, com os ministérios se sucedendo numa repetição disciplinada e a Praça dos Três Poderes rica de formas e, ao mesmo tempo, sóbria e monumental. Pensávamos em tudo isso, como se a obra já estivesse realizada, antevendo a cidade pronta, imaginando-a à noite, com a Praça dos Três Poderes iluminada, numa iluminação feérica e dramática em que a arquitetura se destacava branca, como que flutuando na imensa escuridão do Planalto.[62]

A capital modernista, dir-se-á com exatidão, possui as quatro escalas urbanísticas: a monumental, a residencial, a gregária e a bucólica. O Plano a conceberá para 500 mil habitantes no final do século. É constituída de diferentes setores específicos. No coração, o centro cívico, representado pela Praça dos Três Poderes, com os palácios do Legislativo, Judiciário e Executivo, prolongando-se por série de prédios de ministérios e pela catedral. Além desse conjunto, sucedendo-se uns aos outros, os setores comercial; bancário; de diversões; de apartamentos residenciais do funcionalismo e de casas populares. Sobre as superquadras, Lucio Costa escreve o seguinte:

> Quanto ao problema residencial, ocorreu a solução de criar-se uma sequência contínua de grandes quadras dispostas em ordem dupla ou simples, de ambos os lados da faixa rodoviária, e emolduradas por uma larga cinta densamente arborizada, árvores de porte, com chão gramado e uma cortina suplementar intermitente de arbustos e folhagens, a fim de resguardar melhor, qualquer que seja a posição do observador, o conteúdo das quadras, visto sempre num segundo plano e como que amortecido na paisagem.

O Plano admite a construção de três tipos de prédios, visando a três faixas de renda diferentes, de modo a propiciar maior integração de camadas sociais por contato, vizinhança e pelo uso comum de escolas, comércio e clubes. Essa ideia não se concretizará. Na prática, famílias de classes sociais diferentes vão residir em locais diferentes. As mais pobres, por exemplo, concentram-se na periferia da cidade. A integração das classes sociais fica apenas no plano piloto de papel. Utopia. Nesse assunto, não é o urbanismo que predomina. Junto com o plano urbanístico, equipes especializadas, em coordenação com Lucio Costa, formularam planos complementares para a cidade: administrativo, educacional, de saúde, de assistência social, de abastecimento.[63]

Fato pouco conhecido é que Lucio Costa não era até então urbanista. Niemeyer:

> E sentia com admiração seu enorme talento, tão autêntico, que lhe permitiu, de um dia para o outro, se transformar em urbanista, inventando essa cidade bela e acolhedora que é a capital do nosso país.[64]

Outra curiosidade: Lucio Costa gastou 64 horas de trabalho e 25 cruzeiros em papel, lápis, tinta e borracha para ganhar o concurso. E seus concorrentes? A Construtécnica S.A., por exemplo, aplicou 400 mil cruzeiros no seu projeto, apresentado em maquetes, gráficos coloridos e quadros de alumínio.

Para Lucio Costa, a força de Brasília nasceu do simples gesto do homem que se apropria de um lugar: duas linhas que se cruzam em ângulo reto.[65]

A mudança seria definitiva. Uma cidade para toda a vida. Não para estar sendo renovada, mudada. Ele então a concebeu com características de capital e escala de capital. De modo que quando um carioca ou um paulista que fosse lá, mesmo no início, não se sentisse numa cidade provinciana, explicava. Era essencial que tivesse personalidade própria, uma certa monumentalidade no sentido bom da palavra, não no sentido pejorativo.

Lúcido Lucio

O brasileiríssimo e comedido carioca Lucio Costa nasceu em Villa Dorothée Louise, na cidade portuária francesa de Toulon, em 1902. De mãe amazonense e pai baiano, um engenheiro naval que participou da construção de navios para a frota brasileira na Europa. Para Lucio, o fato de ter vivido muito tempo fora do país o fez ainda mais brasileiro. Esclarece: além de ser nacional, tornou-se também carioca, por morar no Rio, que conheceu de verdade aos quinze anos. Duas vezes brasileiro. Rubem Braga, na crônica "Lucio Costa urbanista", de 1954, descreve-o assim:

> Estudante diferente que começa a ganhar tudo que é concurso que aparece, apesar de ser um desenhista altamente sensível e aquarelar com maestria desiste da pintura pela arquitetura e, quando reprovado em Composição, admite tranquilamente que a nota foi justa.[66]

Relutou em participar do concurso para o projeto de Brasília. Tinha mil coisas para fazer e viagem marcada para a Europa. Quase em cima do encerramento das inscrições, decide disputar. Certamente pesou o entusiasmo do velho amigo Oscar Niemeyer, engajado de corpo e alma no sonho de JK. Afinal, os dois têm bela história juntos e admiração recíproca. O retraído e compenetrado Lucio logo dá asas à imaginação. Voo largo, acelerado, contra o relógio. Parecia que tinha tudo pronto na cabeça. O Plano Piloto sai ao apagar das luzes. Tudo muito criativo e ordenado. Mas quase nenhum detalhamento. Uma planta grande, croquis e um texto elegante, preciso, claro, enxuto. Seu corpo é alado. Uma borboleta em pleno voo?

Termina em cima da hora, no finalzinho da tarde do último dia de inscrição, 11 de março de 1957. Lucio entra apressado no seu Hillmann. Junto, as duas filhas, a pequena Helena e a universitária Maria Elisa. Tem de protocolar o projeto. Toca rápido para o local da entrega, Ministério da Educação, Palácio Gustavo Capanema, sobreloja, centro do Rio de Janeiro. O prazo está acabando, faltam poucos minutos. Sorte: chove, mas o trânsito está solto. Logo chega. Faltam só dez minutos. Aflito, para o carro exatamente em frente ao prédio. As meninas sobem correndo com a papelada. Um guarda implica com a posição do carro. Lucio explica. Tudo bem. O guichê está quase fechando. Mas o protocolo sai. Maria Elisa recebe pequeno cartão, espécie de recibo, com o número do projeto no Concurso: 22. As duas voltam vitoriosas e felizes. Há razões de sobra. Mais do que sonham. Ganharam a corrida e salvaram a Brasília de Lucio Costa.

E do outro lado do guichê? A Comissão Julgadora já tinha verificado preliminarmente alguns projetos. Até ali, numa primeira vista, nada empolgara. Não estavam se sentindo seguros e satisfeitos com nenhum deles. Isso aumentou a curiosidade e a expectativa com relação ao de Lucio. Assim que chegou, examinaram avidamente. Perplexidade. Ninguém entendeu absolutamente nada. O desenho alado, a simplicidade surpreendente, a apresentação singela. Difícil de compreender imediatamente antes da existência de Brasília. Preocuparam-se. Parecia que Lucio Costa tinha pirado. O que fazer agora? O grupo sai para almoçar. O inglês William Holford, que lia e falava espanhol, italiano e francês, aproveita e se isola num canto. Olha tudo de novo, lê o texto três vezes. De repente, seus olhos se iluminam, abre largo sorriso. Heureca! Mata a charada, compreende tudo. É simples, é claro. É um projeto urbano, não um plano genérico. Determina toda a volumetria da cidade. Por exemplo: o Palácio do Planalto é baixo, o Supremo é baixo, o Palácio do Congresso tem duas torres altas, os prédios tais e tais vão ficar ali, os ministérios são iguais, os blocos das superquadras têm seis andares e pilotis. Tudo isso e mais está determinado no projeto nº 22, o Plano Piloto idealizado por Lucio Costa.

Fundamental: no texto, ele destaca que Brasília não vai ser mera decorrência do desenvolvimento regional, mas causa dele. Instrumento da inserção do país na modernidade, inclusive internacional. Capital marcante, inovadora. Cidade com o sentido de mudança, grandeza e modernidade, tradução arquitetônica do projeto transformador de Kubitschek. Holford dirá depois ao próprio Lucio: "Li a primeira vez e não entendi. Li a segunda e entendi. Na terceira, I enjoyed [Gostei, tive prazer]." Quando os colegas voltam, explica tudo, despeja elogios no projeto. "É uma das contribuições mais interessantes ao urbanismo do século XX." Maravilha. Lucio atribuirá grande peso em sua vitória à compreensão e papel de Holford.[67]

Lucio Costa sempre defendeu uma arquitetura com identidade brasileira. Desde o início da carreira, quando já se dedica ao estudo do período colonial. Formado pela Escola Nacional de Belas-Artes em 1922, ganhou na loteria em 1926 e passou um ano na Europa com o dinheiro. É autor de numerosos projetos de obras neocoloniais. Na direção da Escola Nacional de Belas-Artes, que assume em 1931, reformula o ensino de arquitetura. Torna-se papel essencial na renovação da linguagem e do pensamento arquitetônicos do país. Influencia diversas gerações de profissionais. É pioneiro e destaque da arquitetura moderna. Tem papel de liderança no revolucionário projeto do prédio do Ministério da Educação e Saúde, no Rio, com a participação do arquiteto suíço naturalizado francês Le Corbusier, de cuja obra é estudioso e grande conhecedor. Entra para o SPHAN em 1937. Ocupa mesa vizinha à de um burocrata franzino, discreto, de fala rápida, jeito tímido, poeta, mineiro de Itabira: Carlos Drummond de Andrade.

Em 10 de março de 1954, uma tragédia que o abala pessoal e profissionalmente. Dirigia o carro da família rumo ao distrito de Correias, na serra fluminense. Passeio de fim de semana. Perdeu o controle, bateu forte numa árvore, a alavanca de mudanças penetrou no peito de sua mulher, Julieta. Salvação impossível, morte rápida. Uma fatalidade. Mas o bom e sensível Lucio nunca se conformou. Culpava-se injustamente, queixava-se da maldade do destino. Dor que nunca passou.

O amigo Le Corbusier o presenteara com quadro em que aparece um punhal ensanguentado. Deprimido, Lucio chegou a cismar com a imagem da alavanca fatal como um punhal. Grande amor, grandes sentimentos. Grande tragédia, ressentimento. Vida que segue.

De Israel Pinheiro Filho:

O Lucio Costa não queria mais mexer com arquitetura. Quando perdeu a mulher num desastre de automóvel, sentiu-se culpado e não queria mais fazer arquitetura. Ele me disse isso pessoalmente. Oscar Niemeyer pressionou muito para que apresentasse projeto. Ele acabou se entusiasmando e fez o plano urbanístico. No concurso, os julgadores estrangeiros acharam o projeto dele tão diferenciado que não tiveram dúvida alguma. Aprovaram.[68]

Além do Plano Piloto de Brasília, obra máxima, que o consagra como urbanista, inclusive internacionalmente, tem muitos outros projetos marcantes. Como o da Cidade Universitária da Ilha do Fundão, Rio, 1936; Casa do Brasil, Cidade Universitária, Paris, 1950; Plano Piloto da Baixada de Jacarepaguá e da Barra da Tijuca, Rio, 1969. Entendia a cidade como a extensão da casa. Autor de textos reconhecidamente importantes no ensino de arquitetura e urbanismo no país: Razões da nova arquitetura, de 1930; O arquiteto e a sociedade contemporânea (para a Unesco), de 1952; A crise da arte contemporânea, de 1959; Brasília revisitada, de 1987; Brasília, a cidade que eu inventei, de 1991; *Lucio Costa: registro de uma vivência*, de 1994, seu único livro.

Como Juscelino, o contido, sutil e elegante Lucio Costa atraía talentos. Exemplos? Como visto, certo dia um estudante de arquitetura precocemente casado pediu para trabalhar de graça no escritório. Lucio aceitou. De outra feita, impressionado com a beleza e o bom gosto do jardim cultivado por anônimo vizinho no bairro do Leme, um moço de 23 anos, quis conhecê-lo. Nome dos rapazes: Oscar Niemeyer e Roberto Burle Marx, respectivamente. Mágica coincidência ou capricho do destino?

Sempre discreto e altivamente humilde, dizia-se não capitalista ou socialista e nem religioso ou ateu. Morre aos 96 anos. Debilitado, vai perdendo as forças gradativamente. Instrui a família: "Não me internem. Lugar de morrer é em casa." Tem crescentes dificuldades de locomoção, a visão está comprometida por glaucoma. Na manhã de 13 de junho de 1998, por volta das nove horas, em sua casa no Leblon, Rio, senta-se, toma um pouquinho de café, vira para o lado e serenamente emigra deste mundo.

Burle Marx

Paulistano de 1909, arquiteto pela Escola Nacional de Belas-Artes em 1933. Depois da descoberta do jardim, Lucio Costa e ele se aproximam. Brota amizade permanente. O primeiro projeto paisagístico foi para o terraço-jardim da casa da família Schwartz, no bairro de Copacabana, em 1932. Indicação de Lucio. Depois desenvolverá mais de dois mil mundo afora. Seus projetos valorizam ao máximo a flora brasileira, que conhece profundamente. Inclusive no conjunto arquitetônico da Pampulha, Belo Horizonte, em 1943; no Parque do Ibirapuera, São Paulo, em 1954; e no Parque do Flamengo, no Rio, em 1961. Cataloga dezenas de novas plantas.

A contribuição da arte de Burle Marx a Brasília nem sempre recebe o devido destaque. Mas sua preocupação paisagística é marca da cidade. Ele aí desenvolveu mais de vinte projetos específicos. Alguns foram descaracterizados ou estão degradados, lamenta Oswaldo Nery da Fonseca, parceiro do paisagista durante quase quarenta anos. Burle Marx teve papel marcante na identidade visual de Brasília. Nos projetos originais do Parque da Cidade, Eixo Monumental, Jardim Zoobotânico, Palácio do Jaburu, Congresso Nacional e anexos, Itamaraty e muitos outros.

Além de paisagista internacionalmente reconhecido, destaca-se como pintor, arquiteto, designer de joias, tapeceiro, ceramista e pioneiro em ecologia. Incansável crítico e combatente do desmatamento. Na juventude, queria ser cantor lírico. Era muito espirituoso. Contam que certa vez, em conversa com duas socialites, uma jurou que suas roseiras adoravam ouvir Beethoven. A outra garantiu que as dela preferiam Mozart. Burle Marx: "Pois as minhas gostam é de cocô, esterco, as senhoras conhecem?" Morreu em 4 de julho de 1994, no Rio de Janeiro. Câncer. Deixou seu sítio em Pedra Guaratiba, no Rio de Janeiro, com 3,5 mil espécies de plantas, para os empregados.

Compromisso e sepultura

Palácio do Catete, Rio de Janeiro, 1º de outubro de 1957. Juscelino exagera ao sancionar o projeto de lei que marca a data da mudança da capital para 21 de abril de 1960, dia de Tiradentes, protomártir da Independência: "Este ato representa o passo mais viril, mais enérgico que a nação dá, após sua independência política, para sua plena afirmação." É a Lei n° 3.273, conhecida como Lei Emival Caiado, que entra em vigor no dia seguinte. Entre os presentes, o presidente da ABI, Herbert Moses, o ministro Amaral Peixoto, o senador Apolônio Sales, Emival Caiado, Renato Azeredo, comandante Afrânio de Farias e, pela Novacap, Israel Pinheiro da Silva e Ernesto Silva.

Nas discussões do final de agosto de 1957, o udenista Carlos Lacerda — teatral e radical demolidor político, orador sem igual, líder carismático e personalista — aborda requerimento de urgência para o projeto, de autoria do também udenista Emival Caiado, posicionando-se contrariamente. Mas adianta que não se oporá à aprovação do projeto. Aproveita a oportunidade para atacar o presidente da República. Abre o livro *Diretrizes gerais do plano nacional de desenvolvimento*, editado em novembro de 1955, e lê o seguinte trecho, que atribui a Kubitschek:

> Tenho estudado de perto esse problema e capacitei-me de que não será possível a transferência da administração federal para o interior senão em um prazo da ordem de quinze anos. É problema de uma geração: é necessário, entretanto, que se iniciem providências efetivas de articulação de transporte, de desenvolvimento agrícola, de valorização e aparelhagem do novo Distrito Federal, para que seja viável a transferência do governo sem causar transtorno grave a seu funcionamento.[69]

Enfatiza a data: novembro de 1955. Portanto, posterior à do célebre comício de Jataí (4 de abril de 1955), em que Kubitschek prometeu fazer a mudança no seu governo. E também à da eleição presidencial (outubro de 1955). O objetivo é evidente: apontar contradição, induzir desconfiança em Juscelino e no projeto.[70]

Deve ter sido mesmo pela falsa certeza de que não era possível fazer a cidade funcionar durante o governo que a UDN não impediu a criação da Novacap. Nem a fixação da data da mudança. Via em Brasília a desmoralização, a guilhotina política de Kubitschek.

Sua sepultura política. O goiano Emival Caiado lembra a negociação dentro do partido:

> A grande jogada minha, olhando assim de uma maneira panorâmica, foi justamente a aprovação da lei que fixou a data da transferência. Mas claro que sem a criação da Novacap também não haveria condição. As duas coisas foram fundamentais. (...) Eu tinha feito um compromisso com o Lacerda de nós, os mudancistas, o ajudarmos no combate à senatoria biônica do presidente. Juscelino queria que todos os presidentes da República depois se tornassem uma espécie de senadores vitalícios, conselheiros com direito a tudo, menos o de voto. A UDN enfrentou e fez obstrução. Nosso projeto, que estava em segundo lugar na pauta, ficou parado. Então eu combinei com o Lacerda para ele abrir a pauta e apoiar o meu projeto que fixava a data da mudança da capital, em troca de nós mudancistas ajudarmos a combater o projeto de senador biônico. (...) Nessa ocasião, o Juscelino me chamou lá no Palácio das Laranjeiras e me disse: "Emival, você é um homem inteligentíssimo!" Me recebeu desse jeito. Pensei: "O que é que esse homem está querendo comigo? Ele vai pedir para eu votar a favor da senatoria biônica e eu vou falar que não." E ele: "Você tem a visão do estadista!" Pensei: "Tô perdido." Perguntei: "Mas o que que houve, presidente?" "O Jango acaba de sair daqui. Veio fechar questão comigo para parar com o que chama de 'essa loucura de Brasília'. Disse que os Institutos não têm condição de construir aqueles prédios lá etc. e tal." "E o que que o senhor respondeu, presidente?" "Não, Jango, eu estou cumprindo uma decisão do Congresso, uma lei votada inclusive pelo seu partido [PTB], de autoria de um deputado da UDN. Eu estou cumprindo uma determinação do Legislativo."[71]

Niemeyer em Brasília

Niemeyer participou desde o início. Até antes. Numa certa manhã de setembro de 1956, Juscelino o apanha de carro no portão de casa, na Estrada da Gávea, Rio de Janeiro. Quer conversar. É Brasília. Fala com entusiasmo contagiante. Niemeyer logo se empolga. Para ele, a obra tem interesse profissional e afetivo. Aceita o desafio e comove-se com o empenho do velho e fiel amigo. Passa a viver em função de Brasília. Primeiro trabalhando no Rio de Janeiro. Depois, a partir de 1958, muda de mala e cuia para o cerradão bruto. Nos primeiros tempos, mora numa casa popular da avenida W-3. Nas lembranças, a humildade da sabedoria:

> Em pouco tempo formamos um grupo coeso e amigo. Todos juntos no correr das casas populares já construídas. O conforto era pouco: sala, dois quartos, banheiro e cozinha. Meu quarto era pequeno: um catre, um pequeno armário provisório e um banco como mesa de cabeceira. O resto era terra vazia, desprotegida, coberta de poeira nos tempos de inverno e de água e lama nos meses de verão. É claro que esses pequenos desconfortos se diluíam diante do trabalho que tanto nos ocupava. Mas ficava aquela sensação de fim de mundo, a lembrar a família e os amigos distantes, sem estradas e telefone. Apenas um pequeno rádio de campanha a nos servir. E tudo se agravava para os que lá estavam sozinhos, a imaginar como seria bom ter uma mulher do lado, com quem pudessem dividir suas angústias, e abraçá-la um pouco. E isso explicava muita coisa. Muita união escondida que aquele abandono justificava. (...) E as obras seguiram nos prazos contratados e Israel, seu braço direito, as comandava sem vacilações nem burocracia, com a coragem dos que sabem estar agindo bem. E nós a trabalhar de sol a sol, acompanhando JK altas horas da noite pelas obras em andamento. Não havia tempo a perder e as construções se iniciavam, tendo apenas calculadas suas fundações. O resto, os detalhes das estruturas e da própria arquitetura, vinha depois, acompanhando o ritmo programado. E a ideia de JK — nossa, inclusive — não era de uma cidade qualquer, pobre, provinciana, mas de uma cidade atualizada e moderna, que representasse a importância de nosso país.[72]

Os primeiros projetos de Brasília começam a ser preparados no Rio de Janeiro, no prédio do Ministério da Educação e Saúde. E depois na sede carioca da Novacap, na avenida Almirante Barroso. Depois Niemeyer conclui que é melhor fazê-los no local da construção, seguindo as obras em curso. Fiscalizar diretamente as construções, intensificar mais ainda o trabalho, inclusive a preparação de projetos. Tempo integral, dedicação exclusiva, ritmo contínuo e acelerado. Criar, projetar, acompanhar a execução, fiscalizar. Visitar as construções em andamento, providenciar eventuais ajustes e correções de equívocos, ver tudo de perto. Enfim, a tarefa monumental de dar forma e expressão a Brasília, defini-la irreversivelmente ainda dentro do mandato do presidente Kubitschek, nos exatos termos em que foi planejada.

Certo dia, Israel Pinheiro comunicou a Niemeyer que o governo ia lhe pagar salário normal de funcionário público. Depois acrescentou: "Posso dar-lhe uma comissão." Curto-circuito semântico: Niemeyer aceita o salário e recusa a comissão. Detesta a palavra. Se Israel tivesse explicado que se referia a porcentagem sobre a obra, como regula a tabela do Instituto dos Arquitetos do Brasil, Niemeyer talvez tivesse concordado. Escreverá nas memórias: "E foi pelo emprego da palavra 'comissão' que elaborei todos os projetos de Brasília por apenas 40 mil cruzeiros mensais." Em contraposição, sabia que podia contar com o apoio total e entusiasmado do amigo e presidente Kubitschek.

É remunerado como barnabé e tendo de fechar o próprio escritório de arquitetura, que comanda a equipe, elabora e acompanha a execução dos projetos. Mais de cem, todos elaborados em alta velocidade. Teve a alegria de formar livremente a equipe. Contratou vinte arquitetos e trouxe também vários amigos de profissões diferentes, inclusive alguns que enfrentavam dificuldades financeiras. Daí ter no grupo um médico, dois jornalistas, um advogado, um oficial da Aeronáutica, um goleiro do Flamengo e cidadãos de profissão indefinida. Sua avaliação: "Todos me foram úteis e a equipe se fez variada, a conversa mais versátil, o trabalho mais completo, cada um atuando dentro de suas próprias aptidões."[73]

Generosidade e desprendimento. Dentro e fora do país. Em 1947, por exemplo, é convidado por Wallace Harrison — coordenador do concurso — para apresentar projeto para a sede da ONU, em Nova York. Assim que chega lá, Le Corbusier, cujo projeto — o de número 23 — começava a ser criticado, pede-lhe que colabore com ele. O próprio Niemeyer não gosta do 23. Parece feito para outro local, com o bloco da Grande Assembleia e dos Conselhos no centro do terreno, dividindo-o em dois. Mas atende, trabalha ao lado do amigo alguns dias. Ajuda, faz desenhos. O coordenador Harrison fica sabendo e chama-o ao gabinete: "Oscar, convidei você para, como todos os outros arquitetos, apresentar seu projeto e não para trabalhar com Le Corbusier." Niemeyer mergulha então na invenção do próprio projeto. Trabalho de uma semana. Mantém o bloco das Nações Unidas e separa os Conselhos da Grande Assembleia. Eles vão para um bloco extenso e baixo, perto do rio; ela, para a extremidade do terreno. Com isso, pode criar o que iria ser a Praça das Nações Unidas. É o projeto 32. A Comissão de Arquitetos se reúne e avalia todos os estudos. Escolhe o de Niemeyer. Unanimidade. Cumprimentos efusivos, felicitações. Mas, na saída, Le Corbusier o procura. Quer conversar. Marcam para a manhã seguinte. O mestre franco-suíço não desiste. Insiste em que a grande Assembleia tem que ocupar o centro do terreno. Insiste tanto e aparenta tal preocupação, que Niemeyer, apesar de não se convencer, cede assim mesmo. Então apresentam, juntos, um novo estudo, o projeto 23-32. Harrison, que não foi consultado, não gostou da decisão. Mas os trabalhos seguiram em frente. O prédio construído corresponde, nos volumes e espaços livres, ao projeto 23-32. Intimamente, Niemeyer nunca se conformou com a perda da Praça das Nações Unidas, sacrificada para fazer o 23-32. Meses depois, durante um almoço, Le Corbusier fita-o longamente e diz: "Você é generoso."[74]

Nota-se em Niemeyer permanente constrangimento pessoal em relação a negócios e dinheiro. Mas também se divertia com o assunto. Um exemplo? A grande firmeza do pequenino Portinari num acerto financeiro feito em 1946. Niemeyer o apresentara ao barão de Saavedra, fundador do Banco Boavista, para tratarem da decoração da nova sede, na Cinelândia, centro do Rio. Portinari olhou tudo, refletiu, imaginou a obra, calculou, botou preço e firmou o pé. O barão tremeu nas bases, achou um absurdo. "Ora, por que eu deveria gastar uma exorbitância dessas para enfeitar um prédio do banco?" "Porque dentro de algum tempo minha assinatura vai valer milhões." O pequenino Portinari falou tão firme e forte do alto de seu 1,54 metro de altura, que o barão não regateou. Coçou a cabeça, ficou pensativo alguns instantes e, voz abatida, cedeu: "All right, Portinari." Na roda de amigos de Niemeyer, mesmo nos momentos difíceis, era só alguém imitar o desconsolado "All right, Portinari" do barão para todos caírem na gargalhada.

Apesar da visibilidade tornar-se menor perto de sóis como Niemeyer e Lucio Costa, outros arquitetos de grande talento se destacam na concretização de Brasília. Inclusive depois da inauguração. Como João Filgueiras Lima, Lelé; Ítalo Campofiorito e muitos mais. Engenheiros também. Como Joaquim Cardozo, o homem que calculava, também poeta, para Niemeyer o brasileiro mais culto que conheceu.

Enquanto semeava maravilhas arquitetônicas no sertão bruto, Niemeyer não desperdiçou energia amaldiçoando a condição temporária de bandeirante e pioneiro improvisado. Aceitou-a com naturalidade. Sabia que era preciso e passageiro. Então improvisava, virava-se, vivia o melhor possível naquele quadro de brutal excesso de trabalho e escassez de conforto. Dormia pouco. Quatro, no máximo cinco horas por noite. Aproveitando os talentos da eclética equipe, formou conjuntinho musical, em que ele próprio endiabrava um cavaquinho, dizem que bem, especialmente ao tocar "Amélia". Nas batucadas daquela vida, tinha bateria em latas, copos e garrafas, o violão do Paulo Mello, o Paulão; o pandeiro do arquiteto Sabino Barroso e até sambista bom de ginga, o Willy. Pelo menos uma vez essa alegria foi gravada em fita de rolo, infelizmente extraviada depois de rodar em muitas mãos. Nela, o esperto cavaquinho acompanha a inconfundível voz meio rouca de Tom Jobim. A convite de Kubitschek, Tom e Vinicius de Moraes visitaram Brasília durante a construção. Ficaram dez dias no Catetinho e compuseram a "Sinfonia da Alvorada", que fala da construção da cidade e da bravura dos que a ergueram.

No futuro, Tom Jobim terá outros vínculos com Brasília. A sogra, Dorita Lontra, morou na cidade. Certa vez, ele e o filhinho João, de 7 anos, que estavam hospedados com ela, foram almoçar na casa da escritora Vera Brant, no Lago Sul. O garoto chegou lá cuspindo marimbondos. Preocupada, Vera tratou de acalmá-lo. Furioso, desabafou: um homem tinha xingado seu pai na fila da padaria e ele nem abrira a boca para reagir. Tom:

Hoje madrugamos pra comprar pão quentinho pra Dorita. Mas já tinha fila na padaria. Um homem ficou me olhando pensativo. Fingi que não era comigo, mas o cara não desgrudava os olhos. O danado tinha me reconhecido. De repente, veio e me perguntou se eu era o Tom Jobim. Respondi: "Claro que não." E ele: "Claro mesmo. O senhor é muito mais gordo e mais feio do que ele."

Niemeyer também jogava cartas, conversava e ria muito com os amigos, compartilhava saudades. E, em atmosfera de faroeste caboclo, ainda desfrutava a democrática boemia candanga da Cidade Livre — tinha preferência pelo Olga's Bar — e do firme ordenado de barnabé. Os 40 mil cruzeiros mensais do doutor Israel. Maravilha.

Aliás, o senso de humor é companhia inseparável. Há incontáveis episódios. Seguem alguns.

Em 1996, no limiar dos 90 anos, ao responder sobre o que tinha achado de Xuxa Meneghel, a exuberante apresentadora de televisão e símbolo sexual, a quem acabara de conhecer pessoalmente:

— Moça muito bonita. Pena que é alta demais para mim.

Em Brasília, no final de 1976, acerta com a amiga Vera Brant uma visita ao túmulo de Kubitschek, no Campo da Esperança, ao final da tarde. Marcam para cinco e meia. Oscar se atrasa. Às seis em ponto, o porteiro fecha o portão. Oscar chega. Ela pede ao funcionário para abrir uma exceção, dar um jeitinho. Ele se desculpa, diz que não pode, cumpre ordens. Ela explica, insiste. Nada. Insiste mais. Nada. Oscar assiste a tudo calado. Simulando fúria, ela grita que vai arrebentar o portão. Entra no Alfa-Romeo, liga o motor, deixa em ponto morto e acelera fundo. Um barulhão. Em pânico, o porteiro resolve abrir. Dentro:

— Puxa, Oscar, você não falou nada, ficou só olhando! Achei que ia me ajudar na briga.

— Brigar pra entrar em cemitério, Vera?!

Contam que certo dia, no Rio, mergulhado no trabalho, sentiu a vista embaçada pelos reflexos das luzes. Preocupado, correu ao consultório médico do irmão, Paulo Niemeyer. "Me dê aqui esses óculos, Oscar." Vê que as lentes estão empoeiradas, limpa na própria camisa. "Pronto, você está curado."

Niemeyer saía pouco de Brasília. Certamente por excesso de trabalho, mas também pelo assumido horror a viagens aéreas. "Já viajei muito de avião, mas detesto voar. E só em situações muito especiais cometo essa imprudência."[75] Sempre que pôde, preferiu viajar de carro. Durante a construção, aventurou-se pelas estradas precárias para ir ou vir do Rio, apesar dos mais de 1.200 quilômetros e muita lama ou poeira, dependendo da época. Enfrentou riscos, muito cansaço, acidentes, erradas de caminhos que mais pareciam atalhos. Até quatro dias de aventura, em que se divertia com os amigos. Certa vez, num capotamento em Minas, escapou milagrosamente, mas penou um mês hospitalizado.

Distraía-se também com a natureza. Principalmente com as nuvens e seus desenhos inesperados e mutantes. Via catedrais enormes e misteriosas, guerreiros terríveis, carros romanos, monstros desconhecidos, lindas e vaporosas ninfas flutuantes.

Uma dessas viagens foi em 1958. Rio-Belo Horizonte-Pirapora-Paracatu-Brasília. Niemeyer reveza-se ao volante de um Saab, pequeno carro de passeio, com o companheiro Gadelha. No banco traseiro, o irascível e desbocado Galdino Duprat da Costa Lima e o irônico Walter Garcia Lopes, nascido e criado no interior de São Paulo, a quem chamam de Eça, apelido que lembra o escritor Eça de Queirós.

Parêntese. Mestre da ironia, Eça é talvez o principal prosador português, autor de *Os Maias*, *O primo Basílio*, *A ilustre casa de*

Ramires, *A cidade e as serras*, *O crime do padre Amaro*. Refinado cosmopolita, nasceu em Póvoa do Varzim, em 1845. Foi diplomata em Cuba, Inglaterra e França. Morreu em Paris, aos 54 anos. Trecho de carta dele a Ramalho Ortigão: "Não se descuide de ser alegre: só a alegria dá alma e luz à ironia — à santa ironia — que sem ela não é mais do que uma amargura vazia." Como Niemeyer, o amigo Eça certamente percebeu e praticou isso.

Mais ou menos na metade da viagem, tomam banho de rio enquanto esperam a balsa. Depois a estrada piora e fica ainda mais vazia. Em volta, só mato, sertão bruto. De repente, mesmo em baixa velocidade, baita susto: uma bacada mais forte e a parada abrupta bem no meio de uma ladeira. O carro empaca, a frente afundada num mata-burro. Todos sobrevivem, claro. Juntam esforços, gemem de tanto fazer força. Conseguem livrar o Saab. Mas ninguém se lembra de engrená-lo ou de puxar o freio de mão. Coisa de alta gravidade, principalmente morro abaixo. Solto, ele desce desgovernado, os quatro correndo atrás. Embrenha-se no mato e para, encalacrado. Depois de muito sufoco, conseguem recolocá-lo no caminho. Parece em ordem, apenas a segunda marcha está quebrada. Seguem em frente. Agora, uma subida longa e forte. O pobrezinho não aguenta. Os outros três empurram, enquanto Niemeyer pisa fundo no acelerador. Nada, o coitado enguiçou de vez. Escurece rapidamente. Não dá para prosseguir. Quase de repente, um breu, noite fechada. Muita aflição. Duprat: "Haverá índios aqui?" Eça responde que é provável, pois estão no sertão e talvez fora do caminho, perdidos. Madrugada, frio de rachar. Ninguém dorme. De repente, veem dois pontos de luz no meio do mato. Eça: "Será uma onça?" Duprat: "Vai ver que é." Um dos pontos se apaga. Duprat: "Não é onça nenhuma." Eça: "Onça caolha." Duprat: "Caolha é a puta que o pariu!" Todos riem muito. O dia começa a nascer. Ninguém pregou os olhos. Nem sinal de gente. Mas por volta das nove horas aparece um caminhão. Sentados em sacos, Niemeyer e Gadelha vão de carona atrás de socorro.[76]

O pavor por aviões fez história. Por exemplo: no final de 1987, o cartunista e escritor Ziraldo fica surpreso quando entra num

Boeing da Ponte Aérea Rio-Brasília, no aeroporto do Galeão, e dá de cara com Niemeyer já sentado, comportadinho, cinto de segurança atarraxado. Justifica-se: "É uma exceção, um assunto muito urgente." Poucos minutos depois, o avião decola suavemente. O dia está lindo, tem céu de brigadeiro. Nem sinal de turbulência. Boa viagem? Tom Jobim dizia que o problema do avião é que a oficina mecânica fica lá embaixo. Na hora da descida em Brasília, a torre manda esperar. Pista interditada. Ficam um tempão sobrevoando a cidade e depois recebem ordem para voltar a Belo Horizonte e aguardar novas instruções. Irritação, ansiedade, tensão. Cinquenta minutos depois, novo aviso: também Belo Horizonte tem problemas. E nova ordem: voltar para o Rio. Voo bumerangue. Uma raridade na Ponte Aérea, que faz sem problemas o trecho Rio-Brasília mais de mil vezes por ano. Quando descem no Galeão, Niemeyer diz a Ziraldo:

— Que loucura, hein?! Vou de carro. Viajar de avião me atrasou mais de quatro horas.

E a descrição niemeyeriana das bem desenhadas meninas da alegre casa de Eloá, que conheceu numa viagem a Porto Alegre em 1944: "Eram todas bonitas, benfeitas, as ancas barrocas como preferíamos e um ar natural e convidativo."[77]

Ele explica os principais Niemeyers de Brasília:

E procurei especular no concreto armado, nos apoios principalmente, terminando-os em ponta, finos, finíssimos; e os palácios como que apenas tocando o chão. Lembro com que prazer desenhei as colunas do Palácio da Alvorada e com que prazer maior ainda as vi depois repetidas por toda a parte. Era a surpresa arquitetural contrastando com a monotonia dominante. E com o mesmo empenho me detive diante dos Palácios do Planalto e do Supremo na Praça dos Três Poderes. Afastando as colunas das fachadas, imaginando-me diante da planta elaborada, a passear entre elas, curioso, procurando sentir os ângulos diferentes que poderiam provocar. E isso me levou a recusar o montante simples, funcional, que o problema estrutural exigira, preferindo, conscientemente, a forma nova desenhada, rindo com o meu sósia daquele "equívoco" que a mediocridade atuante com prazer descobriria. (...) Meus projetos em Brasília prosseguiram a correr. O teatro, por exemplo, foi concebido em três dias, durante um carnaval. Nunca reclamei. Se faltava tempo para pensar um pouco, tempo também faltava para as modificações indesejáveis. A procura da solução diferente me dominava. Na catedral, por exemplo, evitei as soluções usuais, as velhas catedrais escuras, lembrando pecado. E, ao contrário, fiz escura a galeria de acesso à nave, e esta toda iluminada, colorida, voltada com seus belos vitrais transparentes para os espaços infinitos. (...) Com a mesma preocupação de invenção arquitetural concebi os demais edifícios. O Congresso a exibir seus setores hierarquicamente principais nas grandes cúpulas contrastantes; o Ministério da Justiça a jorrar água, como um milagre, pela fachada de vidro, e o Panteão a enriquecer como um pássaro branco a Praça dos Três Poderes. Somente no Ministério do Exterior agi diferente, desejoso de demonstrar como é fácil agradar a todos com uma solução correta, generosa, mas corriqueira, dispensando maior compreensão e sensibilidade. Agora, quando visito Brasília, sinto que o nosso esforço não foi feito à toa, que Brasília marcou um período heroico de trabalho e otimismo; que a minha arquitetura reflete bem o meu estado de espírito e a coragem de nela exibir o que intimamente mais me comovia. E ainda que ao elaborá-la soube respeitar o Plano Piloto de Lucio Costa nos volumes e espaços livres, nas suas características tão bem concebidas de cidade acolhedora e monumental.[78]

Niemeyer menciona o edifício do Itamaraty como pausa para preparar as pessoas para a compreensão de uma arquitetura mais criativa, caso da Catedral, por exemplo. Apesar disso, o prédio é dos mais admirados da cidade. Inclusive por estrangeiros. Diplomatas contam que no regime militar, governo Geisel, o todo-poderoso secretário de Estado Henry Kissinger, dos Estados Unidos, maravilhado com sua arquitetura, fez questão de percorrê-lo em companhia do chanceler Azeredo da Silveira. Ao final, teria dito:

"Belíssimo prédio, Silveira! Só falta agora vocês botarem uma política externa dentro dele." Maldosa invenção, claro. O hábil Kissinger seria incapaz de tal grosseria e o guerreiro Silveira de ouvi-la passivamente. Até porque a política externa de Geisel era de independência e de quase hostilidade aos Estados Unidos.

Não há certeza, mas existem sinais de que a Catedral é a invenção predileta:

> A Catedral de Brasília é um dos prédios que mais me agradam na arquitetura da Nova Capital. É diferente de todas as catedrais já construídas. Com a galeria de acesso em sombra e a nave colorida ela estabelece um jogo, um contraste de luz que a todos surpreende: cria com a nave transparente uma ligação visual inovadora entre ela e os espaços infinitos; tem na sua concepção arquitetural um movimento de ascensão que a caracteriza e não apresenta fachadas diferentes como as velhas catedrais. É simples. Pura, como obra de arte.[79]

Ateu e comunista, Niemeyer — primo de Dom Luciano Mendes de Almeida, arcebispo e referência nacional do catolicismo — virou santo quando o núncio apostólico foi conhecer a Catedral:

> Esse arquiteto deve ser um santo para imaginar tão bem essa ligação esplêndida da nave com os céus e o Senhor.[80]

A Catedral foi inaugurada em 31 de maio de 1970. O núncio apostólico era Dom Umberto Mazzoni. O nome completo de Niemeyer seria: Oscar Ribeiro de Almeida de Niemeyer Soares. Niemeyer, alemão; Ribeiro e Soares, portugueses; e o Almeida, árabe, o mesmo de Dom Luciano. "E isso sem levar em conta algum negro ou índio que, sem o sabermos, também faça parte da nossa família", acrescenta ele.[81]

Comunista obstinado, certa vez pediu a Jorge Roberto Silveira, prefeito de Niterói, que ia a Havana, para entregar uma carta a Fidel Castro. Informava tê-lo indicado para o Prêmio Lenin da

Paz. Fidel leu, ficou pensativo, cofiou a barba e divertiu-se: "Parece mentira. Só restaram dois comunistas no mundo. O Niemeyer e eu."[82]

No dia 29 de agosto de 2000, aos 92 anos, Oscar Niemeyer está em Brasília. "A primeira coisa que faço quando chego a Brasília é telefonar para os amigos." Objetivos principais: inaugurar a mostra Niemeyer 90 Anos, de quatrocentos projetos, e apresentar ao governo do Distrito Federal e ao Ministério da Cultura projeto do setor cultural que completa o plano urbanístico de Lucio Costa para o Eixo Monumental. Inclui: museu, biblioteca, galeria subterrânea, cinema de 180 graus, centro musical, centro de lojas e cinemas. Ao todo, seis prédios, que se integram à unidade arquitetônica da área. Explica as ideias, mostra maquetes, desenhos, responde pacientemente a um mar de perguntas, algumas absurdas. Depois dá muitas entrevistas. Uma canseira.

Declara: "Brasília foi construída em quatro anos. Quarenta anos depois, espero que o Eixo Monumental, idealizado por Lucio Costa, se realize." Estão ali amigos, políticos, artistas, técnicos, estudantes, funcionários públicos, jornalistas, gente do povo, admiradores. O governador de Brasília, Joaquim Domingos Roriz, se entusiasma: "Queremos ver Niemeyer inaugurando esta obra. Vamos concluir Brasília, a obra do século."[83]

À noite, Niemeyer faz conferência na Confederação Nacional da Indústria, aberta ao público. No dia seguinte, segue para Goiânia e continua a maratona. Pormenor: tudo de carro. Inclusive Rio-Brasília, ida e volta. Mais de 2,4 mil quilômetros. De Affonso Heliodoro, militar e advogado, colaborador e amigo íntimo de Kubitschek: "Uma das provas da liderança e do fascínio irresíveis de Juscelino foi fazer o Niemeyer entrar com ele naqueles aviões antigos, que desciam em pistas improvisadas no cerrado. Um milagre."

Há hábitos de Niemeyer que desafiam a medicina. A boa saúde física e mental aos 93 anos coexiste com gostosas tragadas e baforadas em pelo menos seis cigarrilhas Davidoff light todos os dias. Antes, cafezinho, claro. Tem muito apetite. No café da manhã, sempre come ovos. E ainda costuma pedir outros dois, cozidos, antes do almoço, que normalmente inclui carne vermelha bastante temperada. Janta muito em restaurantes. Trabalha como poucos, dorme bem, colesterol não é problema nem tem pressão alta. Um fenômeno.

Por que não deixar mais uma flor nesta página? Por exemplo, um poema em linha curva de Niemeyer, que explica muito de sua arte e Brasília:

> Não é o ângulo reto que me atrai nem a linha reta inflexível, criada pelo homem. O que me atrai é a curva livre e sensual, a curva que encontro nas montanhas do meu país, no curso sinuoso dos seus rios, nas ondas do mar, no corpo da mulher preferida. De curvas é feito todo o universo, o universo curvo de Einstein.[84]

Outra flor, agora do arquiteto Edgar Graeff: "Oscar faz a arquitetura cantar."

Uma terceira, do poeta e amigo Ferreira Gullar: "Niemeyer criou a poética do concreto armado, que é a sua contribuição principal à arquitetura de nossos dias."

O múltiplo Darcy Ribeiro — antropólogo, escritor, político, educador, pai da Universidade de Brasília, mineiro do mundo — tanto fez que finalmente conseguiu espremer o significado da obra de Niemeyer dentro de duas frases:

> Ele é o único homem em que eu pus os olhos a ser recordado para lá do ano 3000. Os homens do futuro o verão como contemporâneo e meio-irmão de Michelangelo.

Há mais de trinta livros sobre esse brasileiro universal e sua obra. Em oito línguas diferentes. Muito antes de Brasília — criação mais conhecida e importante —, a arquitetura de Niemeyer, por muitos também considerado um escultor do concreto armado, já tinha ganhado o mundo com obras de reconhecida criatividade, qualidade e rigor artístico. Sua arte se propaga pelo planeta: Estados Unidos, Alemanha, França, Itália, Rússia, Argélia, Gabão, Inglaterra, Israel,

Portugal, Arábia Saudita, Venezuela. Recebe vários prêmios internacionais. Ao todo, há 180 prédios fora do Brasil que levam sua assinatura. Também no país realiza dezenas de outras obras marcantes. São mais de quatrocentos projetos que embelezam cerca de quarenta cidades brasileiras, inclusive oito capitais. Trabalha, por exemplo, na criação do Conjunto Arquitetônico do Ibirapuera, de 1951, em São Paulo, e no da Passarela do Samba — o Sambódromo —, no Rio de Janeiro, de 1984. Do Memorial da América Latina, de 1989, em São Paulo, a vários novos projetos para Brasília, como o Espaço Lucio Costa, o Memorial JK e o Panteão da Pátria e da Liberdade Tancredo Neves. E muitos outros. Inclusive grande número de projetos para o setor privado. Um inovador em critérios de utilização de espaços e de novos materiais, introduz no país técnicas arquitetônicas avançadas. É autor de *Minha experiência em Brasília*, de 1961, traduzido para diversos idiomas; *Viagens: quase memórias*, de 1968; *Minha vida de arquiteto*, de 1973; *Meu sósia e eu*, de 1992; *As curvas do tempo: Memórias*, de 1998; *Diante do nada*, de 1999; *Minha arquitetura*, de 2000. Fundador da revista *Módulo*, que circulou de 1955 a 1965.

Em tempo. Deu no *Jornal do Brasil* de 21 de novembro de 2000: "Amor à arte. O arquiteto Oscar Niemeyer, aos 93 anos, está aprendendo a tocar violão. Quer agradar a um coração feminino." E no de dois dias depois: "Niemeyer por Tom. 'Num cantinho, um violão/ esse amor, uma canção/ para fazer feliz a quem se ama.'" Lição de vida.

Em 26 de janeiro de 2001, escolhido principal nome da arquitetura contemporânea pelos oitenta conselheiros do Instituto dos Arquitetos do Brasil, Niemeyer recebe o troféu de Arquiteto do Século.

Sinal vermelho

Brasília não é fonte só de alegria e reconhecimento para Niemeyer. Um golpe que nunca conseguiu digerir: a rasteira do governo Médici no seu projeto de aeroporto internacional, de forma circular. A forma é exatamente o principal argumento alegado pela Aeronáutica para barrá-lo: "A solução de um aeroporto deve ser extensível." É o veto. Referindo-se a Niemeyer, o ministro da Aeronáutica declara que lugar de arquiteto comunista é em Moscou. Eis a essência do problema: a ideologia política de Niemeyer, suas ligações com o Partido Comunista desde 1945, que nunca ocultou. Pelo contrário. No local da construção, placas informam tratar-se de aeroporto militar. Niemeyer reage: "Aeroporto militar não tem alfândega nem lojas. É problema de segurança." Não se refere à segurança do futuro aeroporto, óbvio. Mas às forças de segurança, à repressão política. Tiram as placas. Ele vai à Justiça. Apresenta ação contra a Aeronáutica. Perde e ainda é condenado a pagar as custas processuais. O governo executa outro projeto, que Niemeyer viu assim: por razões políticas, a cidade deixa de ganhar aeroporto moderno e compatível com ela para construir um outro, obsoleto e desarticulado, que compromete a principal porta de entrada.[85]

Algum tempo depois, o governo militar construiu o aeroporto do Galeão, no Rio de Janeiro, projeto de forma circular.

Muitos anos depois, o aeroporto de Brasília foi reformado e ampliado.

Ritmo de Brasília

Em 1957-58, JK costumava ir ao Planalto pelo menos duas vezes por semana. Verificar o andamento dos projetos, estimular a equipe, os empresários, os técnicos, os funcionários e operários. Motivar, transmitir entusiasmo. O avião entra no dia a dia presidencial como instrumento rotineiro de trabalho. Ele decolava do Rio depois de expediente e pousava no cerrado por volta das onze da noite ou até depois. Era mais que determinação. Era paixão. Percorria obras até de madrugada. Às vezes dormia em Brasília e partia bem cedo. Mas o mais comum era entrar de novo no avião e voltar ao Rio. Dormia tranquilamente a bordo. Primeiro, num surrado e seguro Douglas DC-3, num leito improvisado. Depois, com mais conforto, no quadrimotor turboélice Viscount, mais veloz, maior e mais espaçoso. Tinha uma cabine presidencial simples, com mesinha de trabalho, quatro cadeiras e também uma cama. Fez 225 viagens dessas naquele biênio.

Ritmo de trabalho alucinante. Vivia brigando com os ponteiros do relógio. Pouco tempo, um ror de compromissos, mania de pontualidade. Os dias eram curtos, insuficientes. As horas de sono, mínimas. Um dia típico no Rio? Acordava cedo no Palácio das Laranjeiras e olhava os jornais. Às seis horas, banho de banheira cuidadosamente arrumado pelo camareiro Geraldo Batista. Às vezes falava ao telefone durante o banho. Ou despachava com algum dos assessores mais íntimos, amigo pessoal. Como Affonso Heliodoro, por exemplo. Costume que trouxe de Minas. Depois café da manhã: bifes fininhos bem passados, leite, café, mel, pão, manteiga, quitandas. E, claro, queijo de minas que, aliás, dizem ter sido ensinado às mulheres de Diamantina pelo viajante estrangeiro John Mawe, que publicou, em 1812, relato sobre as minas de ouro e diamantes.[86] Às 7:30 ia para o Palácio do Catete. Despachava com o chefe da Casa Civil, Álvaro Lins, com os subchefes José Sette Câmara, Josué Montello, Oswaldo Maia Penido e Affonso Heliodoro, além de assessores especiais, como o coronel Nélio Cerqueira Gonçalves e o jovem diplomata Paulo Tarso Flecha de Lima. Trabalho incessante até a uma da tarde. Ministros, empresários, políticos, jornalistas, diplomatas, assessores, muita gente de fora e de dentro. Um massacre. Breve pausa para o almoço. Comida da Etelvina, a velha cozinheira de dona Sarah. Vinha do Laranjeiras, em marmita, e era simples. Exemplo: arroz, feijão, farinha de mandioca, quiabo, pequenos bifes, batatinha frita, alguma verdura, legumes. Igual à do menino de Diamantina, o Nonô da dona Júlia. Uma vez ou outra almoçava em casa. Sempre comida mineira. Como frango com quiabo, arroz, angu, salada. Ou galinha ao molho pardo, com quiabo e angu. Ou ainda lombo de porco com arroz, mandioca cozida ou frita, feijão-tropeiro com couve. E outras maravilhas da Etelvina. Inclusive macarronada, muita macarronada. Sobremesa? Prioridade para frutas de época. A preferida era jabuticaba, seguida por mexerica e manga. Ou então doces. Como goiabada cascão ou doce de leite com queijo de minas. À tarde, mais trabalho: audiências, despachos, visitas, reuniões, solenidades etc. Outro massacre. Às vezes ficava até nove da noite. Quando não ia direto para Brasília ou outro lugar, voltava ao Laranjeiras: banho morno, jantar de comida mineira, discos na vitrola. Podia ser música clássica ou popular brasileira. Adorava bossa-nova, novidade que chegou e ficou. Às vezes leitura, conversas sempre. Cama, nunca antes da meia-noite.

Assim governa Kubitschek, o presidente bossa-nova. Trabalho de manhã, tarde e noite; avesso a peias burocráticas, gostava de ver tudo de perto. Gabinete e burocracia: irrequieto, não gosta e às vezes atropela, mas sabe que é preciso; política: muita; decisões: rápidas e firmes, às vezes lastreadas apenas no instinto kubitschekiano; viagens: quase diárias, sobretudo de avião. E o inesgotável envolvimento com a execução de projetos e obras. Muita ação. Inclusive de apoio ao setor privado. Vai pessoalmente aos cenários dos acontecimentos, acompanha tudo. Na mata amazônica, no planalto goiano, em São Paulo, Minas, Sul, Nordeste. Brasil inteiro. Visita e fiscaliza obras, vê com os próprios olhos, participa, estimula, entusiasma-se, cobra. O xodó é Brasília:

> Sobrevoando o Planalto é que se tinha uma visão de conjunto dos trabalhos. Caminhões iam e vinham, levando ou trazendo material de construção. Bulldozers, às dezenas, revolviam a terra, abrindo clareiras no cerrado. Estacas eram fincadas para ereção dos andaimes. Aqui e ali, já se viam as torres metálicas das estações de telecomunicações, através das quais centenas de mensagens eram enviadas, pedindo cimento, cobrando remessas de material elétrico, exigindo jipes, caixas-d'água, tambores de gasolina, gêneros enlatados, peças de veículos. Era um mundo que despertava no cerrado, ressonante de sons metálicos e estuante de energia humana. (...) O espetáculo era deslumbrante. Guindastes bracejavam, transportando material dos caminhões para os canteiros de obras. Polias giravam, fazendo andar as esteiras rolantes que levavam o cimento

para as fôrmas de madeira. Homens corriam. Buzinas roncavam. O próprio chão estremecia, rasgado pelas Estacas Franki. Os edifícios iam surgindo da terra, perfurada em todas as direções. Cada obra ostentava uma tabuleta com os dizeres: "Iniciada no dia tal. Será concluída no dia tal." Além das tabuletas, havia a minha fiscalização pessoal. Conversava com os operários, lembrando-lhes a necessidade de que a cidade ficasse pronta no prazo prefixado.[87]

Inicialmente, o presidente usava um jipe para fiscalizar a imensa colmeia. Saía levantando a poeira vermelha e grudenta, ou então, no tempo de chuva, serpenteando no barro, sempre aos solavancos, devido ao terreno machucado e irregular. No final de 1957, durante inspeção de obras em São Paulo, descobriu a utilidade e a versatilidade do helicóptero. Então equacionou com a Aeronáutica a compra de dois, os mais modernos. Passou a ver tudo de cima, do alto. Mas descia dezenas de vezes para olhar de perto, conversar e estimular técnicos e operários.

Durante as ventanias, ele às vezes brincava de sobrevoar as espirais de poeira vermelha formadas pelos redemoinhos. Objetivo: verificar a altura delas no altímetro do helicóptero. Diversão presidencial à JK. Algumas atingiam quatrocentos metros.

Os aviões foram caso de amor à primeira vista. No final de abril de 1930, médico recém-formado, ele tomou no Rio o navio *Formose*, de bandeira francesa, e foi para Paris frequentar o serviço de urologia do Hospital Cochin, dirigido pelo professor Maurice Chevassu, depois presidente da Academia de Medicina de Paris. Nas férias de verão, estava em Marselha, sul da França, hospedado no Hôtel de la Mediterranée, quando viu um aviãozinho aberto, de apenas um passageiro, a sobrevoá-lo. Entusiasmado, procurou informações. Soube que podia ser alugado. Foi direto ao hangar e se entendeu com o piloto. Voou pela primeira vez e maravilhou-se para sempre.[88]

Parêntese. Juscelino viveu várias situações difíceis em avião. O maior medo dos companheiros de voo era o fato de ele não ter medo algum. Parecia ter absoluta certeza de que não morreria em acidente aéreo. Um exemplo? No momento mais difícil que enfrentou, não mostrou nenhum sinal de preocupação. Apenas pragmatismo, bom humor e solidariedade aos tripulantes: coronel Lino Teixeira, comandante Celso Resende Neves e coronel Renato Goulart. Foi num voo do Viscount, o quadrimotor presidencial, de São Luís a Recife, em 18 de janeiro de 1958. Objetivo: inaugurar a nova estação de passageiros do aeroporto de Guararapes. Em menos de uma hora de voo, três motores pararam de funcionar: o querosene utilizado no reabastecimento, trazido em tambores no próprio avião, estava sujo e não passava no filtro do motor. Foi no início da noite. Recife estava a mais de duas horas, Fortaleza a apenas quarenta minutos. O último motor aguentou milagrosamente, apesar da sujeira e do filtro. Desceram sem problema em Fortaleza e JK imediatamente mandou requisitar um Convair pousado próximo da estação de passageiros. Chegaram com três horas de atraso. Havia seis ministros na comitiva, inclusive o da Aeronáutica, brigadeiro Corrêa de Melo. Nelson Teixeira, então economista em início de carreira, amigo pessoal e assessor de Kubitschek, conta:

> Estávamos fazendo uma viagem no Nordeste. De repente, o Juscelino mandou o Lino pousar. "Não dá, presidente. Íamos precisar de mais combustível e não vamos ter querosene adequado." "Que nada, vamos lá, a gente dá um jeito de abastecer." "Mas não pode, o querosene tem que ficar parado doze horas." "Que nada, vamos lá!" Aí descemos e botaram o tal querosene. Quando chegou de novo lá no alto, o avião começou a pifar. Pof! Pof! Pof! Todo mundo nervoso, tenso, em mal disfarçado pânico, e o Juscelino na maior calma. Pediu papel e começou a escrever. Entregou ao Lino e mandou passar no rádio pra Brasília. Era a promoção *post mortem* de toda a tripulação. Para melhorar a pensão das respectivas viúvas. Perguntei: "E eu, presidente? Vou ser promovido a quê?" Aí o Juscelino deu boas gargalhadas.[89]

Além de trabalhos técnicos, Nelson Teixeira gerenciava numerosas tarefas e missões pessoais confiadas pelo presidente que exigiam engenho e arte. Algumas no próprio âmbito familiar. Depois do governo, tornou-se fiel escudeiro do embaixador Roberto de Oliveira Campos, amigo de vida inteira.

De Affonso Heliodoro: "JK, dentro de um avião, tinha uma tranquilidade absoluta. Ele não acreditava que aquela máquina falhasse. E para ele nunca falhou." Era isso mesmo. Outro exemplo? Como governador de Minas, voou, em média, noventa minutos por dia. Um exagero. Usava três aviões: dois monomotores Bonanza e um Beachcraft, bimotor. Principalmente visitas a municípios, frentes de trabalho e obras. Numa viagem a Mantena, divisa com o Espírito Santo, faltou copiloto para o bimotor. JK mandou o experiente comandante João Milton Prates — velho e querido amigo —, da Aeronáutica, ex-combatente na Itália, decolar assim mesmo. Chegaram bem. As solenidades terminaram tarde, todos foram dormir. Menos o piloto. Ele não abriu mão de animadíssimo baile que varou a noite. Não pregou os olhos. Dia seguinte, às sete da manhã, decolagem para Belo Horizonte. Prates chega em cima da hora, zonzo de sono. Nem teve tempo de checar e aquecer o Beachcraft. Início de voo tranquilo, céu de brigadeiro. Juscelino recosta-se na poltrona e começa a ler. Geraldo Batista, camareiro improvisado como comissário, serve um cafezinho. De repente os dois motores pipocam e o avião começa a despencar. Os motores param. Geraldo Batista bate a cabeça no teto e cai. Prates leva os manetes de comando para a frente, até o fundo. Nada. A queda continua. Desesperado, ele aciona uma alavanca à esquerda de sua cadeira. Os motores voltam a funcionar. Superacelerados, como na decolagem. Sobem vertiginosamente. Todos se sentem esmagados contra as poltronas. Menos Geraldo, ainda caído no chão. O avião se estabiliza. Juscelino: "Prates, vá pilotar assim na pqp!" E volta à leitura, como se nada tivesse acontecido.[90]

De novo Brasília. Kubitschek não se poupava no esforço para induzir em todos, inclusive em cada candango, o que chamava de "o espírito de Brasília". Um sentimento de solidariedade em relação à cidade que estava nascendo. A ideia da construção de obra grandiosa, monumental, única, importante, bonita. Algo de que se orgulhar pelo resto da vida. Carlos Murilo Felício dos Santos, amigo, confidente, primo — a mãe era irmã do pai de Juscelino — e aliado político conta episódio ilustrativo:

Eu não tenho dúvida de que Brasília foi o maior orgulho dele. Independentemente de tudo o mais que fez. Saía do Rio às nove da noite, de avião, e vinha para cá. Chegava às onze e meia, meia-noite. Eu viajava muito com ele. Aí, começava a correr obra. Corria uma por uma, a madrugada toda! Tinha o espírito de Brasília. Uma vez, no final de 1957, viemos à noite, estava chovendo muito. Naquele tempo não tinha radar e o aeroporto era provisório. O comandante avisou ao presidente que não dava para descer. "Então vamos rodar um pouco, que eu quero descer." Rodamos muito e, num certo momento, deu para aterrissar. Descemos e entramos numa Rural Willys com tração nas quatro rodas, correntes e tudo. Era lama que não acabava mais. E a chuva firme, não cedia. O presidente pôs capa de borracha, bota de borracha e um chapéu na cabeça. A gente fez o mesmo. A Rural atolava, descíamos para empurrar. Fomos direto para o Palácio da Alvorada, que estava em construção. Os operários estavam lá, trabalhando. Usavam aquelas capinhas de plástico. O trabalho era contínuo, de oito em oito horas mudavam as turmas. O presidente viu um candango batendo martelo debaixo da chuva. Comovido, chegou por trás dele, bateu-lhe no ombro e perguntou bem alto: "Vai ou não vai?!" O operário se virou, tirou a água do rosto com a mão e, quando viu o presidente da República ali com ele, em plena madrugada, debaixo de chuva, levou um susto: "Claro que vai, doutor!" E recomeçou a martelar aceleradamente.[91]

Niemeyer certa vez definiu Kubitschek como um Príncipe do Renascimento:

Adorava coisas monumentais. Em certo período, eu pensei que podia fazer o Alvorada suntuoso, lembrando palácios antigos, com aquelas pinturas todas, tetos decorados. Não havia tempo para isso. Mas tenho a certeza de que, se eu falasse com o Juscelino, ele adotaria a ideia. Não tinha medo de nada. Nem de comunismo.[92]

O Alvorada foi construído em doze meses.

Juscelino vinha a Brasília para isso: incendiar corações e mentes, motivar, enfoguetar o pessoal. Transmitia entusiasmo e compromisso aos operários, mestres e engenheiros responsáveis pelas obras. Todas tinham dia marcado para a inauguração. Muito simples, sabia conversar com a peonada como ninguém. Quando conseguia chegar de manhã, depois de correr as obras, gostava de almoçar com os trabalhadores na Cidade Livre. Sentava-se com eles, brincava, divertia-se. Muitos passaram a considerar-se íntimos do presidente. Num desses dias, Carlos Murilo e Renato Azeredo, que estavam perto de uma roda de peões, ouviram: "Ih, rapaz, mas o homem é simples mesmo! Oh, eu já peguei a maior intimidade com ele!"

Bastante mais jovem que Juscelino, Carlos Murilo foi uma das pessoas mais próximas dele. História, afinidade de sangue e alma. Quando Kubitschek chegou a Belo Horizonte para estudar, no final dos anos 20, foi uma luta. A mãe, dona Júlia, viúva, professora primária, enfrentava dificuldades. Mas Juscelino tinha também o apoio dos parentes mais íntimos. O pai de Carlos Murilo, David, era um deles. Tio e sobrinho gostavam-se muito. Quando o perdeu, Kubitschek fez uma carta para a tia, Conceição, dizendo que daquele dia em diante também iria tomar conta do primo, ajudar a criá-lo. Dos dezesseis anos em diante, Carlos Murilo foi morar em Belo Horizonte com a prima Naná, irmã de Juscelino, casada com o médico Júlio Soares. Inteligente e dinâmica, ela teve papel fundamental na vida do irmão, que lhe atribuía grande parte da formação de sua personalidade. Amiga, conselheira, confidente, cúmplice. Ele considerava Naná um JK de saia, diz Affonso Heliodoro.

Em 1950, Kubitschek é eleito governador. Carlos Murilo vai morar com ele no Palácio, além de trabalhar como auxiliar de Gabinete. Depois se elege deputado estadual e federal. Durante a presidência de Kubitschek, destaca-se na articulação política, inclusive como um dos expoentes do bloco mudancista, que defendia Brasília.

Cruzeiro de estradas

Brasília, Catetinho, por volta das sete horas da manhã, final de abril de 1957. O instinto kubitschekiano dispara de novo. Madrugador, o presidente se prepara para despachar alguns papéis, quando alguém avisa que Bernardo Sayão, diretor da Novacap, acaba de chegar. Na mão, o inseparável chapelão de feltro. Coincidência. Juscelino conta que Sayão não saía de sua cabeça nos últimos dias. Naquele início de manhã mesmo, já se lembrara dele várias vezes. Explica: o sonho de fazer a estrada Belém-Brasília pegara fogo na sua mente. Martelava sem parar, irresistivelmente. Mais de dois mil quilômetros, dos quais seiscentos em plena mata virgem e fechada. Um caminho estratégico para o desenvolvimento e para a integração nacional. Selva misteriosa e cheia de insídia. Expedições haviam desaparecido. Experientes furadores de mato habituados ao perigo tinham sido tragados. JK sabe que o homem capaz de comandar a arrancada rumo à Amazônia é exatamente Bernardo Sayão, a quem considera o Fernão Dias do século XX. Porque é o bandeirante moderno, que usa avião — um teco-teco — em vez de botas. Tem audácia, coragem, determinação e, sob a capa do desbravador sem medo, oculta um coração de criança. Reúne bravura e bondade, virtudes que nem sempre coexistem na mesma pessoa. Mais: sabe que é o maior sonho de Sayão e que ele, já em 1949, quando dirigia a Colônia Agrícola de Ceres, em Goiás, tinha preparado um primeiro traçado ligando Belém a Anápolis.

Juscelino despeja entusiasmo sobre o projeto. Percebe que Sayão devora cada palavra, o olhar fixo, a fisionomia alterada, emocionada. De repente, o presidente dispara: "Você será capaz de rasgar essa estrada, Sayão?" Coração disparado, o valente dá um salto. Juscelino: "Via-o diante de mim, imponente na sua estatura gigante, mas constrangido em sua inata modéstia pela honra que, de súbito, lhe era conferida." Resposta: "Sempre sonhei com essa estrada, presidente. Posso dizer que este é o momento mais feliz da minha vida. Quando deseja que eu dê início à construção?" "Imediatamente." Sayão corre para o seu teco-teco e voa para Goiânia. Está resolvido. A decisão tomada por dois bandeirantes, cada um a seu modo, ambos apaixonados por grandes desafios. Muita coragem, muita vontade política e determinação. Não havia projeto, não havia recursos definidos, não havia quase nada. Apenas uma avaliação subjetiva que virara convicção, um oceano de desinformação e muita floresta espessa, desconhecida, desafiadora. Como e com que recursos? Isso se vê depois. Custe o que custar, haja o que houver, a Belém-Brasília, glória e túmulo de Bernardo Sayão, vai ser feita. Centenas de quilômetros de mistério que Sayão descreveu assim:

> A selva é tão fechada e alta, que ninguém sabe o que está sob ela; e, se cair um avião, por maior que seja, ela abre o seio, recebe-o e torna a fechar-se, fazendo-o desaparecer para sempre.[93]

Kubitschek conta que Sayão, mesmo antes de iniciar o desbravamento, gostava de fazer voos de inspeção sobre a selva. Num deles, o motor pifa. O teco-teco plana um pouco, perde altura, bate na copa de árvore gigantesca e fica engarranchado. Redivivo, Sayão se livra do cinto de segurança, escorrega tronco abaixo, põe os pés na terra e, pensativo e preocupado, olha o aviãozinho lá em cima, nas grimpas. Kubitschek: "Não se inquietou, porém, com o perigo por que passara. O que o preocupava era recuperar o teco-teco: 'Como é que vou tirar esse danado daquela galharia?'"[94]

Reza a lenda que, em trechos de floresta muito alta e densa, Sayão evitava o sumiço de sacos de alimentos jogados de avião mandando colocar gatos dentro deles. Localizava-os pelos miados, mesmo quando ficavam presos nas copas.

Belém-Brasília. Tarefa arriscada, penosa, sofrida, desconfortável. Longe da civilização, da família, dos amigos. Perto do perigo, dentro do desconforto. Na intimidade da mata, o desagradável calor úmido, de encharcar as roupas, o corpo, a alma. Um sufoco. Os imprevistos, as febres, algumas vezes até sede e fome. Cobras, mosquitos, carrapatos, formigas, espinhos e tudo o mais.

O governo cria a Comissão Executiva da Rodovia Belém-Brasília-Rodobrás, com poderes especiais para construir a rodovia. Bernardo Sayão, nomeado supervisor, chega a Belém em 14 de maio de 1957. Propósito: discutir pormenores da construção e assinar convênio com a Superintendência do Plano de Valorização Econômica da Amazônia (SPVEA), comandada pelo médico sanitarista Waldir Bouhid. A Rodobrás vai tocar as obras da frente sul, a partir de Brasília, sob o comando de Sayão; a SPVEA as da frente norte, desde Belém, sob a batuta de Bouhid. Em novembro de 1957, os dois líderes sobrevoam o trajeto em companhia de Kubitschek, para quem a nova capital é o dínamo da virada da integração nacional, mas é também preciso unir o país internamente. Com centro em Brasília, abrir um cruzeiro nacional de grandes estradas — uma colossal cruz rodoviária — interligando os pontos cardeais. Do norte ao sul, do leste ao oeste. Entusiasmado, estabelece que, concluída a ligação Belém-Brasília, caravanas rodoviárias sairão dos quatro cantos do país rodando em carros fabricados no Brasil sobre esse cruzeiro, rumo a Brasília. É a Caravana da Integração Nacional, que vai chegar ao Eixo Monumental em 2 de fevereiro de 1960. Carros feitos no Brasil, estradas construídas ou melhoradas pelo governo. Uma festa.[95]

Na última reunião convocada pelo presidente para discutir o projeto, realizada em São Luís, Maranhão, no início de 1958, o diretor do DNER, engenheiro Régis Bittencourt, reconhecida autoridade em engenharia rodoviária, posicionou-se contrariamente à construção, por razões técnicas. Mas Kubitschek foi em frente: "Vamos dar início aos trabalhos imediatamente."

A ligação Belém-Brasília não começou do zero. Havia alguns trechos construídos. Em 29 de julho de 1958, com o projeto em plena execução, o presidente informa que havia 815 quilômetros prontos; 884 em andamento; e 541 quilômetros em fase de desbravamento e abertura em plena selva. Diz: "Nos 105 quilômetros abertos até agora, em plena hileia amazônica, ainda não foram encontrados indígenas, mas há aldeamentos vazios."[96]

Morte na mata

Entranhas da mata amazônica, Pará, a trinta quilômetros da fronteira com o Maranhão, por volta da uma hora da tarde de 15 de janeiro de 1959. Ronco de tratores de esteira, estrondo de raízes grossas e profundas brutalmente arrancadas, gritos de trabalhadores, estalos de madeira rachando e quebrando. Força bruta. Cheiro de mato e de morte. O ritmo de trabalho é alucinante. Onze construtoras e mais de três mil homens. Faltam apenas quinze dias para o encontro das frentes de desbravamento norte e sul, fechando a sonhada ligação da pista de Brasília a Belém, braço superior do cruzeiro rodoviário nacional. Kubitschek vai chegar em 1º de fevereiro de 1959. Vem com a família, ministros e outras autoridades. Vai ter missa campal e também grande churrasco em plena selva. Máquinas já trabalham na construção de tosca pista de pouso. Aceleração máxima: o ronco dos tratores é agora ensurdecedor. A árvore gigante finalmente cambaleia, enverga e tomba. Enorme galho das grimpas se desprende e despenca exatamente sobre a barraca em que está o legendário engenheiro Bernardo Sayão, de 57 anos, comandante da frente sul de desbravamento. Destino? Acaso? No dia anterior, ele tinha mandado mudar a barraca da margem do córrego para aquele local, mais próximo das turmas de serviço.

Crânio quebrado, fratura exposta na perna esquerda, braço esquerdo esmagado, tronco machucado pelos galhos e ramos. Esvai-se em sangue, arrasado pela fatalidade e pelo sofrimento. Mas não se entrega nem se descontrola. Não há ali nenhum socorro médico. Apenas analgésicos, impotentes contra a dor imensa. Susto, comoção, medo e pesada tristeza dos trabalhadores. Algumas horas depois, cerca das três da tarde, o piloto de um avião Cessna que atirava víveres na clareira próxima ao acampamento percebe cruz improvisada com dois enormes troncos de madeira estendidos no chão. Está coberta com camisas dos trabalhadores para chamar-lhe a atenção. Conclui que algo estranho está acontecendo. Mas não tem onde pousar. Reduz a altura e nota os acenos desesperados de dezenas de homens. Vê o corpulento Sayão estirado sobre uma rede, inerte, a roupa encharcada de sangue. Compreende e parte em busca de socorro. Espera, tensão, medo, ansiedade. Angústia, muita angústia. Horas depois chega um helicóptero. Embarcam Sayão cuidadosamente. Vai deitado, a cabeça sobre o colo do companheiro Kelé, que viaja sentado no chão. Em coma, não resiste. Morre a bordo, por volta das sete da noite, sobre o leito da tão sonhada estrada, pouco antes do pouso em Açailândia, no oeste do Maranhão, povoado mais próximo. Hemorragia sem fim. Aí é velado toda a noite. No dia seguinte, 16 de janeiro de 1959, conseguem comunicação por rádio com Belém e Brasília. O corpo é levado de avião para Belém e depois para Brasília, onde vai ser sepultado. A notícia se propaga e comove o país.

O presidente Kubitschek, que estava no Palácio Rio Negro, em Petrópolis, estado do Rio de Janeiro, deixa tudo e voa para Brasília. Às oito da noite do dia 16 de janeiro de 1959, sexta-feira, o caixão chega ao aeroporto e é recebido por autoridades e multidão de trabalhadores. O presidente acompanha todos os passos, emociona-se, chora, reza. O velório é na capela Dom Bosco. Depois celebra-se missa de corpo presente no Santuário de Nossa Senhora de Fátima. Todos querem ver o ídolo, despedir-se. Mas a família não permite a abertura do caixão. Muitos candangos concluem que o corpo não está ali. Tem é um tronco dentro ou então pedras. Estão escondendo a verdade para não assustar as pessoas: Sayão foi devorado por onça. Ou então capturado por índios. Alguns dão até o motivo: por seu tamanho, aparência e força, foi levado para ser reprodutor, cruzar com as índias. Outros falam em vingança da floresta. Das árvores. O mito nasce ali mesmo e cresce depressa. Da imortal Rachel de Queiroz:

> Fazia poucos dias que morrera Bernardo Sayão. O menino exigia histórias, a imaginação estava fraca, e então contamos para ele a vida do belo gigante que tinha o gosto de abrir estradas e criar ci-

dades, que atravessava a nado um rio enorme, e saía no seu trator por dentro da mata, sem medo de onça, sem medo de índio, sem medo de nada, derrubando árvores, subindo serras.[97]

Para Kubitschek, a amizade com Sayão tinha significado superior. Superava em muito as relações afetivas comuns, rotineiras. Ele via uma transcendência, um sentido mágico nesse relacionamento, assim sintetizado pelo jornalista e escritor Antonio Callado:

Olhe-se como se olhar o plano de Brasília, é inegável que o encontro de Juscelino Kubitschek e Bernardo Sayão foi histórico para este país.[98]

Callado e os também escritores Hernane Tavares de Sá e John Dos Passos, este norte-americano, tinham contribuído, anos antes, para projetar Sayão, divulgando seus feitos na implantação da Colônia Agrícola Nacional, no Vale do São Patrício — hoje Ceres, Goiás —, na imprensa nacional e no exterior. Passos visitou as obras de Brasília em julho de 1958.

Eis como Kubitschek descreve a entrada de Sayão na peleja da estrada:

Sayão estava pronto. Levou o trailer, em que habitualmente morava, para as imediações de Porangatu e o abrigou sob um majestoso pé de pequi. Armou o fogão ao ar livre. Semeou uns caixotes em torno, à guisa de sala de visitas. Ele mesmo, porém, ali pouco parava. Quem se aproximasse da mata, que começava perto, logo o via: alto; forte como uma árvore; rosto de linhas harmoniosas, como se fosse esculpido; olhos perscrutadores; trajando calça de brim cáqui e camisa branca, aberta ao peito. Estava ali na sua indumentária "de guerra", preparando-se para a grande arrancada.[99]

Sábado, 17 de janeiro de 1959. Brasília para pela primeira vez e acompanha o enterro de Sayão. É o primeiro do cemitério da cidade, mais tarde batizado Campo da Esperança. Ele mesmo o demarcara havia menos de dois anos. Cerrado virgem. Máquinas trabalharam a noite toda abrindo estrada de acesso. À beira do túmulo, Juscelino faz discurso comovente. Sabe que se vai muito mais que um grande amigo. É o Brasil que está de luto. Perdeu um líder carismático, símbolo de força e aventura, coragem, trabalho e determinação. Um ídolo da peonada, homem-coragem, herói do desbravamento, semeador de obras, cidades e sonhos. Há um segundo enterro no mesmo dia. O do motorista Benedito Segundo, velho companheiro de andanças e aventuras de Sayão, morto por ataque cardíaco ao receber a notícia. É colocado ao lado do chefe.

Outra fatalidade: na semana seguinte, morre num choque de veículos, também em plena selva, o engenheiro Rui de Almeida, líder da frente de desbravamento vinda de Belém.

Em 31 de janeiro de 1959, dezesseis dias após a morte de Sayão, as frentes norte e sul finalmente se encontram, arrematando a trajetória de 2.240 quilômetros e uma epopeia verde-amarela pontilhada de perigos e dificuldades. Está pronta a tão esperada ligação. O nome oficial da estrada, inicialmente parte da Transbrasiliana — ligação de Santana do Livramento (RS) a Belém do Pará —, depois BR-14, foi alterado para Rodovia Bernardo Sayão. No exato local do acidente, os mateiros fincaram enorme e tosca cruz feita com a madeira do galho que o matou. Alguns anos depois, ela foi retirada. Ninguém sabe por quem nem por quê.[100]

Curioso: carioca da gema, nascido na Tijuca, em 18 de junho de 1901, remador do Botafogo de Futebol e Regatas, assíduo e admirado petequeiro no Posto 2 da praia de Copacabana, o engenheiro-agrônomo Bernardo Sayão Araújo Carvalho, graduado em Belo Horizonte, Minas, morreu goiano no imaginário popular. Talvez por ter aí comandado arrojado projeto de colonização do governo Vargas (origem da atual Ceres, Goiás), comprado fazenda e, em 1954, sido eleito vice-governador. Governou o estado de janeiro a março de 1955. Talvez já fosse mesmo também goiano. Talvez ainda seja. Agrônomo, plantou Ceres, ajudou a plantar Brasília, a estrada Brasília-Goiânia, a Belém-Brasília, plantou fé no Brasil. Ele não era apenas dinâmico e arrojado desbravador e tocador de obras. Sabia pensar grande e tinha preocupações políticas e sociais. Sonhava com reforma agrária e colonização. Com um mar de assentamentos agrícolas ao longo da Belém-Brasília, que o futuro presidente Jânio Quadros chamava de "caminho das onças". Para Sayão, a estrada era parte essencial da coluna vertebral do sistema viário do país. Tolerava os burocratas, porque inevitáveis. Mas tinha horror à burocracia, principalmente quando lenta ou excessiva. Não aceitava ter a vida presa a gabinetes, tediosas rotinas, horários rígidos, segurança de emprego, pequenas mordomias, quinquênios, averbações, licenças-prêmio, abonos, letras, previdência. Formalidades, cipoais legais, carreirismo, papelada. Às vezes desmanchava o maço de cigarros e no verso redigia requisição de materiais, datava e assinava. Se um operador de qualquer equipamento não entendia as ordens, vacilava ou demonstrava medo, subia na máquina, assumia o comando, mostrava o quê, e como queria e, muitas vezes, completava a tarefa. Uma coragem bruta, quase inconsequente. Coisas como derrubar árvore grande em local perigoso, de grande risco. Perto de abismos e pântanos, em ribanceiras muito inclinadas, em beiradas de barranco de rio grande. Adorava desafios. Brincava com a sorte, confiava em si mesmo. Sabia que sabia operar sem erros. Uma força da natureza. Sim, grande Rosa, viver é perigoso. Muito!

Como Sayão via Juscelino? Lia Sayão de Sá, filha que ele levou adolescente para Brasília, em novembro de 1956, conta:

Pelo que a gente tem conhecimento e sabe, via como um homem empreendedor, trabalhador. E também como quem conseguiu tornar possível o sonho do meu pai, que era fazer a Belém-Brasília. Foi o único que deu mesmo força, respaldo e suficiente verba para construir a estrada, concretizar o sonho dele. Meu pai enfrentou muitos problemas. Ninguém queria fazer a estrada, porque diziam que era o caminho das onças. Foi muito difícil conseguir verbas e tudo o mais. De vez em quando ele vinha a Brasília de teco-teco, porque a gente continuou morando aqui. No final, como tinha prometido fazer logo a ligação da estrada, ele estava trabalhando demais lá. Então ficava mais tempo lá. Era uma confusão, ele fazia tudo. Não sei como ele achava tempo para fazer tanta coisa! [risos][101]

Brasília e a Belém-Brasília

Na verdade, a Rodovia Bernardo Sayão ganha tráfego apreciável nos anos seguintes. É caminho de caminhões e ônibus, principalmente. A pavimentação foi concluída no governo Médici (1969-74). Ela também atraiu latifúndios e enxame de madeireiras e serrarias, facilitando a devastação da floresta. Muita exploração predatória, pouco ou nenhum planejamento. Como estrada de penetração, trouxe inevitáveis e incalculáveis prejuízos aos povos indígenas da área, invadidos em seus mundos e golpeados em seus direitos, tradições, cultura e horizonte de sobrevivência. E favoreceu profundos estragos no delicado ecossistema regional. Preço do progresso? Na época em que foi rasgada, basicamente 1958, praticamente inexistia consciência ecológica. Valia tudo pelo desenvolvimento. O próprio presidente Kubitschek, em livro de memórias, conta orgulhosamente como derrubou, em 31 de janeiro de 1959, gigantesco e centenário jatobá, exatamente no ponto de ligação das frentes norte e sul de desbravamento. Trechos:

> Sentia-me orgulhoso da tarefa que me fora reservada. Dera ordem para derrubar a primeira árvore, e eu próprio iria fazer tombar a última. (...) Sentado no trator, aguardei que o tronco se imobilizasse. Em seguida, engrenei as lagartas e avancei com determinação. O jatobá oscilou ainda, mas desta vez de forma diferente. Era o cambaleio que prenunciava a morte.[102]

Mas a grande estrada tem reconhecida importância em termos de integração nacional e irradiação de desenvolvimento. De José Sarney:

> Hoje vejo que o Juscelino teve uma grande coragem. Porque ele resistiu, por exemplo, a todos os ataques que foram feitos contra a construção da Belém-Brasília, que eu acho tão importante quanto a construção de Brasília, no sentido da integração nacional. Deu talvez maiores resultados do que a construção de Brasília para a integração nacional. Naquele tempo, dizia-se que era a estrada das onças. Todo mundo caiu em cima do Juscelino por

causa disso. E ele resistiu e fez a estrada, que é um grande marco da integração brasileira. Quase trinta anos depois, quando eu quis fazer a Estrada de Ferro Norte-Sul, tinha essa mesma visão, que vinha há cem anos. Mas não tinha as condições políticas que o Juscelino teve. Ele não teve, por exemplo, a Assembleia Nacional Constituinte que atuou durante meu governo. Recuei diante de uma armação feita contra a ferrovia, porque ela mudava o eixo econômico do país. Então, eu acho que essa comparação diz tudo. Não é somente Brasília a grande obra feita pelo Juscelino. A construção da Belém-Brasília não é menos importante.[103]

Por coincidência ou propositalmente, a decisão de fazer a estrada atendeu a sólido princípio geopolítico: o domínio das bacias hidrográficas faz-se a partir das cabeceiras, não da foz. A Belém-Brasília é a primeira estrada de penetração no vale do rio Amazonas com origem no Planalto. No governo Médici (1969-74), fez-se a Cuiabá-Porto Velho e no de Geisel (1974-79), a Cuiabá-Santarém.

Um candango no Congresso

José Alves de Oliveira — o Seu Zé — pensa que é de 1938, mas não tem certeza. Tem hora que acha que é de antes, outras que é de depois. Conta que a data de nascimento foi mudada para que pudesse votar lá em São Benedito, sertão do Ceará, onde nasceu. É o mais velho de quatorze irmãos. Chegou a Brasília em 1958, na carroceria de um pau de arara velho, junto com o pai. Hoje, em frente ao Bloco I da Superquadra Sul 114, junto ao movimentado Eixinho Sul, cultiva jardim que considera "uma das coisas mais bonitas do mundo". Chama a atenção de quem passa. Muito verde, rosas e outras flores. Ele é um poeta e filósofo do povo. Apesar da pureza e certa dose de ingenuidade — ou talvez por isso —, sabe ler a natureza e os homens. Ou adivinhar? Conversa com as plantas, consegue milagres. Diz que já viu de tudo neste mundo, inclusive disco voador. E que planta é igual gente:

Nóis quando tá com fome, nóis se alimenta, toma água, pronto. Tamos garantido naquele dia. Elas é a mesma coisa. Se nóis num bota água e alimentação pra ela, se não proteger dos inimigos dela, então não desenvolve direito. E algumas morre.

O pior da vida? Não vacila um segundo. É ficar desempregado:

O pior da minha vida foi amanhecer o dia sem ter pra onde ir trabalhar. Ah, doutor, é duro! Amanhece o dia, a gente pisa praqui, pisa pra lá, pisa praqui de novo e pra lá de novo, caça um meio de ganhar um dinheiro, uma coisa qualquer, e não acha. Ah, pra mim é a morte! Deus que me perdoe! Já fiquei assim uma vez. Mas era uma agonia braba, doutor. Ruim, ruim, muito ruim! Mas eu espantava as ideia ruim quando elas vinha. Sempre tive fé em Deus que ia arrumar serviço. E arrumei, graças a Deus. A gente tem que lutar forte, mas com esperança de amanhã tá uma coisa melhor. Se desesperar, aí a coisa arruína ainda mais. A pior coisa que eu acho pro homem, a pior de tudo é pegar do que é alheio. Isso aí desmoraliza o caboclo, ele não vale mais nada. Roubar é a pior coisa pro homem. Se roubou, acabou-se. Pra onde ele for o nome tá sujo. Se ele matar o outro, aí acabou de acabar. Pega uma mancha nele que não sai mais nunca.

Mulheres e casamento? Seu Zé já pensou muito no assunto:

Mulher é firme na natureza delas, mas essa natureza delas varia muito e é perigosa. A mulher costuma ser mais perigosa que o homem. Na hora que ela se agita, fica nervosa dimais, não tem controle, não mede perigo. Se ela começar aquela falação, reclamação dimais toda hora, quase todo dia, ela descontrola o marido dela. Aí vem mais perigo.

Felicidade no casamento? Ele tem receita que deu certo. Vive feliz há muitos anos com a conterrânea Regina Alves de Oliveira. É tudo muito simples:

O segredo principal é não falar com os outros das besteira que acontece dentro do casamento. O casal tem que respeitar os segredo próprios dele. Não pode repartir com os outro. E tem que conversar muito um com o outro, até sem vontade. Ter respeito e delicadeza de ida e volta. Quando for preciso, dar um jeito de adivinhar o que o outro quer. Eu digo: vixe, gente, pra casar tem que pensar é muito! Pegar a filha dos outro lá na casa dela, viver junto, tem primeiro que pensar bem quem é o tipo da pessoa. Conhecer a natureza dela, o sistema dela. Porque tem que ter ordem na casa. Ou então ocê tem que falar grosso lá dentro. E a mulher também tem seus direito. Mas ela não pode mandar no home dela, porque aí descontrola é tudo. Tem muita mulher que é carinhosa, ajeitada, mais calma. E tem outras que não tem um plano assim firme. Uma hora tá bacaninha que é uma beleza. Dali a pouco dá uma viravolta na natureza dela e ela vira uma disgrama.

Seu Zé adora Brasília. Diz que parece que nasceu e foi criado nela. Tem quatro filhos e nove netos. Não esquece um só dia a filha que perdeu para o câncer há alguns anos. Suou muito na construção do Congresso Nacional:

Vim mais meu pai no pau de arara, numa carroceria braba de caminhão. [ri] Levou foi muitos dia. Aí fiquei no acampamento duma firma que eu trabalhei nela. A Construtora Nacional. Construindo sabe o que era? Aquele colosso onde tem aquelas duas bacia grande em cima da laje, junto ali do 28 [prédios anexos, torres gêmeas de 28 andares]. Tem uma bacia virada pra riba e outra virada pra baixo [Câmara dos Deputados e Senado Federal, respectivamente]. Trabaiei muito lá. Trabaiei adoidado! Vi quando tava só nos buraco e nas ferrage, na armação. Aqueles prédio e também os dos ministero. Trabaiava de servente, carregando carrinho de concreto, carregando madeira, aquela coiseira. Pegava às sete da manhã e largava às seis horas da tarde. Quando apertava muito o serviço, a gente ia até as dez da noite a semana todinha. Tinha um intervalinho no meio do dia. Aí a gente ia pro acampamento da Nacional, que era ali perto, naquele cerradão bravo. Era gente dimais, doutor Ronaldo! Era um absurdo de gente. Tinha o mestre de obra, que dava as orde em tudo. Me lembro muito de um deles, o Madureira, que era carioca. E depois dos mestre tinha os encarregado das turma de gente. E tinha os pedreiro, servente, carpinteiro e os armadô, que mexia com os ferro de armação. Eles armaro certinho aquelas bacia de lá, as duas já redonda. Pusero uma com a boca pra baixo [Senado Federal] e a outra com a boca pra riba [Câmara dos Deputados]. Eu vi aquilo no ferro puro-puro! Sem concreto sem nada. Aí ia fazendo as ferrage e as forma de madeira pra botar o concreto. Por dentro, aquilo é tudo ocado. Tem uma escada arrodiando por dentro, a gente começava de baixo e saía lá em cima do derradeiro negoço. Assim uma roda, abeirando as parede. Tanto a bacia de boca pra riba como a outra de boca pra baixo é um sistema só, arrodiando. Agora, depois de tudo prontinho, eu num vi mais como é que ficou. Depois de pronto eu não voltei lá, não. A gente não pode entrar lá dentro. Deixam, não. Só quando tava na obra mesmo. Até que não tenho muito vontade de ir lá, não. Dumingo era o dia da gente fazê as compra. Tudo lá no Núcleo Bandeirante, que era onde tinha as coisa. Naquele tempo, a gente num via muié aqui. Era só a piãozada. E se tinha alguma, era muito difice. Num podia nem chegá perto. A barra era pesada.

Saudade de Marta Rocha

Seu Zé se lembra vivamente das visitas de Juscelino. Conta que ele punha fogo em todo mundo e não parava quieto. Andava pela obra, conversava, queria saber de tudo. Sorria e acenava para todos, misturava-se com a peãozada, não usava seguranças e parecia sempre alegre. Garante que recorda tudo como se fosse hoje, inclusive as chegadas do helicóptero presidencial:

O doutor Juscelino de vez em quando aparecia no helicope dele. Ele descia em riba da primeira laje. Aí ficava andando e dando tiau praquele mundo véio de pião. Aquele home ia praquelas barraca onde vendia cafezinho e Marta Rocha. Tomava um pingado e comia Marta Rocha ali no meio de todo mundo. Comia com gosto. Era um bolinho muito bão, feito de milho. [risos] Todo mundo pedia. Num sei de onde tiraro o nome [com certeza do da baiana Maria Marta Hacker Rocha, Miss Brasil 1954, símbolo de beleza]. Era macio e quentinho. Um bolo redondo, amareloso, de milho e outros material. Mas o bicho era gostoso dimais! Vixe! [risos] Acho que o nome veio foi lá da Bahia. Acabou, nunca mais vi. Dá saudade. O Juscelino, no meio daquela piãozada. A gente gostava dele dimais! E ele não andava com aquele tanto de segurança, não. Só vinha aquele povo do helicope mais ele. Um home daquele, se ele tivesse vivido mais, ele tinha feito muita mais coisa pelo Brasil. De lá pra cá, nunca mais teve um presidente pra fazê qui nem ele, não. Ele era muito disposto, andava no meio do povo, daquela piãozada. Esses presidente dagora, a gente só vê eles na televisão. E se eles saí assim pra qualquer um negoço aqui fora, a gente só vê eles de muito longe, arrodeado de muito segurança. O Juscelino era uma pessoa muito simples. Mas muito simples mesmo. O carro dele era aquelas rurauvílis [Rural Willys] que tinha de primeiro, umas preta. Servia pra andar dentro daquelas lama. Chuvia dimais. Pra ir lá pro Catetinho e chegá nas obras, ele vinha de helicope. Também aquilo baixava em qualquer lugá. Quase todo dia ele vinha a Brasília. Tava sempre por perto. Parece que vigiano o serviço, cuidano de tudo. O home não sabia o que era preguiça.

O sonho de Seu Zé

A paixão de Seu Zé por Brasília é definitiva. Ele carrega há mais de quarenta anos um sonho misturado com curiosidade. Vê-la do alto, do céu. Diz que é para conferir o desenho do avião, ver com os próprios olhos se ele ficou marcado direitinho depois de tudo pronto:

A cidade é linda dimais! Porque, além de sê bonita, a gente sabe que lá de cima ela é feito um avião. É bonita! Eu nunca andei de avião. Tenho uma vontade terrive de ver Brasília lá de riba pra sentir como é que ela é. Um sonho de vê o desenzinho do avião lá de cima. Uma vontade medonha de vê ele desenhado na cidade. Eu subi na caixa-d'água que tem lá em cima do sexto andar do prédio da 114 [Asa Sul]. Pelejei pra ver mais coisa lá de cima, mas só vi ali aquela beirada do Eixo e mais nada. Aí pensei: "O jeito é ficar só nisso mesmo." Mas também não me faz muita falta, não. Graças a Deus, tá tudo é muito bão.[104]

Saudade de Juscelino

Em 20 de setembro de 2000, Seu Zé finalmente voa. Sobe num helicóptero de aluguel, que decola de perto da base da Torre de Televisão de Brasília, no Eixo Monumental. Não se assusta. Encanta-se, deslumbra-se com o que vê, mergulha em lembranças:

Mas foi bom dimais, credo! Achei que ia senti alguma coisa ruim, mas nada. Não senti nem um pinguinho de medo. Pensei que ia ficar tonto, que nada. Achei mais foi tudo bão e bunito, ótimo dimais! Achei foi bom olhar tudinho de cima pra baixo. Ele foi muito alto, ficou muncado de metro de nós até o chão! Tinha lugar que baixava um pouquinho, depois subia um pouquinho. Do helicope a gente tá vendo é tudo. Desde o bico dele, aquele para-brisa grande dele, a gente enxerga tudo lá embaixo. Nem precisava olhar de banda, na janela. Eu vi o desenho, vi tudo, tudo. Eu nem sei dizê como o desenho é, de tão benfeito. Como é que o Oscar Maia [Oscar Niemeyer] tem uma ideia daquela, meu Deus?! A gente prestando atenção direitinho pra baixo, a gente vê coisa bonita. Começou do jeito que começou aquelas obra e agora tudo bem arrumado. Os asfalto das pista, tudo bunitinho. Do jeito que é de um lado é do outro. E aquele Lago arrodiando tudo. É muito benfeito! Avemaria! Eu achei que ia morrer e nunca andar num avião. A gente escuta mesmo é a pancada da héli [hélice] lá em cima. Aquele pô! pô! pô! pô! pô! dela. Mas é bom dimais, meu Deus do céu! Eu falei com o rapaz que ia mais eu tudo cumé que era antes. Vi tudinho. O helicope foi primeiro acompanhando a Asa Norte no rumo do balão do Torto, de lá pegou o Lago ali pras banda do Bragueto, foi por cima do Paranoá e foi indo, foi indo, passou lá pelos canto, passou ali pelo lado do Banco Central e veio vindo, veio vindo. E pra descer foi que eu achei mais incrive. Eu achava que ele descia dando assim uns pulinho. Mas não foi, não. Desce maciinho que é uma beleza. Aí ele encosta aqueles vergalhão de ferro que ele tem embaixo no chão e a gente nem sente. O rapaz do helicope era ajeitado. Ele falou: "Sai aí pela frente. Não arrodeia por detrás, não." E eu ainda desci abaixado, com medo daquelas héli dele. [risos] Antigamente, o finado Juscelino vinha no helicope mais aquele povo dele e pousava ele no canto da laje [do Congresso], entre uma bacia e a outra, ali pro canto, e ficava no meio daquele povão que tava trabalhando, dando com a mão assim pra todo mundo. E descia nas escada de madeira e ia lá pras barraca no pé da obra tomar um pingado e comer bolinho Marta Rocha. Depois ele subia a escada de novo, entrava no helicope e se tocava pro mundo. Cansei de vê. E aquele povão todo olhando admirado pra cima, porque antes a gente nem sabia que tinha helicope. Eu queria que aquele home que fez esta capital tivesse ainda vivo. Eu e muita gente. Pra ele vê essa beleza! Ele enfrentou aquele cerradão brabo e agora a gente olha lá de cima pra baixo e tá uma beleza. Não existe mais uma outra pessoa pra enfrentar o que ele enfrentou, não. A corage! Aquela vontade de construir na terra bruta. Nem campo nem estrada não tinha aqui. Não existe mais nunca no mundo um outro home pra fazer o que ele fez.[105]

Em seguida, Seu Zé é levado ao Congresso Nacional, que está funcionando. Entra. Muito movimento. Mas ele mal vê deputados, senadores, jornalistas, funcionários, milhares de pessoas que estão lá. Emocionado, anda por toda parte, mas enxerga mais é o passado, a obra:

Mas a diferença é grande dimais! Eu nunca tinha entrado lá depois que eu saí naquele tempão de 59. Tava tudo só nas ferrage braba, concreto. Hoje tá diferente, uma coisa bunita, benfeita. Quando olhei assim pra cima, fiquei até assuando frio. Mais pensei: "Eu num vou chorar aqui, não." Eu lembrei daquele tempão todinho, quando a gente tava naquele servição brabo. É muita diferença! Aquele salão! Nós entrou hoje por aquela parte que tem a boca pra riba. Nós andemo por lá tudo. Aí nós fomos pra outra, a que é montada de boca pra baixo, que tava fechada. Não deu pra entrá lá dentro, fiquei só naquele salão por fora. Pensei naquele jeitão do meu tempo. Só que não tem mais aquela piãozeira andando lá por dentro, aquelas madeira, tábua, escoramento, aquelas coisa. E agora tá do jeito que tá de uns ano pra cá. Eu pensava que a gente não podia entrar lá dentro. Que eu nunca ia ver depois de pronto. Eu reconheci tudo, do mesmo jeitinho de antes. Eu andei tanto lá naquele passado, que não esqueço de nada. Carregando pedaços de tábua, carregando escoramento, empurrando aquelas jericonas de antigamente. Carreguei muito concreto na jerica. Era um carrinho de mão, mas tinha duas rodonas grande e uma baciona assim meio quadrada no meio. Ia um pião atrás empurrando e outro na frente, puxando com um vergalhão de ferro aquela peça. Carregava concreto, carregava massa, carregava pedaços de sarrafo pra levar lá pra fora.[106]

Nasce uma cidade

De novembro de 1956 até a inauguração, em 21 de abril de 1960, são projetadas e concluídas as seguintes principais construções: o pioneiro e recordista Catetinho, o conjunto do Congresso Nacional; o Palácio do Planalto; o Supremo Tribunal Federal; onze edifícios ministeriais; o Palácio da Alvorada, inaugurado em junho de 1958; serviço de eletricidade, de água e de esgoto; mais de três mil moradias; hospital público com quinhentos leitos; Imprensa Nacional; hotel de turismo com 180 apartamentos; aeroporto provisório, com pista de 3,3 quilômetros; escolas; clube náutico; concha acústica; estrutura básica da Catedral Metropolitana; a pequenina Ermida Dom Bosco, em forma de pirâmide, primeira construção de alvenaria, à margem do Lago do Paranoá, em local marcado por Bernardo Sayão; Igreja de Nossa Senhora de Fátima; estrutura básica do Teatro Nacional; estação rodoviária; eixo rodoviário. E a barragem do rio Paranoá, de propósitos múltiplos: ornamentação, paisagismo, lazer, aumento da umidade do ar, geração de eletricidade. Represa média de aproximadamente 500 milhões de metros cúbicos de água, tem perímetro superior a cem quilômetros e cobre em torno de 38 quilômetros quadrados. Atinge até 35 metros de profundidade, cinco quilômetros de largura e quarenta de extensão. A linha d'água tem cota mil. Uma preocupação que foi água abaixo: adversários propagavam que o lago não se formaria, devido à alta porosidade da terra do cerrado.

Segundo Kubitschek, as obras chegaram a absorver cerca de 60 mil trabalhadores nos meses iniciais de 1960. Engenheiros e arquitetos, sanitaristas e geólogos, urbanistas e pilotos, desenhistas e técnicos de várias especializações, candangos. Apenas sob a responsabilidade da Novacap, foram contabilizados, em abril de 1960, mês da inauguração, 360 mil metros quadrados de construções concluídas, mais de 106 mil em final de execução e 37 mil em andamento. Isto é: mais de 500 mil metros quadrados de área construída ou semiconstruída em três anos e meio. Mas havia ainda as edificações a cargo dos institutos de previdência, da Caixa Econômica Federal, do Banco do Brasil, da Fundação da Casa Popular e de outras entidades. Os institutos previdenciários, por exemplo, construíram aproximadamente três mil apartamentos médios e grandes, além de muitos outros, menores. As atividades privadas começavam a florescer.[107]

O governo Kubitschek construiu mais de 13 mil quilômetros de novas rodovias, grande parte para interligar Brasília às várias regiões do país. No total, mais de 5.600 quilômetros de estradas preexistentes foram asfaltadas.

Brilho internacional

Juscelino faz personalidades e lideranças políticas internacionais desfilarem pela cidade. Afinal, ela é o símbolo maior da nova identidade nacional, do país em desenvolvimento que emerge rapidamente no mundo moderno. Uma cidade futurista no imenso, distante e negligenciado interior.

A maioria gosta, mostra entusiasmo. Presidentes, príncipes, reis e rainhas, celebridades. A nascente cidade espantava, encantava, surpreendia. Parecia uma visita ao futuro. Principalmente os espaços monumentais de Lucio Costa e as criativas flores arquitetônicas de Niemeyer, que capturam instantaneamente os olhos e grudam na memória. E, claro, a audácia, confiança, otimismo e simpatia do anfitrião.

Tudo começou em junho de 1957, com visita solene do general Francisco Higino Craveiro Lopes, presidente de Portugal. Como não havia outro lugar, ficou hospedado no Catetinho, acompanhado da mulher, Berta Craveiro Lopes. Consta que não se incomodou com a rusticidade. Mas, na hora de deitar, cerca das dez da noite, revelou-se inspirado pioneiro da diplomacia de presidentes. Diretamente, sem qualquer intermediação, pediu solemente a JK que não lhe faltasse um penico debaixo da cama. Não conseguia dormir sem um à mão. Juscelino falou com dona Sarah, que deu ordens severas para imediata solução do problema. Foi um corre-corre dos diabos no cerimonioso Cerimonial da Presidência da República. Até que, por volta das 1:15 da madrugada, um oficial de chancelaria deu um jeito, ninguém sabe como. Talvez procurando debaixo de outras camas. Líquido e certo: alívio na alta cúpula portuguesa. Um salvador peniquinho de ferro esmaltado, humilde e cansado de guerra, meio amassado, mas limpinho e sem qualquer furo. Apto para uso. Contam que no dia seguinte, logo depois da saída do general, o funcionário que recolheu a relíquia reclamou com o zelador Luciano Pereira: "O general tem péssima pontaria."

Teve mais. Na noite seguinte, logo depois que o casal Craveiro Lopes foi se deitar, JK resolveu presenteá-lo com doce surpresa.

Deu instruções a César Prates e a Dilermando Reis, dois craques, para fazerem breve e caprichada serenata, com músicas agradáveis, suaves, capazes de ajudar o sono. Delicadeza de bom anfitrião. César Prates:

> Dilermando foi o maior violonista que já vi e ouvi. Do mundo! O som que ele tirava no violão era inigualável. Tanto que ele ganhou o primeiro lugar nos Estados Unidos. Lá, quando ele tocava, o povo ficava doido. Mas não podia morar sem se naturalizar, porque estaria tomando emprego dos outros. Era um sujeito boêmio e muito bom. A mulher dele tinha 25 gatos. [risos][108]

A serenata engrenou. Meia hora depois, Prates e Dilermando já estavam terminando, quando o chanceler português — Paulo Cunha — e a mulher pediram que fossem em frente. Empolgado, o casal mudou completamente o programa. Colou na dupla e foi escolhendo o repertório. A coisa pegou fogo, varou a noite. Prates cantou até "Granada" e "Aquarela do Brasil", a plenos pulmões, alta madrugada. Cantou e repetiu, sempre a pedido. No café da manhã, Oswaldo Maia Penido, subchefe da Casa Civil de Juscelino, pergunta a Craveiro: "Vossa Excelência dormiu bem?" "Como?! Houve um gajo trovador que cantava sem tardar. Não consegui dormir nem um humilde minutozinho."

Em janeiro de 1958, uma visita do coração: a professora Júlia Kubitschek, mãe e admiração superior do presidente Nonô. Ele se levantava normalmente às seis da manhã e logo executava a primeira tarefa: telefonar para ela. Três meses depois chega o ditador Alfredo Stroessner, presidente do Paraguai, um dos primeiros hóspedes do ainda incompleto Brasília Palace Hotel, destruído por incêndio em 1978. Em 30 de junho de 1958, grandes novidades. Centenas de convidados participam de grandes inaugurações: Palácio da Alvorada, residência presidencial, que recebeu bênção de Dom Carlos Carmelo, arcebispo de São Paulo; avenida das Nações e Eixo Monumental; Brasília Palace Hotel; conclusão da estrada Anápolis-Goiânia, inteiramente asfaltada. Nesse mesmo dia, no

Palácio da Alvorada, dá-se a primeira entrega de credenciais diplomáticas em Brasília, as do embaixador português Manoel Rocheta. Em agosto de 1958, a cidade recebe José Mora, secretário da OEA; o escritor inglês Aldous Huxley que, em 19 de agosto de 1958, enviou o seguinte telegrama a Juscelino: "Vim diretamente de Ouro Preto para Brasília. Que jornada dramática através do tempo e da História! Uma jornada do ontem para o amanhã, do que terminou para o que vai começar, das velhas realizações para as novas promessas"; John Foster Dulles, secretário de Estado norte-americano, que veio ao Brasil discutir proposta de JK de nova política pan-americana, semente da Operação Pan-Americana e, depois, da Aliança para o Progresso, do governo Kennedy; e também grupo de parlamentares japoneses. Em setembro de 1958, chega Giovanni Gronchi, presidente da Itália.

Em 1959, com a construção em fase avançada, as visitas se intensificam. A partir de fevereiro: o príncipe Bernhard, da Holanda; príncipe Mikasa, do Japão; duquesa de Kent; André Malraux, ministro da Cultura da França, perguntou: "Como o senhor conseguiu construir esta cidade em pleno regime democrático, presidente?" Depois dirá: "Um murmúrio de glória acompanha o bater das forjas que saúdam vossa audácia, vossa confiança e o destino do Brasil, enquanto se vai erguendo a Capital da Esperança"; Antoine Pinay, ministro das Finanças da França; o escritor norte-americano John Dos Passos, que deixou a seguinte impressão: "É como se isto fosse Pompeia ao contrário." Fidel Castro Ruz, primeiro-ministro cubano, foi recebido no Palácio da Alvorada em abril de 1959:

> Sentados na biblioteca do Palácio da Alvorada, tentei um diálogo, a fim de atraí-lo para a Operação Pan-Americana. Mas não consegui. Fidel Castro não compreende o diálogo. É homem de monólogo. Falou durante duas horas seguidas, quase sem tomar fôlego. À uma hora da tarde, tentei interrompê-lo, para ordenar que servissem o almoço. A todo gesto que fazia ensaiando levantar-me, segurava-me pelo braço e falava com maior veemência. O almoço só terminou três horas depois. Estávamos em cima da hora para

seguirmos para o aeroporto. Tomamos o helicóptero outra vez. Mal ganhamos altura, a paisagem de Brasília fez com que ele voltasse de súbito à realidade. Até ali, era um iluminado que falava. Pregava o que lhe parecia justo, sem se preocupar com o efeito do que dizia. Brasília, contudo, tivera o efeito de trazê-lo de volta ao chão. Contemplou-a outra vez longamente, e disse-me, quase com unção na voz: "É uma felicidade ser jovem neste país, presidente." Fez-se, então, um longo silêncio entre nós. Enquanto as hélices do helicóptero giravam, o futuro falava lá embaixo.[109]

Em 1960, é a vez de Adolfo López Mateos, presidente do México, e de várias outras personalidades. Tem grande repercussão a visita de Dwight D. Eisenhower, presidente dos Estados Unidos. Ao ver fila de tratores ao longo do Eixo Monumental, ele diz: "Essa é a grande e verdadeira batalha. A grande batalha, porque é a batalha da paz." Essa visita acaba marcada por tragédia. Choque de avião civil com avião da Marinha dos Estados Unidos na altura do Pão de Açúcar, no Rio de Janeiro, precipita ambos no mar. Morrem 67 pessoas. Inclusive todos os integrantes da Banda Naval americana que participavam da comitiva de Eisenhower.

Kubitschek acompanha pessoalmente cada um dos visitantes. Faz questão de apresentar Brasília ao mundo. A cidade espanta, encanta, surpreende, frequentemente empolga. Parece uma visita ao futuro. Tudo nela. Mas principalmente os espaços monumentais de Lucio Costa e as criativas flores arquitetônicas de Niemeyer, que capturam instantaneamente os olhos e grudam na memória. E, claro, a audácia, confiança, otimismo e simpatia do anfitrião.

Congresso de lagartixas

Ecla Assis Cunha, carioca de Botafogo, conta que tinha 32 anos e era casada quando visitou Brasília pela primeira vez, em 1957. Levou um susto. Muito buraco, muita poeira, uma confusão danada, desconforto, muito homem e pouca mulher. Talvez uma para dez.

Hospedou-se numa pequena casa da Caixa Econômica. Trabalhava no Senado, como secretária do líder João Lima Guimarães, do PTB de Minas. Voltou no final de 1959 e achou tudo bonito, bem melhor. Em 1960, resolveu mudar de vez e levou as três filhas, a menor de apenas 2 anos. O marido ficou no Rio e o casamento terminou murchando. Ele era perito judicial de cinco companhias de seguro. Desquitaram-se. Conta que muita gente veio animada, porque ia ganhar um apartamento, a dobradinha — pagamento em dobro — e outras coisas mais. Como aluguéis baratos, facilidades de transporte, escola para os filhos. Mesmo assim, muitos vieram contrariados. Quase ninguém queria deixar o Rio. Diz que hoje não troca Brasília por nada. Foi e é feliz ali, ama a cidade. Aposentada, 75 anos, jovial, graciosa, memória viva, raciocínio rápido, ela hoje faz parte da Associação das Mulheres Profissionais de Negócios de Brasília e do Clube Soroptimista. É tia da atriz Sandra Bréa, símbolo sexual dos anos 70 e 80, estrela de televisão e teatro, morta em maio de 2000. Ela conta que mesmo depois da inauguração mulher era fruta rara em Brasília:

Eram cinco homens pra uma mulher. Foi uma época muito boa para o sexo feminino! [risos] Os senadores e deputados não trouxeram as mulheres. Ficavam aqui praticamente abandonados. Então as moças que podiam realmente brincar com eles, sair, ir pra boate, faziam companhia a eles, claro. Era a necessidade que se juntava com a facilidade. Porque tinha muita mocinha que trabalhava, mas ganhava pouco. E os deputados e senadores ganhavam muito. E então, para sair com elas, gratificavam bem pela companhia. E elas não iam ficar dormindo no ponto, não tinham mais nada que perder. Não iam ficar rodando bolsinha à noite, não é? E ainda tinham uma companhia mais agradável, pessoal de boa posição. Pra elas resolvia melhor e pra eles também. As mulheres deles custaram muito para resolver vir morar aqui. Os deputados e senadores eram até chamados de lagartixa, porque viviam subindo pelas paredes. [risos] Depois tudo foi se harmonizando, as mulheres deles foram chegando. Também teve o contrário. Muitas mulheres vieram sozinhas pra Brasília, porque os maridos não quiseram vir. Separavam, desquitavam e vinham. Então deu muita confusão. Brasília deu muito desquite.[110]

Para dona Ecla, o Congresso mudou mesmo do Rio para Brasília:

Câmara e Senado no Rio eram destacados. Funcionários e funcionárias lá tinham prestígio. Basta dizer que no Senado eram 615, quer dizer, outra coisa, muito menor. A pessoa só entrava quando era afilhada de senador — afilhada mesmo, não afilhada de nome! — ou sobrinha. Filhas e mulheres eles não botavam muito. Aqui em Brasília é que começaram a colocar. Mas lá era um outro ambiente. De repente veio pra cá, ampliou, ficou bem maior, precisou-se mais de funcionários. E aí... Eu ouvi falar, mas não garanto, que muitos deputados, para não darem dinheiro pras meninas, botavam elas lá no Congresso. E assim não tinham responsabilidade financeira pessoal. Tudo quanto é velho resolveu querer broto, não queria mais mulher da idade dele. Mesmo os casados. Então eles conseguiam mulheres mais moças e pra não terem despesas botavam no Senado e na Câmara. No meu tempo de Senado no Rio, eu não entrava sem meia no Plenário. O Alfredo Neves, que era o primeiro secretário, não deixava de jeito nenhum. Nós levávamos as meias na bolsa. E colocávamos para entrar no Plenário. Era um regime rigoroso, severo, bem diferente de hoje. As meninas daqui vão de corpetinho, com a barriga de fora.[111]

Festas na Casa Preta

Mais de quarenta anos depois, dona Ecla ainda se emociona quando fala de Juscelino e se lembra das festas de que ambos participavam em Brasília. As melhores — garante — eram as da Casa Preta, onde é hoje a Superquadra 309 Sul. Nela moravam alguns engenheiros mineiros ligados a Kubitschek. Trabalhavam na construção da cidade. Ela confessa que tem muita saudade:

O Juscelino era maravilhoso! Maravilhoso! Um homem alegre, animado. Nós íamos à Casa Preta, que era de madeira toda pintada de preto. Até o muro. Era um terreno grande, todo cercado, e ela ficava bem no meio dele. No portão tinha um buraquinho, o porteiro olhava e perguntava o nome das pessoas. Quem não estava na lista não entrava. Depois, sempre à noite — não era todo dia! — faziam reuniões lá. Tinha até um cozinheiro fantasiado com aquele chapéu grande e tudo. Toda vez serviam lauta mesa de jantar e sobremesas. Íamos pra lá, ficávamos ouvindo música, dançando, sempre um grupo muito alegre. E quando era uma hora, uma e meia da manhã, aparecia o Juscelino. A turma toda cantava o *Peixe vivo*. Ele entrava na roda, no cordão. Ele era maravilhoso, alegre, animado demais. Nunca avisava quando vinha. Estávamos sempre na expectativa da chegada dele. Às vezes vinha, outras não. A nossa vida aqui era ótima! Bem mais gostosa do que a que se vê hoje. Porque todos eram amigos, como uma família só. Os jornalistas começaram a falar mal, debater se aquilo não era bacanal. Só entrava jornalista recomendado pelo Geraldo Carneiro, que era secretário do presidente. O Juscelino gostava da noite, de serestas. Mas nunca se viu ele lá com grudação em alguém, fazendo seleção de uma ou de outra, não. Ele brincava com todas. Falavam e comentavam da Tônia Carrero, mas eu nunca vi. Se existia era coisa muito particular. Eu nunca percebi nada. Se existia, era coisa muito secreta. A Tônia quando vinha a Brasília ficava no Hotel Nacional. Eu não sei de nenhuma funcionária do Senado nem da Câmara que tivesse caso com o Juscelino. No nosso grupo ali, não. Nada, nada, nada. Olhe que ali era um pátio escuro, podia sair lá pra fora. Mas não. O negócio era todo só ali no salãozinho mesmo. O Niemeyer também aparecia de vez em quando lá na Casa Preta. Ele morava na W-3, numa daquelas casinhas, bem no finalzinho. Quem que não gosta de uma boemia? Pelo menos até cansar? E quando cansar, aí casa, não é? Mesmo depois de casado tem gente que ainda continua mais um pouquinho. Acho que é porque dá saudade.[112]

A Casa Preta acabou muito falada. Bem e mal. Entrou até nos discursos de Carlos Lacerda, o contundente líder da UDN, adversário radical de Kubitschek e de Brasília. Ironizava, fazia insinuações carregadas de malícia. Dizia que deputados e senadores governistas lá se reuniam com o presidente, em concorridas e animadas festinhas, apenas para tramar politicamente contra a oposição.

UnB, a filha de Darcy

Juscelino conta que em meio à construção de Brasília chamou o escritor Cyro Versiani dos Anjos, então subchefe da Casa Civil da Presidência da República, e lhe disse tudo o que tinha em mente sobre a criação de uma universidade. Explicou que queria colocar a cidade na vanguarda da educação superior. Uma universidade diferente, fora dos padrões clássicos. Uma universidade modelar, capaz de proporcionar conhecimento e também considerar as exigências da era tecnológica. Do ponto de vista administrativo, sugere uma fundação instituída pelo governo, mas com as virtudes do setor privado. Pedagogicamente, uma unidade orgânica e funcional em dois estágios: o primeiro, dos institutos gerais de pesquisa e ensino dedicados às ciências, às letras e às artes; e o segundo de faculdades profissionais. O sistema deve operar de forma articulada, sem faculdades estanques, solidário em torno de objetivo comum: a criação de polimorfo e dinâmico centro cultural. Conforme a proposta de Lucio Costa, a universidade deveria ser tratada à parte, por constituir-se em fator essencial para converter Brasília num "foco de cultura dos mais lúcidos do país".

O primeiro ato oficial do presidente após a instalação do governo em Brasília, na manhã de 21 de abril de 1960, é a assinatura de mensagem de encaminhamento do projeto de lei de criação da Fundação Universidade de Brasília (FUB), que seria a mantenedora da futura universidade. Seu modelo diverge completamente do da obsoleta estrutura do ensino tradicional. Mas não é novidade fora do país. Darcy Ribeiro escreveu na época:

> Constitui a estrutura universitária usual, largamente experimentada e comprovada em sua eficácia pelos países desenvolvidos. A renovação do ensino superior na Alemanha, na Inglaterra, nos Estados Unidos e na Rússia se fez ao integrarem-se nos seus cursos universitários a ciência moderna e a tecnologia e processou-se por um caminho que ainda hoje se recomenda ao Brasil. Somos, talvez, o único país que ainda pretende formar cientistas e tecnólogos segundo o modelo de ensinar e cultivar a erudição clássica.[113]

Ele conta que, no Palácio do Planalto, foi decisiva a ajuda de Cyro dos Anjos e também a de Victor Nunes Leal, chefe da Casa Civil de Kubitschek. E que teve de desarmar projeto alternativo de implantação de universidade dos jesuítas em Brasília. Para isso, contou com a ajuda de Frei Mateus Rocha, dominicano, que levou o assunto até ao papa João XXIII.

A Lei sai em 15 de dezembro de 1961, cerca de cem dias depois do início da breve experiência parlamentarista então ensaiada. Tancredo Neves era o primeiro-ministro e João Goulart, o presidente da República. Em 15 de janeiro de 1962, o decreto n° 500 aprova o estatuto da FUB e a estrutura da Universidade. Estão atendidos os requisitos básicos para dar a partida. O professor Anísio Spínola Teixeira é o primeiro vice-reitor e Darcy Ribeiro, que considera a universidade sua filha, reitor. Ele participou decisivamente da concepção, viabilização e organização. Em 21 de abril de 1962, a inauguração. As instalações ainda estão incompletas. De Anísio Teixeira:

> Não fui, de início, entusiasta de uma universidade em Brasília. Fundamentalmente, ao contrário da metrópole, nunca achei que a capital de uma República devesse necessariamente possuir uma universidade. Brasília deveria ser apenas a sede do governo. Vi, porém, transformado em lei o projeto de criação de nada menos

de onze universidades. Diante disso, logo percebi que, mais dia menos dia, Brasília teria a sua universidade e, a tê-la, que a tivesse certa. Aderi, então, à ideia de Darcy Ribeiro.[114]

Darcy Ribeiro — educador, político, antropólogo, intelectual, escritor — nasceu em Montes Claros, norte de Minas Gerais, em novembro de 1922. Fundador da UnB, é reitor em 1961-62, o primeiro; ministro da Educação em 1962-63 e chefe da Casa Civil da Presidência da República em 1963-64 (governo João Goulart). Exila-se depois do golpe militar de 1964. Tem os direitos políticos cassados. Volta à atividade política após a anistia de agosto de 1979. Elege-se vice-governador do Rio de Janeiro em 1982 e senador da República em 1990. Ingressa na Academia Brasileira de Letras em 1992. A UnB lhe dá o título de doutor *honoris causa* em 1995. Mais: o assento territorial da Universidade passa a chamar-se Campus Darcy Ribeiro. Morre em fevereiro de 1997, depois de longa e corajosa guerra contra o câncer.

Carismático, envolvente, Darcy Ribeiro fascinava intelectualmente os colegas. Mesmo ausente e até incompreendido. Um exemplo? Brasília, final dos anos 60. Frei Mateus Rocha, antigo vice-reitor da UnB, chega à casa da escritora Vera Brant com carta de Darcy, então no exílio:

— Olhe aqui, dona Vera, a maravilha que o professor Darcy me mandou lá do Chile. Uma carta linda, erudita, inteligentíssima!

Vera reconhece a letra horrorosa do amigo. Garranchos, quase hieróglifos, coisa de enlouquecer qualquer paleógrafo. Acostumada, decifra em silêncio:

— É mesmo uma carta muito boa, frei Mateus.

— A senhora poderia lê-la em voz alta?

— Claro que posso. Mas pra quê?

— Já tentei várias vezes e não entendi nada.

Também Darcy era fascinado por prendas intelectuais. Por exemplo: não escondia admiração por poliglotas. Especialmente pelas poliglotas. Até porque não se dava bem com línguas estrangeiras. Dizia que só era inteligente em português. Certa vez enrabichou com uma diplomata que falava quatro idiomas. Achou o máximo. Virou caso, pegou fogo. Pensou em jogar tudo para cima e casar com ela. Mas o projeto foi fritado na cozinha da amiga Vera Brant:

— Vera, acho que vou juntar os panos com a menina. Tem talento, fala quatro línguas.

— Mas ela é interessante, alegre, simpática, agradável? Tem um bom papo?

— Sinceramente, não.

— Chata e ruim de papo em quatro línguas, Darcy?! Você não acha que é demais?

A partir do golpe militar, as diretrizes originais sofrem alterações. Conforme Darcy, dos 280 professores que havia contratado, 240 saem. A UnB é ocupada por tropas militares em abril de 1964. Seguese longo período de grande instabilidade e turbulência. Em 29 de agosto de 1968, forças policiais invadem violentamente a Universidade. Objetivo: prender cinco alunos, entre eles o presidente do Diretório Central, Honestino Guimarães. Um estudante é ferido a bala na cabeça. Revoltado, o jovem deputado Márcio Moreira Alves, do MDB do Rio de Janeiro, faz indignado discurso contra a ditadura na Câmara. O governo considera as Forças Armadas ofendidas e representa contra ele junto ao Supremo Tribunal Federal, que pede licença ao Congresso para processá-lo. Feita a votação, em 12 de dezembro de 1968, a licença é negada. Mais de dois terços da Câmara confirmam a inviolabilidade da tribuna. É o pretexto de que a linha dura militar precisava. O estopim do sinistro AI-5, de 13 de dezembro de 1968. O golpe dentro do golpe, o aprofundamento do arbítrio.

Ano 2000. Além do campus, a UnB tem o Hospital Universitário e a Fazenda Água Limpa. Oferece 2.961 vagas, disputadas por mais de 50 mil candidatos; possui 59 cursos de graduação, 48 de mestrado e 23 de doutorado; tem cerca de 25 mil alunos e mais de 1,3 mil professores.

Atualmente, ela é vista como uma das principais instituições de ensino superior do país. Eis, por exemplo, a avaliação de um intelectual e professor de prestígio internacional, o economista e historiador Celso Furtado, integrante e uma das estrelas da equipe de governo de Kubitschek — foi o primeiro titular da Sudene, criada em 1958 —, ministro do Planejamento do governo Goulart e, no final dos anos 80, ministro da Cultura do governo Sarney:

> A Universidade de Brasília está crescendo e melhorando, recebendo homenagens. Isso eu considero importante: que ela se transforme em modelo de universidade no Brasil. O Darcy fez o movimento inicial. Mas depois ela se degradou bastante. No tempo dos militares, perdeu muito como universidade. Mas ultimamente tem recuperado o seu prestígio.[115]

De Oscar Niemeyer, depois da morte de Darcy, em 17 de fevereiro de 1997, finalmente derrotado em longa e desassombrada luta contra um câncer:

> Uma imensa tristeza me envolveu, lembrando aquela longa e terna amizade que durante muitos anos nos uniu. Recordava a Universidade de Brasília que, sozinho, Darcy criou, o edifício "Minhocão" que nela projetei e ele adorava. Depois os militares invadindo-a; e junto, com cerca de duzentos professores, dela nos afastarmos.[116]

Viva Brasília!

A cidade ainda não está concluída, mas já dispõe de condições mínimas para sediar o governo. Brasília, manhã de 21 de abril de 1960, Palácio do Planalto, primeira reunião ministerial. A frase final do discurso cuidadosamente preparado sai engasgada, a voz trêmula, carregada de emoção. Comove, enternece a todos. Olhos úmidos, alguns ministros a muito custo contêm o choro aberto. Kubitschek, o orador, também:

> Neste dia 21 de abril, consagrado ao alferes Joaquim José da Silva Xavier, o Tiradentes, ao centésimo trigésimo oitavo da Independência e septuagésimo primeiro da República, declaro, sob a

proteção de Deus, inaugurada a cidade de Brasília, capital dos Estados Unidos do Brasil.

Pouco antes — os discursos foram irradiados para todo o país —, ele tinha tocado os corações ao pedir a todos os chefes de família do Brasil que explicassem aos meninos e meninas o que estava acontecendo. E também ao lembrar o papel de Brasília na integração:

Deste Planalto Central, Brasília estende hoje aos quatro ventos as estradas da definitiva integração nacional: Belém, Fortaleza, Porto Alegre e, dentro em breve, o Acre. E por onde passam as rodovias, vão nascendo os povoados, vão ressuscitando as cidades mortas, vai circulando, vigorosa, a seiva do crescimento nacional.

Ele tinha recebido a chave da cidade, feita de ouro, no dia anterior, às 17:30, na Praça dos Três Poderes. Ao entregá-la, auxiliado por Márcia Kubitschek, Israel Pinheiro, presidente da Novacap, lembrara a luta, os sofrimentos, a vitória e também alfinetara os adversários: "O espírito de Brasília é tudo que há de contrário ao derrotismo sistemático." Kubitschek, depois de agradecer a todos e de exaltar sobretudo os candangos, desabafou na mesma linha:

Os que duvidaram desta vitória; os que procuraram impedir a ação; os que desmandaram em palavras contra essa cidade, desconheciam que o impulso, o ânimo, a fé que nos sustentavam eram mais fortes que os desejos de obstrução que os instigavam, do que a visão estreita que não lhes permitia alcançar além das ruas citadinas em que transitam. Mas deixemos entregues ao esquecimento e ao juízo da história os que não compreenderam e não amaram esta obra.[117]

Traje a rigor, sapatos empoeirados, um quê de faroeste à brasileira. Mas uma festa de arromba, grande entusiasmo e alegria. Justificável: a inauguração da cidade tem profundo significado histórico. Pelo fato em si e por incluir a transferência simultânea da capital, sinalizar afirmação nacional para dentro e para fora, apontar novos rumos. E para Kubitschek, seu governo e aliados é o marco da principal vitória administrativa e política. O presidente é perito em emprestar imponência, dimensão e profundidade a acontecimentos públicos. É com pompa que a capital muda do Rio de Janeiro, onde estava desde 1763. Agora, mais de 170 anos depois do frustrado sonho dos conjurados mineiros, está finalmente no interior. Muitas comemorações, muita gente. Toda a cúpula da República, dezenas de delegações estrangeiras, embaixadores, milhares de visitantes. Uma avalanche de carros, ônibus, caminhões, aviões. Muito orgulho e alegria dos governantes, políticos, criadores e projetistas, construtores, dirigentes de órgãos e entidades públicos, funcionários, técnicos, empresários, candangos e suas famílias. A cidade tinha mais de 140 mil habitantes, a maioria trabalhadores vindos do Nordeste, Sudeste e Centro-Oeste. Entusiasmo.

Os hotéis estão superlotados. Há camas extras nos apartamentos dos hóspedes para acomodar parentes e amigos. Não há mais lugar. Isso era esperado. O jeito é improvisar. Há soluções pitorescas, à brasileira, à Brasília. Por exemplo: alguns dias antes, a Novacap tinha feito distribuição gratuita de colchões a moradores para que hospedassem visitantes. José Roberto de Paiva Martins, hoje economista e bacharel em direito, especialista em controle externo, expoente técnico do TCU (1973-91) e depois do TCDF (Tribunal de Contas do Distrito Federal), onde é auditor, chegou a Brasília em 1960:

> Meu pai trabalhava na Novacap. Muitos familiares dos funcionários, engenheiros e peões queriam vir para a inauguração, conhecer a cidade. Lá em casa chegaram umas dez pessoas. Ficamos amontoados, mas foi divertido. Então a Novacap comprou 20 mil colchões de molas da marca Probel e botou em vários pontos para distribuir de graça. Quem precisava ia lá e dizia quantos parentes estava esperando. Então dava um recibo precário e pegava os colchões. Ninguém devolvia. O que ia fazer a Novacap com tanto colchão usado? Isso é só um pequeno exemplo. As coisas eram feitas desse jeito.

Por volta das 23h30 do dia 20 de abril de 1960, começa solene missa campal de ação de graças em altar armado na Praça dos Três Poderes, celebrada pelo cardeal patriarca de Lisboa, Manuel Gonçalves Cerejeira, diante do crucifixo de ferro — relíquia vinda de Braga, Portugal — que serviu na Missa da Descoberta, celebrada por Frei Henrique de Coimbra em 26 de abril de 1500, na baía de Porto Seguro, Bahia. Multidão. Principalmente de gente simples: candangos e suas famílias. Durante a homilia, o cardeal avalia o significado de Brasília: "E eu pergunto a mim mesmo se isto não significará um segundo nascimento." Exatamente à zero hora, ressoam na noite calma os repiques do velho sino que tangeu pela morte de Tiradentes em 21 de abril de 1792, relíquia trazida de Ouro Preto. Já é 21 de abril de 1960. No momento da consagração da hóstia, a Banda dos Fuzileiros Navais entoa o Hino Nacional e poderosos holofotes espalham alegres luzes coloridas. É zero hora e vinte minutos. Nó na garganta, coração apertado, JK chora seu alívio e alegria. Com razão. Considerava a transferência do governo para a nova capital a mais dura batalha que travou na vida pública. Soluça, enxuga lágrimas que escorrem em abundância pelo rosto. Da filha Maria Estela: "Só vi meu pai chorar em duas ocasiões: a morte de familiares e a inauguração de Brasília."[118]

Muitos choram com ele. Perto, o vice-presidente João Goulart, vários religiosos e convidados olham surpresos e comovidos. Os médicos Aluísio Salles e Carlos Teixeira observam atentamente. Juscelino se controla. Ele já não tinha tão bons antecedentes de saúde. Sofrera infarto no ano anterior, cuidadosamente ocultado do público. Mais: depois de breve e ousado voo num supersônico da Força Aérea dos Estados Unidos, no Rio de Janeiro, sentira-se mal. Problemas circulatórios. Ficou três dias repousando no Palácio das Laranjeiras.[119]

O cardeal abençoa a cidade, que também recebe mensagem do papa João XXIII, em português, por intermédio de rede brasileira de rádio. Trecho:

Brasília há de constituir um marco milionário na história já gloriosa das terras de Santa Cruz, abrindo novos horizontes de amor, esperança e de progresso entre suas gentes que, unidas na mesma fé, tornar-se-ão aptas aos maiores cometimentos.

De novo o Hino Nacional tocando nos corações, holofotes riscando o céu. Estima-se que mais de 200 mil pessoas participaram das solenidades. Grande parte varou a noite sem pregar os olhos. A sensação é de vitória, dever cumprido, emoção, alegria, esperança, começo de um novo tempo. Orgulho de ser brasileiro.

Manhã de 21 de abril de 1960. Às oito horas, os clarins da Banda do Batalhão de Guardas anunciam a primeira alvorada da nova capital. Logo depois o presidente passa a tropa em revista e, sob o aplauso de multidão de insones, hasteia a bandeira nacional. A partir de 8:30, no Salão Nobre do Palácio do Planalto, discursa e recebe cumprimentos de 55 embaixadores e depois de todos os oficiais-generais. Em seguida, participa da solenidade de instalação da arquidiocese. Imediatamente depois, preside a primeira reunião ministerial de Brasília, que marca oficialmente a instalação do governo, e declara inaugurada a cidade. Às 11:30, juntamente com João Goulart, assiste à sessão solene de instalação do Congresso Nacional. Comparece então à do Poder Judiciário. Às 16:30, começa grande desfile. Revoada de pombos, banda executa dobrados, aviões da Esquadrilha da Fumaça fazem atrevidas evoluções e voos rasantes. Segue-se a passagem triunfal de mais de dez mil candangos e cinco mil soldados. E de quase cinco quilômetros de caminhões, tratores, jipes, escavadeiras, guindastes e outros equipamentos ao longo do Eixo Monumental. Participam do desfile os dirigentes da Novacap, responsável pela construção: Israel Pinheiro, presidente, e os diretores Ernesto Silva e Moacyr Gomes e Souza; os arquitetos Oscar Niemeyer e Lucio Costa; milhares de alegres candangos, em caminhões superlotados, portando ferramentas de trabalho, estudantes. Atrás, a maquinaria de terraplenagem, escavação, remoção e construção. Às seis da tarde, chega o fogo simbólico da unidade nacional, trazido por atletas desde Salvador, Bahia. Com ele é acesa a pira construída diante do pavilhão oficial. Às oito da noite, show pirotécnico, queima de mais de vinte toneladas de fogos de artifício. Após, festa e show popular em pleno Eixo Monumental. Às 22:30, recepção presidencial de gala para três mil convidados no Palácio do Planalto.

Avaliação de Niemeyer:

Satisfeito, vi as festas de longe, muito fraque, muito luxo para mim. E Brasília é discutida até hoje. O arquiteto Le Corbusier visitou a capital depois de ela ser inaugurada e, ao subir a rampa do Congressso e ver as grandes cúpulas construídas, não se conteve e disse: "Aqui há invenção."[120]

Avaliação de Kubitschek:

Vivi naquele 21 de abril de 1960 as maiores emoções de minha vida. (...) Afinal, naqueles últimos três anos, eu vivera, sonhara, comera e dormira em função de uma data: 21 de abril de 1960. (...) Naquele dia, vivi, realmente, quase em êxtase.[121]

Ele conta que quase foi nocauteado emocionalmente por fulminante frase de ternura. Coisa de mãe. Dona Júlia Kubitschek, octogenária, depois de contemplar demoradamente a cidade, disse à nora, Sarah: "Só o Nonô mesmo seria capaz de fazer tudo isto."

O jornalista e analista político André Gustavo Stumpf congelou na memória imagens fortes desse dia:

Assisti ao início da vida oficial em Brasília, 21 de abril de 1960. Ficamos, Hedyl Valle Júnior e eu, na Praça dos Três Poderes, enquanto meu pai e o amigo Flávio Moreira, ambos de casaca, participavam do baile oficial da inauguração da capital. Depois JK desceu a rampa e se misturou ao povo. Nunca vi nada parecido em termos de alegria. Pessoas humildes se ajoelhavam diante dele. Beijavam-lhe as mãos. E Juscelino ria e abraçava todo mundo. Não sabia o que fazer. Era a imagem de uma felicidade radiante. Informação relevante: o Brasil era ingênuo. Estava começando a descobrir que poderia viver longe do mar. Políticos andavam sem segurança.[122]

As festas continuaram até 23 de abril de 1960.

Em tempo. Kubitschek não se esqueceu do Toniquinho da Farmácia. Antonio Soares Neto guarda provas e fortes imagens na memória. Orgulhosamente:

> Na inauguração de Brasília, fui convidado pelo presidente. Fiz parte do palanque presidencial. Foi muito emocionante. Ele me abraçou, me apresentou à família, me apresentou o Jango, me apresentou os ministros. Eu levei pra ele uma flâmula de Jataí e um retrato que tiramos aqui.[123]

A cidade ainda não está completamente concluída e muito menos consolidada. Mas já conta com construções, infraestrutura e serviços urbanos mínimos para funcionar como capital. Ainda é tempo de pioneirismo. A qualidade de vida é precária. Simpática e alegre, Dinah Ferreira Chagas, mineira de Conceição do Mato Dentro, 90 anos, dona de casa, conta:

> Meu marido, João Ephigênio Ferreira, veio em 59 de Belo Horizonte para trabalhar com o doutor Israel Pinheiro. Eles eram amigos. O João trabalhava na Secretaria da Agricultura de Minas. Veio para a Novacap. Aqui ele recebia o ordenado dele e mais um. Chamavam de dobradinha. Era assim que eles faziam, para a pessoa não ter prejuízo, porque aqui era muito ruim. Era péssimo! [ri] Naquela época, tinha muita terra. Era sempre muita poeira ou muito barro. Eu mudei pra cá em 62. Aqui em casa, na 412 Sul, era terra só. Uma coisa horrorosa! A gente sofria mesmo. Eu falava com o João: "Eu vou ficar doida." [ri] A gente lavava roupa sem parar. Ainda outra: camisa branca! Com aquela terra toda, usava-se camisa branca de tricoline e gravata pra ir trabalhar. A gente lavava as camisas, pendurava direitinho, mas quando ventava sujava tudo de terra. Até o dinheiro sujava. Quando ia fazer compras nas lojas de Belo Horizonte com o dinheiro daqui, eles logo falavam que o dinheiro era de Brasília. Sabe por que adivinhavam? Porque as notas ficavam vermelhas de poeira, sujas de

terra. Tinha também muito buraco e muita cobra. [ri] A gente ia pela L-2, pra missa da tarde, e ouvia barulhinho no mato. Era cobra andando lá. Um dia saímos da igreja e quando chegamos ao prédio tava todo mundo lá preocupado com uma dona que foi entrar no elevador e topou com uma cobra dentro dele. Aparecia cobra nas cortinas, aparecia nos ministérios, pra todo lado. Na época, eles estavam plantando essas árvores que hoje estão aí grandes. Eram pequenininhas. Pra fazer compras, a gente tinha que ir lá na Cidade Livre. Era tudo muito difícil. Brasília melhorou muito! Hoje é outra coisa! Eu acho Brasília muito bonita, diferente das outras capitais. É muito bonita, eu gosto. Gosto mais das árvores, das plantas e acho bonitos os prédios do Niemeyer. Eles falavam que ele tinha complexo de tatu, porque gostava de primeiro abrir enormes buracos para depois botar os prédios. O Juscelino foi muito corajoso. Ele fez um esforço muito grande. Todo mundo gostava dele. O doutor Israel era de pouca conversa, mas uma pessoa muito boa. Muito trabalhador, começava sempre bem cedinho. E muito direito, muito honesto. Coisa que agora a gente não está vendo muito não, né? Gosto muito de Belo Horizonte também. Foi lá que criamos nossa família. Tive oito filhos.[124]

A cidade era puro futuro. Uma curiosidade: a primeira fase do célebre seriado futurista *Jornada nas estrelas* é do início dos anos 60, portanto contemporânea da inauguração de Brasília. Em um dos episódios, imagens do Palácio da Alvorada formam "misterioso planeta".

JK foi um empreendedor público gigantesco. O poeta da obra pública, como escreveu Guimarães Rosa. Tancredo Neves, amigo e confidente, também colaborador fiel, acompanhou sua atuação desde a trepidante passagem pela Prefeitura de Belo Horizonte. Eis como via JK, em apertada síntese de 1983, no Palácio das Mangabeiras: "Um grande político. Juscelino Kubitschek era um homem preocupado com o desenvolvimento econômico. Nunca entrei no Gabinete do presidente JK sem o ver ao telefone, aos gritos, cobrando a conclusão de uma ponte, a conclusão de uma estrada, a conclusão de uma grande universidade, de uma grande realização de desenvolvimento."

E o Rio de Janeiro?

A transferência da capital para Brasília (1960) foi péssima para a cidade do Rio de Janeiro e a economia carioca. Agravou a crônica tendência de esvaziamento e perda de densidade econômica decorrente da forte canalização dos investimentos privados e públicos para outras áreas do país. No governo Kubitschek, a intensa concentração do desenvolvimento industrial em São Paulo — inclusive com a implantação da indústria automobilística e seus reflexos — e a virada para o interior, com a construção de Brasília e tudo o mais, aceleraram o processo. Mesmo assim, o Rio viveu anos dourados no final da década de 1950. Do economista e escritor carioca Carlos Lessa, estudioso da cidade e de sua história:

> A história do Rio no século XX é uma história de perdas. Perda do epicentro da agricultura, do café. Perda da primeira posição como cidade industrial. Perda da função de grande nó logístico do país. Deixou de ser o maior porto exportador no início do século e importador nos anos cinquenta. (...) O ponto de máxima intensidade [da valorização] foi a Copacabana dos anos cinquenta. Era como se tivessem construído o paraíso tropical. Toda a exaltação da cidade se expressava em Copacabana. Nesse momento o Rio não era Paris tropical, não era cópia de nada, era simplesmente o Rio, a afirmação não arrogante de que nós, brasileiros, éramos especiais. Mesmo sem ameaçar nenhuma outra região do país, o Rio era o laboratório da brasilidade. Era o momento em que a autoestima brasileira estava no máximo. Era a época em que o Brasil achava que podia tudo. A história nos condenava, o presente era incômodo, mas o Brasil era o país do futuro, dotado de imensa ousadia. O pessoal brincava dizendo que Deus era brasileiro e tinha carteira de identidade do Instituto Félix Pacheco.[125]

Desde 1763, quando substituiu Salvador como sede do governo colonial, a cidade era essencialmente administrativa. Foi o que foi quase duzentos anos. A perda da condição de capital não foi acontecimento pontual, mas marco de nova situação e sangria crônica. A transferência talvez tenha sido necessária e até positiva para o país. Mas para o Rio, apesar de permanecer como destaque nacional, por sua história, maravilhas e peso específico, foi muito ruim. Enfraquece política e financeiramente, deixa de ser centro das decisões nacionais. Perde centenas de órgãos públicos, perde todas as embaixadas, perde investimentos, perde renda, perde empregos, perde *status,* perde prestígio.

Mas não perde problemas nem recebe compensações materiais suficientes. Tome-se como exemplo o setor público local. O único período de vacas gordas do estado da Guanabara, nascido em 1960, simultaneamente com a inauguração de Brasília, foi o inicial, correspondente ao do governo Carlos Lacerda. Amplo espaço para endividar-se, canalização de recursos federais, polpuda ajuda internacional, principalmente do governo dos Estados Unidos.

Exemplo emblemático desse apoio são os disputadíssimos recursos da Aliança para o Progresso, programa de ajuda criado pelo governo Kennedy no contexto da Guerra Fria. Era operado pelo Banco Interamericano de Desenvolvimento-BID, instituição de 30 de dezembro de 1959, nascida da Operação Pan-americana, idealizada pelo presidente Kubitschek.

Em valores corrigidos apenas pelo Consumer Price Index norte-americano para 2009 (sem considerar juros), o BID liberou mais de 300 milhões de dólares para viabilizar o projeto da adutora do Guandu e outros do sistema de abastecimento de água da cidade do Rio de Janeiro, até então instável e insuficiente. Cantava-se: "Rio de Janeiro/ Cidade que me seduz/ De dia falta água/ De noite falta luz".

Washington via no governador Lacerda — incansável, brilhante e carismático expoente político da conservadora UDN — potencial de votos para derrotar as esquerdas nas eleições presidenciais diretas de 3 de outubro de 1965 (depois canceladas pelo regime militar de março de 1964). Os governadores seguintes da Guanabara

Francisco Negrão de Lima (1966-71) e Antonio de Pádua Chagas Freitas (1971-75) enfrentaram graves dificuldades e limitações financeiras.

A fusão com o antigo estado do Rio, a partir de março de 1975 — incluiu a criação do município do Rio de Janeiro e respectiva Região Metropolitana — abriu novos horizontes, quebrou o gesso. Apesar de decidida autoritariamente, teve o mérito de unificar o Rio e sua área de influência direta. Artificial e forçadamente separados, estavam mergulhados em processo de esvaziamento secular. Sem a presença da capital federal, sem a condição de município neutro, esse isolamento deixou de ter sentido. Inclusive por prejudicar as potencialidades econômicas de ambas as partes. A integração permitiu modernizar e enxugar o setor público, cortar custos duplicados ou exagerados. Abriu novas escalas de atuação, trouxe ganhos de produtividade, oxigenou geoeconomicamente o território estadual, permitiu a unificação de políticas públicas. O novo estado, apesar dos problemas de pobreza e desigualdade, tem notável potencial de desenvolvimento. Ele entra firme no século XXI como segundo polo econômico nacional, responsável por mais de 11% do PIB. Carlos Lessa sustenta que o Rio foi laboratório da brasilidade e é espelho do Brasil. Hoje um espelho partido, que reflete a imagem otimista quebrada, a baixa autoestima que se instalou depois da perda do mito do desenvolvimento do país e outras. Aspas para ele, agora sobre o futuro da cidade:

> O Rio não vai mais ter a posição estelar do passado, e isso é até positivo. É formidável que São Paulo tenha desenvolvido uma variedade de manifestações culturais; acho ótimo que Curitiba seja a capital do teatro no Brasil; é interessante a recuperação da musicalidade baiana. É muito bom que o Brasil tenha hoje uma quantidade enorme de regiões metropolitanas. O que preocupa é que nós não tenhamos o olhar da nossa identidade, que hoje tem uma diversidade muito mais enriquecida. Se você não tiver consciência da sua identidade, você nada é. Autoestima é fundamental. O Rio tem muito a mostrar e está entrando na moda de novo.[126]

Mesmo depois de Brasília, o Rio não deixou de ser caixa de ressonância, vitrine e sinônimo internacional de Brasil. E muito menos síntese dos principais elementos constitutivos da identidade nacional.

Brasília sobrenatural

Juscelino é a reencarnação de Amenófis IV ou Akhenaton, o faraó herege, quarto da décima oitava dinastia egípcia (1550-1307 a.C.), que impôs o monoteísmo e fundou Aketaton, a primeira capital planejada do mundo, de que Brasília é a versão moderna. A tese é da egiptóloga Iara Kern, depois de seis anos de pesquisas e estudos comparativos baseados em numerologia do tarô egípcio, cabala hebraica e formas arquitetônicas piramidais. Radicada em Brasília, ela tem muitos admiradores e seguidores. Estudou história na Universidade de Santa Maria-RS e fez especialização em egiptologia na Universidade de Queens, Nova York, e na Universidade do Cairo. Ela vê coincidências entre Akhenaton e JK. Registra, por exemplo, que Akhenaton dedicou a vida a Aketaton — cidade que construiu às margens do Nilo, no Médio Egito — e Juscelino a Brasília, ambas capitais planejadas. E que os dois morreram de forma violenta exatos dezesseis anos depois de inaugurá-las. Para ela, o Antigo Egito está implantado em Brasília. Aponta dezenas de semelhanças e coincidências. Um exemplo? O pássaro Íbis era o guardião das Pirâmides, suas asas manto protetor. Em Brasília, o Plano Piloto tem a forma de um pássaro em pleno voo. Mais? Lá, muitas pirâmides; cá, muitas construções de forma piramidal ou baseadas em triângulos. As pirâmides guardavam os sarcófagos dos faraós. Em Brasília, o Memorial JK guarda os restos mortais do presidente. Há dezesseis colunas na Catedral Metropolitana, exatamente o número do templo na cabala hebraica e no tarô egípcio. A cidade de Aketaton representaria para o povo egípcio a transição religiosa do passado; Brasília representará a capital do terceiro milênio no contexto das nações. E assim por diante.

Na história egípcia, Akhenaton, importante reformador político e religioso, proibiu a adoração de todos os deuses, exceto Aton, o deus-sol, representado pelo disco solar. Era marido da bela Nefertiti e pai ou irmão do sucessor, Tutankamon, o faraó-menino, que assumiu aos 10 anos, provavelmente assassinado aos 18 ou 19 a mando do vizir Aye, que se casou com Ankesenamon, a jovem viúva, e virou faraó, tudo por volta de 1330 a.C. Sob Tutankamon, Aketaton deixou de ser a capital política e religiosa e o país voltou ao politeísmo, por influência dos poderosos sacerdotes de Amon, divindade imperial de Tebas. O túmulo do faraó-menino foi descoberto pelo inglês Howard Carter em 1922, no Vale dos Reis. Praticamente intacto, com a múmia inviolada — radiografias evidenciam sinais de violento golpe no crânio: acidente ou assassinato? —, pinturas, material de escrita, coleções de objetos de arte, joias e armas, além de móveis e da célebre máscara mortuária esculpida em ouro maciço, que se tornou ícone da cultura popular moderna, efígie marcante no século XX. E também enigma indecifrável. Aketaton é hoje Amarna ou Tell El Amarna. Apenas ruínas. Em suas memórias, JK relata visita ao Egito (1930) e fala sobre Akhenaton. Trecho:

> Hoje, tanto tempo decorrido, pergunto-me, às vezes, se essa admiração por Akhenaton, surgida na mocidade, não constituiu a chama, distante e de certo modo romântica, que acendeu e alimentou meu ideal, realizado na maturidade, de construir, no Planalto Central, Brasília — a nova Capital do Brasil.[127]

Fé, mistério, magia, esperança. Antes, foi o sonho-profecia de Dom Bosco na noite de 30 de agosto de 1883, na Itália. Depois, a fé sem fim e a determinação visionária do próprio fundador, Kubitschek. Sempre, uma aura mística sob o seu céu enorme, escancarado, luminoso, lindo. Religiosidade plural. Muito espaço para o sobrenatural, também presente em várias outras áreas do Planalto Central. Profetas e videntes. Magos, bruxos, visionários, paranormais, curandeiros, fanáticos, lunáticos, delirantes. Conforme os videntes, a cidade recebe poderosas energias cósmicas. Para os ufólogos, atrai óvnis, objetos voadores não identificados. Para alguns, a Estação Brasília é a sétima parada na rota de extraterrestres. Para muitos, a capital do terceiro milênio e da civilização aquariana. Exemplo de ecumenismo. Ampla malha de templos e locais de cultos. Católicos, evangélicos, esotéricos, budistas, espíritas, lojas maçônicas e tudo o mais. Vizinhos místicos, como o Vale do Amanhecer, expressivo exemplo nacional de sincretismo religioso, perto de Planaltina, a 42 quilômetros da Praça dos Três Poderes. Um pouco mais longe, o Alto Paraíso de Goiás, na Chapada dos Veadeiros, santuário ecológico e místico, para alguns base de naves interplanetárias. Espiritualidade densa e capilarizada. Está por todo lado. Por exemplo, na Cidade da Paz — instalada na antiga e histórica Granja do Ipê —, cujo lema é criar pontes sobre todas as fronteiras. A unidade na diversidade, pensar globalmente e agir localmente. Ou no Templo da Boa Vontade, no final da Asa Sul, ecumênico, em forma de pirâmide que tem no ápice o maior cristal puro descoberto no país. Considerado local de meditação e energização, é o mais procurado pelos turistas.

Por que JK fez Brasília?

Juscelino não tomou a decisão de fazer Brasília e inaugurá-la ainda em seu governo devido apenas à promessa resultante de pergunta inteligente e embaraçosa no comício de campanha da pequenina Jataí, Goiás. Político hábil, poderia ter se livrado facilmente do compromisso. Por exemplo, enviando o indispensável projeto de lei, como de fato fez em abril de 1956, e deixando a Oposição inviabilizá-lo. Para isso, bastava cruzar os braços. Outro caminho: formar comissão técnica ou grupo de trabalho e esperar o tempo correr, como no passado. Manter a discussão ativa e a decisão em banho-maria. Ou ainda estimular a exumação da velha disputa política entre Minas e Goiás para sediar a nova capital. E assim por diante.

A decisão foi complexa e anunciada à última hora. Não integrava nem as diretrizes iniciais ditadas pelo presidente eleito à equipe responsável pelo célebre Programa de Metas. Por isso teve de virar meta especial, metassíntese, atropelando o planejamento geral do governo e assustando para sempre técnicos da envergadura de Lucas Lopes e Roberto Campos.

O que terá acontecido? Por que a construção de Brasília, que parecia fora dos planos, de repente se torna a meta capital? Resposta provável: porque o *instinto kubitschekiano* disparou estridentemente. Era fundamental livrar o governo da vulnerabilidade presente no Rio de Janeiro, da instabilidade política, dos evidentes indicadores de ingovernabilidade, fugir dali, sair o mais depressa possível. Felizmente, já havia meio caminho andado. A polêmica construção da nova capital não era invenção dele. Vinha da Inconfidência Mineira e já entrara em três Constituições, inclusive na que estava em vigor, a de 1946. E não menos importante: já existia legislação definindo o sítio, o local. Se conseguisse tirar a nova capital do papel, redefiniria a agenda política e deslocaria apreciavelmente o eixo do debate político nacional para a questão da própria transferência. Até porque ela envolvia interesses fortíssimos e contraditórios dos próprios parlamentares, dos militares, da imprensa, das empresas de construção civil e outras, do funcionalismo, da cidade do Rio de Janeiro como um todo, palco e tambor do país. Sim, se conseguisse, alteraria a posição relativa do presidente até mesmo no poderoso e perigoso fogo cerrado político-militar local. Tão envenenado que levara Vargas ao suicídio com tiro no peito menos de dois anos antes (24 de agosto de 1954), fato que traumatizara o país. Sua carta testamento continuava influenciando profundamente a atividade política. Continuará pesando muito nos anos seguintes. Em tom patético, Vargas faz acusações aos adversários, denuncia a finança internacional e seus agentes, pinta dramaticamente a própria tragédia. Fragmentos:

> Nada mais vos posso dar, a não ser o meu sangue; (...) Mas esse povo de quem fui escravo não será mais escravo de ninguém; (...)

Eu vos dei a minha vida. Agora vos ofereço a minha morte. Nada receio. Serenamente dou o primeiro passo no caminho da eternidade e saio da vida para entrar na história.

Forte referencial político. Juscelino e seu governo estão bem no coração de velho e intenso tiroteio.

Mais: no final de 1955, tinha acontecido o impedimento por alegada doença do presidente Café Filho e o afastamento de seu substituto legal, o presidente da Câmara, deputado Carlos Luz (novembro de 1955), no contexto da já mencionada tentativa de golpe contra a posse de JK (Novembrada), eleito no mês anterior com 36% dos votos. O udenista Juarez Távora, general, teve 30% e Adhemar Pereira de Barros, do PSP, ex-governador de São Paulo, 26%. Os adversários de Juscelino argumentavam que a eleição tinha sido ilegítima, porque ele não obtivera maioria absoluta, o que a legislação da época, entretanto, não exigia. JK só não caiu porque o general Lott, ministro da Guerra, virou a mesa e o jogo: liderou contragolpe que alijou o presidente interino Carlos Luz. O afastamento do presidente Café Filho foi atribuído a distúrbio cardiovascular, desordem nas coronárias. Mas o Barão de Itararé, em nome do bom humor carioca, corrigiu para desordem nas "coronelárias". E depois, em relação ao contragolpe que barrou a posse do deputado Carlos Luz na Presidência da República e garantiu a eleição de Kubitschek, trocadilhou: "No Palácio do Catete, em 11 de novembro de 1955, faltava Café e Luz, mas tinha pão de Lott." A questão de fundo dos golpistas era outra: consideravam Kubitschek demasiadamente comprometido com o varguismo. Apesar de pessedista, todo mundo sabia que ele teria sido o candidato do petebista Vargas a presidente. Como governador de Minas, cultivara forte relacionamento político com ele, acompanhara e sofrera todo o seu drama. O amigo, conterrâneo e correligionário Tancredo Neves, ministro da Justiça de Vargas, com certeza lhe relatou a morte do presidente:

Nesse momento, nós ouvimos o estampido de um tiro e de imediato entrou em nossa sala [no Palácio do Catete, Rio de Janeiro] o coronel Dornelles, Hélio Dornelles, que estava servindo de ajudante de ordens do presidente naquele dia, já dizendo: "O presidente suicidou-se." Então subimos imediatamente pelo elevador interno e chegamos ao quarto em que estava o presidente. Ele estava realmente com meio corpo para fora da cama, um borbulhão de sangue saindo pelo coração. Segurou ainda a minha mão, quando Alzira [Alzira Vargas, filha do presidente] e eu colocamos o seu corpo no leito. Procuramos acomodá-lo para lhe dar mais conforto e ele, ainda vivo, lançou um olhar assim... cincunvagante, procurando alguém, até que, em certo momento, ele identificou Alzira e nela se fixou e aí ele morreu.[128]

O mesmo Tancredo dirá posteriormente:

Dizem que a camisa ensanguentada de Lincoln fez sete presidentes da República nos Estados Unidos. O suicídio do Getúlio fez fatalmente o Juscelino. (...) Eu acho que o suicídio teve realmente como consequência a eleição do Juscelino. Mas o suicídio também adiou 64. Se não fosse o suicídio de Vargas, 54 já teria sido 64. Você verifica: as lideranças de 64 são as mesmas lideranças de 54. Com os mesmos objetivos. Sessenta e quatro foi uma revolução de direita, uma revolução conservadora, uma revolução nitidamente pró-americano, feita inclusive com a participação deles, americanos, que já tinham participado em 54.[129]

Sim, emoldurado pela Guerra Fria, o golpe está latente há muito tempo. O clima político-militar do Rio de Janeiro é muito pesado, ameaçador. Ele é a capital, a caixa de ressonância do país, o centro de decisões, onde as principais coisas do poder acontecem. E também a maior, mais perigosa e poderosa concentração de opositores civis e militares a Kubitschek. O primo e confidente Carlos Murilo Felício dos Santos explica:

Ele estava muito impressionado com os problemas do Rio de Janeiro. Qualquer coisa ali balançava o governo. Bastava jogar o povo na rua ali em frente ao Palácio do Catete. E tanques iam para a rua e era aquele negócio perigosíssimo. Ele já tinha essa preocupação antes de assumir o governo. A saída era trazer a capital. Não só para cumprir a Constituição. Mas porque estrategicamente era importante para o governo vir para o interior. E com isso lançaria uma plataforma para desenvolver a Amazônia e o Centro-Oeste. Daí ele ter incorporado Brasília como metassíntese do governo.[130]

Márcia Kubitschek contava que seu pai tomou a decisão de fazer Brasília instantaneamente, de estalo. Primeiro, porque ele queria mudar o Brasil, desenvolvê-lo economicamente, para que deixasse de ser um país basicamente agrícola e praticamente limitado ao litoral. Daí a virada para o interior. Em segundo lugar, para cumprir a Constituição, porque era um democrata. Ela viu a decisão assim:

Acho que foi uma inspiração divina. Deu um clique na cabeça dele. Não somente ele estaria cumprindo a Constituição como cumprindo aquele que era o seu segundo sonho: integrar o país, fazer do Brasil uma totalidade, uma coisa completa, inteira. Foi uma inspiração divina e, após ter esse pensamento, ficou inteiramente dominado por ele. A partir daí começou a estudar melhor o assunto e viu as potencialidades e concluiu que Brasília seria um chamariz para que o Brasil ocupasse o Centro-Oeste, a Amazônia, o Pantanal. Um centro irradiador de desenvolvimento. Antes, essas regiões pareciam coisa de fantasia, contos de fada. Naquela época, quando a gente falava da Amazônia, parecia que falava da lua, de algo remoto. Ninguém conhecia o Brasil.[131]

Márcia não tinha dúvida de que Juscelino de fato considerava o Brasil praticamente ingovernável do Rio de Janeiro. Contava que ele sempre deixou isso muito claro nas conversas em família:

Essa sua análise é perfeita. Ele me dizia sempre o seguinte: "Uma greve de bonde no Rio de Janeiro pode derrubar um presidente da República. Você construindo Brasília — como ele a imaginava: a capital do terceiro milênio — estará protegendo a democracia, porque não terá mais as turbulências que o Rio de Janeiro, com sua superpopulação, gera." Ele sempre nos dizia que o Rio de Janeiro era um caldeirão em potencial de problemas para impedir de governar o Brasil.[132]

Dizia e depois agiu e escreveu sobre o assunto. Pôs num dos livros de memórias capítulo com o seguinte título: "Contraste entre a situação no interior e no Rio". Nele, aponta a atmosfera de agitação e golpismo que se respirava no Rio. Observa que ali se usava e abusava do nome das Forças Armadas, inclusive para tentar intimidá-lo. Lembra que no *réveillon* de 1954, ainda governador de Minas, incluiu em mensagem ao povo brasileiro: "Invectivas e calúnias não me farão recuar. Poupou-me Deus o sentimento do medo." No interior, era o contrário. Mesmo os udenistas não se mostravam "envenenados". O ambiente era de paz, trabalho, expectativa de eleições tranquilas. Juscelino conta que num discurso da campanha presidencial de 1955, em Belém do Pará, perdeu o controle e desafiou os adversários:

Não é possível que cinquenta cidadãos na capital da República estejam a inquietar e a ameaçar 50 milhões de brasileiros.[133]

Claro que na decisão da mudança pesaram os antecedentes históricos, os méritos do projeto e o amadurecimento da ideia. Particularmente o preceito constitucional e a definição formal do sítio. Sem eles, seria politicamente impossível concluir Brasília no quinquênio de governo. Outra coisa: Kubitschek era sinceramente simpático à causa. Principalmente pela visão e vivência que tinha do desenvolvimento do interior e da integração nacional. Homem nascido e criado no interior, governador de estado mediterrâneo, não se conformava em ver a população e a economia tão concentrados na faixa litorânea. Via no vazio interior gigantesco deserto fértil. Não era mudancista de ocasião. Na Constituinte de 1946, por exemplo, tinha lutado pela transferência para o Triângulo Mineiro. Juscelino era homem de grandes desafios e até de aventuras desenvolvimentistas. Provara isso na Prefeitura de Belo Horizonte — cidade planejada por comissão liderada pelo engenheiro Aarão Reis no final do século XIX para ser a nova capital mineira, substituindo Ouro Preto, antiga Vila Rica — e no governo de Minas. Tinha experiência urbanística arrojada, inovadora e vitoriosa: a Pampulha, então belíssima vitrine, com sua arquitetura precursora da brasiliense. Sabia que podia contar com Oscar Niemeyer, Israel Pinheiro e outros aliados de gênio. Isto é, sabia que tinha equipe para concretizar cidade moderna, revolucionária, diferente, especial. Uma cidade do futuro, quase uma utopia, marca de sua grandeza de espírito. De sua dimensão de homem público.

Quanto a recursos, dizia que sairiam de sua cabeça. No fundo, como visto, achava que fazendo desenvolvimento tudo o mais, inclusive as finanças públicas, se acertaria naturalmente. Automaticamente. Também importante é a percepção do profundo significado político de um grande sucesso na construção da nova capital. Seria a glória. Pessoal e política. Apesar de envolver enorme risco, praticamente um salto no escuro, o projeto tinha muitos atrativos. E não fazê-lo significava perigo ainda maior: ingovernabilidade, conflito, risco de deposição.

Trunfos respeitáveis. Mas a correta percepção do quadro de ingovernabilidade instalado no Rio parece ter sido decisiva. Do seu governo constrangido, acossado, quase sitiado fisicamente. Agredido e por muito pouco não abatido antes mesmo de começar. Na Novembrada. No Rio, sujeitava-se a crises políticas provocadas por qualquer espirro político mais forte de algum general, almirante ou brigadeiro intervencionista. Inclusive do V Exército, o de pijama, muito presente e nada inativo politicamente. Aos jogos dos opositores com os quartéis, aos excessos oratórios e acusatórios das lideranças políticas, ao julgamento e sentença cotidianos da grande imprensa. Até a manifestações de rua dos estudantes contra preços de comida, bondes ou cinema.

Não, no Rio a vulnerabilidade da Presidência da República tinha se tornado excessiva, insuportável. Expunha-se perigosamente. Crises e ameaças de crise rondavam o Catete havia anos. Por terra, mar, ar, parlamento, imprensa e tudo o mais. Turbulências, intervenção militar sempre latente. Sensível, Kubitschek, eleito com apenas 36% dos votos, sabia que não podia governar direito de dentro de um campo política e militarmente minado. Ainda mais com vários paióis na cidade, todos abarrotados de explosivos, e a UDN e seus simpatizantes militares riscando fósforos tão perto, soltando busca-pés quase diariamente. E tantas feridas abertas, ódios, ressentimentos. O trauma da morte de Vargas ainda presente em tudo. Era urgente e inadiável abrir novos caminhos, romper o cerco, arejar, escapar do sufoco político. Não governar acuado, ameaçado até por trapalhadas e erros alheios, bombardeado por intrigas, denúncias, calúnias, difamações, mentiras, meias-verdades, suspeitas *et caterva*. Era preciso quebrar aquele processo. Então, por que não incluir na agenda política a construção e a mudança da capital? Afinal, consta da Constituição, conta com razoável apoio político e é bem-vista por grande parte das Forças Armadas. Ocupação territorial, integração, interesse da segurança nacional. Trocar não apenas o cenário, mas o palco principal. E reescrever a peça, incorporando algo novo, polêmico. O tema é vigoroso, instigante. Pode contribuir para exorcizar o diabo danado do intervencionismo militar. Atrapalhar os jogos dos adversários com a imprensa e os quartéis. Dar ao presidente da República maior liberdade e amplitude de movimentos. Governar com um pé no Rio e outro no Planalto. Lance de mestre. No xadrez político e na guerra do desenvolvimento.

Kubitschek analisa o que acontece depois da capital em Brasília:

> A mudança de cenário prejudicara, de fato, a UDN. Quando Adauto Lúcio Cardoso discursou na Câmara, exigindo o cumprimento da promessa, feita pela maioria, de que daria número para a constituição da CPI — logo após a inauguração de Brasília — contra a Novacap, sentiu que sua eloquência se perdera no vazio. Onde o tumulto das memoráveis sessões no Palácio Tiradentes? Onde as

"crises nacionais", provocadas pela Oposição, quando a imprensa contrária ao governo fazia coro com a Banda de Música udenista? A tranquilidade da atmosfera do Planalto não era propícia aos arroubos tribunícios.[134]

Mais:

Sempre soube o que queria. Sempre soube querer. E isso explica Brasília. (...) Não parei, não descansei, não ouvi os céticos nem os temerosos. E o resultado aí está: Brasília — a Capital da Esperança, que já nos deu, em dias recentes e conturbados, uma prova da inestimável vantagem da transferência da capital para o centro do país. A democracia brasileira dificilmente poderia resistir a uma prova como essa a que foi submetida no segundo semestre de 1961 [renúncia de Jânio], se a sede do governo federal tivesse continuado no Rio de Janeiro. Foi Brasília fator preponderante na manutenção do clima de ordem e confiança que permitiu ao Congresso reunir-se com a necessária liberdade de movimentos e deliberar sem agitações e pressões de massa. Brasília só por isso já estaria justificada. Em seu primeiro embate, a nova capital restituiu ao Brasil, na manutenção do regime, muito mais do que tudo quanto os mais exasperados críticos possam ter calculado que custou aos cofres públicos.[135]

Esse texto é do início de 1962, época do parlamentarismo com Tancredo Neves primeiro-ministro e João Goulart presidente, chefe de Estado. Ele sinaliza claramente que Juscelino tinha mesmo se convencido de que presidir do Rio de Janeiro se tornara temerário, quase suicida. Era expor-se à crise, ao golpe, à deposição. De outro ângulo, Roberto Campos considera Brasília a cidade *anti-Richter*. Ele se refere à escala logarítmica de Richter, usada para medir magnitude de terremotos. Seu máximo é nove. Ele vê Brasília distante de tudo:

Um terremoto social de grau seis ou sete em São Paulo, quando chega ao Rio, com praia e mulheres e tal, já é grau quatro, e quando chega a Brasília já é grau um ou dois. Um pequeno tremor.

Então a capacidade de percepção das angústias e das prioridades é muito rarefeita em Brasília. Seria muito mais intenso numa grande cidade. Havia uma ideia — não sei se foi o Juscelino quem vendeu aos militares ou o contrário — de que seria muito mais fácil defender um governo de revoluções se uma boa parte das Forças Armadas tivesse por base Brasília. Brasília seria difícil de atingir. No Rio, uma rebelião comum podia resultar em invasão de quartéis e bloqueio do governo. Em Brasília, a coisa é muito mais defensável. Se você põe um canhão no começo de uma avenida, uns tanques, toda a circulação fica bloqueada, não é? Mas isso eu acho que não foi assim uma preocupação fundamental do Juscelino, foi uma coisa ancilar. Defender o governo de motins.[136]

Ainda segundo Campos, Kubitschek pode ter visto a mudança para Brasília como fator de redução do poder e influência da grande imprensa carioca e paulista de então:

> JK dizia, parece-me que era um chiste, que faria a nova capital para reduzir o poder de quatro senhores: Dantas, Roberto Marinho, Bittencourt e Mesquita. Eu o ouvi falar nisso uma vez, numa tarde talvez de depressão. Ele disse que o Brasil tinha quatro ditadores que mereciam ser reduzidos à proporção de tiranetes de província. E Brasília fá-los-ia diretores apenas de jornais de província. Citava o Roberto Marinho, com *O Globo*; o Orlando Dantas (*sic*), com o *Diário de Notícias*, do Rio de Janeiro; o Frias (*sic*), com a *Folha de S. Paulo*; e o Júlio Mesquita, com o *Estado de S. Paulo*. Então, esse desejo de evitar o predomínio opressivo dos "tiranetes de imprensa" pode ter sido uma motivação, acredito que secundária.[137]

José Sarney, na época deputado federal pela UDN do Maranhão, concorda: o presidente Kubitschek queria seu governo longe do Rio de Janeiro, fugir do Rio de Janeiro:

> Com o tempo, foi se consolidando a minha visão de que o Juscelino, se tivesse permanecido no Rio de Janeiro, teria sido deposto.

Porque ele ganhou a eleição com margem de votos muito pequena. E tinha uma resistência política de grande magnitude; uma reação popular, no Rio de Janeiro, grande; uma resistência militar também de grande alcance, por causa das ligações com Vargas. Então, num gesto extremamente político, ele fez exatamente o que Dom João VI fez quando acossado pelas tropas de Napoleão: fugiu para o Brasil. O Juscelino fugiu para o Planalto Central. E aqui, com a imagem da construção de Brasília, com o símbolo de Brasília, conseguiu fugir do fantasma da deposição que rondava o seu governo e das dificuldades maiores que o cercavam. Essa é uma síntese, a meu ver, do que ocorreu com a determinação de Juscelino de construir Brasília. Estou de acordo: não era só a construção de Brasília. Era um gesto político que significava muito mais: evitar que o Brasil tivesse um enfrentamento no processo democrático durante seu governo.[138]

Mas, se é prioritário e urgente, por que não mudar para Goiânia, bela cidade planejada, de 1942? Afinal, ela pode ser preparada muito mais rapidamente e a custos incomparavelmente menores. Ou para o Triângulo Mineiro, como o próprio Juscelino tanto queria na Constituinte de 1946?

Simplesmente por ser inviável. Governo e aliados não tinham tempo nem condições de zerar a batalha da localização no Congresso, começar tudo de novo. Seria mergulhar na imprevisibilidade, estourar o prazo, engessar o projeto, matá-lo. Era indispensável aproveitar o que estava pronto e formalizado. Acelerar o projeto, arrancar os instrumentos do Congresso, começar rapidamente a execução. Homem de desafios, experimentado empreendedor e vocação para o grandioso, Kubitschek não se entusiasmava com a mudança para cidade existente. Queria fundar cidade moderna, símbolo de um novo Brasil, orgulho do povo. A capital de Juscelino.

Celso Furtado dá grande peso à busca de glória e critica a pressa:

Todo político quer a glória. E tendo uma chance tão fantástica quanto aquela, o político não podia deixar escapar. O fato ruim é que ele fez aquilo atropelado, na carreira, em pouco tempo. E o resultado foi que teve uma entronchada no Brasil, que depois demorou muito para se corrigir. Se é que se corrigiu.[139]

Por que tanta pressa?

A oposição não queria a transferência. Nem a maioria esmagadora dos cariocas, claro. Lucas Lopes, coordenador do Programa de Metas de Kubitschek, seu amigo e homem-chave da equipe, preconizava a implantação em quinze anos, mediante três etapas de cinco anos, mas no Triângulo Mineiro, não no Planalto Central. Quem mais se interessou pela mudança para o interior foram os goianos e os mineiros, velhos candidatos a sediar o Distrito Federal. Assim, não havia grande pressão sobre o presidente. Quase irresistível era a resistência, principalmente da oposição e até de técnicos do governo.

É tudo às pressas, porque não há outro jeito. O presidente está totalmente convencido disso. Israel Pinheiro também. Em setembro de 1946, portanto mais de dez anos antes do início da construção, quando nem sonhava em chefiá-la sob a liderança de Kubitschek, afirmou em discurso na Constituinte:

Se não formos práticos e não escolhermos situação que efetivamente permita se realize a mudança durante um quinquênio, não a faremos nunca. A mudança da capital tem de ser obra de um governo e, se passar de um para outro, ela não se concretizará.[140]

Juscelino é claro:

Sentado naquele toco de árvore [primeira visita ao local, em 2 de outubro de 1956], prossegui conversando sobre os problemas de Brasília. Estávamos em face de um desafio. Iria enfrentá-lo com determinação e audácia. Tive a impressão de que minhas palavras caíam no vazio. A descrença era geral. Sorrisos amarelos afloravam nos lábios contraídos, após cada uma das minhas afirmações. Teria de dissipar aquela atmosfera de pessimismo, e nada melhor para isso do que um choque. O choque veio em seguida: era o prazo para a conclusão das obras: três anos e dez meses. Brasília estava lançada. Era uma ideia em marcha. Para mim, nenhuma força seria capaz de detê-la.[141]

Esse ceticismo que Kubitschek menciona é o de sua própria comitiva, composta de ministros, aliados políticos e técnicos. Paradoxalmente, como visto, essa mesma descrença será depois fundamental para a aprovação do projeto. É que a UDN e seus aliados não acreditavam que Kubitschek tivesse qualquer chance de concluir as obras indispensáveis. Então pagaram para ver. Ele mesmo explica o que sentiu ao ver pela primeira vez, da janelinha do Douglas DC-3 presidencial, em 2 de outubro de 1956, o imenso ermo, o vasto cerrado bruto que receberia Brasília:

> Vendo, do alto, a imensidão do Planalto, reforcei minha convicção de que, ao promover a mudança da capital, havia me colocado em face do mais perigoso desafio que um chefe de Estado poderia enfrentar. Compreendi então a malícia de alguns deputados oposicionistas que tinham votado pela transferência da capital. Eles haviam dito, ao fazê-lo, que agiam daquela forma porque Brasília seria meu túmulo político.[142]

Suicídio político, túmulo político. É um outro olhar, outro código, outro jogo. Em Minas, se diz que o sapo pula não é por boniteza, porém por precisão. No caso da construção de Brasília, há as duas coisas. Precisão e beleza. Para Kubitschek, a construção acelerada vira jogo de sobrevivência, mas também de afirmação política. Tanto para fugir do Rio de Janeiro como para não afundar no descrédito, na desmoralização. Mais: a implantação do projeto urbanístico monumental e revolucionário de Lucio Costa, combinado com a arquitetura moderna e diferenciada de Niemeyer, faz do teste também oportunidade de acumulação de prestígio e capital político. Por tudo isso, Brasília é paixão e amor do presidente Kubitschek até a morte.

O udenista goiano Emival Caiado, articulador da mudança na Câmara dos Deputados, lembra o desprezo do líder da minoria na Câmara, o temido Carlos Lacerda, quanto à possibilidade de concretização de Brasília ainda no governo Kubitschek:

Quando soube do entendimento, Adauto Lúcio Cardoso, que era vice-líder da minoria, disse a Lacerda que então a capital ia ser mudada. Lacerda: "Vai nada! "Aquele Juscelino não é de nada! Isso aí vai é desmoralizá-lo."[143]

Ao receber a notícia da aprovação, no final de setembro de 1956, Juscelino diz ao velho amigo Joubert Guerra, companheiro desde os tempos de prefeito de Belo Horizonte:

Hoje é o dia mais feliz da minha vida. O Congresso acaba de aprovar o projeto para a construção de Brasília. E sabe por que o projeto foi aprovado? Eles pensam que não vou conseguir executá-lo.[144]

Síntese do hoje presidente do Instituto Histórico e Geográfico do Distrito Federal, Affonso Heliodoro, da equipe de Kubitschek, seu conterrâneo, companheiro e amigo de vida inteira:

É fácil imaginar o que foi a batalha no Congresso, a luta contra a imprensa do Rio de Janeiro, contra os incrédulos e principalmente contra a UDN, que, finalmente, resolveu aprovar o projeto de mudança, na certeza de que o presidente não teria condições nem capacidade para cumpri-lo, ainda mais com data marcada. A intenção da UDN era, ao final do mandato presidencial, cobrar uma obra que não tinha sido feita e desmoralizar aquele que se havia comprometido com a nação. Enganaram-se todos.[145]

A disparada promovida pelo presidente, principalmente a partir de fevereiro de 1957, permite a inauguração em apenas 42 meses.

Isso quando se considera como ponto de partida a construção do Catetinho, o Palácio de Tábuas, de 22 a 31 de outubro de 1956.

Pane

A consolidação da cidade de Juscelino, inclusive como capital federal, deu-se no regime militar. O mesmo que lhe cassou os direitos políticos e o mandato de senador, infernizando-lhe o breve voo da vida até a morte.

Reconheceram a obra, mas nunca o criador. Regime militar, governo Médici, 1970. Vindo de Minas, Juscelino voa no Bonanza de um amigo com destino a Anápolis, Goiás. Azar: o monomotor entra em pane. Pressão do óleo muito alta, superaquecimento. Pode pegar fogo e explodir. Ou parar de funcionar. Sorte: estão exatamente sobre Brasília. Apavorado, mas ainda regendo os nervos, o piloto pede autorização para pouso de emergência. A torre exige confirmação do prefixo. OK. Então perguntam se o ex-presidente Juscelino Kubitschek está a bordo. Sabiam que viajaria naquele dia e horário. O piloto confirma, a torre nega a permissão. Manda o aviãozinho em pane e pânico para Luziânia, a infinitos sessenta quilômetros. O piloto reage, repete que a situação é de alto risco. Insiste, pede, apela. Não adianta. Repetem que siga em frente. Uma eternidade de quinze minutos depois, descem suavemente em Luziânia. Profundamente indignados, magoados. Mas, redivivos, dão graças a Deus.

Conforme as normas internacionais, aviões em pane têm preferência de aterrissagem. Ainda que outro avião, mesmo com o presidente da República e/ou o papa a bordo, esteja sobrevoando o aeroporto. Era e é assim. Feito o pouso, começa a vistoria da pista para verificação de eventuais resíduos.

Em tempo. No dia 20 de abril de 1999, com a Lei Federal nº 9.794, a democracia pousou JK definitivamente no aeroporto da cidade. Batizou-o de Presidente Juscelino Kubitschek.

Tampa da carteira escolar do Seminário de Diamantina em que o irrequieto menino Juscelino Kubitschek de Oliveira, o Nonô, de 12 anos, gravou a canivete, em 1914, seu nome completo e depois as célebres iniciais JK. Radicais tentaram queimá-la durante o regime militar, mas o padre João Carlos Horta Duarte, amigo de Juscelino, a escondeu no próprio Seminário, debaixo do colchão de sua cama. Está guardada e cuidadosamente protegida no Memorial JK/Brasília.

Comitiva presidencial da primeira visita. JK está à direita do ministro da Guerra, general Lott (fardado, ao centro).

Brasília, 2 de outubro de 1956. JK no cerrado bruto de Brasília: pés no chão, sonho na cabeça.

Primeira visita: JK, feliz, terno e lencinho no bolso, sentado num galho de árvore às margens de um riachinho do Gama.

Terreiro da fazenda do Gama, 2 de outubro de 1956. De terno e gravata, canequinha de café na mão, o presidente se diverte com a amamentação de leitõezinhos e a presença de galinhas. À direita dele, Bernardo Sayão.

Arquitetando Brasília: Niemeyer, JK, Israel Pinheiro.

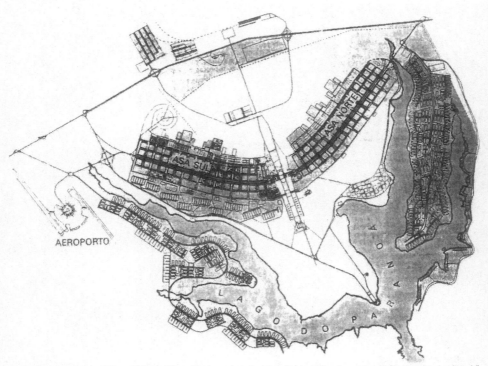

Plano Piloto de Brasília. William Holford: "Li a primeira vez e não entendi. Li a segunda e entendi. Na terceira, I enjoyed."

Do ateu Darcy Ribeiro: "Deus estava de muito bom humor quando juntou no mesmo lugar e no mesmo momento Juscelino, Lucio Costa, Israel e Niemeyer para fazer Brasília."

Niemeyer: criação de surpresas e radicalização da beleza das formas.

Palácio da Alvorada, inaugurado em junho de 1958: surpresa, leveza, beleza.

Cidade Livre, de 1957: brotam rapidamente rústicos hotéis, bares, açougues, farmácias, mercadinhos, igrejas e bordéis.

Construção da Catedral Metropolitana, obra-prima de Niemeyer. De dentro se vê o céu.

Primeira missa, 3 de maio de 1957: toldo que cobria o altar desabou logo depois que os fiéis foram embora.

Congresso Nacional, agosto de 1959. Le Corbusier: "Aqui há invenção."

Ministérios em construção: ritmo de Brasília, poeira ou barro, entusiasmo, esperança.

Seu Zé: "Tem uma bacia virada pra riba e outra virada pra baixo. Trabaiei adoidado! Vi quando tava só nos buraco e nas ferrage."

Palácio do Catete, Rio, 1º de outubro de 1957: inauguração de Brasília em 21 de abril de 1960 vira lei.

Palácio das Laranjeiras, Rio, 1958. JK e Affonso Heliodoro dos Santos: despachos no banheiro e no café das 6:30 da manhã.

JK e o lendário desbravador Bernardo Sayão: "Você será capaz de rasgar essa estrada, Sayão?"

Sayão rasga a Belém-Brasília, estrada da sua vida, e da sua morte, em janeiro de 1959.

JK: paixão por aviões e certeza de não morrer em acidente aéreo.

Visita de Fidel Castro às obras de Brasília, em 1959: "É uma felicidade ser jovem neste país, presidente."

JK e o vice Goulart na inauguração: "Vivi naquele 21 de abril de 1960 as maiores emoções de minha vida."

Explosão de alegria dos candangos na Praça dos Três Poderes. Atrás, o Supremo Tribunal Federal.

Fotos: Arquivo Público do Distrito Federal

JK chorou durante a missa pela inauguração de Brasília.

Inauguração de Brasília: JK, ao lado da filha Maria Estela e de Jango, recebe a chave da cidade das mãos de Israel Pinheiro, presidente da Novacap.

Eixo Rodoviário, 21 de abril de 1960: novo urbanismo e arquitetura.

Juscelino na inauguração. Da mãe, dona Júlia, 83 anos: "Só o Nonô mesmo seria capaz de fazer tudo isto."

Inauguração de Brasília: Juscelino e dona Sarah no final das comemorações, em 21 de abril de 1960.

Diamantina: JK em visita à casa em que morava.

Brasília, Memorial JK: de pé, a 28 metros do chão, o fundador parece vigiar a cidade.

PRESIDENTE DA REPÚBLICA

Ao aproximar-se o término do meu mandato, venho manifestar-lhe, de modo especial, o meu reconhecimento pelo seu patriótico apoio à luta que travei para conduzir a pleno êxito a causa do desenvolvimento nacional.

Sinto-me satisfeito em poder proclamar que, na Presidência da República, não faltei a um só dos compromissos que assumi como candidato. Mercê de Deus, em muitos setores realizei além do que prometi, fazendo o Brasil avançar, pelo menos, cinqüenta anos de progresso em cinco anos de Governo. Pude ainda, através da Operação Pan-Americana, despertar as esperanças e energias dos povos americanos para o objetivo comum do combate ao sub-desenvolvimento. E todo êsse esfôrço culminou no cumprimento da meta democrática, quando o nosso País apresentou ao mundo um admirável espetáculo de educação política, que me permite encerrar o mandato, num clima de paz, de ordem, de prosperidade e de respeito a tôdas as prerrogativas constitucionais.

Sejam quais forem os rumos da minha vida pública, levarei comigo, ao deixar o honroso pôsto que me confiou a vontade popular, o firme propósito de continuar servindo ao Brasil com a mesma fé, o mesmo entusiasmo e a mesma confiança nos seus altos destinos

Juscelino Kubitschek
Brasília - 1961

Final de janeiro de 1961: carta de despedida da Presidência destaca desenvolvimento, educação política e respeito à Constituição

JUSCELINO KUBITSCHEK DE OLIVEIRA

Nova York, 6 de abril de 1966

Meu Caro César Prates:

Sua carta foi como que um programa de televisão
para mim.

Acompanhei-o na varanda do Catetinho, diante da
paisagem do Planalto, sonhando os mesmos sonhos que nos a-
nimaram na fase heróica do início da construção da Nova Ca
pital.

Tenho bem em conta o que representou naquela ho
ra a aventura de um pequeno grupo de pioneiros cuja lembrança, gravada no bronze, ficará perpetuando o esfôrço
dos meus dedicados amigos.

Considero o Catetinho e a luta que vocês realiza
ram a primeira semente que deitamos no Planalto Brasileiro.

Nunca deixei de pensar sôbre êstes episódios,
mesmo quando me via cercado pelo carinho e pela amizade de
vocês.

Imagine agora como esta idéia não me sairá da
cabeça, vivendo num meio indiferente ao nosso destino, igno
rando o que fizemos e constantemente açoitados por um
frio que não tem fim.

O céu azul que se arqueia sôbre o Catetinho é
uma das luzes mais belas que recebi sôbre a minha cabeça.

De dia o azul profundo e de noite as estrêlas a
piscar sem pausa.

JUSCELINO KUBITSCHEK DE OLIVEIRA

Estou aqui, num escritório rígido de Manhattan, sem violão e sem wisky, sem luar e sem a paisagem familiar aos meus olhos, e mesmo assim me deixei contagiar pela beleza de sua carta, pela manifestação de sua alma tão poética e pela sensibilidade que foi sempre o traço mais simpático e encantador de seu caráter.

Depois do quinto wisky a "Granada" estremecia os nossos ouvidos com a beleza de sua voz.

As luzes que nós fizemos acender pela primeira vez no deserto brasileiro foram saudadas pela sua voz, pelos seus cantos e pela magia de suas serenatas.

Depois de dois anos de uma peregrinação triste e desalentadora, tenho ainda uma reserva de coragem para esperar dias melhores, e êstes só virão quando tiver ao meu lado os meus velhos amigos que, como você, não deixaram apagar nunca a chama palpitante de uma amizade que é o meu maior tesouro e privilégio.

Muito obrigado por sua carta.

Vá conservando a voz para as noites que ainda nos aguardam diante dêsse céu imenso e profundo.

Cansei de evocar. Quero agora viver.

Espere-me para continuarmos o que a maldade dos homens quis interromper.

Um abraço muito afetuoso do

Juscelino

Carta do exílio ao velho amigo César Prates: poesia, dor, saudade.

> Ildeu me forneceu no dia 8-8-76
> 5.000,00 (cinco mil cruzeiros)
> Juscelino Kubitschek
> 8-8-76

Luziânia, Goiás, duas semanas antes da morte: dinheiro do primo Ildeu de Oliveira para ir ao sepultamento do amigo Geraldo Vasconcelos, em Belo Horizonte.

Batismo aéreo de Seu Zé para conferir o desenho do avião no concreto de Brasília: "Não existe mais nunca no mundo um outro home pra fazer o que ele fez."

Geraldo Ribeiro dirigiu para JK até a morte. Entre eles, o amigo Affonso Heliodoro dos Santos.

O que restou do carro em que morreram JK e o amigo Geraldo Ribeiro.

ESTADO DO RIO DE JANEIRO — COMARCA E MUNICÍPIO DE RESENDE

2.º DISTRITO — VILA DE AGULHAS NEGRAS

Av. Nilo Peçanha, 71 — Telefone 1913

REGISTRO CIVIL DAS PESSOAS NATURAIS

MARIA DA CONCEIÇÃO PRIMO BRAGA

Oficial do Registro Civil e Tabelião de Notas

Av. Erasmo Braga, RIO DE JANEIRO

Arquivo do autor

ÓBITO N.º 077=

CERTIFICO, que ás fls 175= do Livro N.º 12-C.= de Registro de Óbitos, foi feito hoje o assento de JUSCELINO KUBITSCHEK DE OLIVEIRA *.*.* falecido aos de 22 de agosto de 19 76 ás 20:50 horas, em Rodovia Presidente Dutra - Km. 165 *.*.*.*.*, de côr branca *.*.*, sexo masculino, profissão médico *.*.*, natural de Diamantina-Est.Minas Gerais, domiciliado av. Atlântica nº 2038/701-Rio-RJ.*.*. e residente no domicílio *.*.*.*.*.*.* com setenta e cinco anos de idade, estado civil casado *.*.*.*.*.*.*.* filho de JOÃO CESAR DE OLIVEIRA *.*.*.*.*.*.*.*.*.*.* natural de Est. de Minas Gerais *.*.*.*, profissão falecido *.*.*.* e de JULIA KUBITSCHEK *.*.*.*.*.*.*.*.*.*.*.*.*.* natural de Est. de Minas Gerais *.*.*.*, profissão falecida *.*.*.* e residentes em *.*.*.*.*.*.*.*.*.*.*.*.*.*.*.* Foi declarante o sr. José Arimatéia de Souza *.*.*.*.*.*.*.*.*.* sendo o atestado de óbito firmado pelo médico legista (assinatura ilegível) *.*.*.*.*.*.*.* que deu como causa-mortis Esmagamento da cabeça - ACIDENTE - *.*.*.*.*.*.*.*.*.*.*.*.*.*.* O sepultamento foi feito no Cemitério do Brasília - DF. *.*.*.*.*.*.*.*

Observações: O obituado deixou viúva Dª. SARAH KUBITSCHEK, 2 filhas maiores e bens a inventariar. *.*.*.*.*.*.*.*.*.*.*

O referido é verdade e dou fé.

Agulhas Negras, 23 de AGOSTO de 1976.

1.ª Via — Isenta de Selos
(art. 31 do Dec. 4.857 de 9-11-39)

O Oficial

Registro da morte de JK na Vila de Agulhas Negras, Resende-RJ: esmagamento da cabeça em acidente.

Reencontro solitário

Sexta-feira, 7 de janeiro de 1972, governo Médici, auge do regime autoritário. Por volta do meio-dia, um velho caminhão Ford, pintura desbotada, vindo de Luziânia, Goiás, roda preguiçosamente na BR-040. A pista está molhada, chove. Na boleia, o motorista, um engenheiro-agrônomo, e um irrequieto homem de uns 70 anos, vestido com simplicidade. Sem paletó, camisa cáqui, chapéu de palha na cabeça. O destino é uma fazenda ali perto. Vão olhar uma boiada. Mas de repente o homem muda de ideia. Num impulso, resolve ir em frente, visitar Brasília. Tem paixão pela cidade, está com saudade. Não a vê desde junho de 1964, mais de sete anos e meio. Avançam. Logo aparece, à direita, o Catetinho. Param, descem, andam em volta da construção tosca, de madeira, perdida no cerrado. Um funcionário se espanta com aquele senhor tão falante, de chapéu, zanzando na chuva daquele jeito, apontando tudo, explicando coisas ao motorista. Mas não diz nada. Os dois pegam de novo a estrada. Poucos quilômetros depois, percebem a cidade. O homem se sente como um súdito romano das Gálias que vê pela primeira vez a Roma do primeiro século, com sua suntuosidade, palácios, centro do mundo civilizado. Mas o que ele tem diante dos olhos agora é uma paisagem física completamente distinta. Vastos espaços, muita luz e muito céu, muito verde na terra, arquitetura moderna e pouquíssima gente, quase ninguém, nas monumentais avenidas. Poucos pedestres, muitos carros. Pensa grande, talvez exagerado: "Brasília inexoravelmente se constituirá na sede da civilização latina no terceiro milênio. De Roma a Paris e à nossa capital, o rumo é um só."

A chuva não para. Continua vendo muito verde. Seguem para a Catedral, estacionam. Entram discretamente. Apenas três beatas rezam junto ao altar. O homem olha tudo, repara em tudo, completamente deslumbrado. Ainda não tinha visto a Catedral pronta. Sente-se como se, na Roma antiga, entrasse no Coliseu. Para ele, ela é o símbolo maior da grandiosidade de Brasília. Um marco de fé, antes de tudo. Senta-se. Demora na contemplação das grossas paredes de vidro e das estruturas de concreto. E, na paz daquele isolamento, rememora a própria vida. Pálpebras semicerradas, medita profundamente, avalia. Conclui que valeu a pena, apesar de tudo. Descem a Esplanada dos Ministérios, chegam à Praça dos Três Poderes. Param diante da entrada do Museu da Cidade. O homem arrepia-se ao ler a frase gravada na parede externa, ao lado da cabeça em pedra-sabão do criador da cidade, 1,4 metro de altura, de 1960, esculpida por José Pedrosa:

> Ao presidente Juscelino Kubitschek de Oliveira, que desbravou o sertão e ergueu Brasília com audácia, energia e confiança, a homenagem dos pioneiros que o ajudaram na grande aventura.

O coração dispara. Olha para cima e para a direita. Lágrimas se misturam com as gotas da chuva em seu rosto.

Passam em frente ao Palácio do Planalto, seguem para o Palácio da Alvorada. A chuva não dá trégua. Mas descem novamente. Perto da guarita. O homem admira o vasto gramado e, lá longe, ao fundo, a construção paradoxalmente simples e monumental tão criativamente arquitetada por Oscar Niemeyer. Harmoniosa, clara e suave, parecendo levemente afastada do chão, suspensa, graciosa, diferente. As surpreendentes colunas, símbolo mais popular da cidade, quase logomarca. As paredes envidraçadas, a laje avançando além delas. Imagina-o por dentro. Os amplos salões, a biblioteca, os gabinetes, a intimidade residencial. Ao lado, a delicada capelinha. Manobram, voltam, resolvem passar pela avenida W-3. Na saída, ele olha para trás. Conclui que a cidade está muito bonita. É tomado por sensação de paz e tranquilidade, apesar dos dissabores e sofrimentos que tem vivido. Vem um sentimento quase bíblico, como "o semeador que, do alto de um penhasco, observa a seara indestrutível". Mas percebe-se também como visitante de uma cidade fantasma. Viu poucas pessoas na tarde chuvosa. Não reconheceu ninguém nem foi reconhecido. Sentiu-se "como um fantasma numa cidade real".

Uma semana depois, o irrequieto senhor afirma o seguinte:

Fui combatido aos limites da resistência humana, quando me propus trazer a capital para o planalto. Atacaram-me com rancor e não me pouparam os insultos mais pesados. Aí está o que ficou de tudo: a sede do mundo moderno. Muita coisa se fez depois de mim.

Presidente Juscelino Kubitschek de Oliveira, que teve o mandato de senador cassado e os direitos políticos suspensos por dez anos em 8 de junho de 1964, então, *de facto*, *persona non grata* em Brasília.

P.S. O texto acima é baseado em "Brasília não vê JK chorar", do jornalista Carlos Chagas, publicado pelo jornal *O Estado de S. Paulo*, de 18 de janeiro de 1972, que reporta entrevista exclusiva do presidente em 17 de janeiro de 1972, por telefone. Chagas estava em Brasília e JK, na sede carioca do Banco Denasa. Recorte da matéria, cuidadosamente dobrado, foi encontrado junto com a cédula de identidade 1.633.333, expedida pelo Instituto Félix Pacheco, do Rio de Janeiro, dentro da carteira que o presidente trazia no bolso do paletó ao morrer em controverso acidente de carro entre os quilômetros 164 e 165 da Via Dutra, em 22 de agosto de 1976.

De JK, em 21 de abril de 1974:

21 de abril. Quatorze anos de Brasília, fui à Praça dos Três Poderes. Visitei o museu e percorri as legendas gravadas nas suas paredes de mármore. Não sei por que deixei de assiná-las. São realmente bonitas e ao fim eu estava emocionado e arrepiado. Sempre uma sensação de tristeza em Brasília. Não sei se ela me deu muito destaque, muita glória e por causa disto eu sofri muito, todas as vezes que a visito sinto-me melancólico.

Fonte? O diário secreto de Juscelino. Em 24 de agosto de 1976, dois dias depois da morte dele, sua secretária, Elizabeth Lemos, pegou as 450 páginas desse diário, escrito nos últimos três anos de vida — de novembro de 1973 até agosto de 1976 — e entregou ao empresário Adolpho Bloch, líder do grupo Manchete, do Rio de Janeiro, em cuja sede o presidente tinha escritório. Amigo de Juscelino, Bloch, morto em 1995, fez cópia que, respeitosamente, guardou por toda a vida. Quanto aos originais, mandou-os para dona Sarah, que os destruiu. O diário de Juscelino só foi publicado em maio de 1997, quinze meses depois que ela morreu.[146]

Ataque e defesa: críticas e críticos

Historicamente, nunca faltaram elogios e reconhecimento. Mas Brasília também recebe críticas duras, severas. Pela decisão de fazê-la, pelo modo e pressa de construí-la, pelo modelo urbano, pela arquitetura. Nada escapa.

Não são apenas adversários políticos que a alvejam. Também intelectuais, jornalistas, técnicos nacionais e estrangeiros. Uma pá de gente, grande diversidade de arqueiros e de flechas. Pedras também. E até lama. Cidade estrangeira, coisa de visionário, de faraó, delírio megalomaníaco, obra teatral, sorvedouro de riquezas, principal causa da inflação crônica, capital da ladroagem. Um desses críticos é o sociólogo e escritor pernambucano Gilberto de Melo Freyre, pioneiro do culturalismo no estudo da formação da sociedade brasileira, autor do clássico *Casa-grande & senzala*, de 1933. Ele considera Brasília uma cidade "não brasileira". Vai vê-la a convite de Kubitschek. Mas não a poupa:

> Os erros cometidos em Brasília, onde a tradicionalidade e a regionalidade foram sacrificadas, em arrojos de arquitetura urbana, à modernidade e esta antes a só estética ou apenas escultural que a geral, devem valer como uma advertência para todos os Brasis em fase de modernização ou de urbanização.

Para Freyre, o maior equívoco é o de "vir essa construção se processando como pura obra de arquitetura e de engenharia". Diz que é um erro imenso o que se está praticando em Brasília: "o de fazer-se uma pura cidade teatral". Citando expressão de Camões, lembra que há toda uma sabedoria de "experiência feita" no corrimão de escada que os arquitetos estão desprezando em favor de efeito cenográfico que imaginam estético. E que falta equipe interdisciplinar, com a contribuição de cientistas sociais, de biólogos e outros especialistas. Uma visão ecológica capaz de permitir a integração da cidade no seu meio tropical. E também aponta críticas de especialistas estrangeiros. Principalmente no que chama de aspecto psicológico da residência, em edifícios de apartamentos, dos funcionários públicos. Da arquiteta francesa Charlotte Perriand, temerosa de que Brasília se tornasse cidade kafkiana, burocraticamente mecanizada; do arquiteto e teórico italiano Bruno Zevi, para quem ela sofreria de "planificação de rigor militar para uma democracia", também receoso de que o conjunto urbanístico esteja condicionado por plano demasiadamente rígido e a arquitetura principalmente por preocupações estéticas ou decorativas; do argentino Romero Brest, ao opinar que Brasília, até então, estava mais voltada para a estética que para a vida.[147]

Gilberto Freyre é um penhasco das ciências sociais brasileiras. Nasceu em Recife, em 1900, e morreu em 1987. Estudou em Recife e depois nos Estados Unidos, nas universidades de Baylor e de Colúmbia. Combateu a ditadura getulista e o nazifascismo. Integrou a Assembleia Nacional Constituinte de 1946 como deputado federal, eleito pela UDN. Apoiou o golpe militar de 1964. Escreveu cerca de oitenta livros. Criador do Instituto Joaquim Nabuco de Pesquisas Sociais, de Pernambuco. Em Recife se diz que a vaidade do gigante Freyre não era menor do que seu talento e erudição: enorme. Brincam que certa vez perguntaram a ele quem era o maior sociólogo do mundo. Resposta: "Minha modéstia me impede de responder."
Ele ataca Kubitschek:

A maneira como Brasília foi feita, sob uma perspectiva do assunto inteiramente ditatorial, não foi nada boa. Fala-se muito, hoje [1980], em governos militares ditatoriais no Brasil nesses últimos anos. Quem foi mais ditatorial no Brasil que Juscelino, no modo de criar Brasília? Ele agiu como um faraó: chamou dois arquitetos, aliás ilustres, e disse: vocês vão levantar uma capital e eu dou carta branca a vocês. Ora, uma cidade não podia ser levantada por dois arquitetos, estéticos, como os admiráveis Niemeyer e Lucio Costa. Mas foi o que se fez, quando o que era necessário era convocar geógrafos, ecologistas, cientistas sociais, educadores, artistas, para darem opinião sobre essa futura capital. Não se fez isso. Erros tremendos foram cometidos, que eu apontei nessa ocasião ao presidente Kubitschek, mas que era um homem tomado, naquela época, de tal amor passional por Brasília — Brasília tornou-se para ele uma espécie de amante-mulher — que as minhas opiniões fizeram com que ele brigasse comigo, em vez de ter aceito algumas das minhas sugestões que, na época, poderiam ter sido validamente aceitas. Por exemplo, espaços para o lazer, para recreação, para grandes ajuntamentos dentro da cidade, ajuntamentos políticos, religiosos, artísticos, sinfônicos, coreográficos. Nada disso se fez. Foi preciso fazer isso depois, já com muita dificuldade, porque já tinha se dado a exploração imobiliária dos espaços de Brasília. Realmente, Brasília habitada está sendo humanizada pelos seus habitantes, mas ela começou inumana.[148]

Tempo, pressa, aflição, pressão política e ceticismo dos adversários. Juscelino, com certeza, considerava que o carimbo democrático foi batido com a aprovação da construção de Brasília e da marcação da data da transferência da capital pelo Congresso. O restante era execução, era operacional. Mesmo assim, o projeto do Plano Piloto foi objeto de concurso. Para JK, certamente, abrir a discussão multidisciplinar sugerida por Freyre seria inviabilizar a conclusão da obra no seu governo. Ou talvez para sempre. Não admitia nem pensar no adiamento da inauguração. Sabia que assim Brasília entraria na história como fracasso retumbante e sua sepultura política. Avaliação de Niemeyer:

Os visitantes estrangeiros em sua maioria se entusiasmaram com Brasília, embora entre eles alguns poucos assumissem atitudes de superioridade e suficiência, que seus trabalhos — não raro medíocres — não deveriam permitir. Nada disso nos preocupava. Preocupava-nos apenas a necessidade de terminar as construções dentro dos prazos estabelecidos, e fazê-las com liberdade, para que pudessem constituir uma contribuição nova à arquitetura atual, que caminha, lamentavelmente, para a repetição e a vulgaridade.[149]

Parêntese. Juscelino estava a par de tudo. Durante a construção, não tirava os olhos do cronograma de execução. De cada obra e da cidade. Desde o começo, concentrou-se em acelerar ao máximo todo o trabalho. Era inigualável tocador de obras. A propósito, o arquiteto Ítalo Campofiorito, que trabalhou no escritório de Oscar Niemeyer, participou de curioso episódio em Brasília. Em início de carreira, muito jovem, poliglota, foi encarregado de receber um arquiteto engajado no projeto de Canberra, Austrália, capital planejada que vinha sendo construída havia décadas, não acabava nunca. O plano original é do norte-americano Walter Burley Griffin (1876-1937), de Chicago, diretor-geral do projeto até 1920. A construção, iniciada em 1913, foi interrompida durante a Primeira Guerra Mundial. Depois, evoluiu lentamente. Em 1927, a cidade foi oficialmente declarada capital da Comunidade Australiana. Mas não estava totalmente concluída, faltava bastante. Em 1958, o governo criou a Comissão de Desenvolvimento da Capital Nacional, que fez alguns ajustes no plano de Griffin. O visitante australiano era simpático e conservador. Depois de ver Brasília, ele pede para ir ao presidente. Campofiorito leva um susto. Não tem intimidade com Kubitschek, nunca entrou no Palácio da Alvorada. Mas sempre prestativo, gentil, vence a timidez e resolve tentar. Liga para lá, identifica-se, diz que é do escritório de Niemeyer, explica a situação. O ajudante de ordens pede um instante e logo volta: "O presidente mandou dizer que está esperando os senhores." Outro susto. Foram, entraram. Surpresa. Um minuto depois, chega Juscelino, em manga de camisa, trazendo vários mapas, que abre e espalha pelo chão. Mapas de Canberra! Muito alegre, tira os sapatos, senta-se no chão, manda servir cafezinho. Usando os mapas e falando do plano urbanístico de Canberra, informadíssimo e completamente apaixonado pelo assunto, desata a explicar ao australiano o que deve ser feito para concluí-la rapidamente. Antes que fique desatualizada, avisa.

O carioca Gustavo Corção, o polêmico pensador católico, bate forte para explicar por que é contra:

> Queixamo-nos do presidente por querer mudar a capital numa época inoportuna, com métodos inoportunos, para um lugar estupidamente inoportuno e em prazo culposamente inoportuno.[150]

Engenheiro, Corção também escreveu: "Aquela terra é tão árida e inóspita que o lago de Brasília jamais encherá. A água será toda sugada pelo subsolo." Mais dúvidas, mais sombras, maior apreensão. Quando o Paranoá atingiu a cota mil e transbordou, JK, aliviado, mandou-lhe o seguinte telegrama: "Encheu, viu?!"

Ninguém será mais agressivo que Carlos Lacerda. Chama Brasília de câncer. E muito mais.

Assis Chateaubriand, o poderoso e influente rei da imprensa brasileira, dono dos Diários Associados, considerava a construção de Brasília "uma loucura de Kubitschek e um crime contra o país". Mas não se mostrou inflexível. Num encontro com Juscelino, no segundo semestre de 1959, prometeu: "Se o senhor inaugurá-la mesmo no dia 21 de abril [de 1960], saiba que lá encontrará um jornal associado." Cumpriu. O atual *Correio Braziliense* circulou pela primeira vez exatamente em 21 de abril de 1960. Edição histórica, de 124 páginas. Chateaubriand instalou também a primeira estação de televisão, a TV Brasília, que estreou transmitindo a inauguração da cidade de dentro do Palácio do Planalto.[151] Em 15 de maio de 1960, o jornalista Ari Cunha escreveu em sua coluna:

> Quando perguntaram ao prefeito Israel Pinheiro se havia diminuído o ritmo de Brasília, ele respondeu: "Não dispensamos um operário nem tampouco uma única máquina. Quem quiser ver, que procure a ala norte, a segunda pista da Avenida das Nações,

as obras da plataforma ou a obra final das superquadras." (...) Ao ouvir de um amigo a informação de que o presidente fundaria uma cidade na Ilha de Bananal, o deputado Carvalho Sobrinho comentou com sarcasmo: "Agora é a vez da Bananacap."

Mestre Eugênio Gudin, ícone do pensamento econômico conservador brasileiro, professor da Fundação Getulio Vargas, ministro da Fazenda do presidente Café Filho, era rude:

Alguns idiotas sustentam que Brasília seria um foco de polarização econômica, quando na realidade a cidade se transformou num foco de absorção de recursos. Um deserto desolado não pode gerar riquezas. As riquezas se geram é em São Paulo, na Guanabara, no Rio Grande, no Paraná, na Bahia, em Pernambuco. Brasília é um sorvedouro de riquezas. É incrível que se tenha praticado essa loucura em um país pobre e carente como o nosso. (...) Sou grato ao prezado amigo Dr. Israel Pinheiro pelo convite para visitar Brasília. Mas lá não vou. Não vou, porque não me iludiria com a aparência eufórica dessa como de qualquer outra região em que se despeja a rodo o dinheiro da nação (e até se transportam materiais de construção de avião). Não vou, porque não quero ver desperdiçar os parcos recursos de um povo ainda tão pobre e de tão baixo padrão de vida. (...) Uma das demonstrações mais flagrantes do desvalor de nossos homens é justamente essa de Brasília, em que um protótipo de leviandade, um playboy das valsas e do modern-living, arrastou o país, sem protestos nem celeuma, à prática do maior crime que se poderia perpetrar contra ele e contra suas populações pobres, em particular.[152]

Vinte anos depois, nas *Memórias de Gudin*, mais pedradas:

Juscelino fez um péssimo governo. Um crime! Eu fui ao Nordeste e vi o que é pobreza, miséria, resignação daquela gente. E Juscelino pegou o dinheiro da nação e jogou fora, fazendo uma cidade.[153]

Conforme visto, também Roberto Campos, da equipe de governo de Kubitschek e um dos formuladores do Programa de Metas, é ríspido com Brasília. Diz que sua melhor definição é a de um arquiteto inglês: perfeito exemplo de mau gosto monumental. Condena tudo, inclusive a arquitetura. Afirma que um dos problemas da região é o excesso de luminosidade. Apesar disso, construíram palácios de vidro, talvez recomendáveis para países escandinavos. E depois — continua — puseram toda sorte de vedação nos edifícios para amenizar a luz insolente do Planalto Central. Considera Brasília também incestuosa, recheada de guetos, onde políticos falam com políticos, burocratas com burocratas e assim por diante. Isto é, lugar em que a miscigenação social é escassa e em que o povo está fora, nas cidades-satélites. Ele ainda não se conformou completamente:

As consequências de Brasília foram mais negativas do que positivas. Primeiro foi um fator enorme de inflação, com investimento improdutivo na burocracia. E que se tornou ainda mais caro pela pressa de Juscelino na construção. Ele queria tornar a construção de Brasília irreversível e por isso fixou para si mesmo a meta de quatro anos, procurando inaugurá-la dentro do seu período presidencial. O Lucas Lopes era naquela ocasião presidente do BNDE e tinha sido responsável pelo Programa de Metas, no qual eu cooperei. Ele aceitava a criação da capital no Planalto Central. Apenas queria um ritmo mais lento de implantação, queria quinze anos. E preferia o Triângulo Mineiro, onde já existia basicamente uma infraestrutura urbana e de transportes. Um efeito negativo é que Brasília podia ter sido usada para descentralização burocrática e não o foi. Chegamos até ao absurdo de transferir para Brasília entidades que não tinham nenhuma razão para estar no Planalto Central. A Portobrás, por exemplo, foi para Brasília, uma coisa insensata. Não existe ali nada de portuário. O Banco Central é outra organização que ficaria melhor num grande centro financeiro. Um outro efeito negativo foi a corrupção moral. Os funcionários tiveram que ser "peitados" para ir para Brasília. O atrativo era a "dobradinha", o duplo salário. Quando cessou a condição pioneira, a dobradinha foi substituída por vantagens especiais de transporte e habitação subvencionados. Mas continuou o problema. Porque, no Rio, os funcionários que se consideravam mal pagos — é tradicional que os funcionários brasileiros se considerem mal pagos — faziam "bicos" legítimos na indústria, no comércio etc. Mas em Brasília a falta de atividade econômica fez com que se começasse a intensificar o uso da propina como salário suplementar. E a resistência ética à propina foi consideravelmente reduzida, exatamente porque funcionários começaram a considerar aquilo como uma espécie de suplemento do salário inadequado.[154]

Também Celso Furtado reclama. Para ele, o projeto de Brasília nunca foi discutido profundamente e até hoje quem a questiona arrisca-se a ser satanizado, porque falar mal dela tornou-se equivalente de falar mal do Brasil:

A interiorização tem aspectos positivos. A construção de estradas e tudo isso que se fez em torno da ocupação do Brasil. O país tem uma fronteira aberta imensa. Foi positivo. O erro foi não discutir a coisa seriamente. Não ir para a mesa e perguntar: "Como vamos pagar isso? Vamos ver se isso não distorce demasiado os investimentos. Vamos ver se o Brasil pode sustentar isso. Que consequências terá?" (...) Há muita coisa a se discutir no caso de Brasília. Mas até hoje não se vê ninguém falar nisso, porque é como se fosse contra o Brasil.

Furtado morou em Brasília no final dos anos 80. Gostou:

Pessoalmente, gostei. Sou uma pessoa que gosta de ter tempo para ler e escrever. E em Brasília eu tinha algum tempo. Não havia um assédio tão grande de gente como no Rio de Janeiro. Eu participei do governo também quando a capital era no Rio de Janeiro [Kubitschek]. Brasília é mais tranquila. Pessoalmente, gostei. O clima não me foi desagradável. Até hoje não chegou a ser uma metrópole. A gente está lá meio acampado. Para passar algum tempo apenas. Pois se trata particularmente de pessoal que vai para trabalhar no governo, vai com objetivos muito limitados, específicos. Então, não se vive em Brasília como se vive no Rio de Janeiro ou em Paris. Para toda a vida. Passa-se um tempo em Brasília e depois muitos saem. Mas alguns vão fazendo carreira lá, vão se acomodando e vão ficando. Hoje já existe uma geração de Brasília. Isso é uma coisa nova. Vamos ver o resultado disso.[155]

José Sarney gosta de Brasília, onde mora há mais de quarenta anos. Mas acha que deve ser repensada. Considera as principais ideias invocadas para a construção vencidas pelo tempo, pelas mudanças do mundo e pelo avanço tecnológico. Centro geográfico, arquitetura moderna, plano urbanístico. Para ele, a ideia de centro geográfico não é mais importante politicamente, tornou-se apenas um símbolo. Com a tecnologia atual, governa-se de qualquer lugar. O mundo mudou, a tecnologia disparou. Revolução nos transportes, Internet, tempo real, globalização, satélites, telefonia celular, avanço do rádio e da televisão, fax e tudo o mais. Conclui:

Essas conquistas venceram as distâncias. Hoje as motivações para construir Brasília seriam outras. Ela reflete ideia do princípio do século XIX, a da visão geográfica da capital. A essa invocação do centro geográfico, juntou-se, na construção, o fascínio de uma arquitetura inovadora. Desde o final de 1987, Brasília é patrimônio cultural da humanidade e pronto. Trata-se agora de proteger a área tombada e cuidar de sua preservação, com atenção especial para a velocidade do envelhecimento de obras realizadas em ritmo alucinante, nem sempre com os melhores materiais. Mas a arquitetura de Brasília é assunto esgotado, não há nada mais a inovar. Finalmente, da mesma forma, há a criação de um plano urbanístico utópico, feito de sonho e poesia. Com a disparada do crescimento urbano e as mudanças impostas pela realidade, ele foi bastante descaracterizado. Mas tem que ser respeitado e protegido.

Mário Henrique Simonsen, ministro da Fazenda do governo Geisel e ministro do Planejamento no início do governo Figueiredo, viveu em Brasília, na Península dos Ministros, de 1974 até 1979. Não gostou. Ele considerava Brasília irreversível:

> Ah, eu pessoalmente sou um crítico de Brasília. Eu acho que o maior problema é que ela acabou sendo uma cidade pura e simplesmente burocrática. E é uma cidade cujo lay out isola as pessoas em guetos. Os deputados moram nos blocos de deputados. Os senadores, nos blocos de senadores. Todos cercados de funcionários públicos por todos os lados. Então, o clima de Brasília é um clima corporativista. É um clima em que há grande interesse em defender os funcionários públicos, que são a fonte de pressão próxima que existe. Eu acho que Brasília afeta negativamente a produtividade do governo. Mas é um fato consumado. Outros países também têm capitais estritamente burocráticas. Washington, no fundo, é uma Brasília muito melhorada, mas não deixa de ser uma cidade também extremamente burocratizada.[156]

Bolívar Lamounier — professor, pesquisador e escritor mineiro radicado em São Paulo —, expoente brasileiro em ciência política, nunca morou em Brasília. Mas está sempre em contato com ela, em visitas de trabalho. Como Celso Furtado, pensa que é preciso debatê-la em profundidade, sem preconceitos:

> Muita gente, no Brasil, acha que os modelos urbanístico e/ou arquitetônico de Brasília podem e devem ser questionados, mas como o nome de Niemeyer está em jogo, criou-se certo tabu a respeito. Até porque, sendo Brasília um fato consumado, a discussão parece inócua. Eu, particularmente, penso que esse debate deveria ser travado com clareza e fluência. Afinal de contas, jogamos fora a nossa herança arquitetônica colonial — entendida como elemento ativo na busca de novas soluções — em proveito de cidades disformes, sem perfil arquitetônico definido, e com um nível de poluição visual que não deveria ser tolerado por um

povo que tivesse um pouco mais de apreço por seu entorno ambiental.[157]

Para Lamounier,

deveríamos ter buscado soluções evolutivas a partir da arquitetura colonial. Soluções que fossem um *outgrowth* — para usar esta boa palavra inglesa — daquela arquitetura.[158]

Antonio Delfim Netto conhece bem Brasília. Mais intensamente a partir de 1967, quando assume o Ministério da Fazenda no início do governo Costa e Silva, cargo em que permanece no governo seguinte, Médici. Em 1974, governo Geisel, é nomeado embaixador na França. Volta a Brasília em 1979, governo Figueiredo, assume o Ministério da Agricultura e depois, a partir de agosto de 1979, a Secretaria de Planejamento da Presidência da República, em que fica até março de 1985. Elege-se deputado federal por São Paulo, reelegendo-se sucessivamente desde então. Portanto, mantém contato quase diário com a cidade há mais de trinta anos. Aspas para ele:

Na verdade, eu acho que Brasília foi uma das grandes aventuras do Juscelino. É um capricho! Ele imaginava que com isso ia ocupar o Brasil. É uma coisa discutível. Tem vantagens e desvantagens. E continua custando não muito menos de 1% do PIB por ano.

Ele a considera uma cidade agradável. Mas, com o conhecido e reconhecido senso de humor, recomenda cautela, porque se trata de uma corte:

Brasília virou uma corte. Brasília é uma sociedade endogâmica, que casa entre si os seus filhos. Vai ser muito difícil arejá-la, porque todo mundo é parente. Eu aprendi: aqui, em nenhuma mesa de almoço ou jantar você pode falar mal de alguém. Sempre que você está conversando com um sujeito, ele é um primo, um irmão,

um sobrinho, um cunhado, um amigo da amante de alguém. (...)
Eu acho a cidade muito agradável. Vou te dizer mais: quem mora
aqui, acaba gostando.

Não gosta de tudo. Mais avaliações sinceras e mais bom humor:

Esteticamente, eu tenho minhas dúvidas. Honestamente, há coisas maravilhosas. Há coisas que são realmente encantadoras. A
Catedral, o Itamaraty. Há coisas que são fantásticas. E há outras
lamentáveis. Por exemplo: parece uma cidade feita pra anjo. No
Palácio do Planalto, eu tinha que andar quase um quilômetro para
chegar ao banheiro. Para mim foi bom, porque era o único jeito
de fazer o meu cooper.

Sobre outra maravilha arquitetônica, o Palácio da Alvorada:

Aquilo é inabitável. Mas quem mora ali é obrigado a ficar. Na verdade, é uma escultura. Então, você mora dentro da escultura.[159]

O reconhecimento da beleza dos prédios e do conjunto arquitetônico principal não é incomum entre os criticadores da arquitetura de Brasília. Mas eles são quase unânimes na condenação da
funcionalidade. Falam mal da adaptação microclimática. Da iluminação e da ventilação. Da organicidade no uso do espaço. Apontam
privilegiamento da forma em detrimento do conforto ambiental e
da funcionalidade. Atribui-se a destacado político mineiro a frase:
"Obra do Niemeyer é boa pra se morar em frente. Dentro, não."
Niemeyer:

Sempre defendi minha arquitetura preferida: bela, leve, variada,
criando surpresa. (...) Falavam do "purismo" — da "máquina de
habitar", do "less is more", do "funcionalismo" etc. — sem com-
preenderem que tudo isso se desvanecia diante da liberdade plástica que o concreto armado oferece. Era a arquitetura contemporânea a se perder nos seus repetidos cubos de vidro. (...) Fomos os

primeiros a recusar o funcionalismo absoluto e dizer francamente que a forma plástica em certos casos (quando o tema o permite) pode prevalecer, que a beleza é uma função e das mais importantes da arquitetura.[160]

Antonio Ermírio de Moraes, líder do maior conglomerado empresarial privado brasileiro, enxerga Brasília com olhos desenvolvimentistas, juscelinistas:

Todo mundo mete o pau em Brasília. Mas eu acho, sinceramente, que ela nos trouxe um novo Brasil. Antigamente, Goiânia era o único ponto de referência na região. Outro dia eu vinha de Trombetas e um urubu pegou no avião. Então passamos a voar mais baixo. Aí é que você vê que fazendas maravilhosas há ali nas adjacências de Brasília. Ela é uma sentinela avançada do Brasil. O Brasil não é só o litoral. Junto com Goiânia, Brasília é hoje um ponto importante de desenvolvimento.

Sobre a transferência da capital:

Não sou contra a saída do Rio de Janeiro. Toda capital atrai muitos interesses. Mas isso tem em todo lugar. Tem em São Paulo, no Rio, em toda parte. Mas o Brasil não é só a faixa litorânea. Agora o país conhece um pouco o seu interior também. Muitos brasileiros só conhecem a faixa litorânea. Precisam conhecer o interior, não é? Também sob esse aspecto Brasília foi muito positiva.

Ele vê motivação política em muitas críticas, principalmente para atingir Kubitschek:

Claro que muitas tinham objetivo político. Há muita inveja também. Ah, meu Deus, o egoísmo! Inveja e vaidade correm parelhas. Eu acho que o egoísmo é a pior coisa que tem neste mundo. É uma desgraça. Sinceramente: o Juscelino foi um dos grandes nomes que o Brasil teve. Eu não tenho a menor dúvida sobre isso.[161]

É interessante a avaliação e sobretudo a autocrítica de Rubens Vaz da Costa, economista que foi presidente da Chesf, do Banco do Nordeste do Brasil e do BNH, superintendente da Sudene e gerente de Operações do BID:

> Eu tinha opinião formada sobre isso. Era contra a mudança da capital. Por quê? Porque era um projeto faraônico. Mas como era também a metassíntese, tinha que ser feito no prazo. Então transportaram até pedra e cal de avião. E aquele negócio foi responsável pelo surto inflacionário que veio em seguida ao governo do Juscelino. Mas, a posteriori, eu acho que a decisão do Juscelino foi de estadista. Eu não era estadista e não tive a compreensão. Veja o que aconteceu com Brasília. Foi realmente uma marcha para o Oeste. Com o poder político em Brasília e com o crescimento de Brasília. Um exemplo? A Embrapa se dedicou muito ao estudo do cerrado, em parte como consequência de ter ido para Brasília e do interesse que havia. Nós temos três ou quatro milhões de hectares de cerrado. Cerrado era uma terra de pequenos pastoreios, sem grande valor. A Embrapa, com as pesquisas que fez e apoio que deu, a transformou numa área tremendamente produtiva. Para a soja tropical, por exemplo, que deu muito bem na região. Brasília teve e tem importância muito grande no desenvolvimento do interior do país. Antes, o desenvolvimento além da costa estava quase só em Minas. Então, a posteriori, apesar da inflação e tudo, eu me convenci. Quem nunca se convenceu foi o Roberto Campos.[162]

Ele considera a construção de Brasília muito cara. Mas destaca o entusiasmo que ela e o governo Kubitschek trouxeram ao Brasil: "O impacto de galvanizar um grande número de brasileiros para o potencial do país." Não aprova a ideia de que a cidade isola os políticos do povo.

> Isso é muito relativo, porque os políticos quase sempre passam parte da semana em contato com as bases. É assim, tem que ser

assim. Não são as bases que vão até eles. Senão a capital federal não poderia ser em lugar nenhum. Esteja onde estiver, muitos sempre estarão longe das origens. O político profissional, quando termina uma campanha, já começa outra.

Paulo Roberto Haddad, economista, destaque nacional em planejamento regional e urbano, fundador do Centro de Desenvolvimento e Planejamento Regional da UFMG (Cedeplar, Belo Horizonte), ministro do Planejamento e da Fazenda (1992-93) no governo do presidente Itamar Franco, vê de forma positiva o impacto e a influência espacial de Brasília. Ele mostra que a economia do Centro-Oeste cresceu à taxa anual superior a 11% entre 1959 e 1980. E que, mesmo quando a taxa média de crescimento real do PIB brasileiro declinou significativamente, caso dos anos 80, o Centro-Oeste continuou se expandindo em ritmo quase três vezes superior ao do país. Isso aconteceu também nas regiões de Minas Gerais mais próximas do Distrito Federal (o Triângulo, o Noroeste e o Alto Paranaíba). Pode-se atribuir esse ciclo de expansão regional aos impactos provocados pela construção de Brasília? Haddad responde:

Creio que sim. Atribuir essa expansão apenas à melhoria da infraestrutura de transportes do país pode ser enganoso, uma vez que a disponibilidade de infraestrutura é apenas um fator necessário, mas não suficiente, para promover o desenvolvimento regional. Basta ver o que ocorreu com inúmeras áreas geográficas em torno da Ferrovia de Carajás ou dos eixos rodoviários de penetração na Amazônia nos anos setenta, que hoje se encontram estagnadas economicamente. Existem muitas evidências empíricas de que o trabalho, o capital e os mercados de produtos na agricultura são relativamente mais eficientes em áreas que tiveram um considerável desenvolvimento urbano ou industrial. Se compararmos os níveis de produtividade e o grau de modernização da agricultura num raio de quinhentos quilômetros em torno do Distrito Federal com outras áreas do Norte e do Centro-Oeste, poderão ser observados os efeitos benéficos de espraiamento da concentração em Brasília de informações, de conhecimentos e de poder decisório sobre os rumos da política econômica. É muito difícil quantificar a importância desses efeitos, mas eles não podem ser subestimados.[163]

Sim, Brasília teve e tem papel de destaque no desenvolvimento do interior. Até pelo novo olhar do espaço nacional e pelos investimentos em infraestrutura econômica que a acompanharam, como os de energia e transportes. Talvez principalmente pela influência silenciosa que exerceu na criação, adaptação e difusão das tecnologias agropecuárias que permitiram a incorporação competitiva de vastas áreas de cerrado à produção nacional, uma das conquistas mais importantes da economia brasileira nas últimas décadas. Eles ocupam um quarto do território nacional. Concentram-se exatamente na região Centro-Oeste, mas destacam-se também no Nordeste, Sudeste e algumas áreas da Amazônia. Os solos são geralmente pobres e ácidos, mas reagem bem à correção com calcário e ao uso de fertilizantes. A topografia favorece atividades agrícolas — inclusive a mecanização —, o sol é abundante, o regime de chuvas satisfatório e há apreciável disponibilidade de terras irrigáveis. A jovem e crescente economia do cerrado é realidade de peso neste início do século XXI. Responde por um terço da produção nacional de grãos — soja é o mais plantado —, lidera a pecuária de corte e é importante produtora de leite, café, frutas, hortaliças e sementes.

O lado ruim é o alto custo ecológico dessa ocupação, muitas vezes predatória, sem respeito pela natureza. A destruição do delicado ecossistema do cerrado. Ele é queimado para fazer carvão, substituído por lavouras, pastagens e mesmo matas homogêneas de eucalipto ou de outras essências, o que exclui radicalmente a fauna e a flora nativas. Preço do progresso, mas também de mínimo de respeito pela natureza? Manuelzão, sertanejo sábio de Minas e do grande sertão de Guimarães Rosa, morreu inconformado com a forma brutal de destruição do seu mundo. Reclamava, por exemplo, que os eucaliptais secam a terra e que neles nada sobrevive, exceto formigas. Nem onça brava, nem mesmo cobra. Nem passarinho nem qualquer outro bicho ou planta. Morte. Por causa do hábito de destruir impiedosamente as árvores, ecólogos dizem que as maiores pragas do cerrado são fazendeiro gaúcho, japonês pobre e formiga-quenquém.

Parêntese. Na verdade, muito pior do que a quenquém é a saúva. As duas coexistem, mas as quenquéns são menos devastadoras e numerosas. Seus ninhos se restringem a uma só panela. No começo de Brasília, o jornalista Assis Chateaubriand dizia que ali o cerrado é tão ruim que até saúva morria de fome. Falava-se antigamente: "Ou o Brasil acaba com a saúva ou a saúva acaba com o Brasil." O cerrado é prodigiosamente dotado dessas maravilhas vivas de cortar vegetais, conhecidas por muitos nomes no país: formiga-cabeçuda, formiga-carregadeira, formiga-cortadeira, formiga-de-roça, manhura e outros. Cortam folhas e outras partes de quase todas as plantas e levam para os ninhos, onde são trabalhadas para nutrir cultura permanente de cogumelos que alimentam o formigueiro. A fêmea ovada é conhecida por tanajura. A Brasília central vestiu-se de muitas plantas. É uma das cidades com maior área verde por habitante do país. Mas as saúvas não foram embora. Mudaram de cardápio — com ajuda até de Burle Marx — e resistiram. Praga admirável!

Há ainda Brasília como feito marcante do Brasil, afirmação nacional. Obra grandiosa, patrimônio cultural da humanidade, goste-se ou não dela. Como calcular o valor disso? Impossível. Não há econometria que resolva. A avaliação de Brasília transcende os limites técnicos. Não cabe em modelos e cálculos convencionais de relação custo-benefício. De Lucio Costa:

> Brasília é, portanto, uma síntese do Brasil com seus aspectos positivos e negativos, mas é também testemunho de nossa força viva latente. Do ponto de vista do tesoureiro, do ministro da Fazenda, a construção da cidade pode ter sido mesmo insensatez, mas do ponto de vista do estadista, foi um gesto de lúcida coragem e confiança no Brasil definitivo.[164]

As Forças Armadas, como visto, nunca esconderam simpatia pela interiorização do desenvolvimento. Mas muitas lideranças tinham severas reservas quanto a Brasília, especificamente. Como a maior parte da UDN, apontavam roubalheira, correria, improvisação, desperdícios, irracionalidade, jogada política. Veja-se, por exemplo, a seguinte síntese do general Ernesto Geisel, presidente da República de 1974 a 1979:

Não se fez uma infraestrutura preliminar, uma base para poder construir a cidade. Então tudo era transportado em avião, em caminhão, a longa distância. E a ladroeira que houve? Houve ladroeiras incríveis! Para levar o pessoal para lá, inclusive o Supremo Tribunal Federal e o Congresso, criaram a dobradinha. Quem servia em Brasília passava a ganhar salário dobrado.[165]

O general João Baptista de Oliveira Figueiredo, presidente da República de 1979 a 1985, viveu em Brasília durante mais de quinze anos. Sobre Kubitschek:

Um bom governante. Só teve um lado fraco: quando desejou construir Brasília, quis terminá-la no governo dele e aí enterrou o país. Levou jornal de avião, levou cimento de avião etc. E antes deveria ter construído uma estrada que levasse de Belo Horizonte a Brasília. Só depois de Brasília pronta é que se construiu a estrada. E aí começou a inflação brasileira.[166]

Desde os Anos JK, Brasília é assunto obrigatório. Faz parte do cotidiano dos brasileiros. Durante a implantação, a paixão era ainda mais densa. Todo mundo tinha de ser contra ou a favor ou ter outra opinião. No mínimo ser mais ou menos contra ou mais ou menos a favor, o que costuma dar no mesmo. Alguns pessedistas eram famosos por não serem nem contra nem a favor, muito antes pelo contrário. Mas a maioria dos udenistas batia sem dó nem piedade. Para eles, era pura ladroeira: concorrências públicas viciadas, comissões a torto e a direito, desvios de verbas, marmeladas, o diabo a quatro. Fisgavam encrencas para trombetear na mídia, ampliavam problemas, espalhavam boatos. E também anedotas. Inventaram até que certo dia Juscelino vinha dormindo no Viscount presidencial, quando apareceu Luziânia, situada a sessenta quilômetros de Brasília e famosa pelos doces de marmelo. Um assessor:

— Oba! A terra da marmelada.

Juscelino acorda, ouve e diz:

— Oh, minha querida Brasília!

No início da construção, enorme tabuleta em forma de seta da Fundação da Casa Popular, espetada em paus fincados em pleno cerrado, ao lado da futura avenida W-3 Sul, sintetizava assim a questão da nova capital: "Alguns contra, muitos a favor, todos beneficiados!" Mas era difícil achar carioca que concordasse com esse final. Ainda não é fácil.

Carlos Drummond de Andrade, em *Versiprosa*, despejou boa sorte sobre Brasília, mas sem esquecer que era carioca de Itabira, Minas Gerais:

Vou no rumo de Brasília,/ não é aqui o meu lugar (...) Nunca te vi de perto; agora vejo/ e sinto e apalpo todo o meu desejo/ é que sejas em tudo uma cidade/ completa, firme, aberta à humanidade,/ e tão naturalmente capital/ como o Rio é uma coisa sem igual.[167]

De Clarice Lispector, em *Brasília: esplendor*, texto de louvor e crítica à cidade:

Vou agora escrever uma coisa da maior importância: Brasília é o fracasso do mais espetacular sucesso do mundo. Brasília é uma estrela espatifada. Estou abismada. É linda e nua. O despudoramento que se tem na solidão. Ao mesmo tempo fiquei com vergonha de tirar a roupa para tomar banho. Como se um gigantesco olho verde me olhasse implacável. Aliás Brasília é implacável.[168]

Trechos de diálogo entre Clarice e Oscar Niemeyer no início dos anos 70:

— Eu uma vez escrevi: "Lucio Costa e Oscar Niemeyer, dois homens solitários." Também escrevi: "Se eu dissesse que Brasília é bonita, veriam imediatamente que gostei da cidade. Mas se digo que Brasília é a imagem de minha insônia, veem nisso uma acusação; mas minha insônia sou eu, é vivida, é o meu espanto. Os dois arquitetos não pensaram em construir beleza, seria fácil: eles ergueram o espanto deles e deixaram o espanto inexplicado. A criação não é uma compreensão, é um novo mistério." Que é que você acha disso, Oscar?

— Sua observação me deixa satisfeito. Meu intuito ao projetar Brasília foi, antes de tudo, fazê-la diferente e, se possível, plena de surpresa e invenção. Pretendia uma arquitetura que a caracterizasse e, nesse aspecto, sinto-me realizado, vendo que seus elementos arquitetônicos — as colunas do Alvorada, por exemplo — vão se repetindo, utilizados nas formas mais diversas (construções, objetos, símbolos etc.).

— Eu escrevi: "A alma aqui não faz sombra no chão." "É urgente: se não for povoada, superpovoada, uma outra coisa vai habitá-la. E se acontecer, será demais: não haverá lugar para pessoas. Elas se sentirão tacitamente expulsas."

— O vazio da nova capital, ainda em construção, volta a impressioná-la. Se os operários que a construíram nela estivessem vivendo, se a sociedade fosse mais justa e a vida boa para todos, talvez Brasília não lhe desse esse sentimento de angústia e solidão.[169]

A gigantesca Clarice era mesmo impressionada com Brasília. Fragmento de seu *Visão do esplendor*: "Me dá vontade de falar errado. Assim: Sued. Isso quer dizer Deus". Ou: "Mas Brasília não flui. Ela é ao contrário. Assim: iulf (flui)."

O acolhimento pela Unesco do conjunto arquitetônico de Brasília como patrimônio cultural da humanidade — primeiro projeto contemporâneo aprovado — não exorciza todas as críticas que lhe são feitas. Mas formaliza o reconhecimento internacional. Difícil, isento, raro. É a consagração definitiva. Ela é oficialmente obra de arte de valor universal. Referência internacional do urbanismo moderno do século XX. Testemunho vivo de momento de esplendor e afirmação da inteligência e arte dos brasileiros. Comprova-se muito maior do que as críticas. Ou, conforme o insuspeito Gilberto Freyre, crítico contundente:

> Não que se repudie Brasília: representa ela um triunfo brasileiro grande demais para que seus erros sejam considerados à revelia de suas virtudes.[170]

O jornalista e escritor Paulo Francis desprezava Brasília. Chegou a sugerir a retirada do governo federal e a transformação da cidade numa espécie de grande cassino, uma Las Vegas do cerrado. Para ele, era a capital do provincianismo e da fantasia:

> O isolamento geográfico e social de Brasília do Brasil civilizado, que fica ao sul, permite que governantes criem uma chacrinha em causa própria, fazendo da direção do país uma sucessão de arreglos, e de forma alguma confrontem os problemas reais que nos afligem, mas que mantêm satisfeitos os currais eleitorais dos caciques políticos. (...) Um ministro tinha uma ideia de jerico, o que os ministros no Brasil têm com a capacidade de proliferar dos coelhos, mas ia a um botequim desses, onde encontrava gente importante de todas as profissões. Expunha sua bobagem e era contestado. Muita "iniciativa" foi sustada assim, nesse tempo em que o Rio, uma grande cidade, era capital. Em Brasília, cidadezinha do interior, o ambiente é incestuoso. Se vai almoçar no Florentino's de lá e só se encontra gente do governo, de eleitos a burocratas perpétuos. A crítica ao próximo é inibida pela propinquidade. O isolamento da sociedade cria uma sensação de vácuo, que parece à vítima sinal verde para tudo que queira dizer ou fazer. As gafes quase diárias dos governos nascem desse ambiente malsão.[171]

A polêmica não cessa. Na edição de 21 de março de 2001, por exemplo, a revista *Veja* publica "O crime de JK", artigo do jornalista e escritor Diogo Mainard. Trecho:

Ironicamente, nenhum fator contribuiu tanto para aumentar a miséria e a ignorância do Brasil quanto a principal obra de Niemeyer: Brasília. No caso, porém, é injusto atribuir-lhe toda a culpa. Ele foi um mero executor. O mandante do crime tem outro nome: Juscelino Kubitschek. É revelador de nosso atraso que JK ainda seja considerado um modelo de governante. Difícil imaginar algo que tenha causado mais danos ao Brasil que sua retórica populista de "crescer cinquenta anos em cinco". Teria sido muito melhor crescer cinco anos em cinquenta. JK administrava o país com a mentalidade provinciana de um prefeito de Belo Horizonte, acreditando que a riqueza pudesse ser criada artificialmente pelo Estado, através do aumento descontrolado dos gastos públicos. Seu governo construiu estradas, metalúrgicas e hidrelétricas. A seguir construiu também Brasília, a mais cara e inútil das obras. (...) Os impostos elevaram-se 16%, sobretudo para cobrir o custo das monstruosidades arquitetônicas de Brasília. (...) Niemeyer dedicou um memorial a JK em Brasília. Teria sido melhor dedicá-lo ao FMI.

Avaliação do jornalista Fernando Rodrigues:

Brasília faz 41 anos hoje. É um erro histórico irreversível. Será uma excelente cidade daqui a 150 anos. Ou 200 anos. Vivo aqui há cinco anos. Aviso logo que não desgosto da cidade. Portanto, barnabés apaixonados pela capital, poupem suas canetas. (...) O incômodo de Brasília é a sensação de que todos estão de passagem. Falta ainda cultura de tempo para a cidade. Há também os inconvenientes de municípios pequenos. (...) Entre os defeitos brasilienses está a falta de opções culturais. É comum ouvir: "Aqui não tem teatro." Bem, a julgar pelo que há em São Paulo, essa é uma vantagem de Brasília.[172]

Paul Goldberger, premiado crítico norte-americano de arquitetura e urbanismo, em artigo de fevereiro de 2000, joga pesadas pedras em Brasília, mas reconhece seu encantamento e termina com flores. Trechos:

Brasília, a vasta cidade modernista no centro do Brasil, personifica de modo mais patente que qualquer construção nos Estados Unidos a crença inabalável dos anos cinquenta de que a arquitetura moderna pudesse melhorar o mundo. Com os sonhos socialistas do modernismo há muito descartados, e a economia brasileira em recessão, a cidade parece um fantástico remanescente dos ideais utópicos, embora não tenha se tornado um lugar deserto como temiam os críticos da época. Hoje [1999] Brasília e seus subúrbios abrigam 1,8 milhão de pessoas, mais que o triplo da população prevista em seu projeto. Como foi construída para capital do país, os cargos públicos mantêm a população empregada, apesar de a cidade estar a centenas de quilômetros dos centros econômicos do litoral. (...) Não importa que esse racionalismo gálico contrariasse a pujante sensualidade brasileira. Descartaram-se as ruas estreitas das cidades antigas e adotaram-se bulevares que parecem autopistas, com blocos arquitetônicos quase idênticos, de espaçamento uniforme. Niemeyer divertiu-se com os principais edifícios governamentais, enquanto Lucio Costa garantiu que não houvesse a diversidade das cidades tradicionais. Sua Brasília era um enorme palco para a escultura abstrata de Niemeyer, e não um conjunto de ruas. Ideias como as desses dois arquitetos estão há muito desacreditadas. Por que, então, Brasília parece mais atraente que nunca? O apelo deve-se em parte à nostalgia. A visão utópica que deu origem à cidade é tão antiga, tão desconectada da vida contemporânea, que se torna encantadora. E as formas modernas de Brasília são surpreendentemente líricas.[173]

De Niemeyer, no final de 2000, ao definir seu pensamento sobre a arquitetura:

Dizer que não vejo a minha arquitetura como uma solução ideal, mas, modestamente, como a minha arquitetura. Aquela que prefiro, mais livre, coberta de curvas, a penetrar corajosamente nesse mundo de formas novas que o concreto armado oferece. Dizer que para mim cada arquiteto deve ter a sua arquitetura. Que a ideia de uma arquitetura ideal, obediente a princípios preestabelecidos, seria a disseminação da mediocridade, da monotonia e da repetição. E declarar que o mais importante, a meu ver, é a intuição. A intuição que vai descobrindo os segredos da vida, do ser humano tão desprotegido. E para preservar minha intuição evito ler textos sobre a minha arquitetura. É sozinho, a conversar comigo mesmo debruçado na prancheta, que há mais de sessenta anos a analiso e elaboro. Não que eu despreze a opinião dos que sobre ela tão bem se manifestam. Ao contrário. São muitos os que admiro e, por isso mesmo, prefiro não ouvi-los, apesar da leitura ser um hábito meu, diário e permanente. Como me agrada ler um bom romance, um livro sobre a vida, sobre os mistérios do Cosmos, desse universo cheio de estrelas de onde, dizem, viemos um dia![174]

Em meados de fevereiro de 2000, a edição norte-americana da revista *Time* publicou matéria sobre as tendências da arquitetura no século XXI. Ela antevê o declínio do estilo modernista que, ao longo das últimas décadas, caracterizou incontáveis prédios espalhados pelo mundo. Predomínio de linhas retas, muito concreto, aço, vidro e tudo o mais. Menciona Brasília como exemplo de má arquitetura. Lugar de construções incômodas, expostas ao sol inclemente e aos ventos. Niemeyer é classificado como criador de capital "modernista cafona". O novo estilo apontaria para construções como a Ópera de Sydney, Austrália, e o Museu Guggenheim de Bilbao, Espanha, este projetado por Frank Gehry, estrela da nova tendência. Eis como o próprio Gehry vê essas críticas a Brasília:

> Nunca estive lá, mas não acho que as coisas sejam tão dramáticas. Mais do que um projeto arquitetônico e urbanístico, Brasília é um experimento social. Talvez não combine com o espírito brasileiro. Mas é uma cidade diferente. Chamo-a de terra santa. Ela é um ícone intocável da arquitetura. Não há reparo a ser feito. Foi desenhada por Oscar Niemeyer, um dos meus heróis, assim como Le Corbusier.[175]

Como toda grande obra de arte, a arquitetura da cidade vai ser sempre discutida. Estilo, originalidade, beleza, funcionalidade, tudo. Afinal, ela é o marco urbano futurístico do ideal desenvolvimentista de Kubitschek. E também instrumento e símbolo superior da decisão política estratégica que redefiniu a direção e o sentido do desenvolvimento nacional. Quem nunca teve qualquer dúvida foi o fundador:

> O que pretendi com as trinta metas e mais a metassíntese — a construção de Brasília — foi dar um arranco no país, para que ele acordasse, pusesse em ação suas energias latentes, compreendesse, enfim, que era uma nação e, como tal, deveria disputar seu lugar no cenário internacional.[176]

Juscelino realmente pensava grande. Grande, alto e longe.

Nota importante. Ano 2000: é raro encontrar morador de Brasília que não ame a cidade ou que queira deixá-la espontaneamente. Inclusive as primeiras gerações de brasilienses. Encantos? Adaptação ao estilo de vida peculiar? Queda da qualidade de vida em outras cidades? Mais sossego e menos insegurança? Visgo?

Custos *versus* benefícios

A avaliação dos custos e benefícios de construir Brasília e transferir a capital não cabe dentro de modelos contábeis ou econométricos. Não apenas porque faltam dados essenciais. Mas porque se trata de decisão complexa, estratégica, inflexão nos rumos do desenvolvimento nacional. De sua direção e sentido. Não há como saber o que seria o Brasil hoje se a capital tivesse permanecido no Rio de Janeiro. Nem como estaria o Rio. Isso é exercício de história contrafactual, história do que não aconteceu. Um contrassenso, viagem ao imaginário. Para o bem ou para o mal, Brasília tem de ser pensada como decisão de estadista, em que o sentido da história, o senso da atividade política e a intuição contam mais do que os princípios de economia política.

Mas quanto custou Brasília no governo JK? É um mistério. Ninguém sabe nem jamais vai saber com exatidão. Não há nem nunca houve informações exaustivas. A construção foi uma epopeia em pleno sertão. Uma competente aventura improvisada, então incompatível com esquemas rígidos de controle de gastos. Não havia como nem com quem fazê-lo. Causava inveja quem utilizava uma singela régua de cálculo, avanço quase privativo dos engenheiros. Computador? Nem em sonho, só veio muitos anos depois. Reinava a precariedade. Um clima de faroeste à brasileira. Não tinha outro jeito. Por exemplo: os pagamentos eram feitos em dinheiro vivo, porque não havia bancos. Brasília era um canteiro de obras onde a Novacap de Israel Pinheiro mandava. Mandava mesmo.

Quando José Roberto de Paiva Martins tinha 12 anos, seu pai, Cícero Milton Martins de Oliveira, trabalhava lá. Conheceu Israel Pinheiro, que então morava na Granja do Ipê, onde José Roberto, de vez em quando, ia passear e nadar. Ele tem na memória cenas insólitas. Por exemplo:

Em março de 1960, nossa família morava na Metropolitana, perto da Cidade Livre, numa casa de quatro quartos. Nos fins de semana, era comum a gente ir lá pra Granja do Ipê. Um dia vi dinheiro que não acabava mais espalhado no piso do enorme salão da casa, que era envidraçado. Então perguntei: "Pra que isso?" "É porque está embolorando lá no cofre. Tem que tomar sol." Acho que foi a dona Coracy, mulher do doutor Israel, que me falou. Ou então o Seu Ribeiro, motorista deles. Tinha um cofre grande lá na Granja. Ele dava banho de sol no dinheiro. Entupia o salão de dinheiro, fechava e não deixava ninguém entrar. Nem a dona Coracy. Controlava tudo. Era muito bravo, todo mundo tinha medo dele. Outra coisa: meu pai viajava sozinho num jipe para fazer compras de peças para os tratores, caminhões, jipes etc. Saía com dinheiro vivo e ia até Goiânia, São Paulo, onde fosse necessário. Às vezes demorava vários dias. As estradas eram ruins. A ordem era só voltar com tudo resolvido. As máquinas não podiam ficar paradas. Ia sem segurança nem nada, sozinho. Não tinha esse negócio de licitação, não tinha nada disso. A Novacap pagava em dinheiro. Inclusive aos funcionários. Não usava cheques, porque não havia bancos. Tinha um cofrão na sede da Novacap, em frente à rua do Sossego, onde funcionava o escritório do doutor Israel. Hoje é a Candangolândia, ali perto do Núcleo Bandeirante. Era uma caixa-forte de concreto e ferro, muito reforçada, de uns quatro metros quadrados, cheia de prateleiras. Durante a construção, o dinheiro da Novacap ficava trancado nele. Muito dinheiro! Era o tesouro, literalmente. Parte da estrutura ainda existe. Deviam tombá-la. Há alguns anos tentaram desmanchar, mas desistiram. Usaram até dinamite, mas o cofrão resistiu. Então tiraram a porta e deixaram o resto. Um mendigo barbudo mudou pra lá. Improvisou uma porta com madeira e foi morar dentro do cofre, do antigo tesouro. Que coisa, não é? O pagamento das empreiteiras era feito em São Paulo, Rio, Belo Horizonte. Aí já era por banco.[177]

Não houve projeto econômico-financeiro. Nem mesmo estudos preliminares. A decisão foi claramente tomada no escuro. Instinto e vontade kubitschekianos. Sem projeto, sem estimativa de investimentos, sem avaliação mínima de custos e benefícios. Nenhum estudo de viabilidade. O governo não tinha tempo e era quase evidente que um estudo convencional dificilmente concluiria pela viabilidade. Não apenas financeira, mas também física. Parecia desafio muito superior à capacidade do país, exagerada, impossível em apenas quatro anos, como queria o presidente. Para execução em quinze, vinte ou até mais anos, quem sabe? Às pressas, em alta velocidade, causaria grave estrago na economia, especialmente nas finanças públicas e contas externas. A verdade é que Kubitschek decidiu construir Brasília no meio do nada e praticamente a partir do nada.

Em apenas 42 meses, do início das obras à inauguração em 21 de abril de 1960, eis a cidade em grande parte pronta para receber 500 mil habitantes na virada do século. Freneticamente, a galope, em velocidade máxima. O depois chamado "Ritmo de Brasília". De dia e de noite, todos os dias, exceto domingos e dias santos. Necessidade política, coragem, intuição. Talvez nessa ordem. Acrescente-se generosa pitada de espírito de aventura, do espírito bandeirante do velho Arraial do Tijuco, hoje Diamantina, nas Minas Gerais. E também de gosto por grandes desafios e decisões, já exibido na Prefeitura de Belo Horizonte e no governo de Minas.

Esse estilo de decisão, que reúne audácia, firmeza e voluntarismo, não é monopólio de Kubitschek. A criação de fatos consumados e a sobreposição dos benefícios intuídos a prioridades anteriores ou alternativas, custos e mesmo disponibilidade de recursos é banal na história pública brasileira. Mesmo quando se valorizou o planejamento como instrumento e método de governo, caso do próprio Kubitschek. O que o distingue é o arrojo e o entusiasmo, a determinação, o otimismo contagiante e a capacidade sem igual de democraticamente liderar e concretizar grandes iniciativas e até sonhos. Pensar grande o Brasil e fazer acontecer.

Um exemplo? No governo Médici (1969-74), perguntaram ao economista Roberto Campos por que era contra o projeto da rodovia Transamazônica, pérola do então chamado "milagre brasileiro". Resposta: "Não sou contra o projeto da Transamazônica. Sou contra a Transamazônica, porque não tem projeto." O economista Mário Henrique Simonsen, ministro da Fazenda do governo Geisel (1974-79) e do Planejamento no início do governo Figueiredo (1979), ironizava as fortes pressões políticas e empresariais por projetos de gordos investimentos e magra prioridade, dizendo que para o país era muito melhor pagar as comissões e engavetá-los.

A ênfase inicial da construção de Brasília concentrou-se no plano urbanístico e nos projetos arquitetônicos e de engenharia. O econômico foi a reboque, do jeito que dava. Os controles e os custos também. Naquelas circunstâncias e com aquele cronograma de execução, talvez não houvesse mesmo outro caminho. Brasília era um formigueiro de gente e de obras, milhares de projetos, pencas de construtoras privadas de todos os tamanhos. Licitações, editais, prazos, contratos, fiscalização etc.? Fazia-se o possível. Não é demais lembrar que quem edificou Brasília — concretamente, fisicamente — foram sobretudo as empresas privadas e seus exércitos de candangos. Objetivo principal: obter lucro, distanciar o quanto possível os custos dos preços. A consolidação veio depois, principalmente na primeira metade do regime militar, de 1964 até o início de 1974.

Para ilustres economistas brasileiros, Brasília desarrumou estruturalmente as finanças públicas, entronizou crônico e corrosivo processo inflacionário, dificultou a governabilidade. E é antecedente importante dos desequilíbrios que ainda hoje, mais de quarenta anos depois da inauguração, assombram o setor público e a economia do país. Será?

Como visto, a nova capital não estava inicialmente prevista no Programa de Metas, coordenado por Lucas Lopes, que pretendia avançar cinquenta anos em cinco. Foi à última hora, depois de tudo pronto, as trinta metas já devidamente estruturadas conforme as diretrizes presidenciais, que Brasília entrou como meta especial, metassíntese. Por quê? Conforme Kubitschek, sua criação exigia o "entrosamento" das outras metas com a nova realidade decorrente do deslocamento do eixo político e administrativo do Rio de Janeiro para o coração de Goiás. Integração, convergência, síntese. Enorme surpresa para os planejadores. Principalmente do ponto de vista de fontes de recursos, totalmente comprometidas, indisponíveis. Roberto Campos conta que o projeto de governo tinha três vertentes: austeridade orçamentária, de que Juscelino não gostou; liberação do câmbio, que preferiu adiar e, finalmente, o Programa de Metas, que ele adorou e em que incluiu um coelho tirado da própria cartola: Brasília. Campos, um dos formuladores do Programa, é doce com Juscelino, mas severo com o presidente:

> JK era uma pilha de simpatia, mas o desenvolvimentismo dele acabou em bancarrota e o Brasil estava cambialmente insolvente quando Jânio tomou posse.[178]

Juscelino era simpatia, mas sobretudo um político de muitos ideais e ideias e raro homem de ação. Grande sonhador, mas também prático e pragmático. Determinado e carismático, sabia governar com a liberdade, liderar, construir, perdoar. Dono de humaníssima vaidade, mas cultor da humildade e da simplicidade. Avesso à soberba. Um dínamo de entusiasmo, de capacidade de comunicação com o povo, de otimismo, poder de persuasão, senso de autoridade. Ficha imaculada de democrata e fé quase anedótica no país. Tolerância viva. Coragem e audácia que tangenciavam a inconsequência: "Poupou-me Deus o sentimento do medo." Tudo em alta concentração. Novidadeiro, extrovertido, sociável e jovial. Márcia Kubitschek adorava velha frase do senador Jarbas Gonçalves Passarinho, governador do Pará e ministro durante o regime militar, adversário político do pai: "Juscelino Kubitschek foi o último presidente feliz deste Brasil."

JK era inquieto, às vezes apressado, algumas vezes até impaciente. Disposição quase inesgotável para a ação, parecia impermeável ao desânimo e à preguiça. Governava avidamente, trabalhava avidamente, vivia avidamente. Romântico e sentimental, era aberto às coisas do espírito e não menos aos encantos femininos. Acima, lá bem no alto, tinha estrela política de primeira grandeza, maravilha que brilhou intensamente até 1964.

Em 1996, o economista e jornalista Ib Teixeira, da Fundação Getulio Vargas, que acompanhou a construção de Brasília, publicou ensaio sobre seu custo.[179] Quanto custou nos Anos JK e quanto continua custando aos cofres públicos. Ele apresenta conclusões duras. Considera o que chama "Custo-Brasília" de grande relevância para o país. Conclui que a construção da cidade quebrou a Previdência, desviando recursos da seguridade social para a execução das obras. Pior: desestabilizou o Brasil. Comprometimento das contas internas e externas, brutal inflação reprimida. Mais: não a considera irreversível. Para ele, a história da cidade está marcada pelo gasto suntuário e pela dissipação de recursos públicos. As dobradinhas (duplicação dos vencimentos dos funcionários), os apartamentos funcionais, desperdício indireto com transportes, perda de tempo, viagens para lá e para cá e "outras mordomias visíveis e invisíveis" prejudicaram profundamente os serviços públicos federais em todo o país, por caracterizar privilegiamento e, portanto, desmotivar os não contemplados. Da mesma forma, aponta descontrole do gasto público na nova cidade.

Teixeira sustenta também que a hierarquia foi esmagada pelas novas práticas. E ainda que, depois da aprovação da Lei 2.874/56, criando a Novacap, constituída com capital de 500 mil ações, completamente integralizado pela União, no valor total de Cr$ 421.321.185,60, surgiram as primeiras revelações inquietantes: materiais de construção, máquinas e equipamentos estavam sendo transportados para Brasília em aviões civis e militares, dia e noite, numa autêntica ponte aérea. Teixeira repete aqui velha denúncia do engenheiro e economista carioca Eugênio Gudin, crítico impiedoso de Brasília. Juscelino considerava a acusação inverídica e maliciosa:

> O material chegou a Brasília através dos azares das estradas esbura-cadas. Faziam-se verdadeiros comboios de caminhões para longas e perigosas travessias de Belo Horizonte e de Anápolis até o local da futura capital. Eram desbravadores que vadeavam rios e conquistaram o Planalto antes que a primeira estrada fosse aberta.[180]

Velha polêmica. Eis, por exemplo, trecho de depoimento do general Ernesto Geisel, quarto presidente do ciclo militar, publicado no final de 1997:

> A construção de Brasília, em curto espaço de tempo, sem uma prévia preparação, inclusive de suprimento dos materiais necessários para inaugurar em um determinado dia, elevou o seu custo extraordinariamente. Tijolos foram transportados em avião.[181]

No final do governo, a inflação prejudica muito a imagem de Kubitschek. É que ela penaliza muito e mais rapidamente os assalariados, principalmente os de menor nível de renda. Entra no cotidiano de milhões de pessoas, que perdem renda real, poder de compra. Ela é cada vez mais discutida e percebida como algo ruim, pernicioso. Opositores estimulam essa visão, claro. A questão ganha tanta força que entra até na música popular. Em 1959, por exemplo, o palhaço Carequinha, ídolo da garotada, faz sucesso com *Dá um jeito nele, Nonô*, batucada de Miguel Gustavo:

Dá um jeito nele, Nonô.
Meu dinheiro não tem mais valô.
Meu cruzeiro não vale nada.
Já não dá nem pra cocada.
Já não compra nem banana.
Já não bebe mais café.
Já não pode andar de bonde
nem chupar um picolé.
Afinal esse cruzeiro
é dinheiro ou não é?

Qual o montante das despesas da fase inicial? Ib Teixeira menciona conclusão de relatório de contadores encarregados de levantamento contábil na Novacap em 1961: a resposta é impossível, pois a entidade não possuía nem livro diário. Transcreve:

Do ponto de vista legal, portanto, a escrita da Novacap, por não ter o livro diário, não pode ser considerada correta e sua validade probatória, do ponto de vista jurídico, é nula, não merece fé.[182]

Olhando do futuro (1996), ele desenvolveu cálculo macroeconômico singelo do custo de Brasília. Partiu de estimativa de Eugênio Gudin, para quem, consideradas despesas orçamentárias e não orçamentárias, "os primeiros passos de Brasília como capital estariam custando, em meados dos anos 60, em termos monetários, uns US$ 5 bilhões". Esse valor, corrigido apenas pelos índices inflacionários dos Estados Unidos, atingiria US$ 35 bilhões de 1996. Se incluídos juros reais de 3% ao ano, ultrapassaria US$ 70 bilhões de 1996. Atualizando tal valor para o início de 2010, pelos mesmos critérios, chega-se a uma ideia da grandeza dos gastos públicos com Brasília na Era JK: cerca de US$ 130 bilhões atuais.

Não se trata, claro, de resultado preciso, lastreado em levantamentos rigorosos. Ao contrário. E está sujeito a graves reservas e ponderações. Primeira: parte dos gastos correntes da União aconteceriam com ou sem Brasília; segunda: os investimentos na construção da cidade não produziram apenas efeitos perversos, como aumento do déficit público, inflação, pressão adicional nas contas externas. Contribuíram também para aumentar a renda interna, o nível de emprego etc.; terceira: o próprio Teixeira cita depoimento do embaixador dos Estados Unidos no Brasil — Lincoln Gordon — ao Congresso de seu país, em 1960: "Segundo ele [Gordon], a nova capital brasileira teria custado US$ 3 bilhões em moeda da época." Este número é bem diferente do considerado pelo professor Gudin para meados dos anos 60: US$ 5 bilhões. De qualquer modo: Brasília custou muito ao Brasil. Montanhas de dólares e cruzeiros.

Ainda hoje é uma cidade cara. Para a União e para seu povo. Pela distância dos principais centros econômicos nacionais, pela reduzida competição local e escassez de alternativas oferecidas aos consumidores. A construção engoliu recursos maciços — eventualmente aplicáveis em outros usos, como educação, saúde, desenvolvimento agrícola, transporte rodoviário, ferroviário e marítimo etc. —, desbalanceou o setor público, exigiu muito sacrifício e até vidas. Mas trouxe incalculáveis benefícios ao país. Também sua consolidação demandou investimentos vultosos, realizados principalmente durante o regime militar. Por tudo isso e pelo que ela é, impõe-se preservá-la, protegê-la, encaminhá-la para realizar suas verdadeiras vocações, construir sua autonomia. Respeitar o trabalho e os ideais do fundador, dos artistas e dos construtores. Desde Kubitschek, Israel Pinheiro, Lucio Costa, Niemeyer, Sayão, Burle Marx e tantos outros ao mais humilde candango. Caso contrário, o sonho deles pode virar pesadelo.

Financiamento e controle

De onde saiu o dinheiro que pagou a construção da cidade? Ninguém sabe exatamente. Mas sabe-se agora como tudo começou. Israel Pinheiro Filho conta:

Papai ligou para o Alkmim [ministro da Fazenda de Kubitschek]: "Alkmim, preciso de dinheiro para começar a cidade, senão não vai dar tempo." "Mas não tem nem orçamento, Israel." "Não interessa. Vou mandar uma promissória minha, você faça o favor de mandar descontar no Banco do Brasil." E foi assim, uma promissória pessoal do papai. Israel Pinheiro da Silva, não sei quantos contos etc. Isso foi em 1956. Alkmim ficou doidinho. Aí mandou a promissória para o Sebastião Paes de Almeida, que era presidente do Banco do Brasil. E funcionou. O papai tinha cobertura total do Juscelino, a confiança absoluta. Se não fosse assim, eles não teriam conseguido construir a capital. Era tudo muito bem articulado.[184]

A fiscalização e o controle dos fluxos de fundos e usos de recursos eram obviamente difíceis, insuficientes, limitados. E o projeto complexo, inédito, executado em circunstâncias adversas e local ermo, absolutamente carente de infraestrutura e serviços. De tudo. Daí a dificuldade de adequado acompanhamento burocrático, o que aumentava o risco de procedimentos fraudulentos, superfaturamento, corrupção, custos inflados. E o de impunidade. Brasília foi bela e corajosa aventura, mas também projeto de alto risco. Muito arrojo e pouco planejamento econômico-financeiro. Como visto, a decisão foi tomada sem estudos prévios, sem projeto. A execução foi apressada, quase caótica, mas eficaz. Uma engenhosa anarquia edificante. O objetivo foi atingido, a cidade brotou e floresceu. Em grande parte devido ao pulso firme e liderança de Israel Pinheiro e sua equipe. Nas circunstâncias, especialmente de prazo, não havia outro caminho. Entusiasmo, pioneirismo, talento, improvisação, muito trabalho, superação de obstáculos técnicos e exigências burocráticas. Mesmo que o sistema público de controle e fiscalização de contas pudesse ter priorizado o acompanhamento e a avaliação da construção, os custos e outros resultados talvez não fossem substancialmente diferentes. Faltava estrutura, faltavam condições de trabalho. E sobravam problemas e sacrifícios. A empreitada era colossal, desconhecida e complexa. Para o fundador, que, como e em que prazo fazer era muito mais importante do que privilegiar a avaliação de custos e a definição de fontes de recursos. Como pagar? "Com verbas tiradas da minha cabeça", repetia Kubitschek. Brasília foi um tudo ou nada para Juscelino, onde só podia dar tudo. Roberto Campos:

> No Programa de Metas, em que colaborei com o Lucas Lopes, não havia previsão para Brasília. Juscelino a construiu, então, principalmente com recursos dos institutos de previdência, que tinham naquela ocasião bastante caixa. O número de contribuintes era muito elevado em relação ao número de beneficiários. E também a população era mais jovem. Portanto, era a fase áurea do sistema de repartição, com muitos contribuintes e poucos beneficiários. Os recursos eram substanciais. Ele mobilizou esses recursos. Também obteve empréstimos estrangeiros, inclusive um empréstimo do Eximbank, que foi viabilizado pessoalmente pelo presidente Eisenhower, como contribuição ao projeto. Ele queria fazer uma viagem ao Brasil e então se sensibilizou com a ideia de contribuir para a criação da nova capital. Na época foi importante, hoje seria pequeno: US$ 10 milhões. Outra fonte foram os créditos de fornecedores, que forneciam os equipamentos, particularmente os importados. E muita emissão de moeda![185]

De Kubitschek aos jornalistas, em 9 de novembro de 1958: "A iniciativa privada construirá Brasília. O gasto previsto será coberto largamente pela venda de 80 mil lotes, representando um capital de 24 bilhões."[186]

Israel Pinheiro Filho, assistente técnico da Presidência da Novacap durante a construção, relembra como o embaixador dos Estados Unidos, Mr. Briggs, foi cooptado para apoiar operação com o Eximbank:

> É genial! Tinha um campo ali perto do Catetinho. Ele desceu lá num Douglas DC-3. Tinha mandado avisar que queria dormir no Catetinho. Papai me chamou: "Vamos lá, você fala inglês. O

embaixador veio examinar Brasília." Eu tinha morado três anos nos Estados Unidos. Isso foi logo no começo de tudo. Entrei no Douglas dele e vi que tinha umas espingardas, cartucheiras e mais material de caçada. Americano adorava caçar. Falei para papai: "Esse homem quer é caçar." Papai: "Não vamos caçar nada, não. Vamos mostrar a área." Entramos num jipe e saímos. O americano: "Tem muitas perdizes aqui?" Falei discretamente: "Papai, o homem quer é caçar." Papai não deu a menor bola. Mas na terceira vez que o gringo perguntou, papai se convenceu. Por isso é que ele tinha pedido para dormir no Catetinho. Isso não teria sentido, se ele não estivesse sonhando com a caçada. Aí fomos dar um jeito de arranjar perdizes para ele caçar. Foi um rolo que você nem imagina! Esses 10 milhões é que permitiram comprar aqueles equipamentos essenciais na época: estruturas de aço dos ministérios, máquinas, bombas, tratores, mil coisas.[187]

Os institutos de previdência realmente tiveram papel importante na construção da cidade. Cada um deles arcou com a responsabilidade de comprar quadras ou quadra de projeções e construir os respectivos prédios de apartamentos. Uns pelo IAPI, outros pelo IAPC, pelo IAPETEC, pelo IPASE e assim por diante. O professor Sebastião Baptista Affonso, carioca, jurista, antigo funcionário do TCU — foi chefe de Inspetoria de Controle Externo e procurador-geral —, que mora em Brasília desde janeiro de 1961, explica:

Mais adiante, no final do governo Castello Branco [1964-67], foi autorizada a venda dos apartamentos aos legítimos ocupantes. Pelo valor de custo, sem correção monetária e a juros especiais de meio por cento. Evidentemente, então, o capital aplicado pelos institutos nesses imóveis não foi recuperado. A Caixa Econômica foi que vendeu. Claro que tudo isso prejudicou muito o sistema previdenciário. Contribuiu para desequilibrá-lo. Comprometeu o fluxo e a capitalização dos recursos. Há alguns anos, a Caixa Econômica resolveu encorajar aqueles mutuários a quitar o saldo devedor. A receita que obtinha com as prestações restantes era menor do que o que gastava para recebê-las. Eram prestações mensais de valor irrisório. Correspondente a doze, quinze reais de hoje, imagine.[188]

A construção da cidade não cessou com a inauguração, claro. Nem a precariedade dos controles, que o doutor Baptista Affonso considera fator importante de elevação dos custos das obras. Ele cita exemplos:

Todo mundo contava como rotina: um caminhão de areia entrava no canteiro de obras, passava pela balança, recebia o canhoto da carga, saía pelos fundos sem descarregar, dava a volta e entrava novamente. Era contado duas, três ou mais vezes. Caminhão de brita, também; caminhão de cimento, a mesma coisa. Eu mesmo assisti a isso. Havia coisas assim. Eu morava numa quadra que ainda era canteiro de obras. Na SQS 304, por exemplo, houve até um episódio pitoresco. A quadra, conforme os demonstrativos de custo, continha onze blocos. Mas, de fato, só havia dez. O pessoal se divertia: "Ihh, roubaram um bloco inteirinho daqui, sumiu." A construção dessa quadra começou no final do governo Kubitschek, continuou no do Jânio e no do Jango e chegou ao governo Castello Branco. Ela só foi concluída por volta de 1967.[189]

Ele pensa que, apesar de algumas distorções, o Brasil ganhou com a construção da nova capital:

Em que pese os aspectos inflacionários, os custos elevados e tudo o mais, acho que valeu a pena. Foi muito bom para o país. Como estaria o Rio hoje com o peso da capital? Acho que seria insuportável. Além disso, a construção de Brasília valorizou muito o interior. A construção da cidade e das estradas — de tudo — criou melhores condições de progresso em Goiás e outros estados. Como nas pequenas cidades cortadas pelas novas estradas.[190]

José Roberto de Paiva Martins também relembra malandragens e desvios da época:

> Ou não tinha controle ou ele era muito precário. Ainda não havia esse negócio de orçamento, empenho, licitação etc. O próprio Tribunal de Contas da União só veio para Brasília no final da década de 1960. Pagava-se em dinheiro vivo. Era muita gente. Faziam a lista com os nomes e os valores. Às vezes os funcionários passavam a noite envelopando dinheiro. No dia seguinte, punham a peonada em fila e pagavam. Muitos nem sabiam assinar o nome. Deixavam a impressão digital no recibo. Houve muita malandragem, furtos. Tinha gente que punha candango de outras obras na lista e na fila, pagava e depois pegava o dinheiro de volta. Faltavam documentos: tinha até um identificador visual, que conhecia todo mundo. Ele confirmava: "Este é fulano." Aí pagavam. No caso de homônimos, acrescentavam o apelido. Depois o malandro pegava o dinheiro de volta e dava uns trocados pro identificador visual e pro outro cúmplice, claro. A precariedade do controle não acabou depois da inauguração. Ainda durou muito tempo. Outras mutretas? Às vezes o mesmo caminhão de areia, brita ou cascalho passava pela balança da obra, recebia o canhoto da carga, saía pelos fundos — carregado — e voltava à balança duas ou mais vezes com a mesma carga. Lembro-me também de um caminhoneiro barbudo, brigão, muito forte e muito bravo, que ganhava por quilômetro rodado. Morava na Vila Operária. Para "fabricar" quilometragem, punha o caminhão sobre uns cavaletes que improvisou e deixava ligado e engrenado a noite inteira, as rodas girando no ar. Morreu esfaqueado em meados de 1960. Quando desmascarados, os mutreteiros eram mandados embora imediatamente. E ficavam marcados. A censura moral era muito grande. Olhando para trás, não consigo entender como a corrupção pôde chegar ao estágio de descaramento em que hoje em dia se encontra.[191]

Celso Furtado critica o que chama de ausência de debate profundo em torno do projeto de Brasília. De seus custos e benefícios, particularmente do financiamento e suas repercussões, inclusive sobre o equilíbrio das finanças públicas e do setor público como um todo:

> É verdade que o Brasil precisava de uma política de interiorização. Não há dúvida nenhuma. Mas não fazendo daquela forma. Eu, que fui do governo nessa época, acompanhei Juscelino, admirava Juscelino e ajudei-o em tudo que foi possível, nunca pude saber como foi financiada a construção de Brasília. Faz-se um projeto imenso, que absorve grande parte da capitalização do país durante vários anos seguidos, e não se explica a ninguém como foi financiado. Nunca se debateu! Foi financiado, evidentemente, retirando dinheiro de muitas coisas importantes, setores importantes que foram ficando meio alijados. Particularmente da Previdência Social. E também com muita emissão.[192]

Aldo Zaban, apesar de exigente chefe de Inspetoria de Controle Externo do TCU até 1991, reconhece que a Brasília dos primeiros anos foi feita do único modo que então era possível: "na improvisação, na marra, do jeito que dava". Não havia outro modo de construir a cidade naquele tempo e naquele prazo. Uma epopeia. Entusiasmado, Zaban pensa que a importância de Brasília transcende amplamente o que muita gente pensa. Significa a redescoberta do país, a descoberta do povo brasileiro, o nascimento do olhar brasileiro do Brasil. Explica:

> Não existia a Belém-Brasília, não existia nada aqui. O Juscelino começou a construir a Brasília-Goiânia e a Brasília-Belo Horizonte depois de iniciar a capital. Isto aqui era um fim de mundo. Então só tinha um jeito. No tapa, na marra, no improviso. Veja bem: naquele tempo, funcionário nenhum queria vir para Brasília. No Rio, por exemplo, acho que até a dona Sarah era contra. Quem tinha qualquer chance de pistolão usava, se agarrava, apelava para não vir para Brasília. A obstinação de Juscelino foi admirável. Eu analisei e me entusiasmei. Nós passamos mais de quatrocentos anos como ostras incrustadas nas pedras do litoral. Olhando o

mar e deslumbrados com as luzes que vinham da Europa. Não enxergávamos o próprio umbigo. A partir de Brasília, começamos a enxergar o mundo de outra maneira. A acreditar nas nossas potencialidades. Tomamos consciência de nossa grandeza, de nosso povo. Se Brasília tivesse nascido um século antes, seríamos outro país. Teríamos outra economia e outro papel no mundo.[193]

Nesse começo, a transferência de funcionários públicos para Brasília é considerada castigo, punição. A maioria deles reage mal, alguns com horror. Principalmente os cariocas, exatamente os mais atingidos, pois é de sua cidade que saem os três poderes da República. Muita gente, muitos órgãos públicos. Além de exigir grande esforço de adaptação — o estilo de vida é completamente diferente —, a cidade ainda oferece qualidade de vida insatisfatória, ao contrário do Rio. É vista como lugar longe de tudo, terra da solidão, da falta de opções de lazer, campeã nacional de desquites e suicídios. Proporcionalmente, claro. Dos poucos que se entusiasmam, diz-se que vão viver sequência de quatro "dês": deslumbramento, desilusão, desânimo e desespero. Muitos a veem como grande escritório, cidade do dever me chama, hotel oficial. Entre os candangos, a visão é oposta. Não querem sair, gostam da cidade. Preferem instalar-se na periferia, ainda que precariamente. A maioria veio da pobreza, principalmente do sertão nordestino.

Brasília e o *instinto kubitschekiano*

Juscelino confiava mesmo era no seu instinto. Muito mais que no conhecimento técnico dos economistas, por exemplo. Considerava a sensibilidade política indispensável à compreensão dos problemas do povo e do país, governar bem. E sabia que era escassa na tecnoburocracia. Se ele não pensasse assim, Brasília não teria sido feita. Por imposição da fragilidade financeira da União, da relação custo-benefício ou outro critério técnico. Assim, ela é resultado do *instinto kubitschekiano*, que ele definiu como segue:

Trata-se de um impulso interior — talvez resquício de mentalidade característica dos faiscadores — que sempre me levou a correr um risco calculado e, ao fazê-lo, ter a satisfação de ver o êxito coroar, no fim, a minha audácia. (...) O que sei é que se trata de uma espécie de instinto, que sempre me forçou a agir numa determinada direção e na hora adequada, assegurando-me, pela conjugação desses dois fatores — rumo e tempo —, pleno sucesso nas investidas que, a outros, pareceriam ilógicas e temerárias. (...) Não se restringe a uma simples manifestação de audácia. É audácia, sim, mas aliada a uma visão do futuro. Talvez fosse mais próprio considerá-la como um impulso — uma espécie de luz interior que, em todas as encruzilhadas, me aponta o caminho. (...) O embaixador Otávio Dias Carneiro, uma das mais poderosas inteligências que já conheci, cunhou uma expressão para definir essa peculiaridade: instinto kubitschekiano. Segundo ele, essa expressão, reduzida ao seu significado literal, seria uma força que me impeliria, independentemente da minha própria vontade, numa determinada direção e num determinado momento, mesmo quando mil vozes se fizessem ouvir, exprobrando a temeridade do passo a ser dado. O saudoso embaixador citava exemplos: a indústria automobilística, na qual ninguém acreditava e fora desaconselhada até pelos grandes industriais norte-americanos; a construção de Furnas, combatida ferozmente pela UDN mineira, sob a alegação de que um povoado seria sacrificado pelo acúmulo de água da represa e que a usina nunca seria concluída; a estrada Belém-Brasília, considerada uma loucura por muitos e, depois de concluída, denominada caminho das onças por vários; a Brasília-Acre, rasgada no tempo recorde de onze meses, quando já me encontrava no último ano do meu mandato presidencial; e por fim — para citar apenas algumas das centenas de obras executadas — a construção de Brasília, que levantou uma onda de protestos de todo o mundo político, sendo que a transferência do governo para a nova capital representou, na realidade, a mais dura batalha que tive de travar em toda a minha atividade de homem público.[194]

Houve realmente um eficaz *instinto kubitschekiano*? Sim. Porque, mesmo se presente apenas na imaginação de Juscelino, ele foi determinante em suas ações e opções. Permitiu-lhe tomar decisões importantes, algumas temerárias, sem vacilar. Ter certezas. Transmitir confiança, otimismo, entusiasmo. O *instinto kubitschekiano* funcionava simplesmente porque Kubitschek acreditava que existia, confiava nele. Era eficaz, porque seu dono tinha como conseguir os meios para viabilizar as decisões. Heterodoxos ou não, econômicos ou não. Pessoalmente, tinha lá suas razões. Ele conta que quando o seguiu sempre acertou. Mistérios. Em sua história de vida, brilha a vitoriosa escalada do menino — filho de guerreira viúva — de Diamantina que foi seminarista, telegrafista, médico, professor, soldado, parlamentar, prefeito, governador e presidente da República. Questão complicada, que coloca em xeque a própria racionalidade, a lógica. Capricho do acaso? Estrela? Um raro visionário do real? Talvez, apesar de surrada, valha a pena lembrar a boa e velha consciência da ignorância, de Sócrates: "Só sei que nada sei." Ou Shakespeare: "Há no céu e na terra, Horácio, bem mais coisas do que sonhou jamais vossa filosofia" [*Hamlet*, Ato I]. Será?

Apesar de talento político, JK era sobretudo e principalmente empreendedor arrojado e vibrante, empolgado construtor de sonhos e tocador de obras. Assim que se convencia de que determinado projeto era fundamental e urgente, primeiro tomava a decisão de fazê-lo. Depois tratava do resto, inclusive das fontes de recursos. Os testemunhos nesse sentido são convergentes, inclusive os de economistas e financistas que integraram a equipe de governo. Roberto Campos, um dos mais destacados, até hoje se espanta:

> Juscelino tinha alguns axiomas esquisitos. Um deles era que emitir dinheiro para pagamento de funcionários era inflacionário, mas emitir para fazer obras, não, porque obra gera desenvolvimento econômico e aumenta a receita de impostos. Portanto, autofinancia-se. O problema, que ele não entendia, mas eu sempre disse a ele, é que não se carimba o uso do dinheiro: "Este dinheiro só é válido para obras." O dinheiro novo se traduz em acréscimo da

demanda agregada. Se a economia não tem flexibilidade, há inflação. Mas ele morreu sem aceitar o que chamava de "monetarismo
excessivo".[195]

Juscelino chama de metassíntese — a construção de Brasília —
o que Roberto Campos chama de meta faraônica. Para ele, o presidente tinha decidido "percorrer o caminho do desenvolvimento
no lombo da inflação".[196]

Aceitar o monetarismo ortodoxo, com certeza não. Entender
que dinheiro não tem uso carimbado, com certeza sim. Para ele
tratava-se de coerência com a escolha feita e de não pôr em risco caudalosa "fonte de recursos": a expansão da base monetária.
Como político desenvolvimentista e pragmático, comprometido
antes com suas realizações e metas do que com a estabilidade da
moeda, não lhe convinha admiti-lo, passar recibo. Não lhe interessava politicamente. Experiente, inteligente e emérito formador de
equipes competentes, Juscelino certamente sabia que a inflação é
um grande mal, inclusive por funcionar como um imposto cruel,
que penaliza principalmente a população mais pobre. A questão é
que ela ainda não era explosiva e o presidente estava empenhado
em causa maior: fazer nascer outro país, mudar a direção e o sentido do desenvolvimento, avançar cinquenta anos em cinco. Então,
nas circunstâncias, para ele a inflação e outros efeitos negativos
eram males inevitáveis, temporários e menores, que o próprio desenvolvimento depois resolveria. Tancredo Neves, que foi titular da
Carteira de Redescontos do Banco do Brasil — o "banco central"
da época —, com a sutileza que o caracteriza, compara o comportamento do presidente Kubitschek com o do presidente Vargas, de
quem foi ministro da Justiça:

> Completamente diferentes na mentalidade, no temperamento e
> no estilo. O Getúlio era um anti-inflacionista. Coisa engraçada!
> O Getúlio tinha medo da inflação. Tinha uma consciência nítida
> do descalabro inflacionário. Já o Juscelino era um inflacionista
> convicto. Participava de uma emissão com volúpia [risos]. Preci-

sava de uma emissão para concluir uma barragem, para construir uma central elétrica ou uma grande estrada? Aquilo para ele era um banquete. Não obstante, ele deixou uma inflação de 25%, que não é nada comparada com essa de 200% [1984]. Mas com aquela inflação de 20%, ele realmente fez os cinquenta anos em cinco.[197]

O embaixador Walther Moreira Salles, igualmente integrante da equipe de Juscelino, pergunta pelo grau de autonomia financeira de Brasília na atualidade. Espanta-se com a informação de que quarenta anos depois da inauguração mais de metade dos recursos do governo do Distrito Federal ainda saem da União. Imaginava que fosse muito menos. Com a autoridade de amigo e de financista, confirma que a economia política não fascinava o presidente:

> Eu era amigo dele, gostava muito dele. Agora, o Juscelino não tinha muito interesse em problemas financeiros e econômicos. Mas não tinha mesmo! E eu acho que com Brasília não foi diferente.[198]

Sabedoria seca

A leitura das memórias de Kubitschek passa a impressão de que ele via os economistas como profissionais que podiam entender muito de dinheiro, mas pouco sabiam sobre a grandeza nacional, o sentimento, o sofrimento e a esperança do povo. Ou dos milagres transformadores do desenvolvimento, para ele uma panaceia. Via o país com olhos de político, de empreendedor, de construtor do futuro. De homem impetuoso e apressado, querendo cinquenta anos em cinco, muitos sonhos e proezas em pouco tempo. Mas não com olho grande. Seu negócio na vida não eram os negócios. Era a construção do Brasil. Fragmento de carta manuscrita ao amigo José Maria Alkmim, então vice-presidente da República, datada de Paris, 6 de outubro de 1964, em que menciona Roberto Campos, ministro do Planejamento do governo Castello Branco:

O Roberto é obstinado nos seus propósitos e, com o campo que lhe abriram agora, nada o deterá. Esta geração que está aí, apertando o cinto até a coluna vertebral, vai pagar caro a sabedoria seca de um economista que não sentiu ainda que toda medida dessa natureza gera um sofrimento que poderia ser evitado. Você se lembra que eu dizia [que] se o governo tem que ser exercido dentro das normas rígidas da economia, com desprezo da sensibilidade que só os políticos possuem, em vez de eleição para presidente, dever-se-ia fazer um concurso. O classificado em primeiro lugar ficaria com o comando.[199]

A inteligência de Afonso Arinos de Melo Franco pôs JK em sete sílabas: "O poeta da ação." Campos, na época, combateu sem descanso o que chamava "a sedução da inflação desenvolvimentista". Significativamente, não se cansava de expor a teoria, que ele próprio considerava meio cínica, sobre a história administrativa do país: haveria uma fatídica alternância entre "governos empreiteiros" e "governos contadores". Quando recebe o convite para assumir o Ministério Extraordinário do Planejamento, em 1964, diz ao presidente Castello Branco que não tem dúvida alguma: o dele seria um "governo contador". E foi mesmo. Controle, austeridade, reformas, ortodoxia econômica. Pé no freio, cirurgia econômica, cirurgia administrativa. Severidade e muita sabedoria seca. Tempos difíceis para o governo e o país.[200]

A primeira morte de JK

Porque era candidato praticamente imbatível à Presidência da República nas eleições previstas para 3 de outubro de 1965, Juscelino perdeu, em junho de 1964, o mandato de senador por Goiás — conquistado nas eleições extraordinárias de 4 de junho de 1961 — e os direitos políticos por dez anos. É sua primeira morte: castração política, perda do principal projeto de vida e da alegria. Perseguição política, difamação. Revolta, mágoa, frustração. Exílio, depressão e doenças físicas graves. Morrerá mais duas vezes antes de emigrar de vez deste mundo, em 22 de agosto de 1976.

Além de atingi-lo com suspeitas não comprovadas de corrupção, integrantes da linha dura o acusavam de entreguista e responsável pela deterioração do sistema de governo. Presidenciável, dono de inigualável prestígio político, campeão de votos, ele era ameaça e pedra no caminho dos militares favoráveis à permanência do regime. Principalmente dos pretendentes ao Palácio do Planalto. Militares e civis. Em 26 de maio de 1964, emissário do general Costa e Silva, ministro da Guerra, teria solicitado a Juscelino que retirasse a candidatura presidencial "para o bem do Brasil e para o seu próprio bem".[201]

Não aceitou. Era seu projeto e sonho, tinha a garantia da palavra do presidente Castello Branco, confiava nele e nela. Nesse mesmo dia, em viagem de São Paulo para Brasília, Castello Branco, constrangido de cassar um senador que havia poucos meses apoiara sua eleição, indaga de Costa e Silva se não haveria outra solução. Resposta: não. A única alternativa à cassação era a retirada da candidatura, descartada por Kubitschek. A pressão dos radicais, especialmente a dos lacerdistas extremados, é intolerável. Têm pressa: a vigência do artigo 10 do Ato Institucional nº 1, o comando que permite a arbitrariedade, cessa em 8 de junho de

1964. Aceleram as providências. A decisão amadurece. Castello cede, mas prefere atribuir o ato apenas a motivos políticos. No entanto, os radicais sabem que, se necessário, podem exumar e manipular velhas denúncias contra o ex-presidente, prejudicar-lhe a imagem, enlameá-la, distorcer sua luminosa liderança política. Teme-se a repercussão nacional e internacional. E o governo não quer fabricar um mártir. O regime não assume que é ditatorial. Pelo contrário. Seu discurso é o de que veio para salvar a democracia. As cassações eram discutidas e votadas pelo Conselho de Segurança Nacional. Os membros, inclusive os ministros civis, podiam propô-las, fundamentando-as. Todos tinham acesso prévio aos processos, que continham parecer elaborado pela Secretaria do Conselho. O presidente da República estudava pessoalmente cada caso, considerava os votos individuais e decidia. O testemunho do general Ernesto Geisel, ministro-chefe do Gabinete Militar de Castello Branco, é esclarecedor:

Quanto à cassação do Juscelino, sua origem foi a seguinte. Tínhamos ido a São Paulo para o encerramento da campanha do Assis Chateaubriand, "Dê ouro para o Brasil". De tarde, tomamos o avião para voltar. Castello já estava no avião, eu esperando, quando o Costa e Silva chegou esbaforido e foi dizendo: "Seu Castello, temos que cassar o Juscelino." Castello disse: "Se você acha que o Juscelino deve ser cassado, você propõe a cassação." A maneira como o Costa e Silva se comportou, falando em alta voz e tratando desse assunto naquele local, me chocou. Se ele achava que era fundamental cassar o Juscelino, deveria falar com o Castello numa hora mais apropriada. Castello ficou numa situação difícil. Na verdade, acho que ele não queria cassar o Juscelino. Mas o Costa e Silva fez a proposta, e o Castello mandou estudá-la, convocou especialistas da área do imposto de renda para examinar as declarações do Juscelino. Sabíamos que no governo do Juscelino tinha havido muita corrupção de auxiliares dele, mas não havia muita coisa contra ele. Como governador de Minas, loteou e vendeu lotes na área da Pampulha, e muitos desses lotes foram comprados por ele ou pela sua mulher. Recebeu de presente do Stroessner uma casa no Paraguai, vizinha a Foz do Iguaçu. O apartamento em Ipanema, em que morava, tinha sido dado a ele pelo Paes de Almeida, que era o homem do "vidro plano". Havia, assim, uma série de indícios, talvez não suficientes para uma cassação. Sua atuação em 61, aconselhando o Jango a vir tomar posse do governo, fazia dele um adversário da revolução. No fim o Castello resolveu cassá-lo. Nessa cassação o Juarez [Távora] não votou. Absteve-se sob o argumento de que tinha sido o candidato competidor do Juscelino na eleição para presidente da República. Roberto Campos também não votou, porque tinha sido auxiliar do Juscelino. E aí deu-se a cassação. Creio que foi a mais difícil para o governo e lhe custou parte do apoio do PSD. Mas foi devida, principalmente, à obsessão do Juscelino de voltar à Presidência da República, desde a época em que saiu do governo, em janeiro de 1961. Obsessão que o dominou até sua morte.[202]

Costa e Silva, ministro da Guerra, apresenta o pedido de cassação em 3 de junho de 1964. Entre outros documentos, ele anexa relatório do coronel Osvaldo Ferraro de Carvalho sobre lotes de terreno na Pampulha, Belo Horizonte, e denúncia do procurador Alcino Salazar. Ele alega interesse da revolução, responsabilidade de Juscelino na deterioração política do país e, particularmente, o dever que incumbe aos chefes do movimento revolucionário de prevenir futuras manobras políticas já suficientemente delineadas, no sentido de interromper o processo de restauração, na órbita do governo nacional, dos princípios morais e políticos. Mais:

Está em causa o destino da Revolução, e entre os seus atos exemplares, que já atingiram tantas figuras secundárias, não se justifica a injustiça de excluir da sua sanção política figuras de capital importância e de notória responsabilidade no processo de deterioração do nosso sistema de governo e dos altos padrões de moralidade observados durante decênios de regime monárquico e republicano.

Também em 3 de junho de 1964, convencido de que perderia o mandato e os direitos políticos, Juscelino vai à tribuna do Senado e desabafa:

É com esse terrível sentimento de pesar que espero a consumação das iniquidades para breve. Meu voto aqui já serviu para eleger o atual presidente da República, em cujo espírito democrático confiei. (...) Sei que nesta terra brasileira as tiranias não duram.

Infelizmente, a história é outra. No Brasil, as tiranias costumam durar muito. Algumas, muito além da conta. A cassação sai em decreto de 8 de junho de 1964. Forte repercussão negativa na opinião pública, perplexidade. Alegria nas hostes adversárias, especialmente nas lacerdistas. O mundo de Kubitschek muda rapidamente, desmorona. Saem a luz e o sucesso, entram a perseguição, a escuridão, o sofrimento, as doenças e o fel sem fim da injustiça. Ele ganha uma vida cinzenta, insossa, desbotada. Inflexão brutal e sem retorno. Pena de morte política. Sem julgamento, sem defesa. Não voltará a disputar nem a ocupar cargos públicos. Será desrespeitado e desconsiderado em inquéritos policiais-militares e até preso. Perdidamente apaixonado pelo Brasil, amargará mais de três anos de triste exílio. Perde o poder, mas não a coerência e a altivez.[203]

De novo o general Ernesto Geisel, agora ao abordar a prorrogação do mandato do presidente Castello Branco por um ano, aprovada pelo Congressso em julho de 1965:

Nós não íamos muito longe em nossos projetos. Achávamos que com o tempo se acertariam as coisas e, evidentemente, haveria eleição ao fim do mandato. Mas considerávamos ruim a solução de ter Juscelino como presidente. Juscelino era o homem do desenvolvimento, mas também da alta inflação e de muita corrupção na construção de Brasília. Continuo a crer que um dos grandes males do Brasil foi a transferência do governo para Brasília. Tínhamos restrições também aos outros candidatos. Lacerda era um excelente orador, um demolidor, mas não era o indicado. Parecia-nos que não era homem para governar o Brasil. Adhemar de Barros também queria ser candidato. Era o homem do slogan "Rouba mas faz", ou então: "O Brasil precisa de um bom motorista: é botar o pé na tábua e sair", "Fé em Deus e pé na tábua". O quadro político não era muito animador.[204]

Tancredo Neves contava que o presidente Costa e Silva (1967—69), em visita a Minas Gerais, hóspede do governador Israel Pinheiro, acordou muito cedo e foi tomar o café da manhã sozinho. Avisada, dona Coracy, mulher de Israel, correu para fazer-lhe companhia. Amiga e admiradora de Kubitschek, não se conteve: "Presidente, admiro o marechal Castello Branco, mas não lhe perdoo a cassação do Juscelino." Costa e Silva, direto e reto: "Pois a senhora pode tratar de perdoá-lo, pois quem cassou o Juscelino fui eu."

Brasília chorou

No seco mês de junho, exatamente no dia e hora em que o presidente Castello Branco assinou a cassação de Kubitschek, aconteceu raro fenômeno em Brasília. Isso está vivo na memória do economista carioca Nelson Teixeira, da equipe de colaboradores mais próximos do presidente Kubitschek. Ele tem duas lembranças fortes do dia da cassação. A primeira, de encontro ocasional num corredor do Palácio do Planalto, às três da tarde, com o então coronel Gustavo Moraes Rego, do Exército, muito ligado ao presidente Castello Branco, de quem ouviu aliviado: "Olhe, o teu presidente escapou." Duas horas depois, aconteceu exatamente o contrário. A outra é sobre coincidência quase inacreditável:

Às 5:05 da tarde do dia 8 de junho de 1964, estourou a bomba: tinha sido assinada a cassação do Juscelino. Exatamente aí começou a cair uma garoa em Brasília, uma chuva fininha em pleno junho. E o presidente Castello, contrariando um hábito que ele tinha, desceu a rampa do Palácio do Planalto sozinho, sem o Geisel, que era o chefe do Gabinete Militar e sempre vinha junto. No dia seguinte, deu no *Correio Braziliense*: Brasília chorou.

Para ele, Juscelino foi um idealista e um dos maiores brasileiros que a República teve:

Dava gosto ver a disposição daquele homem. A construção de Brasília, por exemplo. Pagava a pena ver! Ele estava sempre pronto pra tudo. Decidia rápido, com muita coragem. Não se poupava. Para viajar, tudo. Não lhe importava se o tempo estava bom ou ruim. Não media esforços nem sacrifícios.[205]

Exílio, amor e dor

O exílio realmente machucou a alma de Juscelino. E talvez seu corpo. Durou de 14 de junho de 1964 até o final de março de 1967, exatos 976 dias. Não queria viver fora. Muito menos involuntariamente. Doeu-lhe muito. Era obcecado pelo Brasil, tinha planos e sonhos na cabeça e no coração. Sobrava amor ao país, morria aos poucos de massacrante saudade. Morar na Europa não o deslumbrava. Faltava-lhe o complexo de colonizado, de vira-lata, de fundas e tristes raízes históricas, infelizmente tão comum entre brasileiros.

Paris, por exemplo, onde permaneceu grande parte dos três longos anos de exílio, que incluiu Lisboa e Nova York. A glamourosa Cidade Luz talvez fosse então para ele uma cidade luminosa, mas pouco ensolarada. De céu cinzento, ruas frias, gente fria, grande proporção de mal-humorados, pessoas que adoram parecer solitárias e enfastiadas da vida, sorrisos pragmáticos, formais, presos. Pessoas frequentemente agressivas, ásperas. Desamor e frieza em vez de borduna ou tacape. Civilização de Primeiro Mundo. Muito rica culturalmente, mas gelado museu a céu aberto. Muita beleza sem vida, muita arte e bom gosto. Aos cansados, desconsolados e realistas olhos dele, lugar entupido de solidão, tédio, isolamento. Terra dos outros. Familiar, mas estrangeira. Raras crianças nas ruas, muitos cães de companhia, surpreendentes perfumes e surpresas nas calçadas. Pouca ou pálida alegria, pouco sol, almas cinzentas.

Um mar de atrações e interesses já desinteressantes. Está enfarado, enjoado dali, transborda saudade verde-amarela, brasileiríssimo banzo. As mesmas pedras, ruas, praças e bancos, monumentos, aquele céu quase sempre de cara fechada, as paisagens desgastadas pela repetição, pedra sobre pedra, muitas pedras, corações e flores tristes, talvez feitos mais de morte que de vida. Museu de vivos e mortos. Mas sobretudo coisa dos outros. Nada mais brasileiro que o Nonô da dona Júlia. Ninguém mais apaixonado por seu país. Amor doido e incurável. Como pode o peixe vivo viver fora d'água fria? Não pode! Saudade da família, dos amigos e amigas. Da bela Maria Lúcia Pedroso, do Rio de Janeiro, amor outonal e derradeiro, a quem escreve insaciavelmente.

Parêntese: o presidente conheceu Maria Lúcia Pedroso em 1958, durante festa no Palácio das Laranjeiras. Uma linda carioca de olhos castanhos, mais de trinta anos mais nova que ele, magra, pequena, loiríssima, discreta, gestos suaves, fala mansa, casada com o médico e antigo deputado José Pedroso. Brota poderoso amor clandestino que vai resistir a tudo.[206] Foram dezoito anos de cumplicidade. Só a morte os separou. No diário de JK, Maria Lúcia Pedroso é personagem principal. Há 338 referências a ela, sob codinomes como Audiência, Constantino e Espanhol.[207]

Paris: cara e boa cidade para se caminhar, visitar muitas vezes, mergulhar na arte. Um privilégio, um luxo! Mas isso vale pouco, perde o sentido, sem o viço da vida e a liberdade de voltar ao Brasil. Porque o exílio o deprime, põe-lhe a morte na alma. Sofrimento, muito sofrimento. Na verdade, julgado e condenado sem defesa, Juscelino cumpriu em liberdade pena perpétua de sofrimento. Logo ele, que nasceu com invejável alegria e gula de viver. Um dó.

Diálogo-ladainha com o amigo Josué Montello em Paris: "Em que está pensando, presidente?" "Na volta ao Brasil." Ideia fixa, resposta previsível, repetida. Mas certo dia muda, vem patética: "Sei que estou em Paris, gosto daqui. Tudo isto é lindo, civilizado, mas não aguento ficar aqui. Morro de tédio. Ou Deus me leva ou eu vou ao encontro Dele, confiado na Sua misericórdia."[208]

E a carta de gratidão à lealdade do amigo Tancredo Neves:

> Meu caro Tancredo,
> Devia-lhe uma palavra de agradecimento desde o dia de meu embarque no Rio. Lembro-me bem que a sua foi a última mão que apertei antes de me dirigir ao avião. Naquele instante de brutalidade a sua presença confortou-me. Aliás, o que caracteriza bem a sua personalidade é a intrepidez com que enfrenta as suas e as adversidades dos amigos. Muito obrigado a você. Com o Carlos Murilo conversei muito sobre o que se passa, hoje, nesse infeliz Brasil. Creio, porém, que a democracia não é apenas aquela flor tenra a que se referia o Mangabeira. Ela terá força para se levantar, sobretudo porque sobraram homens como você que a poderão irrigar, mantendo-lhe o vigor para novas arrancadas. Um grande abraço a Risoleta e deixo o meu mais afetuoso agradecimento. Juscelino.

Do amigo fiel Affonso Heliodoro, que foi três vezes a Paris visitá-lo e que se hospedava na casa dele — Boulevard Lannes, 65, apartamento 59, em frente ao Bois de Boulogne —, quando dona Sarah não estava: "O presidente Juscelino dava suspiros tão sentidos, tão profundos, que parecia que os pulmões iam sair junto. Aquilo me cortava o coração. Uma injustiça brutal com o maior estadista do país e homem de bem. Um dia lhe disse que, para continuar assim, era melhor voltar ao Brasil, mesmo que fosse para sermos enforcados pelos radicais na Praça dos 3 Poderes."

Cheiro de JK

Brasília, final de 1999. O escritor Carlos Heitor Cony fala sobre a vida e a obra de JK para auditório superlotado. As raízes, os sonhos, os feitos, a trajetória do menino de Diamantina que sonhou um Brasil desenvolvido e depois comandou seu crescimento acelerado e inserção na modernidade. Grande interesse, tudo muito correto e calmo.

De repente, Cony para, se cala, abre largo sorriso, levanta-se e aponta feliz para a porta de entrada: "Agora senti o cheiro de Juscelino!" Todos se voltam e veem um garoto de 85 anos, muito serelepe, de terno e gravata, magrelo, nem alto nem baixo, que irradia alegria. Explode um trovão de palmas para o diamantinense Affonso Heliodoro, sombra, anjo da guarda, confidente, companheiro de unha e carne de JK. Meio encabulado, ele acena para o amigo Cony e se esconde mineiramente na primeira poltrona disponível.

Ainda Brasília, final de junho de 2005:

— Mestre Affonso, quem é JK?

— Um extraterrestre que veio do futuro. Ele acordou, mudou e alegrou o Brasil. Fez o brasileiro ter orgulho do país.

— Onde está agora?

— Voltou para o futuro. Ele é de lá, um contemporâneo do futuro. Trouxe o futuro para cá, modernizou o país. Só não acabou de dar jeito nele, porque os idiotas de plantão não deixaram. Cassaram-lhe os direitos políticos, exilaram, perseguiram, magoaram.

Considerado irmão espiritual de JK, Heliodoro foi seu auxiliar direto desde o governo de Minas. O primeiro a despachar, sempre antes das sete da manhã, e o último a sair, tarde da noite. "Depois de prefeito e deputado, Juscelino elegeu-se governador de Minas. Fui nomeado chefe da Casa Militar. E aí começa de fato nossa história: nunca mais me desliguei dele. Minha mulher se dizia viúva de marido vivo, porque a família quase não me via. Nesse período, convivi mais com a Márcia e a Maria Estela do que com meus próprios filhos."

Assim trabalhou com Juscelino e para ele até o fim. E ainda trabalha, agora como guardião da memória, testemunha da vida e feitos, biógrafo. Esbelto, dinâmico, ímã de simpatia, memória impressionante, continua exageradamente ativo, mandando bala. Acompanha a vida nacional, mete o pau nas trapalhadas de todos os governos, pesquisa, escreve, viaja, faz conferências juscelínicas de comovente nacionalismo e fé no Brasil, dá entrevistas, mete-se em debates, distribui pitos e encara qualquer um por JK e pelo país. Foi secretário geral do Memorial JK, em Brasília, sonho que ajudou a acontecer.

Brasília, 31 de janeiro de 2010:

— Qual o segredo de tanta vitalidade e alegria aos 93 anos, mestre Heliodoro?

— Durmo pouco, como pouco, trabalho muito, evito má companhia.

Deve ser por tudo isso que o amigo do peito Tancredo Neves, poucos dias depois de eleito presidente da República, em 15 de janeiro de 1985, aos 74 anos, ligou para a casa dele, em Brasília:

— Alôôô! Affonso, como estão suas pernas?

— Graças a Deus, muito bem, presidente.

— Ótimo! O Brasil e eu vamos precisar de você.

— Estou pronto para o que der e vier, presidente. E muito orgulhoso e agradecido.

Tancredo adoeceu, não tomou posse, partiu em 21 de abril de 1985. O guerreiro Affonso Heliodoro nunca soube qual trincheira ocuparia.

Fortuna?

Em que deram as investigações do governo militar? Afinal, Juscelino perdeu o mandato de senador, perdeu os direitos políticos, foi preso, exilado, proibido de vir ao país, teve a vida devassada, a carreira política abortada, a vida pessoal estragada. Era mesmo riquíssimo? Um miliardário dissimulado?

Do jornalista e escritor Carlos Heitor Cony, da Academia Brasileira de Letras, estudioso e conhecedor da vida e obra de Kubitschek:

Ao sair da prisão, em janeiro de 1969, tivera de ir buscar seu médico, nos Estados Unidos, a fim de manter sob controle a condição de diabético. E uma sucessão de problemas com a saúde esgotaria suas reservas físicas e financeiras: um tumor na próstata obrigou-o a nova internação, precisou pedir dinheiro emprestado a um banco a fim de poder viajar e custear o tratamento. Pouco antes de embarcar, com o título aprovado pela diretoria da casa de crédito, recebeu o recado de que o empréstimo fora cancelado. Os amigos, então, se cotizaram e arranjaram o dinheiro para cobrir a emergência. Mais tarde, um grave problema com a coluna e nova internação, dolorosa e demorada. (...) A "sétima fortuna do mundo" precisava trabalhar. Não por desfastio ou charme, mas para sobreviver e manter o padrão de vida a que se habituara desde 1940, quando fora nomeado prefeito da capital mineira e, ainda médico, dispondo de razoável clientela, conseguira comprar uma casa, confortável casa por sinal, em estilo moderno, a primeira com piscina em Belo Horizonte. No exílio, ganhara o suficiente para se manter lá fora, inicialmente com as conferências que pronunciava em universidades e centros de estudo da América ou da Europa. Mais tarde, com participações em firmas que construíam casas e hotéis. Agora, estabelecido de novo em sua terra, não podia viver de sua poupança, comendo seu patrimônio relativamente modesto. Em associação com os genros Baldomero Barbará Neto e Rodrigo Lopes, partiu para a fundação de uma financeira, a Denasa, estabelecida num pequeno escritório na avenida Nossa Senhora de Copacabana.[209]

Matéria da revista norte-americana *Time*, do início de 1961, atribuiu a JK a sétima fortuna do mundo. Comissão Geral de Inquérito também o acusava de ter acumulado tal fortuna. O regime militar vasculhou a vida dele. Mistura de política repressiva com caça ao tesouro. Deu em nada, mas machucou-lhe a alma e talvez a saúde.

Com a separação de Márcia e Barbará, em 1975, Kubitschek deixa a presidência da Denasa. Daí em diante, passa a dar atenção crescente à custosa formação da fazenda JK, em Luziânia, Goiás. No Rio, ocupa escritório no edifício Manchete, a convite do amigo Adolpho Bloch. Amizade sólida até a morte, sem arranhões nem senões, consolidada depois da passagem de JK pelo poder.

Em 23 de outubro de 1975, conhece a única derrota eleitoral. Em resultado considerado surpreendente, perde cadeira na Academia Brasileira de Letras para o escritor goiano Bernardo Ellis. No terceiro escrutínio, por vinte a dezoito votos.

O escritor Josué Montello, também da Academia Brasileira de Letras, visitou-o no exílio:

Em Paris, durante o tempo em que lá estive a lhe fazer companhia, Kubitschek não tinha motorista. Ele mesmo dirigia o seu velho carro. Vinha buscar-me na rua Chambiges, no meu hotel, para levar-me ao seu escritório, na rua Paul Doumer.[210]

Saïd Farhat, ministro-chefe da Secretaria de Comunicação Social da Presidência da República no governo Figueiredo (1979-85), reporta esclarecedora conversa com o presidente no dia em que este autorizou a marcação de audiência solicitada por dona Sarah Kubitschek para tratar da construção do Memorial JK:

O presidente concordou em conceder a audiência e indicou a sua disposição de atender os três pedidos. Ao sair de seu gabinete, o presidente me acompanha até à porta, como era seu hábito, e fala-me elogiosamente da operosidade de Juscelino e da sua clarividência em matéria de desenvolvimento social. Figueiredo menciona ainda a relativa pobreza de JK. Perguntei-lhe como sabia. Figueiredo respondeu-me que ele próprio fizera o inquérito sobre a vida passada de Juscelino e nada de sério encontrara a desabonar a honradez do ex-presidente da República. Não me contive e indaguei: por que então foi cassado? Respondeu-me Figueiredo com sua franqueza habitual: "Porque Costa e Silva queria." A cassação de Juscelino visava a impedir que ele viesse a concorrer à Presidência ou se mantivesse ativo politicamente, servindo como elemento polarizador dos que desejavam o poder restituído à sociedade civil![211]

Parêntese. A audiência saiu logo. César Prates falou com o cantor e compositor popular Sílvio Caldas, seu amigo e também do presidente Figueiredo. Feita a ponte, o presidente imediatamente abraçou a causa. Quando dona Sarah chegou com as filhas Márcia e Maria Estela e informou que queria comprar um terreno, ele desenrolou um mapa do Plano Piloto e indicou cinco localizações possíveis. Pediu a elas que escolhessem uma. Surpresa, dona Sarah hesitou: "Qual a que o senhor escolheria, presidente?" Ele apontou para onde hoje está o Memorial JK: "Acho que esse é o melhor, porque foi onde começou a cidade."[212]

Em 1976, o patrimônio acumulado por Juscelino em quarenta anos de trabalho — telegrafista, médico, professor, militar, prefeito, deputado, governador, presidente da República, senador, empresário e fazendeiro — foi estimado em aproximadamente 20 milhões de cruzeiros. Doze lotes de terrenos em Belo Horizonte e Brasília; três apartamentos no Rio de Janeiro e um em Belo Horizonte; fazenda em Goiás — avaliação ainda pendente — e 11 milhões de cruzeiros em depósitos bancários, ações e créditos resultantes da venda de sua participação no Grupo Denasa. Sua dívida bancária era de 990 mil cruzeiros. Sem dúvida, um patrimônio apreciável. Mas certamente não incompatível com a longa e brilhante trajetória profissional. Principalmente quando se considera que dona Sarah vinha de rica e tradicional família mineira, detentora de longa tradição política. Salta aos olhos que a tão propalada fortuna nababesca de Kubitschek foi pura fantasia, maledicência e maldade de adversários e perseguidores.[213]

Testemunho de Márcia Kubitschek:

Papai nunca foi rico nem deixou grandes fortunas. Para financiar meus estudos, mamãe teve que vender quadros de pintores que tínhamos em casa, como Guignard, Portinari e Di Cavalcanti. Dona Sarah morreu num apartamento alugado, em Brasília.

Parêntese. Márcia Kubitschek elegeu-se deputada federal em 1986 e vice-governadora de Brasília em 1990. Morreu aos 56 anos, no dia 5 de agosto de 2000, em São Paulo, e foi sepultada no Campo da Esperança, em Brasília, dois dias depois. A mãe, dona Sarah, morreu em 4 de fevereiro de 1996.[214]

No dia 20 de setembro de 1974, Juscelino anotou em seu diário:

Minhas contas, verdadeira calamidade. Uma loucura de gastos. Fiquei abafadíssimo. Há momentos em que não compreendo a minha vida. Luto com terríveis dificuldades financeiras, sofro com as injustiças e tenho de continuar vivendo. Para quê? Nossa Senhora que me ajude e tem ajudado.

Também não há sinais de que os dois mais visados e difamados membros da equipe de governo — Israel Pinheiro da Silva, que comandou as gigantescas verbas e obras de Brasília, e José Maria Alkmim, o poderoso ministro da Fazenda — tenham deixado grandes fortunas ou rastros de ostentação ou enriquecimento ilícito. Alkmim, vice-presidente da República no governo Castello Branco (1964-67), não conseguiu reeleger-se deputado federal em 15 de novembro de 1970. Ele manteve até o fim da vida a parcimônia e os hábitos simples característicos da melhor tradição mineira. Morreu como respeitável e admirado provedor e benfeitor da Santa Casa de Misericórdia de Belo Horizonte (1974). Israel Pinheiro, eleito governador de Minas em 1965, também nunca se afastou dos austeros padrões e costumes mineiros. Pelo contrário, exacerbou-os. Alguns meses antes da morte dele, ocorrida em 4 de julho de 1973, o jurista José Paulo Sepúlveda Pertence — depois procurador-geral da República e ministro do Supremo Tribunal Federal — examinou seu patrimônio a pedido de Victor Nunes Leal, referência superior do direito brasileiro, em cujo escritório então trabalhava:

Eu próprio verifiquei a imensa falsidade dos boatos sobre a fortuna de Israel Pinheiro. Ele tinha um patrimônio de classe média alta, nada mais do que isso. A coisa mais valiosa era uma fazenda, herança da mulher, dona Coracy. Posteriormente, fui ver a tão falada casa deles em Brasília. Diziam que tinha ferragens de ouro e banheiros de mármore de Carrara. Para os atuais padrões do Lago Sul, ela seria implodida para dar lugar a outra. Lembro-me de que o doutor Israel tinha um apartamento no Rio de Janeiro e poucos outros bens, inclusive a antiga cerâmica da família em Caeté, de valor histórico.[215]

Outros tempos, outros homens. O negócio dos políticos era principalmente a política, não os negócios. O caminho para a formação e aumento de fortunas eram as empresas. Bancos, indústrias, transporte, comércio interno, comércio exterior, grandes fazendas etc. Normalmente, político era político e empresário era empresário. Acredita-se que havia mais pureza, melhores valores éticos e maior espírito público.

Brasília sem Juscelino

Com o fim do governo Kubitschek, acaba o entusiasmo com a criação de Brasília e começa período de vacas magras. O ímpeto desenvolvimentista é quebrado. O novo presidente, Jânio Quadros, assume precedido de votação consagradora, enorme esperança popular e discurso de austeridade e moralidade. Seu principal símbolo é a vassoura. Era tenso, dramático, dotado de inteligência penetrante e forte senso de autoridade. Tinha apenas 43 anos. Fizera boa administração em São Paulo, mas não tinha experiência de poder em nível nacional. Nem traquejo em assuntos internacionais. Apenas nos municipais e estaduais. Teria de aprender governando. No primeiro pronunciamento depois da posse — 31 de janeiro de 1961 —, bombardeia o governo do antecessor. Fica sete meses e desiste. Vem então João Goulart. Período turbulento, que começa com experiência parlamentarista — setembro de 1961 até janeiro de 1963 — e termina com o golpe militar de 31 de março de 1964. Ainda se discute se Brasília terá prejudicado a governabilidade do país. Celso Furtado, por exemplo, pensa que sim:

> A teoria aceita no Brasil é a de que Brasília foi um grande passo adiante para o país. Porque levou o desenvolvimento ao interior, descentralizou tudo etc. Um salto. Hoje, quando se observa o sistema político brasileiro, vê-se como ele é desarticulado. Por exemplo: os parlamentares estão permanentemente voando. Para cima e para baixo, vindo e voltando de suas províncias. No passado, estava todo mundo instalado aqui no Rio de Janeiro, com suas famílias, com sua gente aqui. Evidentemente que o avião ainda não era de uso tão corrente. Mas a verdade verdadeira é que houve um desmantelamento, uma perda de governabilidade muito grave, que até hoje não foi recuperada completamente.[216]

Como visto, a questão é complexa e polêmica. Kubitschek concluíra que o país se tornara praticamente ingovernável do Rio de Janeiro. Provavelmente desde o doloroso processo que levou Getúlio Vargas ao suicídio em agosto de 1954. Percebeu vulnerabilidade insuportável. Mais: a tarefa de governar ganhou maior complexidade com a escalada do intervencionismo estatal. Despesa pública crescente, aumento rápido do endividamento, proliferação de estatais, aumento do déficit público, pressões inflacionárias crescentes. A governabilidade já estava em xeque antes de Kubitschek e ameaçou tornar-se crítica em seu governo. Sob a Constituição de 1946, ele é o único presidente democraticamente eleito que completa o mandato. Depois dele o problema continua, mas amenizado pela transferência da capital. Juscelino morreu convencido de que Brasília foi fundamental para a governabilidade e a salvação da democracia na crise decorrente da renúncia de Jânio Quadros, em agosto de 1961. Por outro lado, a ressaca da escalada do investimento público decorrente da execução do Programa de Metas — principalmente do enorme sobre-esforço de construir Brasília, a metassíntese — funcionou com sinal contrário. Maximizou o sufoco do setor público e da economia. Mário Henrique Simonsen — ministro da Fazenda do governo Geisel e ministro do Planejamento do governo Figueiredo — mergulhou na análise da herança deixada pelo governo Kubitschek. Concluiu que era muito difícil. Principalmente devido à inflação reprimida e a problemas no balanço de pagamentos. A seu ver, a política econômica e a atuação dos dois governos seguintes pioraram ainda mais a situação:

> Os seus sucessores a complicaram ainda mais. Em seu período meteórico, o governo Jânio Quadros tentou restabelecer o realismo cambial e a representatividade do sistema de preços, mas a falta de medidas complementares serviu apenas para transformar em aberta uma inflação que antes vinha reprimida. O governo Goulart institucionalizou entre nós análise antieconômica, com o fortalecimento da inflação, com o endividamento externo desordenado — em 1963 cogitava-se, orgulhosamente, de uma mora-

tória internacional —, com a excitação das greves e da subversão, com o apavoramento dos investidores nacionais e estrangeiros diante das incessantes ameaças de confisco.[217]

Jânio e Jango: 1961-64

Fevereiro-agosto de 1961, governo Jânio Quadros. Inaugurada no ano anterior, Brasília ainda não está consolidada como capital. Vive a infância. Está de fraldas, engatinha. A situação financeira, a ameaça inflacionária, o desequilíbrio das contas externas, o setor público em reorganização, devido à própria mudança da capital. Na visão dele, tudo conspira para reduzir a prioridade do projeto Brasília. Parte substancial da Administração continua no Rio de Janeiro. A resistência à transferência ainda é forte. Há até movimento pela volta ao Rio. Também fisicamente resta muito a fazer na cidade. O Palácio do Itamaraty, por exemplo, ainda nem tem projeto. A qualidade de vida dos governantes, políticos e funcionários é considerada insatisfatória. Outros exemplos? Não havia restaurante razoável, cinema praticamente não existia, teatro muito menos, a televisão — cara e ruim — era em preto e branco e incipiente, o principal veículo de comunicação era o rádio. Prédios inacabados; dificuldades de acesso a imóveis e móveis; escassez de linhas telefônicas, telefonema interurbano: luxo, raridade e tormento; cortes frequentes de energia elétrica; carência de transportes; quadras comerciais incompletas ou nem iniciadas. Idade da capital: um ano. Compreensível. Dava para morar, mas realmente havia muita precariedade, solidão, isolamento, desconforto, rodízio sazonal de poeira e barro, falta de lazer e do que fazer. A maioria dos servidores públicos permaneceu por falta de opção ou pela remuneração em dobro — a dobradinha — e outras vantagens e facilidades. É pesado deixar raízes, família e hábitos de vida inteira para mergulhar em outro estilo de vida num ambiente urbano completamente diferente, no meio do sertão. Muita gente considerava castigo morar em Brasília. Então Jânio vem aí, acampa e fica. Quase não viaja. Não por apreciá-la, mas talvez pelo horror a aviões. Só os utilizava quando indispensável. E Brasília, pelas distâncias, impõe muitos voos.

O jornalista Carlos Chagas, que viajou com Jânio, num DC-3, durante toda a campanha presidencial de 1960, resume o comportamento dele a bordo:

> Raramente se levantava, tenso por conta de sua completa incompatibilidade com as nuvens. As cortininhas da janela ao seu lado estavam sempre cerradas. Ele jamais retirava o cinto de segurança e viajava agarrado aos braços da poltrona, como se estivesse sustentando a aeronave no ar. Tomava seus uísques, que mandava servir também para os quinze ou vinte repórteres, cinegrafistas e fotógrafos que o acompanhavam rotineiramente.[218]

Havia clima de medo, tristeza e pessimismo. Em reportagem de junho de 1961, o jornalista e parlamentar maranhense Neiva Moreira viu assim a situação:

> O que se sabe hoje dos problemas do presidente é que vê, muitas vezes pela metade, quatro a cinco filmes por noite, que desfigura o estilo do Alvorada, levando para os jardins do palácio um "zoo", com um pônei cearense, presente do padre Palhano, de Sobral, como a vedete. Reputa despesa inflacionária e antieconômica qualquer investimento na nova capital e se nega a empregar as verbas orçamentárias nas grandes estradas de ligação com o Norte e o Centro-Oeste, que se deterioram rapidamente ou cuja construção está paralisada.[219]

Mas certo dia, talvez por obra e graça do secretário particular José Aparecido de Oliveira, o imprevisível Jânio dá um presente à capital: cria o Conselho de Arquitetura e Urbanismo de Brasília. Mais: nomeia para integrá-lo Israel Pinheiro da Silva, Oscar Niemeyer e Lucio Costa. Membros natos! Mas a relação dele com a capital continua tensa, dramática, complicada. Dizem que pensava em transformá-la numa gigantesca universidade. Mas não há comprovação disso. No dia da posse, afirmou que havia no país "um verdadeiro aluvião de papel-moeda e boa parte dele se destinava a cobrir as despesas de Brasília". Mais: "São déficits que apavoram. Nossa situação financeira é terrível."

Sentia-se só, isolado. Às quintas-feiras, quase religiosamente, os auxiliares mais próximos viajavam para São Paulo. Só voltavam na segunda-feira. A revoada semanal incluía quase todo o Congresso. Ainda inclui.

É a verdade: no começo dos anos 60, muita gente do poder via na cidade um quê de acampamento, de passagem, de vida provisória, algo transitório, incompleto. Sobretudo insatisfatório, desconfortável. Poucos gostavam. Muitas queixas não refletiam ressentimento nem má vontade. Eram sinceras, verdadeiras. A qualidade de vida era mesmo fraca. Os funcionários que vinham do Rio, de São Paulo, de Belo Horizonte e de muitos outros lugares experimentavam forte sensação de perda. Até de condenação, como se fosse para cumprir pena. Suas famílias também. Brasília foi se firmando aos poucos, completando-se, impondo-se lentamente. Crescendo, avolumando-se, sofisticando-se e, até certo ponto, desprovincianizando-se. O almirante Floriano Faria Lima — sucessor do general Ernesto Geisel na Presidência da Petrobras, em 1973, e depois governador do Estado do Rio de Janeiro (1975-79) — viveu na cidade os sete meses de Jânio. Até aquele 25 de agosto de 1961, quando o presidente renunciou, em gesto espetacular e nebuloso, de extraordinários reflexos na história do país. Jânio detestava mesmo Brasília. No dia da renúncia, ainda no Palácio do Planalto, o ministro-chefe da Casa Civil, Quintanilha Ribeiro, raro amigo íntimo, pergunta se a repulsa à cidade estaria na base de sua atitude. Resposta: "Uns dez por cento, se tanto." Ao deixá-la, lança um último olhar e diz: "Cidade amaldiçoada, espero nunca mais vê-la."[220]

A Brasília de Jânio tinha menos de 200 mil habitantes. Capitão de mar e guerra, Floriano Faria Lima era subchefe (Marinha) do Gabinete Militar da Presidência da República. Seu irmão, o brigadeiro José Vicente Faria Lima, ex-prefeito de São Paulo, tinha sólida ligação política e de amizade com o presidente. Homem de estilo direto, conhecido pela sinceridade e memória privilegiada, Faria Lima se lembra de um confuso, tumultuado e improvisado governo Jânio Quadros, do perigoso isolamento e solidão do presidente e de saborosas questões prosaicas do cotidiano brasiliense de então:

Era uma coisa terrível. Cheguei a Brasília de noite. Já não tinham apartamento para mim. O Alexandre, que foi ajudante de ordens do Jânio, me conseguiu um quarto. Quando saltei no edifício, não tinha uma luz. Todo fardado de branco, quando botei o pé no chão, minha perna afundou na lama vermelha. Essa foi minha chegada. Passei um mês e pouco sozinho. Quando minha família veio, moramos na quadra 105 Sul. O Jânio só permitia uso de carro para ida e volta ao Palácio. E nós não tínhamos carro. Eu estava tentando comprar um fusquinha em São Paulo, mas não conseguia. Levei uns três meses. A Hilda, minha mulher, achou péssimo. Não tinha supermercado nem shopping, não tinha calçada, não tinha esquina, não tinha nada. Até parecia um acampamento. A Hilda tinha que andar quase um quilômetro para ir até uma feirinha perto do Banco do Brasil, onde ainda se vendia galinha por unidade. Não pesavam. O abastecimento era precário. Não podíamos escolher um queijo, escolher um presunto, nada. Nem havia máquina de cortar queijo, presunto. Era um desastre. Faltava energia. Era comum elevadores parados lá no Palácio do Planalto por falta de energia. Era uma energia de Cachoeira Dourada, que ainda não funcionava direito. Fazer telefonema interurbano era muito difícil. Tinha umas ruazinhas de comércio pobre, muito vagabundo. No prédio, eram dois apartamentos por andar. Meu vizinho era um deputado gaúcho que nunca aparecia. Então não havia limpeza do prédio, não havia condomínio. Eu mesmo tinha que trocar as lâmpadas para o prédio não ficar no escuro. No Palácio do Planalto, não havia uma escada de corpo de bombeiros para mudar as lâmpadas. Porque só podia botar lâmpadas naquelas abas do Palácio do Planalto com escada de bombeiro. E as lâmpadas começaram a explodir, porque eram encravadas no concreto. Não recebiam ventilação, explodiam. Não havia conservação. E só se podia mexer em qualquer coisa com a aprovação do Niemeyer. No Palácio, ninguém se entendia, ninguém era responsável por coisa nenhuma. Na cidade, não havia distração. Eu me tornei sócio do Brasília Iate Clube para poder jogar o meu vôlei lá. Ia com a Hilda, minha mulher, e a Regina, minha filha. A gente então encontrava com conhecidos do Rio de Janeiro, casados, que estavam lá com outra mulher. De vez em quando, íamos ao Brasília Palace Hotel tomar banho de piscina. Não havia um restaurante para a gente almoçar fora. Nada. Outro programa era visitar a Brasília inicial, que era muito pobre. A Cidade Livre. A Regina tinha aula na futura lavanderia do colégio dela, acho que era o Nossa Senhora do Carmo, que estava em construção.

E quanto ao presidente Jânio Quadros? Faria Lima:

O Jânio vivia numa solidão danada. Dois amigos que nomeou para cargos desapareceram de Brasília, não quiseram ficar. A cidade não oferecia nada. Não tinha a parte cultural. Cinema era uma coisa horrorosa, uns filmes velhíssimos. Tinha o que nós chamávamos de Lacerdinha, uns tornadozinhos [redemoinhos] que se viam de longe. Começavam a girar e, dali a pouco, quando terminava o período de rotação e entrava no de translação, quem estivesse na frente ficava todo vermelho de poeira. Quem podia, viajava toda semana. Mas eu não podia. Os paulistas todos iam, de avião. Revoada semanal. Além do mais, todos os móveis tinham sido comprados em São Paulo e no Rio, sem ninguém se lembrar da umidade baixíssima do ar em Brasília. Às vezes a gente estava sentado à mesa, ela começava a estalar. As colas ficavam ressecadas e então os pés se soltavam e a mesa caía no chão. Tinha gente que pensava que eram móveis de madeira ruim, o que atribuíam a roubalheiras no governo do Juscelino. Mas era a natureza. Foram sete meses miseráveis! Outra coisa: Brasília foi construída por ministérios. Então, os oficiais de Marinha, por exemplo, moravam no mesmo prédio. Se um fazia um jantar para dois ou três casais, todo mundo ficava sabendo e muita gente ficava magoada. Não havia nenhuma privacidade. Fiquei nove anos sem ir lá. O Jânio morava no Alvorada e ficava muito sozinho, não falava com quase ninguém. Em sete meses, só houve uma recepção lá. Homenagem a uma autoridade estrangeira. O Jânio chegava às sete da manhã ao Palácio do Planalto. E em geral mandava chamar o "adido naval". Era eu. Ele nunca aprendeu que meu cargo não era de adido naval. Eu disse a ele umas três vezes, mas não adiantou. Me chamava, porque eu era Faria Lima, irmão do José Vicente Faria Lima, que foi prefeito de São Paulo [1965-69], muito amigo dele. Os outros subchefes não gostavam, ficavam com ciúmes. E o general Pedro Geraldo, chefe do Gabinete Militar, também não gostava. Começava às sete, terminava à uma da tarde. Ele então saía feito um alucinado, numa velocidade danada, para almoçar, e voltava às duas. Daí ia até às sete da noite. Voltava para o Alvorada e ficava lá vendo filmes, principalmente faroestes. O pessoal não gostava de ir, porque lá pelas tantas ele se cansava do filme e mandava botar outro sem falar nada com ninguém. Ninguém via filme direito. Ele nunca pensou em governar do Rio. Fazia questão de ficar em Brasília. No Palácio do Planalto, ninguém se entendia, ninguém era responsável por coisa nenhuma. Um dia me encontrei com um senhor lá no quarto andar do Palácio. Ele me viu fardado e se apresentou: "Eu sou o novo consultor geral da República." E perguntou-me onde podia achar um livro de que precisava. Era para um parecer solicitado pelo Jânio. O assunto era aviação embarcada, que ele não conhecia. Levei-o para a minha sala, mandei chamar a bibliotecária, ajudei. Perguntei pela equipe dele. "Não tenho, comandante. Somos apenas eu e um candango que me serve café." Era tudo improvisado, ministros não se entendiam, ninguém se entendia. Numa segunda-feira, houve um atraso dos aviões em Congonhas, São Paulo, e o Jânio me disse: "Comandante, só falta a Eloá ir também para São Paulo." Ficavam só ele e a dona Eloá lá no Alvorada. Nem a filha dele ficava. A solidão dele lá em Brasília pesou na renúncia. Os amigos dele ficaram em São Paulo. A não ser o Quintanilha Ribeiro e o Oscar Pedroso Horta. Mas o Quintanilha ficava lá na Granja do Torto. E o Pedroso Horta ficava no apartamento dele ou ia para São Paulo. A única coisa boa da renúncia do Jânio foi que eu peguei o meu fusquinha e vim embora com a minha família para o Rio de Janeiro.[221]

Jânio era um presidente engarrafado dentro dos vidros do Palácio da Alvorada. Solitário, insatisfeito, acumulando frustrações políticas e pessoais, insone, assistindo a incontáveis filmes. O jornalista e escritor Joel Silveira viu tudo de perto. Para ele, Brasília teve influência importante na renúncia:

> Penso até hoje que Jânio renunciou principalmente pelo isolamento. Percebia-se que ele era uma pessoa gregária. Calcule como era Brasília naquele tempo. Eu conheci. Não tinha nada. O Jânio não tinha com quem conversar, solitário naquele Palácio. Não tinha nem vizinhança. Não tinha nada. Ele ficava ali, bebia seu uísque solitariamente, ficava a noite acordado vendo filmes de faroeste. Aquilo o foi exasperando. Muito vigiado, policiado, não podia frequentar suas amigas e amigos, compreendeu? Ficava ali, isolado. Aquilo o foi levando à impaciência, à intolerância, ao desespero. A renúncia envolveu uma série de coisas. Todas juntas, deram naquele desastre. Ele preparou o golpe. Queria se livrar do Carlos Lacerda e não aguentava mais a UDN nem a minoria no Congresso. Sentiu-se diante de um quadro de completa ingovernabilidade. Então tentou o golpe e foi aquele desastre.[222]

Também o presidente João Goulart (1961-64) nunca foi entusiasta de Brasília. Era contra a construção, achava uma loucura. Vice-presidente no governo Kubitschek, tinha posição contrária à aplicação de recursos dos institutos de previdência na construção da cidade. Temia desbalanceá-los, comprometê-los. Além disso, o PTB era forte no Rio. Ao contrário do que muitos pensam, o presidente Goulart, do PTB, via o pessedista Kubitschek como adversário político, rival. Principalmente porque Juscelino era candidato natural — fortíssimo — à reeleição em 1965, pelo PSD. E Goulart, mais ligado às esquerdas, não queria ficar caudatário dele. Pelo contrário. Tentava ampliar seu próprio espaço, liderança e influência. Chegou ao cargo de forma sofrida, tensa, difícil. Teve de fazer concessões — engolir apressada troca do presidencialismo por parlamentarismo — para superar veto militar. Depois lutou sem descanso para recuperar os poderes subtraídos, o que conseguiu em plebiscito de janeiro de 1963, que trouxe de volta o presidencialismo. Definitivamente, não aceitava ficar à sombra de Kubitschek. Nem de ninguém. Falava-se até que pretendia emendar a Constituição para se candidatar em 1965. Goulart presidiu sobretudo do Rio. Brasília não foi prioridade naqueles tempos politicamente turbulentos e economicamente críticos, adversos. Mesmo assim, há um destaque no final de 1961: a criação da Universidade de Brasília no início do breve governo parlamentarista.

Regime militar e consolidação

A consolidação da nova capital acontece nos governos militares. Eles tomam a cidade a sério e dão sequência à construção. No início do governo Castello Branco, o movimento retornista pega fogo. Começa campanha, que tenta envolver o próprio presidente. Ele não a desautoriza explicitamente. Mas, em 7 de maio de 1964, no aeroporto, diante do presidente Heinrich Lubke, da República Federal da Alemanha, que visitava a capital, sinaliza claramente: "Brasília foi construída às pressas, mas é cidade para sempre." Mesmo assim, a campanha não cessa. Apenas perde um pouco do ímpeto. As lideranças conseguem mantê-la mais ou menos acesa durante os governos Castello Branco e Costa e Silva. Sem prejuízo do processo de transferência, que não é interrompido. Ao contrário. A cidade é cada vez mais capital. A pá de cal é jogada pelo presidente Emílio Médici, terceiro do ciclo militar, que assumiu no final de outubro de 1969. Ele considerou Brasília irreversível.[223]

Nessa época, o governo do Distrito Federal ainda era praticamente um apêndice da Administração Federal. Uma espécie de ministério de assuntos do Distrito Federal. O presidente da República nomeava o prefeito — a partir de 1969 passa a ser chamado de governador — e a Comissão do Senado Federal fazia as vezes de Poder Legislativo distrital. Jarbas Gonçalves Passarinho — várias vezes ministro de Estado, governador do Pará, senador da República, escritor — explica:

A consolidação se deve à determinação dos presidentes Castello Branco, Costa e Silva e Médici. O primeiro, ainda que quase tudo se realizasse no Rio, proporcionou ao prefeito Plínio Cantanhede os meios de continuar o preparo da cidade para ser a capital do país. Costa e Silva passou essa responsabilidade ao também engenheiro Wadjô Gomide. Iniciou a transferência dos ministérios para a Esplanada. Despachava com seus auxiliares em Brasília, de segunda a sexta-feira. Raras, contudo, eram as embaixadas sediadas em Brasília. Compromissos diplomáticos ou sociais requeriam a feitura de croquis para poder-se chegar ao local sem erro, pois a cidade ainda estava em construção, no próprio Plano Piloto. (...) O Orçamento da União contemplava o Distrito Federal com os recursos necessários a se completar, na construção de Brasília, o seu desenho progressivo, mas ainda restava muito por fazer. No governo Médici ultimou-se a transferência de todos os ministérios para Brasília. Com o Itamaraty, vieram as embaixadas estrangeiras.[224]

A palavra de Juscelino:

Muita coisa se fez depois de mim. Meus sucessores deram continuidade à obra iniciada. Reconheço também, não há por que negar, que os governos militares vêm tocando a cidade em seu ritmo imprescindível. Aliás, nunca duvidei disso: Brasília possui um profundo sentido de segurança nacional, de defesa e de posse — preocupações sempre presentes em nossas Forças Armadas. Antes de ser capital do mundo futuro, é um marco da ocupação do Brasil pelos brasileiros.[225]

Niemeyer tem queixas:

Durante vinte anos a ditadura militar ocupou nosso país. Ninguém se preocupou em desmerecer Brasília, mas um desinteresse, um desamor permanentes permitiram que muita coisa fosse desvirtuada. Refiro-me principalmente aos edifícios medíocres nela construídos, quebrando a unidade urbana pretendida. (...) Meu escritório foi saqueado e o da revista *Módulo*, que dirigia, semidestruído. Meus projetos pouco a pouco começaram a ser recusados. "Lugar de arquiteto comunista é em Moscou", desabafou um dia à imprensa o ministro da Aeronáutica. Não tive outra alternativa. Mas os que me queriam paralisar deram-me, sem querer, a melhor oportunidade. No Velho Mundo encontrei os apoios desejados: De Gaulle e Malraux, criando para mim uma lei especial permitindo-me até hoje trabalhar na França como arquiteto francês; Boumedienne, convocando-me para a Argélia; Giorgio Mondadori, para a Itália, e Marchais e Gosnat, para desenhar a sede do Partido Comunista Francês.[226]

No início do governo Castello Branco, o fato de sua própria imagem se confundir com a de Brasília inibia o então senador Kubitschek de pedir por ela aos novos donos do poder. Isso o deixava inseguro, incomodava. Temia pelo futuro da cidade que construiu, inaugurou e fez funcionar, ainda carente de obras complementares e de tempo para impor-se definitivamente. Mais que tudo, era indispensável que ela se consolidasse cabalmente como capital do país. Do escritor Carlos Heitor Cony:

JK amargou durante alguns anos, até que, durante os governos militares que se sucederam a partir de 64, no meio do temporal que o colheu e tanto o maltratou, viesse a sentir uma alegria paradoxal e quase anacrônica com o tratamento que Brasília passou a ter, finalmente fixada na carne do povo brasileiro como sua capital.[227]

O presidente Castello Branco (1964-67) viaja muito pelo país. Tem sempre um pé no Rio, mas passa parte do tempo na capital.

Trabalha muito. Faz as reuniões ministeriais no Palácio do Planalto, instala-se no Palácio da Alvorada. Apesar de crítico severo dos custos da construção, acaba não cedendo às fortes pressões para abandonar Brasília. De um lado, declara: "A calamidade começou aqui."[228] De outro, não interrompe a sequência da construção. Apesar de nova, a administração local é redesenhada, sob o comando do prefeito Plínio Cantanhede. Do jornalista Carlos Chagas, secretário de Imprensa de Costa e Silva:

> O Castello Branco passou uns 75% do tempo no Rio de Janeiro. Em 1964, quando veio para Brasília, foi morar numa casa da Vila Planalto, construída para os engenheiros. Excelente — tinha muita vegetação em volta —, mas um pouco apertada. Pequena para um presidente. Ele ficou lá mais ou menos um mês e se mudou para o Palácio da Alvorada. Foi quando começou a história de que no Alvorada tinha fantasma. O presidente Castello não era supersticioso. Diziam que o Getúlio aparecia lá, que tinha um piano na biblioteca que de noite tocava sozinho, barulho de correntes arrastadas, essas coisas. Falava-se, mas ninguém publicava. Depois que o Juscelino morreu, em agosto de 1976, começaram a dizer que ele também costumava aparecer por lá de vez em quando.[229]

Costa e Silva (1967-69) não bloqueia o desenvolvimento da cidade. Governa sobretudo de Brasília, mas também convive com as pressões retornistas. Não as fulmina. Sempre que possível, vai ao Rio. Adora passar os fins de semana no Palácio das Laranjeiras. Mesmo quando viaja a outros estados, procura voltar pelo Rio e ficar algum tempo. Muitos amigos, familiares, parceiros. Novamente Carlos Chagas:

> Brasília era muito limitada naquele tempo, tudo muito precário. Quer um pequeno exemplo? Quando o presidente Costa e Silva ficava no fim de semana, ele entrava no Galaxie presidencial depois do almoço de domingo e mandava o motorista dar voltas

pela cidade. Sabe por quê? O rádio do Galaxie era o único que pegava as corridas de cavalo irradiadas do Rio.[230]

O presidente Médici (1969-74) é o primeiro militar a governar exclusivamente de Brasília, agora mais amadurecida, mais completa. Evitava dormir fora da cidade. Adotou-a. Considerava um dever consolidá-la como capital. É realmente no seu mandato o apogeu da consolidação. Desde o sinal vermelho para a volta ao Rio, até a conclusão de obras importantes, como a própria Catedral Metropolitana e outras, e a instalação das embaixadas estrangeiras, a partir de 1970.

O presidente Geisel, apesar de crítico da construção de Brasília, também a assume como sede do governo. Quatorze anos depois de inagurada, a cidade já tinha evoluído bastante, crescido, melhorado. A consolidação era um fato. Um *workaholic*, Geisel presidia de Brasília como se vivesse num escritório. Talvez fosse isso mesmo. De casa para o trabalho, do trabalho para o trabalho em casa. Aspas para o almirante Faria Lima:

O general Geisel era extremamente caseiro e estudioso. Então não tinha tempo, a não ser para estudar. Estudava muito, lia todos os papéis, fazia meticulosas anotações e depois conversava com os ministros sobre todos os problemas. Ficava muito ocupado o tempo todo. Então não fazia muita diferença. Um dia, como governador do Rio de Janeiro, fui até ele e fiz algumas reclamações. Na saída, ele pôs a mão no meu ombro e disse: "Você ainda tem a mim para reclamar. Eu não tenho ninguém. Nesta solidão aqui, eu fico sozinho. Uma noite dessas, eu estava olhando uns papéis lá no Alvorada, depois do jantar, quando vi uma sombra sobre minha mesa e senti que tinha alguém ali perto. O que você quer? — perguntei. Era a Lucy, minha mulher. Ela me disse que só queria ficar um pouquinho ao meu lado." O presidente Geisel não abria mão de governar de Brasília. Não gostava que ninguém da equipe de governo deixasse a cidade, a não ser por necessidade de serviço. E ele fazia o mesmo.[231]

Em outubro de 1974, o Palácio das Laranjeiras, utilizado pelos presidentes da República no Rio de Janeiro, tinha sido entregue ao governador Floriano Faria Lima, nomeado por Geisel para promover a fusão dos antigos estados do Rio de Janeiro e da Guanabara, que originaram o atual estado e o atual município do Rio de Janeiro. Desde então é residência oficial dos governadores fluminenses.

O general João Baptista de Oliveira Figueiredo morou em Brasília durante mais de quinze anos. Como ministro-chefe do Gabinete Militar de Médici, ministro-chefe do SNI de Geisel e finalmente presidente da República, quando preferiu a Granja do Torto — onde já morava — ao Palácio da Alvorada. No Torto, tinha mais privacidade, instalações para seus cavalos, maior liberdade para movimentar-se, fazer o que gostava. Divertia-se:

> Eu não posso negar que às vezes me dá saudade da Granja do Torto, não de Brasília. Estou falando da Granja do Torto, não de Brasília. De vez em quando fico me lembrando de que às vezes, quando estava "trabalhando" um cavalo, eu saltava a cerca do picadeiro do quartel dos Dragões da Independência e fugia do picadeiro. Lá, bem longe, para as bandas do Lago Norte ou para os lados da Água Mineral. Fazia isso não porque gostava, fazia só para sacanear a segurança.[232]

Autonomia política

O candidato Tancredo Neves disse e repetiu durante a campanha presidencial de 1984 que conhecia muitos cidadãos cassados, mas cidade cassada só conhecia uma: Brasília. Também assegurou que, eleito, convocaria Assembleia Nacional Constituinte. Era tudo que os autonomistas queriam ouvir. Quando ele se elege, em 15 de janeiro de 1985, percebem que estão próximos da vitória. Têm a promessa do líder da Nova República de patrocinar a autonomia da cidade na Carta que vai nascer, apesar de matéria controversa, polêmica. Tancredo não toma posse, impedido por doença seguida de morte. Mas o sucessor, José Sarney, confirma suas diretrizes e equipe. Convoca Assembleia Nacional Constituinte, que é eleita no final de 1986 e instalada em fevereiro de 1987.

Depois de muito *lobby* local e pressões, Brasília ganha autonomia política formal. Artigo 18 da Constituição Federal de 5 de outubro de 1988:

A organização político-administrativa da República Federativa do Brasil compreende a União, os Estados, o Distrito Federal e os Municípios, todos autônomos, nos termos desta Constituição.

A Constituição de 1967 definia o Distrito Federal como a Capital da União (artigo 2º). Nenhum comando explicitava Brasília. A atual a consagra como capital federal no artigo 18, parágrafo primeiro: "Brasília é a Capital Federal." Esse comando retomou expressão da primeira Constituição da República: Capital Federal. Associa-se assim a Brasília sentido de perenidade como cidade-capital. A expressão Distrito Federal, isoladamente, envolve delimitação territorial mais ampla. São atribuídas ao Distrito Federal as mesmas competências legislativas dos estados e municípios. O artigo 32 dispõe sobre elaboração de "constituição" local (lei orgânica) para regê-la:

O Distrito Federal, vedada a divisão em Municípios, reger-se-á por lei orgânica, votada em dois turnos com interstício mínimo de dez dias, e aprovada por dois terços da Câmara Legislativa, que a promulgará, atendidos os princípios estabelecidos nesta Constituição.

O povo do Distrito Federal passa a eleger diretamente governador e vice-governador, três senadores, oito deputados federais e 24 deputados distritais. A Lei Orgânica do Distrito Federal, preparada e aprovada pela Câmara Legislativa do Distrito Federal, começa a vigorar em 8 de junho de 1993. Na prática, a autonomia política brasiliense é relativa, porque não acompanhada de autonomia financeira.

A questão da sobrevivência de Brasília pelos próprios meios tem a idade dela. Assis Chateaubriand, por exemplo, em artigo de 26 de abril de 1962, escreveu:

A civilização do Oeste terá que fundar-se nestes elementos: petróleo boliviano, ferro e manganês mato-grossenses e matérias-primas tropicais produzidas na região e exportadas, se o frete não for antieconômico, por via fluvial. Estúpido pensar num centro produtor, no Brasil central, tendo como distrito de consumo os mercados do Leste. O arquiteto desta fórmula só terá um lugar: o hospício. Eis por que vos digo que o futuro imediato de Brasília será constituir-se em capital do Oeste do Brasil.[233]

Claro que depois disso o mundo mudou muito. Por exemplo: o intervencionismo estatal perdeu espaço, o socialismo real caiu no início dos anos 90, a antiga União Soviética fragmentou-se em várias repúblicas independentes, chegou a revolução da informática, das telecomunicações, dos transportes e tudo o mais. A globalização avançou rapidamente. O cenário nacional é outro. O de Brasília também. Por exemplo: sua população decuplicou. Mas uma questão central permanece: é possível torná-la menos dependente ou mesmo independente financeiramente da União? Como?

Na virada do milênio — mais de quarenta anos depois da inauguração —, mais de metade das despesas públicas distritais ainda são cobertas com recursos recebidos da União. Transferências constitucionais, transferências voluntárias, financiamentos e outros. Isto é, a administração local está longe da autossuficiência. O que não é legalmente obrigatório depende de entendimentos entre o Buriti e o Planalto. Anfitrião e hóspede. O Poder Judiciário já é encargo da União, por intermédio do Tribunal de Justiça do Distrito Federal e Territórios. De Antonio Delfim Netto, membro da Constituinte, sobre a autonomia de Brasília:

Isso eu achei que foi um erro. Na minha opinião, tínhamos de ter continuado como antes. É um erro visível! O estado de Goiás, com o mesmo espaço físico e a mesma população, começou a Constituinte com três senadores e dezessete deputados e terminou com nove senadores e 33 deputados! [por causa da autonomia de Brasília e da cisão de Goiás para criar o estado de Tocantins]. Era uma coisa fantástica! Procurei o doutor Ulysses [Ulysses Guimarães, presidente da Constituinte] e lhe disse: "Eu não consigo entender essa tua aritmética." Aqui em Brasília não podia ter Câmara Municipal, essas coisas. Ou tinha que ser uma estrutura mais leve! Isso tudo foi um sonho caríssimo![234]

Roberto de Oliveira Campos, também deputado constituinte em 1987-88, considera a autonomia injustificável. O assunto o faz lembrar-se do colega Maurício Nabuco, diplomata — embaixador em Washington no governo Dutra —, filho de Joaquim Nabuco. Mostrava grande interesse na modernização do setor público. Campos o respeitava pelo caráter e dignidade. Considerava-o "um perfeccionista do supérfluo", capaz de devolver ofícios urgentes e complexos a serem enviados, apenas porque o espaçamento de algumas linhas escapara à bitola oficial. Tinha teorias peculiares. Uma delas era a de que a maior desgraça da economia brasileira estava na diversidade de bitolas ferroviárias. Outra era exatamente sobre o atraso nacional e a autonomia política da capital:

Não vou ao ponto de Maurício Nabuco. Ele tinha várias propostas de explicação do atraso brasileiro. Uma delas: a capital era uma entidade política independente que tinha votos no Congresso. Ao contrário dos Estados Unidos, onde Washington realmente não tinha representação legislativa separada. Mas realmente não há razão para Brasília ser uma entidade independente. Porque ela não tem praticamente vida própria. Mais de sessenta por cento do orçamento de Brasília é federal. São verbas federais. Mas ela tem uma autonomia, representatividade e voz igual à de qualquer estado. Isso não faz sentido. Além de que a capital federal deve ser essencialmente um território político neutro, o que não acontece em Brasília. Eu acho que se devia voltar ao estágio original.

Brasília sem representação legislativa. O que houve foi realmente uma sobrevalorização dos interesses de Goiás. Porque o antigo Goiás tem nove senadores: três pelo atual Goiás, três por Brasília e três por Tocantins. E multiplicou também sua representação na Câmara dos Deputados, com mais oito deputados por Brasília e mais oito por Tocantins. Criou-se assim um desbalanceamento representativo em favor do Centro-Oeste.[235]

Nas eleições de 15 de novembro de 1990, o voto popular direto faz do goiano Joaquim Domingos Roriz o primeiro governador eleito de Brasília. Vice-governadora: Márcia Kubitschek.

A segunda morte de JK

1976. Aos 74 anos, Juscelino convive com muitos problemas de saúde. Diabetes, problemas circulatórios, gota, dores na coluna, depressão. E teme carregar doença mais grave. A situação lembra frase citada por Tom Jobim muito tempo depois: "Eis que assisto ao meu desmonte, palmo a palmo, e já não me aflijo em me tornar planície." Há seis anos, JK carrega pesadas sequelas de extensa cirurgia de próstata realizada nos Estados Unidos. Prostatectomia radical. Médico bom, remédio ruim. Urologista de prestígio em Minas na juventude, o Kubitschek sexagenário expôs-se a automedicação, inclusive densas doses de hormônio masculino. Não era então incomum entre homens maduros da alta classe média. Usara, por exemplo, Testoviron, "rejuvenescedor" reforço de testosterona — a substância ativa — que alentava a libido, levantava a potência sexual e melhorava o aspecto físico.

Perigosa maravilha. Está comprovado que essa reposição hormonal masculina tem alta correlação positiva com carcinoma, câncer de próstata, hipertrofia prostática, atrofia testicular e outros males. O fato é que Juscelino, além do leque de problemas de saúde e da condição de cassado, vê-se diante de lesão maligna de próstata, com indicação cirúrgica, no final de março de 1970. Opera-se no New York Hospital. Três cirurgias seguidas, em apenas seis horas. As duas primeiras, por via endoscópica, evidenciam presença de células malignas. A última, extração da próstata, tentativa radical de debelar a doença, compromete-lhe a qualidade de vida. Magoalhe o corpo e a alma. Castra prazeres essenciais e impõe limitações e constrangimentos físicos definitivos. É a segunda morte de JK.

O médico José Bolivar Brant Drummond — o Drummond é o mesmo do poeta Carlos Drummond de Andrade —, formado em 1934, um notável da medicina mineira, era amigo íntimo de Kubitschek. Foi seu assistente e depois substituto no Hospital da Polícia Militar de Minas Gerais, na Santa Casa de Misericórdia e no Hospital São Lucas, todos de Belo Horizonte. JK consultava-se com ele, fazia exames. Conversavam muito. Como médicos e como amigos. Confiança mútua total. A ponto de Kubitschek entregar-lhe o tratamento cirúrgico de enorme tumor intestinal maligno apresentado pela mãe, dona Júlia, extirpado com sucesso. E, prefeito de Belo Horizonte, operar-se com ele de apendicite aguda, em março de 1943. O doutor Drummond fala sobre a cirurgia de Juscelino em Nova York:

Ele foi operado no New York Hospital. Quase em frente ao maior hospital de câncer do mundo, o Memorial Hospital. Se fosse no Memorial, ele teria recebido tratamento muito melhor e muito mais experiente, porque lá é um centro médico mundial de câncer. Teria um prognóstico melhor. No caso dele, ficou evidenciado que podia ser feita radioterapia. Mas optaram pela cirurgia radical e foi um desastre. Ele ficou na mesa de operação de cerca das dez da manhã até quatro da tarde. Além do risco que correu lá, na hora, ficou gravemente prejudicado, com incontinência urinária e outra sequela grave. Tudo isso que inventaram do Juscelino com aquela moça lá do Rio está muito mal contado. Basta saber essa história da operação em Nova York para ver que ele, numa situação dessa, não ia mexer com mulher, não é mesmo? Quando ele voltou ao Brasil, começamos o tratamento da incontinência. Improvisei um aparelho para recolher a urina incontinente. Aquelas depressões que ele sofreu depois têm relação direta com tudo isso. (...) Ele tinha mais preocupação com a vida sexual do que com a saúde. Era um pouco indisciplinado nisso. Usava e abusava da reposição hormonal, que é uma faca de dois gumes. Desperta, mas de outro lado prejudica o organismo, especialmente a próstata. O uso de hormônio masculino apressou o surgimento da doença, estimulou o crescimento das células cancerosas. Avisei várias vezes. Mas não adiantava, ele tomava o remédio escondido. E o desastre aconteceu. Ele tinha aquele gênio que você conhece, herança do pai, que morreu com 33 anos, tuberculoso. O João César de Oliveira era um boêmio fantástico. O filho tinha a quem puxar, não é? O lado folgazão do Juscelino ajudou-o muito na vida. Sabia equilibrar as coisas. Era uma pessoa notável, amigo de todo mundo, generoso, fora do comum, carismático e grande trabalhador. Muita gente foi e ainda é vítima de reposição hormonal masculina.[236]

Duras perdas, severa queda da qualidade de vida, saúde ainda ameaçada. Perigo de propagação do câncer, mal traiçoeiro, de evolução quase sempre imprevisível. Como a maioria dos políticos da geração, JK detestava procurar médicos, tratar-se. E tinha horror de falar em doença. Ainda o doutor Bolivar Drummond:

Juscelino ficou curado. O câncer prostático dele foi operado no princípio. A operação era de hipertrofia prostática. Mas fizeram exames para verificar a verdadeira natureza da doença durante a cirurgia e aí apareceram células incidentais. Positivada a malignidade, optaram pela cirurgia radical. Ele não tinha metástase. Não houve metástase.[237]

Em maio de 1997, a imprensa registrou que Kubitschek teria constatado o espalhamento da doença por outros órgãos em 1975.[238]

De novo 1976. Há doze anos formalmente privado do exercício da paixão política, realmente acumulava agora série de graves restrições. Em 10 de maio de 1976, anotará em seu diário: "Volto com sérias ameaças à minha vida. Fígado, pâncreas, baço. Está mesmo na hora." E em 16 de junho de 1976: "Dormi mal. Devo ter alguma doença oculta. Sinto-a como alguém sente a presença do sol antes de seu despontar. O que virá?" O mais feliz, otimista e exuberante presidente brasileiro sente-se ferido e está em depressão. Pior: sem esperança. Saturado de doenças e sequelas, de incompreensões e dores, da ditadura, de tanta injustiça, da espera interminável, do isolamento, da amargura, da solidão. De tantas perdas: higidez, prazeres, poder, projetos. Do convívio diário com os amigos. E também vive o auge de crise com dona Sarah. Em 14 de julho de 1976, anota no diário:

Estou chegando a um tal estado de cansaço, de exaustão e de infelicidade que só desejo viver longe do Rio, da fofoca montada para me esmagar. Não aceito o campo de Treblinka em que se transformou a minha casa.

O casamento está em xeque. O presidente bossa-nova está engessado, frustrado. Atribui-se curto horizonte de vida. É médico, conhece doenças. Ainda tem bastante energia, mas já perdeu quase tudo o que mais amava fazer. Começa a despedir-se dos ideais. Enfado, cansaço, exaustão. No plano político, sabe que a normalização democrática ainda demora. Que dificilmente a saúde vai permitir que sobreviva à ditadura, apesar do processo de liberalização política desencadeado pelo governo, que considera tímido e vagaroso. Percebe que o presidente Geisel não admite correr risco algum. Mais: nada garante que essa abertura vá evoluir para a democratização. Durante algum tempo, alimentara até alguma esperança de ser convocado para a construção da travessia pacífica da ditadura para a democracia. A transição democrática. No dia a dia, os cuidados da legião de amigos amenizam, mas não eliminam a sensação de carência e desesperança dentro do peito. Recebe atenções, solidariedade, visitas. Mas todos têm seus compromissos, afazeres, problemas. É inevitável que fique bastante tempo sozinho. Carlos Heitor Cony anota dolorosa sucessão de perdas:

> Perdeu o mandato de senador, perdeu os direitos políticos, perdeu a oportunidade de ser reeleito presidente da República em 1965, perdeu a liberdade de viver em seu país, perdeu depois a própria liberdade física, em 1968, perdeu a irmã e a mãe, perdeu a presidência de uma empresa privada, perdeu até mesmo uma eleição para a Academia Brasileira de Letras — única eleição que não ganhou. Finalmente, perdeu a vida num acidente de estrada.[239]

Dona Júlia Kubitschek tinha morrido em seus braços em Belo Horizonte, em 1971, aos 99 anos. Infarto do miocárdio. O cardiologista mineiro Aristóteles Brasil estava presente e recorreu inutilmente a todos os medicamentos apropriados de sua maleta de urgência. Cinco anos antes, JK tinha perdido Naná, irmã querida, amiga e confidente de vida inteira. Ela morreu em 9 de junho de 1966. Problema pulmonar. Estava sentada no sofá da sala de casa, conversando com uma prima, quando teve hemoptise fulminante. Juscelino deixou o exílio e chegou a Belo Horizonte no dia seguinte. Ainda a tempo de assistir ao sepultamento. Por intervenção de amigos, o governo militar havia se comprometido a não molestá-lo durante a visita, sob a condição de que não participasse de qualquer ato político. Permaneceu doze dias no país.

Este autor encontrou o presidente Kubitschek pela última vez no final do primeiro semestre de 1975, no Rio. Na época, era secretário de Planejamento do Estado do Rio de Janeiro (governo Faria Lima, 1975-79). Tempo de início da fusão da antiga Guanabara com o velho Estado do Rio de Janeiro. Foi durante jantar comemorativo no Copacabana Palace, presentes alguns ministros do governo Geisel, a cúpula do governo Faria Lima, políticos e empresários. Gentil, o presidente Juscelino chamou-me, conversamos. Disse-me que estava ali por força de suas obrigações e apenas na condição de empresário. Como se isso fosse possível sob a imponente biografia dele. Sabia tudo sobre a Fusão, gostava do Rio. E tinha envolvimento histórico decisivo com a transferência da capital. Foi muito generoso, estimulou-me. Insistiu para eu ficar de olho nas questões políticas, não me tornar refém das questões técnicas. Apesar do rosto sempre sorridente, percebi profunda tristeza nele. E estranhei a cor da pele, meio acinzentada. Foi a derradeira vez que o vi. Na avaliação de Affonso Heliodoro, conterrâneo de Diamantina e companheiro fiel, foi exatamente a partir de 1975 que Juscelino se desvencilhou completamente de qualquer sonho ou projeto de poder:

> Há uma passagem que testemunhei, muito interessante. Ele disse:
> "Não vou ler mais nada sobre economia, sobre política, assuntos técnicos. Vou agora ler romance e assistir a novelas." Foi aí que ele desistiu realmente de participar de política. Menos de dois

anos antes de morrer. Às vezes saía apressado para não perder novela. "Vamos embora, vamos embora que já está na hora da novela!" Exatamente o oposto do Juscelino com quem eu convivi antes: um intelectual 24 horas por dia e um político 48 horas por dia. Antes, ele era muito estudioso.[240]

A terceira morte de JK

Foi mesmo acidental a morte medonha de Kubitschek, esmagado dentro de um Chevrolet Opala que invadiu a contramão do quilômetro 165 da Via Dutra, em 22 de agosto de 1976?

Três dias antes, escreveu ao amigo de todas as horas Josué Montello, integrante do núcleo de sua equipe na Presidência da República, escritor, membro da Academia Brasileira de Letras desde 1954. Assim:

Fazenda JK — 19-8-76.
Meu caro Josué:

Preferia que o abraço que ora lhe mando fosse dado pessoalmente, acompanhando os votos que formulo pela sua felicidade.

E creio, sinceramente, que neste mundo poucos terão tanto direito a alcançar a altura de uma paz serena quanto você, que na vida tem pautado seus atos pela bondade, correção e lealdade. Já se vão 20 anos que passamos a conviver, intimamente.

Não uma existência morna, mas, ao contrário, aquecida pelas emoções mais violentas e pelos desfiladeiros mais perigosos.

Onde quer que me encontrasse, na luta ou no sofrimento, era só olhar para o lado porque sabia que lá estaria, ombreando comigo, a simpática, inteligente e amena figura do grande escritor que nunca me faltou em hora nenhuma, sobretudo naquelas difíceis da travessia do deserto.

Não posso, portanto, meu caro Josué, deixar de lhe mandar, do silêncio de minha fazenda, povoada de bem-te-vis, o abraço fraternal e amigo de quem quer e pede a Deus que lhe conceda e à querida amiga D. Yvonne todas as boas felicidades.

> Afetuosamente,
> Juscelino Kubitschek.

É sua última carta e parece de despedida. De Josué Montello:

Sim, a carta é praticamente de despedida, sem haver a intenção. Porque eu não posso admitir que o Juscelino, com todo aquele gosto de viver, tivesse... A menos que a situação dele fosse terrível e ele também tivesse consciência de um problema e fosse levado a uma situação extrema. Mas o gosto de viver é que neutralizava no Juscelino toda e qualquer angústia. Muitas vezes ele foi empurrado quase que para se suicidar. É só ver nas cartas dele a angústia, o desespero dele, como foi uma coisa que, além de imerecida, chegava a ser monstruosa contra ele.[241]

Solidão e desesperança. Combinação explosivamente depressiva. E a fazenda na simpática Luziânia, a menos de cem quilômetros de Brasília, onde ele passa cada vez mais tempo, pouco ajuda. Pelo contrário. Exclusivamente urbano desde o nascimento, está fora de seu mundo. É urbano de visitar cerrado bruto de terno, gravata e chapéu gelô, como aconteceu em outubro de 1956, na primeira viagem ao local onde construiu Brasília. Tenta, mas não consegue empolgar-se com aquilo, vibrar, realizar-se. A não ser uma vez ou outra, com a casa cheia de amigos. Por que não? Simplesmente porque não tem nem cacoete de fazendeiro. César Prates, companheiro de quase tudo, inclusive de serestas e andanças, que o conheceu como ao próprio violão, explica:

O Juscelino não era fazendeiro. Era dono de fazenda. Comprou pra poder vir a Brasília. Comprou barato. Não chega a 300 mil reais de hoje. Teve muita amolação, inclusive com um caseiro que roubava. Aquilo só deu aborrecimento. Chegava lá pensando em produzir e se distrair, mas só tinha aborrecimento. "Falta isso, falta aquilo, falta aquiloutro. Precisa disso, precisa daquilo." Sumiam coisas. Eu também tive uma fazendinha aqui perto. No dia em que vendi, um tomador de conta que me roubava de tudo ficou tão triste que foi pra Luziânia, tomou um porre e bebeu veneno. Morreu, coitado. Fazendeiro tem que ser fazendeiro.[242]

Do jornalista Gilberto Amaral, afilhado de casamento e compadre de JK, relembrando encontro em jantar na casa de Ildeu de Oliveira, confidente e primo do presidente, no Setor de Mansões Park Way, Quadra 14, Conjunto 3, em Brasília, no início de 1976:

Ele havia caído do cavalo. Teve de ser internado no Hospital Santa Lúcia, em Brasília. Não sabia cavalgar nem dirigir. E estava sentado sem poder dançar. Toda hora eu ia lá perguntar a ele: "Presidente, algum problema, alguma coisa?" Era justamente o processo do confisco dos seus bens que havia chegado às mãos do ministro Armando Falcão [ministro da Justiça de Geisel e, antes, do próprio Kubitschek]. Quando o ministro ligou para o presidente Geisel, disse: "Presidente, em minhas mãos está o processo de confisco dos bens do presidente Juscelino Kubitschek. O que eu faço?" "Rasgue-o", foi a resposta de Geisel.[243]

Não combina mesmo com a roça, apesar de amá-la a seu modo. Com certeza, muitas vezes parece-lhe quase intransponível a distância-tempo entre o nascimento e o final do dia. Segundos compridos, minutos lentos, horas intermináveis. Sobretudo nos solitários dias úteis. Úteis? Uma quarta-feira de tarde de agosto, por exemplo. Calor infernal, ar abafado, sol de fritar ovo à sombra, o gado com preguiça de berrar, umidade do ar lá embaixo, tudo seco, ninguém para conversar, motivação zero para fazer qualquer coisa. O tempo empaca, patina, passa devagar. E a vida, ao contrário, anda ligeiro, esgota-se a galope. E aquela tristeza mansa do fim da tarde morna, vagarosa, preguiçosa. Ele ama a natureza, mas pertence a outro mundo. Dinâmico, cheio de gente, movimentado, agitado, acelerado, repleto de novidades. De muitas razões de viver. O poder, os amigos. Sua alma, seus sonhos, lutas e alegrias que ainda restam não são dali. Mas, em 23 de junho de 1974, atolado em problemas profissionais e pessoais, desabafa no seu diário: "Meu desejo é estar na fazenda e deixar o rio de miséria correr longe de mim." A fazenda é escudo de privacidade, proteção contra convivências desagradáveis, instrumento de liberdade de movimentos e antídoto de ócio profissional. Só mesmo outro homem urbano que, como ele, experimentou anacronicamente a opção pela roça sabe como vivê-la sozinho pode doer na alma. Suas fotografias montado a cavalo, apesar da ternura que despertam, são estranhas, quase caricaturais. Dona Sarah, belo-horizontina da gema, não é menos urbana.

A plana fazenda JK, comprada em 1972, de 308 alqueires goianos, rica em água, de bom potencial econômico e muitos tormentos para produzir satisfatoriamente, provavelmente não passa mesmo de bucólica fuga do dono. Situada a dezesseis quilômetros da cidade, é o último refúgio do veterano guerreiro, peixe vivo fora d'água, indomável animal democrático ferido e perseguido pela ditadura. Falsa alternativa e consolo de quem detesta incomodar as pessoas. Com frequência, fica sozinho. O amigo Orlando Roriz, de Luziânia, percebe. Sempre que pode, aparece para almoçar e conversar. Experiente e prático, preocupa-se com a formação da fazenda. Com cuidados e controles indispensáveis, mas difíceis de compatibilizar com a grandeza e a generosidade do presidente. Alerta-o para falhas e até furtos. Irrita-se com o mar de palpites. A maioria, de gente que quer impressionar, bajular o ilustre fazendeiro de primeira viagem. Certo dia, feliz, ouviu Juscelino dizer ao mais entusiasmado palpiteiro: "Obrigado, mas esta eu vou fazer do meu jeito. Depois, se puder, vou formar outra fazenda só com as sugestões dos amigos." Palpitologia.

Surpreendente. O extrovertido JK-fazendeiro teme incomodar os amigos do grande mundo urbano. Inibe-se, acanha-se. Não sem razão. Faltam informações, novidades que possam interessar aos amigos do seu outro mundo terrestre, a grande cidade. Tem de garimpar ou inventar assuntos. Na fazenda, quase nunca acontece algo que realmente lhes importe. Assim, ele tem medo de parecer impertinente, inconveniente. Quem já viveu a situação, sabe. É constrangedor, horrível. As conversas murcham. Falta sentido, falta dimensão, falta motivação, falta conteúdo. O que dizer aos amigos do Rio, por exemplo? Reclamar de que muitos comerciantes vendem quase tudo mais caro para a fazenda JK por ele ser quem foi? Ou dividir a descoberta de que normalmente o fazendeiro vende barato, mas o consumidor paga caro, por causa da intermediação e da especulação? Como é difícil arrancar lucro daquele chão áspero e ácido, voraz por calcário, nitrogênio, fósforo, potássio e tratos culturais? Amaldiçoar os financiamentos bancários? O preço do óleo diesel? Os prejuízos que já contabiliza? O atraso da chuva no cerrado? O poeirão da estrada que invade corpo e alma? A pobreza dos peões? A série interminável de furtos e furtinhos dentro da próprio fazenda? A morte da bezerra? Discutir como combater pragas, formar pastagens e plantar café no cerradão? Abençoar os tão bem-vistos bem-te-vis? No dia 6 de dezembro de 1974, anota no diário: "A fazenda JK está envenenando a minha vida. Não suporto as despesas. Continuo? As vibrações me incomodam." E em 31 de dezembro de 1974: "Terminei em setembro a casa da Fazendinha JK. Saio endividado de 74 por causa da Fazenda JK."[244]

O fazendeiro Juscelino, cidadão do mundo, tem os sentidos hipnotizados pelo universo político, que acompanha como pode. A fazenda não tem telefone. Tudo é difícil. Mundo adorável, mas também tosco, rude, insólito para um gigante cosmopolita acostumado ao proscênio, à fama, a pensar grande, a problemas gigantescos e decisões estratégicas. Um estadista habituado à convivência rotineira com pesos pesados do governo, com penhascos intelectuais, com raposas felpudas do poder, líderes e personalidades internacionais. Para um empreendedor de singular determinação, charme, talento e bom humor, capaz de construir Brasília contra quase tudo. De balançar um país gigante. Para um apaixonado pelos prazeres e alegrias da vida. Daí o silêncio, o recolhimento, o encontro desanimado e inevitável consigo mesmo. A alma secretamente cabisbaixa, a solidão cada vez maior. Logo ele, que detestava ficar sozinho.

Presidente da República, pôs telefone perto da banheira. Em pleno banho, despachava com alguns assessores mais próximos. Ali na fazenda a sensação dominante é a de estar incompleto. Assim:

> Com a obstinação que foi sempre a peculiaridade do meu estilo de vida, estou aqui lutando para dominar o cerrado. Já me familiarizei com os espetos desta terra pobre, comida pelos cupins, pelas formigas, pela acidez, mas que renasce e produz quando a mão do homem lhe leva tratamento e carinho. É belo ver, ao lado da esterilidade do solo abandonado, surgir pela força do trabalho o verde animador que corresponde à germinação das sementes. Não imaginava que eu, um ser urbano, me adaptasse ao silêncio e à solidão dos vastos descampados. Encontro-me, há um mês, sem contato com o que se convencionou chamar de civilização. Desta não tenho saudade. O que traz tristeza, sobretudo à hora do recolhimento da tarde, é a falta dos amigos. Eles são parte da minha natureza e do meu próprio organismo, e não senti-los perto é como me privar de um braço ou de uma perna.[245]

Vida sem braços e pernas. Sem pé nem cabeça. Pouco ou nada a ver com seus valores, hábitos e modo de viver. Final da tarde de 19 de agosto de 1976, quinta-feira. Ele sai da fazenda e segue para Brasília. Direto à casa do amigo, confidente e primo Carlos Murilo Felício dos Santos, há algum tempo também seu endereço em Brasília. É onde se hospeda. Leva mala quase vazia. Ali tem ternos, gravatas e camisas sociais cuidadosamente guardados num armário. Está desanimado e pensativo. Déa, mulher de Carlos Murilo, se assusta com a tristeza do velho amigo. Poucas vezes o viu tão abatido:

> Meu tempo aqui na terra está acabando. Tenho o que de vida? Dois, três, cinco anos? Não gosto disso. A única coisa que eu queria agora era morrer. Não tenho temperamento para esperar as coisas. Meu último desejo, realmente, seria ver o Brasil retornar à normalidade democrática. Mas isso vai demorar muito e eu quero ir embora.[246]

A solidão de Kubitschek impressiona mais ainda nessa última viagem. O poeta da ação e mito político vivo está ali solitário, carregando mala e dores. Oh, Brasil! Desde a brutal cassação de 8 de junho de 1964 sua vida murchara. Sobretudo nos três anos de exílio, um suplício, e nos anos 70, provação constante do corpo e da alma.

Como visto, os problemas de saúde de JK eram antigos. Infarto em 1959 e depois muitos outros. Em 9 de janeiro de 1969, por exemplo, ao examiná-lo na prisão — no 3º RI, em São Gonçalo, Rio de Janeiro —, os médicos Aluísio Salles, Oswaldo Pinheiro Campos, Décio Souza e Ruy Goyanna atestaram que padecia de: arteriosclerose coronariana, hipertensão arterial, diabetes, gota, infecção urinária recidivante pós-operatória, síndrome de depressão psíquica, rotura traumática do tendão de aquiles esquerdo.[247]

Quer paz, sossego. Mas não sabe ficar sozinho. E todos os dias, ao acordar, é o cidadão Juscelino Kubitschek de Oliveira quem está irremediavelmente só diante do fardo doido e doído do passado e do peso descomunal do futuro sem esperança, sem projeto político, sem desafio profissional, sem as principais alegrias da vida. Sem graça. Um martírio. Nos últimos dias, nova preocupação. Superior, massacrante. A disposição de dona Sarah de separar-se dele. Ela dizia que chegara ao limite. Fizera havia poucos dias um jantar no apartamento da avenida Vieira Souto, no Rio, para velhos amigos do casal, como Oswaldo Maia Penido, Aluísio Salles, Affonso Heliodoro e outros, para comunicar a disposição de desquitar-se. Parecia mesmo determinada, querer mesmo a separação. Apaixonadamente. Motivo: o velho relacionamento dele com a bela carioca Maria Lúcia Pedroso. A turbulência vinha de longe. Por exemplo: já em 15 e 23 de julho de 1974, no diário secreto, queixa-se amargamente de vizinha de apartamento que estaria promovendo intrigas e pressionando dona Sarah, falando em falsos encontros dele. Conta que telefonou à fuxiqueira e mostrou-lhe, delicadamente, o mal que estava causando. Rio, julho de 1976. Pinga a gota d'água que desencadeia a derradeira crise do casal. Um capricho do destino: a inesperada chegada de Maria Lúcia exatamente ao restaurante em que dona Sarah estava jantando com o marido e o casal Adolpho Bloch. A elegância é preservada, mas o tempo fecha. A coincidência desencadeia em dona Sarah processo emocional de difícil e delicada reversão. Reação normal, humaníssima. Até instintiva. Muito mais do coração que, como se sabe desde Pascal, tem razões que a própria razão desconhece. Nem sempre é verdade que o que os olhos não veem o coração não sente. Os ouvidos, por exemplo, são entradas — algumas vezes dois incansáveis uterozinhos — escancaradas a tudo, inclusive sentimentos. Bons e maus, alegrias e sofrimentos, amor e desamor, intrigas, tudo. Pois, afinal, quem realmente vê e ouve é o cérebro. Fuxiqueiras sabem disso. Mas, no amor — e mais ainda na paixão —, o coração sente muito mais o que é visto. Fortes emoções.

No dia seguinte, JK viaja para Brasília. Vai direto para a fazenda. Conta o episódio a Ildeu de Oliveira, diz que vai evitar viagens ao Rio. Anuncia: "Não passo mais do paralelo 20!" Repete a frase várias vezes nos dias seguintes. De Brasília para o Rio de Janeiro, o paralelo de 20° passa um pouco depois de Belo Horizonte. Brasília: 15°46'47"; Belo Horizonte: 19°55'15"; Rio: 22°54'10". Ildeu: "Ele ficou conosco aqui mais ou menos uns trinta dias e depois embarcou para São Paulo. E então aconteceu aquilo, não é?"[248]

De novo, agosto de 1976. Como sempre, JK não quer ferir ninguém. Tem horror de magoar as pessoas. Mais ainda gente tão querida, próxima. As duas. Respeita dona Sarah, mortifica-se com suas críticas, queixas e desabafos. Sabe que é reação normal, natural. Sempre a tratou com especial delicadeza. Sempre reconheceu seu valor. Por exemplo: no dia 2 de maio de 1976, em Nova York, escreveu no diário: "Felizmente, Sarah tem estado modelar. Boa companheira." Estão casados há 46 anos, juntos nos bons e maus momentos. Ativamente política, mulher de grande fibra, ela participou de todas as campanhas eleitorais dele, inclusive de comícios. Fundou os comitês femininos. Durante o governo de Minas, deu vida à Organização das Pioneiras Sociais, de grande destaque. Escolas, creches e distribuição de roupas, alimentos, cadeiras de rodas e aparelhos mecânicos para deficientes físicos. Depois, no governo federal, com maiores verbas, ela ampliou extraordinariamente essa experiência, com a fundação de escolas no interior e a criação de hospitais, inclusive hospitais volantes nos estados. Fora um esteio em muitos momentos difíceis de sua vida. Amiga, companheira e esposa. Reconhecido, ele pôs na fazenda de Luziânia a seguinte placa: "Solar dona Sarah que, com dignidade exemplar, foi primeira-dama de Belo Horizonte, de Minas, do Brasil e desta casa".

E agora, JK? Ele sabe que, enquanto perdurar o atual estado de espírito, dona Sarah não vai ceder. Emocionada, não recuará facilmente. Tem temperamento forte. É o gênio dela, a natureza dela. É assim que sempre foi. Firmeza e energia que muito o ajudaram na vida. E ela já havia avisado que estava tomando providências para a separação. Pressão crescente, o tempo cada vez mais curto, um turbilhão emocional. Mesmo deprimido, ele tem de tomar uma atitude, agir. Nessa altura da vida, quase aos 74 anos, saúde fragilizada, considera a implosão formal do casamento um desastre desnecessário. Abre-se com Carlos Murilo. Acha péssimo para todos, inclusive para as filhas e respectivas famílias. Abalara-se com a separação de Márcia e Baldomero Barbará Neto um ano antes. Em 3 de outubro de 1975, pôs no diário:

> Hoje faz vinte anos que fui eleito presidente da República. Vinte anos de lutas, recolhi glórias, triunfos e também muito sofrimento. Esperava, porém, que nesta altura pudesse desfrutar de alguns momentos de felicidade e eis que surge esse problema de minha filha, que me traumatizou muito mais do que esperava. O dia de hoje poderia ter sido de boas evocações, mas o que surgiu aos meus olhos foram as imagens desoladoras e tristes das lutas que travei. Os triunfos fugiram da lembrança e eu os procuro como um cego no meio de uma atmosfera de bruma espessa.

Assimilou o fato, mas decepcionado. Mais: não quer carregar a condição de desquitado no final da vida. Nem incorporá-la agora, no crepúsculo, à biografia de estadista, católico, antigo seminarista e filho de dona Júlia. Era um valor muito forte na geração. De Carlos Heitor Cony:

> Em junho [1961], sua filha Maria Estela ficou noiva de Rodrigo, filho de seu ex-ministro Lucas Lopes. Por diversas vezes, Juscelino confessara que sua vida pública, até então uma sucessão de triunfos, só fora possível pela manutenção de uma retaguarda familiar sólida, mineiramente tradicional e tranquila. Tivera uma única filha, mas adotara Maria Estela ainda criança — e dela fizera uma filha primeiramente real, depois legal.[249]

Decidido. Vai tentar preservar formalmente intacto o coração do núcleo familiar. Por formação, religião, tradição, aparências, imagem, repercussões familiares e sociais. E também, claro, por seu estado de saúde. O passo seguinte exige que ele ultrapasse discretamente o paralelo 20. Precisa chegar ao de 23°, onde está o Rio de Janeiro. Conversar secretamente com Maria Lúcia Pedroso, longo caso de amor que sobrevivera a tudo. Perigos, risco de escândalo, pressões, perda do poder, perda dos direitos políticos, distância, sequelas cirúrgicas e outros problemas de saúde.

Rompimento? Dificilmente. As raízes e os sentimentos eram muito profundos. Dos dois lados. Viúva, dois filhos, cinco netos, ela dirá mais de vinte anos depois da morte de JK: "Ele foi o grande amor da minha vida."[250] Conversar o quê, então? Talvez tudo. Trocar ideias, confidências, planos. Será? Habilidade era outro nome de Juscelino. Quem sabe, em vez da escolha radical e forçada, era hora de ganhar tempo e aguardar o fim da tempestade? Sabe que dona Sarah, no fundo da alma, até por formação religiosa e história familiar, também não quer liquidar o casamento. Para ela, casamento é um só, uma vez só. Exceto por viuvez. Ela sempre tinha pensado assim. Tradição longa, antiga, com profundas raízes familiares em Belo Horizonte e no interior de Minas.

JK confia a Carlos Murilo que vai ao Rio encontrar-se com Maria Lúcia logo depois de visitar São Paulo, onde tem compromisso inadiável. Palestra na noite do dia seguinte, sábado, no Clube Nacional. Convite de antigos conselheiros da Comissão Interestadual da Bacia do Paraná-Uruguai (CIBPU), que completa 25 anos. Será durante jantar para cinquenta pessoas, inclusive ex-governadores, como Carvalho Pinto, Laudo Natel e Lucas Nogueira Garcez, de São Paulo.

Mete a passagem no bolso do paletó e termina de fazer a mala. Põe muita roupa, inclusive vários ternos. Só deixa de fora um marrom, muito surrado, veterano de incontáveis andanças e duras batalhas. Depois conversa com Carlos Murilo até as duas da madrugada. Abre a alma. Diz que vai se fixar de vez na fazenda. Concentrar-se nela e no novo escritório em Brasília, no Edifício Oscar Niemeyer, carinhosamente preparado por Vera Brant e pelo próprio Carlos Murilo. Ler bastante, ver novelas, bons filmes, viver o melhor possível dentro de suas limitações. Sim, quer paz, sossego. Segundo Murilo, ele também disse que aproveitaria a viagem para visitar a fazenda do amigo Renato Costa Lima, presidente do Instituto Brasileiro do Café (IBC) durante seu governo. É na região de Resende, estado do Rio de Janeiro. Para conhecer a criação de gado pardo-suíço dele. Pretendia investir em pecuária leiteira na fazenda de Luziânia. Mas cancelou a visita à última hora, porque soube, pouco antes de sair de São Paulo, que Renato estava na Europa.

Brasília, manhã de sexta-feira, 20 de agosto de 1976. No aeroporto, JK se encontra com o senador André Franco Montoro e com o deputado federal Ulysses Guimarães, ambos do MDB paulista. Mau tempo obriga o avião a pousar em Viracopos, Campinas, e atrasa em duas horas a chegada a São Paulo. Hospeda-se na Casa da Manchete, com o amigo Adolpho Bloch. Aí encontra também outro amigo, o escritor e jornalista Carlos Heitor Cony. É onde passa suas duas últimas noites. Em certos momentos, parece ansioso, estranho. Não é para menos. Muita pressa, pressões. Discretamente, telefona para Maria Lúcia Pedroso. Confirma viagem de carro ao Rio no domingo para encontrá-la.

São Paulo, manhã de sábado, 21 de agosto de 1976. Por volta das dez horas, o presidente liga para o motorista Geraldo Ribeiro, no Rio, e pede que venha buscá-lo em São Paulo no dia seguinte.

Segundo a filha de Geraldo — a advogada Maria de Lourdes Ribeiro —, Juscelino explica que precisa chegar incógnito ao Rio e que não vai demorar. Pede discrição, ninguém deve saber. Com certeza, não quer correr risco algum de ferir dona Sarah, botar mais lenha na fogueira. Logo seguirá para Brasília. Combinam encontro às duas da tarde no quilômetro dois da Via Dutra. Nesse telefonema, sempre segundo a filha, Juscelino diz ao amigo que quer levá-lo para morar em Goiás. Rindo, Geraldo responde que então prefere Belo Horizonte, meio caminho entre o Rio e Brasília. Riem, divertem-se. Coisa de velhos amigos. Logo depois, o presidente sai com Olavo Drummond, amigo pessoal, mineiro de Araxá, advogado, jornalista, homem público, procurador da República, poeta. Zanzam por São Paulo, visitam livrarias. Almoça com Adolpho Bloch em casa de amigos. Despedem-se, Adolpho viaja para o Rio. À noite, JK faz a palestra no Clube Nacional, em essência uma exaltação ao desenvolvimento com liberdade. É muito aplaudido, tratado com carinho e admiração. Bons momentos.

Domingo, 22 de agosto de 1976. JK toma o café da manhã na Manchete, onde Olavo Drummond o apanha de carro. Mais andanças pela cidade. Vão à casa de Fábio Andrada, filho do presidente Antonio Carlos Ribeiro de Andrada. Não estava. Olavo então sugere uma visita ao seu amigo Paulo Salim Maluf, cujo filho, Otávio, estava hospitalizado, saindo de quadro difícil depois de acidente. Mas Maluf tinha ido ao hospital. Seguem então para a casa de Sebastião de Almeida Ribeiro. Conversa sobre projeto de plantação de flores na fazenda de Luziânia. Vão depois à residência de Adhemar de Barros Filho. Objetivo: visitar seu garoto, de quatorze anos, afilhado de batismo de Juscelino. Quando já estavam de saída, vem da cozinha sedutor aroma de macarronada, paixão do presidente. Ele não resiste. Induz convite e, juntamente com Olavo, almoça com apetite e felicidade de menino esfomeado. Agradecem e saem. Juscelino diz ao amigo que telefona do Rio assim que chegar a casa. E que se alguém perguntar por ele — dona Sarah? —, informe que voltou a Brasília. Detalhe: a fazenda JK não tinha telefone. Despedem-se com um abraço. JK entra num carro da Editora Bloch e vai embora.

Duas da tarde, quilômetro dois da Via Dutra. Juscelino acomoda-se no banco traseiro do Chevrolet Opala de placa BH 9326, da antiga Guanabara, tira os sapatos, velho hábito, e acena alegremente para o motorista da Bloch ao partir. Está alimentado, cansado, relaxado. Quer dormir um pouco. Às 17:55, 162,8 quilômetros depois, o carro — conforme a conclusão técnica oficial — teria sido tocado na traseira esquerda pelo ônibus de passageiros de prefixo 3148 da Viação Cometa, de São Paulo, placa HX 2630, dirigido por Josias Nunes de Oliveira, de 33 anos, paulista de Rancharia, casado, dois filhos. Desgovernado, atravessa o canteiro divisório, invade a contramão e é colhido por carreta Scania-Vabis da cidade de Orleães, Santa Catarina, placa ZR 0938, conduzida por Ladislau Borges, de 47 anos, que vinha do Ceará com trinta toneladas de sacos de gesso. No reflexo, Ladislau golpeia o volante para a direita, mas não consegue evitar o choque. Por uma fração de segundo. Se passasse, o Opala entraria no terreno plano adjacente — talvez sem maiores problemas — até parar. Esmagado e arrastado para fora da estrada, ele se transforma num amontoado de ferros retorcidos, vidros espatifados, assentos destruídos e ensanguentados. Juscelino e Geraldo viram saudade. Brasília perde seu idealizador, realizador, pai e profeta. O Brasil perde dois filhos e consagra um mito.

Nasce o enigma da morte de Kubitschek. Acidente comum de estrada? Falha humana ou mecânica? Toque intencional ou não do ônibus da Viação Cometa no Opala? Crime político? Polêmica. Certezas contra suspeitas. Desconfiança. Mataram ou não JK? A perícia oficial diz que não, que o carro se desgovernou ao ser tocado pelo ônibus, cujo motorista responsabiliza pelo acidente. Josias nega, garante que o Opala não fez a curva. Foi duas vezes julgado e absolvido. Sua vida mudou, mergulhou na miséria, virou uma sombra de si mesmo. Para muitos, JK foi assassinado. Tiro no motorista, bomba ou sabotagem no carro. Fala-se muito em ação da sinistra Operação Condor, organização secreta criada em 1974 pelas ditaduras do Cone Sul para afastar lideranças políticas adversárias. Dona Sarah e a filha Márcia morreram acreditando em homicídio doloso.

Em 1996, Serafim Melo Jardim, amigo e secretário de JK, com a ajuda do conceituado advogado Paulo Castelo Branco, de Brasília, tentou reacender a questão. Foram ao local, fizeram dezenas de contatos, reviraram os autos, formalizaram pedido de reabertura. Empenharam-se a fundo. Conseguiram até a exumação do corpo do motorista Geraldo Ribeiro, em Belo Horizonte. Suspeita de tiro na cabeça, que exame lá realizado não confirmou. As investigações logo cessaram. Agosto de 1996, vinte anos, prescrição. O processo é definitivamente arquivado. Mas não as dúvidas e suspeitas. Em junho de 2000, a Câmara dos Deputados criou comissão para verificar as causas e as circunstâncias do acidente. Presidente: deputado Paulo Octávio Alves Pereira, casado com Anna Christina, neta de JK, filha de Márcia Kubitschek. Sete meses de trabalho, dezenas de depoimentos colhidos, muitas discussões e debates técnicos, repericiamento quase completo, simulações de hipóteses, viagens investigativas e de pesquisa ao Chile, Paraguai e Estados Unidos. Conclusão: foi mesmo acidente de estrada, mas o nome de Kubitschek estaria na agenda da Operação Condor. Novas provas? Nenhuma. Atuaram dois novos peritos, que ratificaram as conclusões a que chegaram os colegas cariocas em 1976, consideradas falhas pela Justiça e inaceitáveis pelos que suspeitam de assassinato. Resumo: a morte do presidente permanece nebulosa, enigmática, polêmica. Inclusive para o povo. Crime premeditado ou desastre? Afinal: mataram ou não JK? Do escritor e jornalista Carlos Heitor Cony, depois de acompanhar o assunto anos a fio, apurar tudo, discutir e refletir exaustivamente sobre o acidente:

Eu entrevistei as pessoas que fizeram o levantamento da delegacia de Resende. E um dos técnicos me disse o seguinte: precisaria haver vinte computadores de última geração para programar um acidente daquele tipo. De maneira que é mesmo insofismável que houve o acidente. Mas aí há um paradoxo. Os indícios de que houve um crime são maiores que as provas. (...) Agora, um acidente em si não se justificaria, porque o que matou o Juscelino, na realidade, foi a carreta que vinha na outra pista. O carro poderia perfeitamente — da pista que vinha para o Rio de Janeiro, em que o ônibus da Cometa teria batido nele — ter passado para a outra pista e, se não tivesse nada nela, ele [Juscelino] iria evidentemente se machucar. Seria um acidente de certa proporção, mas não mortal como foi. Porque foi um acidente muito violento. A lanterna da frente veio aparecer no estômago do Juscelino. E foi o choque com a carreta que o matou.[251]

Trecho final de carta do presidente a Geraldo Ribeiro, datada de Nova York, 24 de março de 1970:

Aceite com todos os seus o penhor de minha gratidão e o de minha família pela sua conduta sem mácula e, na amizade que nos ligou até agora, colhamos ensinamentos para prosseguirmos amigos até o fim de nossa caminhada.

Conclusões que parecem lógicas e compatíveis com os fatos até agora conhecidos e anunciados. Mas persistem muitas dúvidas e sombras. Estranho e trágico o fim da caminhada de JK e Geraldo Ribeiro. Muitas perguntas sem resposta, muitas suspeitas. Acidente de estrada? Crime de morte? Mistério.

Campo da Esperança

O corpo de Kubitschek é levado para o Instituto Médico-Legal do Rio de Janeiro na madrugada de segunda-feira, 23 de agosto de 1976. Depois de autopsiado, segue para a sede da Editora Bloch, na rua do Russel, onde é velado. Um dos presentes é o governador Faria Lima, do Rio de Janeiro. Adolpho Bloch abraça-o e chora como criança. De manhã, mais de três mil pessoas acompanham, a pé, o transporte do corpo até o aeroporto Santos Dumont, de onde vai para Brasília. Comoção. A capital para pela segunda vez. A primeira tinha sido em janeiro de 1959, para se despedir de Bernardo Sayão, Juscelino à frente. Agora é o adeus ao próprio fundador. De novo a morte brutal, traumática. Um choque. É velado na Catedral. O povo toma conta do líder, vigia tudo. Há missa de corpo presente. Depois procissão colossal. Cenas de arrepiar. No final da noite, mais de 100 mil pessoas, em silêncio tumular — às vezes quebrado por coral de milhares de vozes a entoar a canção *Peixe vivo*, marca viva de JK —, percorrem a pé o longo percurso até o Campo da Esperança. O corpo segue à frente, num caminhão do corpo de bombeiros. Lentamente. Nos olhos de todos, minas de lágrimas. Dentro do peito, um oco. Nos corações, tristeza profunda, suspeitas, desconfiança. Medo, não. Perto do cemitério, o povo pega o caixão e leva até o ponto final. JK é sepultado às 11:40 da noite de 23 de agosto de 1976 na Área Especial nº 1, Praça dos Pioneiros. Perto do amigo Bernardo Sayão, parceiro de sonhos. Belo monumento em mármore de Carrara foi erguido no local logo depois. Empenho de Vera Brant, engenho e arte de Niemeyer. O mármore veio de sobras da construção da Catedral. Lembra uma coluna do Palácio da Alvorada. Partida, quebrada. Inscrição: "Tudo se transforma em alvorada nesta cidade que se abre para o amanhã." Cinco anos depois, os restos mortais do presidente foram transferidos para o Memorial JK, na parte mais alta do Eixo Monumental.

O governo Geisel decreta luto de três dias. É a primeira vez que o regime militar homenageia um político cassado. Muitos brasileiros ilustres, de todas as áreas, manifestaram-se sobre JK e sua obra. Um dos mais felizes foi o velho amigo Clóvis Salgado, médico e homem público mineiro:

> Daqui a dois mil anos, Juscelino será o único brasileiro a ser lembrado pelos seus compatriotas. Brasília tornou imortal esse homem que não costumava olhar para trás, sempre para a frente, com otimismo convicto.

Síntese de André Franco Montoro, senador por São Paulo:

> As cinco lições de Juscelino: pioneirismo na luta pelo desenvolvimento do Brasil, democracia, diálogo, entusiasmo e confiança em seus empreendimentos, tolerância e respeito para com os adversários.

Certa vez, em visita ao túmulo de Bernardo Sayão, JK disse que gostaria de ser enterrado ao lado, à sombra de uma árvore. Vera Brant lembrou-se disso e conseguiu que transplantassem para lá, em setembro de 1976, bela sibipiruna de seis metros de altura. Meses depois foi preciso retirá-la para executar o projeto de Niemeyer. Vera então levou-a para casa. Plantou-a no quintal, no Lago Sul, bem no alto, de onde se vê a cidade.

No Congresso Nacional, em novembro de 1976, o deputado Tancredo Neves faz candente pronunciamento de improviso sobre a vida e a obra de Kubitschek. Fragmento:

> Cassaram-no, é verdade. Baniram-no da vida pública. Os vilipêndios que atormentaram os últimos anos de sua existência não o abateram e nem o diminuíram; ele cresceu no coração do povo. Na sua humildade cristã, ele encontrou as forças da altivez e da

honra para enfrentar e suplantar as maquinações do ódio. Os interrogatórios inquisitoriais não demoliram seu ânimo. As ameaças do terror não o amedrontaram. Mas, no exílio, ele se entibiou e sofreu. A saudade da pátria distante e o temor de que não pudesse mais revê-la angustiavam-no e penetravam no seu coração como uma agonia.[252]

As comendas cassadas em 1964 são devolvidas à família. Todas. Inclusive as de mérito militar. Em 1980, o presidente João Baptista de Oliveira Figueiredo baixa decreto que revoga todas as punições impostas em governos anteriores. Completa-se finalmente a absolvição formal por crimes não cometidos. A reabilitação moral e política oficial. Ainda que tardia, póstuma. De Rui Barbosa (1849-1923), na *Oração aos moços*: "A justiça atrasada não é justiça, senão injustiça qualificada e manifesta."

Em 1981, 12 de setembro, aniversário de Juscelino, ao lado de Sarah Kubitschek — a fundadora — e família, o presidente Figueiredo e o governador do Distrito Federal, Aimé Alcebíades Lamaison, inauguram o Memorial JK, projetado por Oscar Niemeyer. Construído em dezessete meses, compreende monumento, sala de pesquisa, museu, biblioteca e mausoléu, para onde foram transladados os restos mortais do presidente. Deve-se esse monumento e centro de cultura principalmente ao trabalho e perseverança de dona Sarah. Ela obteve o apoio do presidente Figueiredo e do governador Lamaison, mobilizou toda a família, envolveu amigos, companheiros e admiradores do marido. Como Oscar Niemeyer, Honório Peçanha, Adolpho Bloch, Renato de Alencar Azeredo, José Sette Câmara, Olavo Drummond, Sérvulo Tavares, Affonso Heliodoro, Oswaldo Maia Penido, Victor Nunes Leal, Sérgio Gomes de Vasconcelos, Francisco Carneiro, Dario de Souza Clementino, Almir Francisco Gomes, Lindberg Aziz Cury, Newton Egydio Rossi, Roberto Wagner Monteiro e muitos outros.

Parêntese: Kubitschek não esperava grandes homenagens nem em vida nem depois. Muito menos um memorial. Só contava mesmo com o carinho do povo. Esse nunca lhe faltou. Em agosto de

1976, na fazenda JK, poucos dias antes do acidente fatal, o confidente, primo e amigo Carlos Murilo, impressionado com o desalento dele diante da situação política do país, provocou-o:

— Olhe, presidente, isso tudo aí não demora a passar. Daqui a alguns anos o senhor vai ter estátua espalhada pelo Brasil todo.

— Eu?! Estátua?! Não vão deixar pôr nem um bustozinho meu![253]

Morta em fevereiro de 1996, dona Sarah empresta o nome ao principal centro de referência em doenças do aparelho locomotor da América Latina, o Hospital Sarah Kubitschek, de Brasília. E também à principal área verde de lazer da cidade, o Parque Sarah Kubitschek, de 4,2 milhões de metros quadrados.

Brasileiro do Século

Em novembro de 1999, júri integrado por trinta ilustres brasileiros de diferentes campos profissionais indicou os trinta líderes e estadistas nacionais que mais se destacaram no século XX. A lista foi reduzida para vinte, mediante votação. Vencedor: Juscelino Kubitschek de Oliveira, seguido de Getúlio Vargas.[254]

De janeiro a outubro de 1999, dentro do mesmo critério e com igual objetivo, dez outros júris já haviam indicado vinte personalidades a serem homenageadas em outras dez categorias. Resultados: religião — Irmã Dulce; esporte — Ayrton Senna; educação, ciência e tecnologia — Oswaldo Cruz; música — Chico Buarque; economistas e juristas — Rui Barbosa; arquitetura e artes plásticas — Oscar Niemeyer; literatura — Machado de Assis; artes cênicas — Fernanda Montenegro; comunicação — Roberto Marinho; empreendedor — conde Francesco Matarazzo. Dentre os 220 escolhidos pelos onze júris, sai também o *Brasileiro do Século*: novamente Juscelino Kubitschek de Oliveira. Ganha a eleição com 21,1% dos votos. O presidente Fernando Henrique Cardoso entrega o título a Márcia Kubitschek em 14 de dezembro de 1999, no Palácio do Itamaraty, em Brasília. Ele diz:

Eu não sei se haverá muitos lugares hoje no mundo em que seja possível como nós, aqui e agora, nesta cidade, quase à moda renascentista, homenagearmos alguém que criou uma cidade. E que, ao criar essa cidade, teve o condão de chamar os melhores artistas do país, como é o caso de Niemeyer, e deixar marcas que vão perpetuar-se pelos séculos afora. Que, ao criar uma cidade, cria também uma espécie de síndrome permanente de um país que acredita em si mesmo. Eu não sei se haverá muitos lugares hoje que têm essa força que o Brasil tem e que esteja tão bem simbolizada como por Brasília. É alguma coisa de extraordinário que o criador de Brasília seja o homem do século. Criou Brasília. E, ao criar Brasília, recriou o Brasil. Com líderes como esse, não temos o que temer, pois somos capazes, como povo, de seguirmos adiante. Pedimos a JK que continue a nos inspirar.

Márcia Kubitschek chora ao fazer discurso de agradecimento. Fragmentos:

Quando fez o seu caminho para o mundo, levou as imagens da infância vivida em Diamantina como o seguro de viagem. Neto de um imigrante tcheco, que buscava o Serro empurrado pelo sonho, órfão de pai muito menino, meu pai construiu o seu destino na obstinação de servir. Escolheu a medicina e descobriu, ao formar-se, que o seu amor ao povo pedia-lhe mais ainda. (...) Presidente da República, cumpriu o que prometera: convocou o futuro para o seu mandato e, em cinco anos, construiu o que exigiria meio século.[255]

Em tempo. Outra amostra. São Paulo, 18 de fevereiro de 2001, domingo. Ao comemorar um dia antes, com ato multirreligioso, oitenta anos de existência, a *Folha de S. Paulo* perguntou a 34 convidados — líderes políticos, altas autoridades federais e estaduais, empresários, intelectuais, jornalistas, técnicos — qual o político brasileiro mais importante dos últimos oitenta anos. Venceu JK, com quatorze votos, seguido de Vargas, com doze.

Presente e futuro

De Oscar Niemeyer, semeador de belezas arquitetônicas:

E Brasília foi consagrada Patrimônio da Humanidade e protegida para sempre de seus habituais e conhecidos predadores.[256]

De fato, o reconhecimento internacional fortalece e dá nova dimensão à preservação do patrimônio. Divulga e evidencia o bem, atrai o turismo, induz fiscalização mais intensa e transparente, federal e local, inclusive pelo dever de informar regularmente a situação. Inibe e dificulta agressões e transgressões. Mas não dispensa eterna vigilância dos governos. E principalmente da sociedade.

Patrimônio da humanidade

Paris, 7 de dezembro de 1987, reunião do Comitê do Patrimônio Mundial, da Unesco. O conjunto arquitetônico do Plano Piloto de Brasília é inscrito como patrimônio cultural da humanidade. Um bem de valor excepcional e universal, marco do urbanismo moderno do século XX. É o primeiro monumento recente a ser reconhecido. Aprovação unânime dos 21 membros: Argélia, Austrália, Brasil, Bulgária, Canadá, Cuba, Estados Unidos da América, França, Grécia, Índia, Itália, Líbano, Malawi, México, Noruega, Paquistão, Sri Lanka, Tanzânia, Tunísia, Turquia e Iêmen. O governo do Distrito Federal prepara nova legislação em 1989, voltada para a preservação dos diferentes tipos de patrimônio. A ratificação do governo federal veio em 1990, com a inscrição de Brasília nos Livros de Tombo do Patrimônio Histórico e Artístico Nacional e com a Portaria nº 4, de 14 de março de 1990, da respectiva Secretaria, depois alterada pela Portaria nº 314, de 1992. A partir de então a preservação de Brasília passa a ser objeto da atenção e ação conjunta de órgãos federais e locais, conforme previsto na Constituição Federal.

Há na Praça dos Três Poderes marco projetado por Niemeyer, representativo do reconhecimento da Unesco. Foi inaugurado em 29 de julho de 1988.

José Aparecido de Oliveira, na época governador de Brasília, conta que teve preciosa ajuda na construção do reconhecimento. Como, por exemplo, a do arquiteto Ítalo Campofiorito, que trabalhou com Niemeyer, inclusive em Brasília. Ele foi muito importante em todos os estudos, levantamentos e equacionamento da solução. Nos entendimentos e na preparação de tudo que era necessário para o reconhecimento. Foi muito útil trabalho de 1984 da arquiteta Maria Elisa Costa e de Adeíldo Viegas, intitulado *Brasília, de 1957 a 1985*. Isto é, do Plano Piloto ideia ao Plano Piloto lugar. Lucio Costa utilizou-o em seu *Brasília revisitada*, um dos trunfos para o reconhecimento.

Acrescente-se ainda, entre outros, o arquiteto Carlos Magalhães, então secretário de Obras, e a arquiteta Briane Panitz Bicca, residente em Brasília. Deu também grande contribuição o professor José Carlos Figueiredo Ferraz, ex-prefeito de São Paulo, que coordenou o seminário *Brasília: concepção, destino e realidade*.

Oscar Niemeyer ganhou prancheta no gabinete do governador de Brasília. Lucio Costa e ele prestaram assistência incessante. No exterior, Aparecido destaca o papel do professor Léon Pressouyre, da Universidade de Paris-Sorbonne, relator do processo de Brasília. E não menos o do senegalês Amadou Mahtar M'Bow, diretor-geral da Unesco, onde era embaixador brasileiro o escritor Josué Montello, incansável no acompanhamento e no apoio ao projeto. Outros destaques: o professor Augusto Carlos da Silva Telles, do SPHAN, e o escritor e jornalista Osvaldo Peralva. Dois anos de luta contínua.[257]

José Aparecido relembra:

Em 1984, eu era secretário da Cultura de Minas, no governo do Tancredo. Um dia ouvi o Afonso Arinos de Melo Franco dizer o seguinte: "Eu fui menino numa cidade menina. Se Belo Horizonte tivesse preservado o urbanismo e a arquitetura originais, ela seria monumento arquitetônico único da belle époque, uma referência fundamental do final do século passado e do início deste." Dizia Afonso Arinos que, cada vez que ia a Belo Horizonte, percebia uma cidade crescentemente descaracterizada, que perdeu sua personalidade, seu caráter, a proposta original. Fiquei com a advertência na cabeça. Quando assumi o governo de Brasília, em maio de 1985, eu me lembrei disso. E achei que a primeira ação que devia tentar era fazer de Brasília uma obra de preservação não só arquitetônica, urbanística e paisagística, mas uma proposta que tivesse reconhecimento internacional, de modo a conter a especulação imobiliária, que é sempre a descaracterizadora das melhores propostas e projetos urbanísticos. Goiânia e Belo Horizonte são dois exemplos. O Darcy Ribeiro inventou depois uma comparação divertida: "O Aparecido é mais doido do que eu. Tentar que uma cidade de 27 anos seja patrimônio da humanidade, só mesmo com a coragem de quem crava uma lança na lua. Cravou." Isso foi muito importante, porque é a forma de conter os apetites que ainda hoje se mostram em torno de Brasília. Se não tivéssemos tombado o Plano Piloto, não tenho dúvida alguma de que a cidade já estaria descaracterizada.[258]

O que é mais importante para um patrimônio cultural da humanidade? A preservação, claro. É dever superior de quem governa e de quem mora em Brasília. Fiscalizar e combater a degradação, a descaracterização, a desfiguração, a deformação. Lutar. Seja contra a ação do tempo, conservando e restaurando, seja principalmente contra distorções, descaso, ambições menores e outros crimes contra esse valor universal. Sempre. Sua beleza é frágil e não irreversível. A funcionalidade também. Tesouros do povo brasileiro e da humanidade.

Parêntese. Até este início do século XXI, o Brasil teve doze sítios histórico-arquitetônicos e naturais considerados Patrimônio da

Humanidade pela Unesco. Plano Piloto de Brasília, ruínas jesuítico-guaranis das missões, no Rio Grande do Sul; seis centros históricos de cidades mineiras e nordestinas; parques nacionais da Serra da Capivara, da Costa do Descobrimento, de Foz do Iguaçu e da Mata Atlântica. Lugares como Brasília, o centro histórico de Salvador, Olinda, Ouro Preto e outros tesouros do povo deviam ser confiados apenas a quem comprovadamente saiba e possa preservá-los. Governantes não são donos, só administram, passam. Essas riquezas não são de ninguém, mas de todos. Foram feitas com o dinheiro, o suor, o sofrimento, o sangue, o sonho e o talento dos brasileiros. Elas são muito delicadas e vulneráveis para ficarem sujeitas apenas à sensibilidade e à vontade de quem eventualmente governe. Do acaso e de boas regras legais. De sorte na rotatividade dos mandarins, santa roleta-russa da democracia. Não há outra maneira que não seja investir maciçamente em educação e conscientização. É sobretudo o povo quem tem de valorizar, vigiar e protestar pelo que é seu e das gerações futuras. Nem mesmo o reconhecimento como patrimônio cultural da humanidade protege inteiramente esses sítios, inclusive os naturais. Por quê? Simplesmente porque não os torna invulneráveis. Para muitos as leis parecem existir para serem distorcidas ou burladas. Além disso, a praga danada da impunidade estimula o desrespeito. E a da corrupção faz estragos dantescos nos interesses sociais, principalmente em países riquíssimos em pobreza como o Brasil. Preservar é fundamental, indispensável.

Ímã de migrantes

Brasília tinha 140 mil habitantes na inauguração, abril de 1960. Pensada por seus planejadores para máximo de 500 mil habitantes aos quarenta anos, na virada para o século XXI, alcançou 2 milhões. Quatro vezes mais. Aos cinquenta, ultrapassou 2,5 milhões. Crescimento assombroso, tumultuado e desordenado. São Paulo totalizou 2 milhões de habitantes em 1949. Precisou de 395 anos. O Rio em 1944, aos 379 anos.

Do mineiro João Pimenta da Veiga Filho, advogado, homem público, ex-ministro de Estado das Comunicações:

> Imagine o Brasil sem Brasília. Em minha infância, em Belo Horizonte, tínhamos duas referências de fim do mundo: uma, que o Brasil inteiro usava, era Bagdá, deu até música de carnaval. Outra era Unaí. Entre Unaí e Belém hoje existem 40 milhões de brasileiros por causa de Brasília. Antes de Brasília eram 400 mil. Criou-se um polo.[259]

Ela é fortíssimo ímã de migrantes para seu território e áreas próximas. E cada vez mais uma síntese do Brasil. Atrai gente de toda parte, principalmente do Nordeste, Goiás e Minas. Conforme o IBGE, desde a década de 1990 o eixo de crescimento populacional do país deslocou-se do Rio e São Paulo para outras áreas, como a região de Brasília.

Por que isso aconteceu? Os migrantes são atraídos pelas desigualdades de renda, diferencial de qualidade de vida, oportunidades de emprego, de acesso à moradia e a serviços públicos. Afinal, há um oceano de pobreza e de falta de oportunidades e alternativas concentrado nas áreas e regiões mais subdesenvolvidas do país.

Por que exatamente Brasília? Pela atração natural que ela exerce como capital federal. Pela fama, força, *glamour*, luzes e brilho. Ela é comumente percebida como polo de desenvolvimento, quase um eldorado de oportunidades, um novo mundo, onde pelo menos se pode receber alguma assistência do setor público. Representa um sonho quase sempre impossível nas principais áreas de emigração.

Mais: em Brasília, a maior parte das terras pertence ao governo. Daí, a proliferação de loteamentos irregulares, ocupações e parcelamentos inadequados e tudo o mais. Há uma cultura de desrespeito ao espaço público, das normas. Inclusive invasões historicamente toleradas sem maior contestação, devido a olhar político-social e interesses eleitorais. Ao contrário de outras cidades, onde os proprietários privados defendem com unhas e dentes os seus terrenos. Inclusive judicialmente.

Roberto de Oliveira Campos (1917-2001) era contundente ao analisar a escalada populacional:

> Isso foi lamentável! Derivou da falta de oportunidades econômicas. Terminada a construção de Brasília e não sendo o ímpeto econômico dela substituído por nenhum esforço de industrialização, houve uma proletarização da periferia. E alguns governadores procuraram deliberadamente estimular a migração para Brasília, com a oferta de terrenos. Isso é um contraste absurdo, não é? A cidade mais moderna do Brasil é também hoje uma das cidades mais favelizadas na sua periferia. Quer dizer: o excessivo planejamento da capital artificial foi complementado por total falta de planejamento da periferia. É um espetáculo chocante para o estrangeiro! Como é que se pode planejar uma capital e não o seu entorno?[260]

A migração é também encorajada pelas informações e apoio que os emigrantes potenciais recebem dos familiares já instalados. O eficaz boca a boca, a certeza de algum apoio. A verdade é que Brasília significa para muitos desesperada esperança de ruptura com situação intolerável. Sinaliza e simboliza condições de vida superiores. Bem ou mal, acesso a emprego, renda, serviços públicos essenciais, particularmente de saúde e educação, frequentemente precários ou inacessíveis nas regiões expulsoras. Ganhar algum dinheiro, conseguir melhores perspectivas de vida.

O cientista Eliseu Andrade Alves, expoente da Embrapa, reconhecido estudioso do fenômeno das migrações internas, resume assim o processo:

> A questão principal é o diferencial de renda entre Brasília e as áreas de origem dos migrantes. A média da renda familiar do sertão nordestino, por exemplo, é cinco vezes inferior à do meio rural do Centro-Oeste, onde está Brasília. Também pesa muito a oferta de serviços sociais, como educação e saúde. Um guardador de carros de Brasília ganha muito mais que um trabalhador rural do inte-

rior do Nordeste. As famílias das áreas muito pobres não migram mais ainda por ignorância, desinformação e pobreza excessiva. A verdade é que mesmo na periferia mais pobre e sofrida de Brasília a maioria dos migrantes vive muito melhor do que antes. Tanto que dificilmente voltam. A distribuição de lotes, a bolsa-escola e outras vantagens oferecidas, que considero até justas, estimulam a migração. Mas mesmo sem elas o fluxo ainda seria intenso. Como já era antes. [261]

É fato que até hoje os reflexos da grande migração associada ao processo de urbanização do Brasil Central ainda não foram pesquisados e analisados de forma sistemática. Quando há alguma ação, ela se limita aos efeitos locais. Apenas aos efeitos. Como acontece há décadas em Brasília. Os governos, corretamente, tendem a dar prioridade às áreas mais carentes. No mínimo, infraestrutura e serviços públicos básicos. Não pode deixar de fazê-lo. E, quanto mais faz, mais gente atrai.

O Distrito Federal transformou-se num arquipélago de cidades — a maioria muito pobre — de que a Brasília propriamente dita é a ilha central. Apesar do elevado índice de desemprego, algumas cidades-satélites — como Recanto das Emas, Riacho Fundo, Santa Maria e São Sebastião — apresentaram expansão das mais velozes da história na última década. E também o Entorno, cidades como Águas Lindas de Goiás e Santo Antonio do Descoberto. Fragmento da última entrevista de Lucio Costa, em outubro de 1997:

— É muito bom que as cidades-satélites existam, para que o Plano Piloto não seja sobrecarregado.

Para o economista e ex-ministro Antonio Delfim Netto, há nítida tendência de favelização periférica das grandes cidades brasileiras:

Acho que isso aí é uma contingência natural. Os centros urbanos atraem a favela. Não adianta estar com ilusão. Aqui se teve um movimento de governo que tentou resolver. Cada vez que tenta resolver, aumenta, porque é da natureza do assunto! Vamos dizer:

"Vou dar casa pra todo mundo!" Vem muito mais gente! "Vou dar emprego." Vem muito mais gente! Não se consegue vencer a maré, na medida em que você faz um projeto apenas local.[262]

Visto através das vidraças do Palácio do Buriti, coração do governo do Distrito Federal, o enxame populacional significa pressão permanente. Combate interminável aos efeitos do inchaço, já que as principais causas são exógenas.

Em nível local, a explosão demográfica agrava o crônico e crescente hiato entre recursos e responsabilidades, entre receitas e necessidades. Dificulta atuar de modo planejado. Tem significado casuísmo, improvisação. Pencas de grandes e pequenas obras para tentar ajustar o equipamento urbano à escalada da demanda de bens e serviços públicos. Historicamente. Repetição do acontecido em outras capitais brasileiras que também incharam, tornaram-se megalópoles e perderam qualidade de vida. E, no caso de Brasília, fazê-lo na ausência de vocação econômica bem definida. Até porque a cidade foi idealizada e construída para ser essencialmente administrativa. Nasceu para ser peculiar, única.

No Plano Piloto, origem e razão de tudo, os problemas já se amontoam. Desemprego, insegurança, congestionamento de trânsito, poluição, deterioração urbana. Subdesenvolvimento e suas manifestações.

Fora dele, na periferia, o quadro é heterogêneo e também pior e mais grave. Há desde cidades quase autônomas, como Taguatinga, fundada em 1958, que chegou aos cinquenta anos com quase 350 mil habitantes, até Santa Maria, na saída para o Rio de Janeiro, que aos dez anos tinha quase 100 mil habitantes. Formigueiro de gente. Nesta, tudo é mais difícil, precário. Mas nem mesmo assim o velho e bom humor brasileiro está ausente. Por exemplo: um dos muitos problemas graves de Santa Maria é o da segurança pública, turbinado pela carência de tudo e índices recordes de desemprego. As pessoas temem sair de casa, especialmente à noite. Então o povo diz o seguinte: "De manhã, é Santa Maria; às seis da tarde, é a Ave-Maria; à noite, Virgem Maria!!!"

Em resumo, é sobretudo a pobreza que engrossa as correntes migratórias. Baixo nível de renda, ausência de perspectivas e de esperança, falta de oportunidades de trabalho. Um exemplo? Aspas para o migrante José Alves de Oliveira, o Seu Zé, candango de primeira hora, que veio em 1958 da pequenina São Benedito, sertão cearense:

> Eu parece que nasci e me criei aqui em Brasília. Gosto dimais daqui. Não sei direito por quê. Até ali uns treis ano depois da chegada, eu tinha vontade dimais de voltá pro Norte. Agora num quero ir nem lá pra minha terra natal mais não. É aqui mesmo. Eu acho bom, tem serviço pra gente. E lá no Norte costuma num ter serviço, não. E quando aparece a paga é pouca, muito pouca. Às vezes eu lembro de lá, mas já não é muito, não. Num é aquela saudade medonha que tem gente que diz que tem. Eu sou assim meio diferente. As coisas lá é muito difícil, meio devagar. E o senhor sabe, como é que é. A gente aqui trabalhando, mesmo ganhando pouco, tá ali todo dia no serviço. Lá no Norte, se aparece um serviço é de dois, treis dia e aí para. Depois é mês sem aparecer é nada! Miséria é ruim dimais.[263]

Kubitschek imaginava outra realidade populacional. Com povoamento equilibrado e integração do país:

> Ao contrário da função que competira a Salvador — que fora a de impor a presença da dinastia na terra despovoada e selvagem — coube a Brasília uma tarefa bem mais profunda e de muito maior alcance: a de puxar, para o Oeste, a massa populacional do litoral, de forma a povoar o Brasil igualmente e, através desse empuxo migratório interno, realizar, quando muito no período de duas décadas, a verdadeira integração nacional.[264]

Juventude candanga

Pausa para amenidade. Os jovens brasilienses adoram a cidade. Divertem-se, brincam com ela e também brigam por ela. Defendem o berço com palavras, unhas e dentes. Abaixo, frases garimpadas entre candangas e candangos do Plano Piloto, Lago Sul e Lago Norte no final de 2000. Para elas e eles, alguém é brasiliense da gema se:

- conhece a profecia de Dom Bosco;
- pelo menos metade da família é de funcionários públicos;
- fica irritado quando alguém de fora pergunta se já viu o presidente da República;
- conhece os ministros, senadores e deputados como "o pai de fulaninho";
- quando vai a outra cidade, sente falta do verde e não entende por que fizeram ruas tão estreitas, com tanta esquina e cruzamento;
- sente-se confortável com umidade relativa do ar de 12% e dorme três meses de todo ano com uma toalha molhada, umidificador ou bacia d'água no quarto, o corpo lambuzado de cremes e manteiga de cacau;
- ouve dizer "é bem pertinho" e pensa tranquilamente em cinquenta quilômetros;
- acha que em todo lugar tem árvore com tronco torto;
- sente-se à vontade com endereços em coordenadas cartesianas;
- acha comum pessoas morarem em quadras e sabe do que estão falando quando perguntam: "Você conhece alguém do I da SQS 112?";
- todo fim de semana tem um churrasco e todo churrasco tem vinagrete, salada de batatas e pão com alho;
- acha que a natureza só cumpre um dever ao exibir todos os dias um pôr do sol cinematográfico;
- reclama: "Não tem nada para fazer nesta cidade", mas fica furioso quando alguém de fora diz isso;
- já foi mil vezes convidado para passar um final de semana na Chapada dos Veadeiros;
- sabe que a tesourinha da cidade não corta nada e que o balão não tem ar;
- acha que casa em forma de pirâmide é normal e que toda casa tem piscina.[265]

Futuro: esperança e preocupação

Pergunta de criança: o que as mulheres e os homens têm que Deus não tem? A esperança, claro. Deus conhece o futuro. Esperança é o outro nome de Brasília.

Apesar de tudo, Oscar Niemeyer agarra-se à esperança. Para ele, o próprio Brasil é uma questão de esperança. Mas observa que a cidade vive momento crítico. Cresceu muito, precisa ser bem defendida. Afirma que, se não houver controle, seu caminho será o das grandes metrópoles brasileiras e o homem esmagado e desmerecido. Já em 1974, com a autoridade de criador, escreveu que se cuidarem bem dela, se a contiverem demograficamente e a disciplinarem; se a vida se tornar mais justa e digna de ser vivida, nesse caso o mundo estará melhor e Brasília será a cidade mais bela e feliz que desejamos. Ainda ele:

> O necessário, a meu ver, no caso de Brasília, seria que os cargos da área cultural fossem ocupados por pessoas que amam esta cidade, que a admiram, que sintam como foi difícil realizá-la, corretamente, sem descanso, naquele fim de mundo. E assim se evitaria essa atitude suspeita dos que falam em "melhorá-la", como se Brasília não fosse uma cidade conhecida em toda a parte, tombada e já definida em sua arquitetura e no seu urbanismo, digna de respeito. Ao poder imobiliário eu aconselharia levar seus empreendimentos para as cidades-satélites, tornando-as mais acolhedoras e atualizadas, impedindo que a densidade demográfica da nova capital se multiplique e que em Brasília se repita o clima de desacerto e desespero urbano que se agrava, cada vez mais, em todas as metrópoles deste país.[266]

O Distrito Federal tem de ser governado com um olho no desenvolvimento das cidades-satélites e região de influência direta e outro, sempre bem aberto, nas demais áreas. Sobretudo na preservação do delicado e vulnerável conjunto urbanístico, arquitetônico e paisagístico que elevou Brasília a ícone mundial de arquitetura moderna.

Brasília é ou não irreversível como capital?

1964, início do regime militar. O presidente Castello Branco perguntou ao ministro Roberto Campos, do Planejamento, como poderia ser resolvida a questão Brasília. Ouviu então que só havia três soluções. Uma lúdica, outra diplomática e a terceira atômica. A lúdica seria convertê-la numa Las Vegas: divórcio fácil, jogo, prostituição etc. Um núcleo de divertimentos no Planalto Central. A solução burocrático-diplomática consistiria em cedê-la às Nações Unidas para sediar agências regionais. E a terceira seria a solução atômica: jogar uma bomba atômica e acabar com ela. Concluiu assim: "Como nenhuma dessas soluções é atraente ou factível, estamos a ela condenados por muitos anos."[267]

Apesar de crítico severo, Campos considerava Brasília basicamente irreversível, porque o antagonismo que desperta está bastante confinado ao Sul do país. Nordeste e Centro-Norte tendem a se unir contra qualquer tentativa de mudar a situação. Segundo ele, para os nordestinos ela é algo extremamente interessante, porque lá aceitam as teorias de apoio à penetração do interior e de excesso de poder econômico do Sul. Considerava impossível mobilização política capaz de mudar o quadro. E mesmo que fosse viável, acrescentava maliciosamente, ainda haveria o problema do que fazer do complexo urbano existente.

Visão de Lucio Costa, em texto de 1988:

> O que ocorre em Brasília e fere nossa sensibilidade é essa coisa sem remédio, porque é o próprio Brasil. É a coexistência, lado a lado, da arquitetura e da antiarquitetura, que se alastra; da inteligência e da anti-inteligência, que não para; é o apuro parede-meia com a vulgaridade, o desenvolvimento atolado no subdesenvolvimento; são as facilidades e o relativo bem-estar de uma parte, e as dificuldades e o crônico mal-estar da parte maior. Se em Brasília esse contraste avulta é porque o primeiro élan visou além — algo maior.[268]

Principal palco e polo de poder político, Brasília é quase sinônimo de polêmica. Há, por exemplo, os que a enaltecem cegamente e pronto. Creditam-lhe um Brasil melhor e mais integrado. Sustentam que, se a capital tivesse permanecido no Rio, tudo estaria muito pior. Inclusive o próprio Rio, saturadíssimo. Eis discussão sem pé nem cabeça, impermeável a respostas indiscutíveis. O que teria acontecido se não tivesse acontecido o que aconteceu? História imaginária, contrafactual. Ficção. Cada um pode construí-la como quiser. Nas palavras de Antonio Delfim Netto:

> Essas coisas não têm como ser comparadas. Não se pode voltar atrás. Ninguém sabe o que seria o Brasil sem Brasília. Só sabemos o que é o Brasil com Brasília. Teve defeitos? Teve. Teve vantagens? Teve. Então, não há possibilidade de responder ao seguinte: o que seria o Brasil sem Brasília? É irrespondível.[269]

Saturação e vigorosa demanda de infraestrutura urbana. Explosão populacional, crescimento desordenado, dúzias de cidades mais ou menos carentes em torno da cidade originalmente planejada, gordos índices de desemprego aberto e disfarçado, proliferação da violência urbana em progressão geométrica, aumento do crime organizado, problemas de tráfego e trânsito, invasão e ocupação ilegal de terras públicas, parcelamentos irregulares, mudanças de destinação de terras rurais para urbanas, degradação ambiental, poluição, desmatamento, ameaças à integridade da área tombada como patrimônio cultural da humanidade, exacerbação do gasto público, agravamento da dependência financeira direta e indireta da União, ainda a principal responsável por emprego, renda e receita orçamentária da cidade.

A verdade verdadeira é que a cidade está cada dia mais parecida com outras metrópoles brasileiras atropeladas por intenso crescimento urbano e adensamento demográfico. São Paulo, Rio de Janeiro, Belo Horizonte, Porto Alegre, Salvador, Recife, Fortaleza, Belém, Goiânia e outras. Avalanche de problemas, queda da qualidade de vida, soluções cada vez mais complexas e caras, disparada de custos.

Soluções? Rumos? A maravilhosa Alice de Lewis Carroll já ensinava o seguinte, em 1865: "Para quem não sabe aonde vai, qualquer caminho serve." Portanto, antes de tudo, sério, competente e democrático projeto de desenvolvimento do Distrito Federal e do aglomerado metropolitano. E também de preservação e conservação, principalmente do que é patrimônio cultural da humanidade.

José Sarney, presidente da República em 1985-90, foi um dos primeiros moradores. Deputado federal pela UDN no governo Kubitschek, apoiou a mudança. Chegou em 1959, com a família, e não saiu mais. Gosta da cidade, que conhece como o próprio bigode. Tem casa no Lago Sul. Acompanhou a evolução, preocupa-se com seus rumos e futuro. Defende enfaticamente a preservação e a conservação do conjunto arquitetônico reconhecido pela Unesco como patrimônio cultural da humanidade. Mas adverte que Brasília precisa criar condições de viver com os próprios meios. Mantidas as práticas e a tendência histórica, as condições locais podem deteriorar-se até o ponto de induzir outra solução a longo prazo. Não basta ser só o Distrito Federal. Viver praticamente disso, pesar tanto no Orçamento da União. É preciso estudar a vocação, criar estrutura de autossustentação, um centro de irradiação em torno dela. Ainda Sarney:

Não um centro de pobreza, não um centro de miséria, não um centro de violência. Mas um centro de desenvolvimento viável e competitivo. É preciso estudar, pesquisar, debater, refletir, planejar, buscar a verdadeira vocação. Brasília precisa pautar-se em visão planejada. Não pode ser improvisada. E muito menos abandonada. Se isso acontecer, em vez de servir ao Brasil, ela vai se tornar um grande problema nacional. É urgente estudar e debater a sério sua vocação. Ela tem de ser definida e concretizada. Induzida de modo planejado. Brasília tem de se tornar uma grande cidade autossustentada do Centro-Oeste. Não pode ser apenas a cidade administrativa originalmente pensada, ainda hoje praticamente resumida à Praça dos Três Poderes. O Palácio do Planalto, o Supremo Tribunal Federal e o Congresso Nacional. Ela tem de romper esse círculo de ferro a que está circunscrita. Cercada por correntes de pressão, como se o poder pudesse ser exercido na base dessas pressões. O mundo mudou totalmente. Brasília, para sobreviver a longo prazo, tem de ser repensada.[270]

Qual o futuro da cidade de JK? Preocupante. Basta atentar para a disparada populacional e o vigoroso crescimento desordenado. Ou então para as condições indispensáveis a uma boa gestão que Lucio Costa espremeu em duas linhas:

A primeira condição para se administrar Brasília é gostar de Brasília; a segunda é conhecer os planos; a terceira, respeitá-los.

É imperioso resistir. Desanimar, jamais. No portão do Inferno de Dante Alighieri, há a seguinte inscrição: *"Lasciate ogni speranza, voi ch'entrate."* Deixai toda a esperança, oh vós que entrais.

Era JK

É justo e correto chamar o quinquênio que começou em 1956 de *Era JK*, porque nele emergiu um Brasil novo, diferente, muito maior e mais complexo. O referencial histórico do desenvolvimento nacional mudou. Pulou de patamar, deu um salto na escala. Forte inflexão de trajetória, forte velocidade. Há um Brasil anterior ao governo JK e outro, bastante distinto, de depois. Crescimento acelerado, transformações estruturais, integração, modernidade.

É período peculiar, marcante, distinto dos anteriores, de conquista e mudanças profundas e sólidas. Goste-se ou não de Kubitschek e de seu governo e feitos, é forçoso reconhecer sua operosidade, criatividade, visão de futuro, confiança, audácia e grandeza na construção democrática do país. A aceleração da história.

Tempo de ruptura com o marasmo oficial. De clareza quanto a objetivos e metas. De obtenção de resultados que surpreenderam os brasileiros e impressionaram o mundo. De mais e melhores oportunidades de emprego, elevação da renda pessoal, investimentos públicos notáveis, ocupação de novos espaços, avanço empresarial sem precedentes, ascensão da autoestima, florescimento das artes, intensa movimentação e criatividade cultural.

Governo extraordinário. Sonhou avançar cinquenta anos em cinco. Era impossível, claro. Mas tentou com tanta vontade que empurrou o país para o futuro. Empurrou com força. Construiu a futurista Brasília, desencadeou a marcha para o interior, impressionou no exterior; aproveitou os ventos internacionais favoráveis. Estimulou investimentos diretos estrangeiros, acelerando o processo de substituição de importações, cuja culminância foi a implantação da indústria automobilística. Concretizou as hidrelétricas de Furnas e Três Marias; fez mais de treze mil quilômetros de novas estradas e asfaltou cerca de 5,6 mil quilômetros de rodovias antigas; construiu mais de três mil quilômetros de ferrovias. Multiplicou a produção interna de petróleo, impulsionou a siderurgia, com a criação da Usiminas e da Cosipa. Idealizou e viabilizou a Operação Pan-Americana, que atraiu ajuda norte-americana para toda a América Latina e foi decisiva para a criação do Banco Interamericano de Desenvolvimento-BID, em 1959.

A média anual de crescimento da economia brasileira superou 10% reais no triênio 1958-60. O tamanho do PIB aumentou quase 50% nos cinco anos. Metade do máximo antes conseguido ao longo da história.

Talvez nenhum outro governo tenha pensado tão grande o Brasil e feito mais pela preservação da liberdade e pela economia nacional dentro e fora do país. Prosperidade e liberdade tornaram-se marcas fortes do período, apesar da fragilidade da democracia e da velha disposição intervencionista latente em parte das Forças Armadas.

Era o tempo da Guerra Fria entre os Estados Unidos e a União Soviética. Capitalismo *versus* socialismo. Corrida armamentista, corrida espacial, guerra ideológica. Mas parecia que o Brasil finalmente daria certo. Democracia, economia em disparada, industrialização galopante. Brasília brotando do nada e enterrando sentimentos de inferioridade no chão bruto do cerrado, rodovias e ferrovias rasgando o interior, o Programa de Metas tocado a pleno vapor.

Clima de esperança, confiança, otimismo. Adensamento e alta da autoestima, com a demonstração cabal da competência nacional. Antes, punha-se em dúvida até a aptidão do operário brasileiro para fabricar automóveis, por exemplo. Os industriais também eram alvo de sólido ceticismo quanto à efetiva capacidade de produzir manufaturas mais complexas. Carros, por exemplo. Havia frases assim: "Parece bom, mas é nacional." Preconceito e complexo de inferioridade começaram a virar do avesso.

Tempo de afirmação do próprio governo, a começar pelo presidente, que não se poupava nem tinha compromisso com o erro. Cultivou a compreensão, a tolerância e o diálogo, repudiou a soberba e o sentimento de ódio, soube conciliar autoridade com disciplina e perdão. Inclusive em episódios pontuais de rebeldia militar, como os de Jacareacanga e Aragarças.

JK não tinha complexo de colonizado, orgulhava-se do Brasil. Fez apenas duas viagens ao exterior como presidente. A Portugal e ao Panamá. Não se deslumbrava com o mundo desenvolvido. Orgulhava-se de ser brasileiro como jabuticada e de ter sangue azul. Azul, branco, verde e amarelo. Tcheco, cigano, português, talvez também negro e índio.

O auge do encantamento talvez seja 1958. Até no esporte paixão nacional, o futebol, com Garrincha, Pelé e companhia campeões mundiais em Estocolmo, Suécia. A consolidação da arquitetura moderna; o surgimento, afirmação e propagação da bossa-nova; no cinema, desde a irreverência das chanchadas aos primeiros passos e triunfo do cinema novo; da poesia concreta e muito mais. Liberdade, criatividade e uma quase euforia. Desenvolvimentismo, otimismo, horizontes abertos, muita esperança e fé no Brasil. Não mais apenas o enorme e exótico país do café, muito sol, belas mulheres e praias, samba, carnaval, futebol e mistérios amazônicos. Anos JK, anos dourados.

Era JK, anos dourados. Tudo em cor-de-rosa? Claro que não! Enormes benefícios e conquistas, mas também muito custo e sacrifício. Muita conta para pagar, desequilíbrios importantes. Como a escalada das despesas, do endividamento e do déficit público. Até hoje se diz que Brasília é a mãe da crônica inflação de depois. Será?

Capital da inflação?

JK sabia que o Programa de Metas era audaciosíssimo e Brasília um redemoinho de gastos. Mas considerava seus projetos indispensáveis à inserção do país na modernidade. Precisava de nova escala de desenvolvimento, novos padrões, novos rumos. Obteve sucesso, cumpriu suas metas.

Seu governo mudou o Brasil, mas sua Brasília continuou questionada. Uma crítica recorrente é que ela seria a principal responsável pela crônica inflação de depois. Por quê? Pelos gastos públicos fantásticos, financiados em grande parte por caudalosa expansão monetária, contratação de custosos financiamentos externos, uso de vultosos recursos previdenciários e de outras fontes mais saídas da cabeça de JK e das improvisações de sua equipe. E também da forte elevação dos gastos correntes. Desequilíbrio das contas internas e externas, novos patamares de déficit público.

Há certeza de colossais despesas orçamentárias e extraorçamentárias com a construção. Mas ninguém sabe nem saberá jamais o exato montante, devido à inexistência de registros completos e confiáveis. Talvez a citada estimativa de US$ 130 bilhões, valor este atualizado para 2010, sirva pelo menos para dar uma ideia da ordem de grandeza dos gastos com a cidade nos Anos JK. Claro que a cifra, como visto, está sujeita a vários bilhões de dólares para cima ou para baixo.

Kubitschek tinha consciência de tudo isso. Mas havia decidido cumprir as metas de qualquer modo. Custasse o que custasse e inflacionasse o que inflacionasse, não tinha volta. Por exemplo: frear ou paralisar Brasília significava matá-la. Seria o fracasso do seu governo e do país. E também seu suicídio político. Assim, naquele momento e circunstâncias, ele via a exacerbação inflacionária como um mal necessário. Um preço a pagar para alcançar seus objetivos e alçar o país a nova altura e situação. Palavras do amigo leal, companheiro e conterrâneo Tancredo Neves, em 1983:

> O Getúlio era um anti-inflacionista. Coisa engraçada! O Getúlio tinha medo da inflação. Tinha uma consciência nítida do descalabro inflacionário. Já o Juscelino era um inflacionista convicto. Participava de uma emissão com volúpia [risos]. Precisava de uma emissão para concluir uma barragem, para construir uma central elétrica ou uma grande estrada? Aquilo para ele era um banquete. Não obstante, ele deixou uma inflação de 25%, que não é nada comparada com essa de 200% [1984]. Mas com aquela inflação de 20%, ele realmente fez os cinquenta anos em cinco.[271]

No final de dezembro de 1960, a cinco semanas de passar o poder ao sucessor, Jânio Quadros, JK abriu a alma:

> Outros governos poderão empreender a revalorização da moeda, com os aplausos e o apoio de toda a nação. Mas não poderiam fazê-lo, de forma alguma, se encontrassem o país atado a uma situação colonial, sem estradas, sem energia, sem obras de base.

Brasília costuma ser também responsabilizada pelo velhíssimo crime e pecado danado da corrupção. É justo?

Cidade corrupta?

Muita obra, muita corrupção? Certamente houve, talvez não em escala industrial. Nisso, os velhos tempos eram menos bicudos. Pioneiros lembram pequenas corrupções. Como a dos caminhões que chegavam lotados de areia numa construção, eram pesados, saíam novamente, davam uma volta na própria obra, pesavam de novo e assim por diante.

Mas deve ter havido coisas bem mais graúdas. Lonjura, quase isolamento, um mar de investimentos públicos, mais oportunidades de delinquir. O pesquisador paulistano Rodrigo Amaral descobriu que na Novacap de Israel Pinheiro quem comprava não pagava nem recebia o material. Quem pagava, não comprava nem recebia. E quem recebia não comprava e não pagava.

Por que cuidados como esse? Porque corriam rios de dinheiro público no cerrado brasiliense. Gastos colossais, impressionante quantidade e diversidade de obras, controle interno precário, controle externo inexistente. No começo, nem bancos havia. Tudo era pago com dinheiro vivo. Israel Pinheiro mandava vir o que era preciso e armazenava numa robusta construção da Novacap na Candangolândia. Um rústico cofre-forte. Verdadeira fortaleza de grossas paredes de concreto. Só ele tinha a chave.

E a Brasília de depois, a agora cinquentenária capital federal? Quanto à corrupção, ela é apenas palco. Palco local, e principalmente palco central da República. Teatro de peças políticas, de jogos de poder, de negociação e conciliação de interesses. Dos atos e fatos capitais dos três poderes da República e da espetacularização midiática. Do bem e do mal, dos bons e dos maus. Não é a cidade que é corrupta, mas os criminosos que nela fazem corrupção. Federais ou distritais, agentes públicos ou não. Autores, produtores, diretores, atores protagonistas e coadjuvantes desse teatro de poder vêm quase todos de fora, do Brasil inteiro. Seriam outros ou agiriam de outra maneira se a capital fosse o Rio, São Paulo, Belo Horizonte, Porto Alegre, Recife ou outro lugar? Os demais palcos estaduais e municipais são parecidos ou muito diferentes? Claro: se a impunidade ceder e a voz das urnas melhorar, Brasília e todo o Brasil vão refletir isso. Se piorarem, também.

Onde está o homem, está o perigo. Onde há empreitadas, mais ainda. O saudoso sociólogo Herbert de Sousa (1935-97), o Betinho, gostava de contar anedota emblemática. Deus e o diabo resolveram fazer as pazes. Para comemorar, combinaram construir sólida ponte entre o céu e o inferno. Acertaram o projeto, prepararam as licitações, marcaram a inauguração para um ano depois. Dois meses, o trecho do capeta já desponta e o de Deus, não. Seis meses, o diabo tem 50% prontos, e Deus nada. Quase um ano, satanás pede audiência e reclama: "Minha parte está quase concluída e nem sinal do resto. Assim não dá!" Deus: "Preciso de sua ajuda. Não tem empreiteiro no céu. Estão todos lá com você."

JK voltaria

Brasília, Lago Sul, abril de 1975, casa de Déa e Carlos Murilo Felício dos Santos, pais de Juliana Felício dos Santos, de 12 anos. Gravador na mão, ela ouve JK, primo, confidente e hóspede de seus pais. A cidade ia comemorar 15 anos.

Dia seguinte, um espanto: a professora de história de Juliana é suspensa pela direção do colégio. Empolgada, esqueceu a intolerância e veto do regime militar a Juscelino e rodou a entrevista bem alto para todas as alunas. Um sucesso: vibração geral, encantamento. Mas a diretoria proibiu a fita e puniu a professorinha juscelinista. Isso traumatizou Juliana e as coleguinhas. Tempos cinzentos, tempos tristes.

Repare-se na atenção, carinho e respeito com que Juscelino trata e é tratado pela atenta entrevistadora.

— Sou a Juliana Felício dos Santos e represento o Colégio Pio XII. Presidente, como surgiu a ideia de construir Brasília?
— É com muito prazer, minha querida priminha, que lhe respondo. Já respondi a essa pergunta centenas de vezes. Há grande curiosidade em torno disso. Seria muito longo se fosse enumerar e historiar todos os acontecimentos que precederam a criação de Brasília, porque desde o tempo da Inconfidência Mineira e depois de José Bonifácio, o patriarca da Independência, já havia essa preocupação de se construir Brasília. Quando saí candidato à Presidência da República, eu não tinha a ideia de construir a cidade. Havia organizado 30 metas de governo, com as quais eu estava certo que destruiria os grandes estrangulamentos econômicos do Brasil. Então, Brasília não estava nisso. Mas, comecei a campanha por uma cidade aqui de Goiás chamada Jataí. Cheguei, chovia muito. De cima de um caminhão eu me pus a falar à multidão

que estava em frente. Expus tudo o que achava que devia fazer se fosse eleito e depois perguntei o que eles achavam que eu, como presidente da República, devia fazer pelo país. Eu havia insistido muito na tese de que era necessário manter a ordem no país, com o cumprimento exato da Constituição. Um cidadão de Jataí, que mora lá — chama-se Toniquinho e é coletor estadual — me interrompeu e perguntou: "Se o senhor está disposto a cumprir todos os artigos da Constituição, vai também cumprir aquele das Disposições Transitórias que determina a construção da nova capital?" Fiquei um segundo meio perplexo, mas imediatamente respondi: "Vou construir a nova capital. Realmente não há razão para que eu ignore essa disposição constitucional." E foi assim que tomei a decisão de construir Brasília.

— Quais foram os seus maiores problemas para construir a cidade?
— Os maiores problemas, vamos dizer, foram todos. Brasília não tinha uma estrada, não tinha transporte de espécie alguma, os rios não tinham pontes. Situada a 1.200 km dos centros civilizados do país, não podia receber nada para sua construção. Eu trouxe algum material de avião, porque não era possível trazer por terra. Material de escritório. Fizeram um grande alarido em torno disso, dizendo que eu estava querendo construir uma capital trazendo material só de avião. Tijolo, cimento, ferro... Isso não é verdade. A única coisa que eu trouxe de avião foi algum material de escritório. Mas tivemos então que abrir as estradas, construir as pontes. Isso deu um trabalho terrível. Essa foi realmente a grande dificuldade para se construir, sobretudo no prazo em que fizemos a nova capital.

— Você ficou feliz com a cidade que construiu?
— Brasília agora no dia 21 de abril vai completar 15 anos. É a festa de debutante da cidade. E ela já vai debutar com um milhão de habitantes. Se nós pensarmos, por exemplo, numa outra cidade construída para ser capital, como Washington, capital dos Estados Unidos, veremos que ela levou 120 anos para ter 400 mil habitan-

tes. Brasília com 15 anos já tem um milhão. Isso quer dizer que ela era uma coisa necessária. A alma pioneira do Brasil se concentrou aqui e a fez crescer. Ela ultrapassou tudo o que a gente podia esperar dela.

— E que tal vê-la agora, 15 anos após a inauguração?

— Sinto emoção! Passei 10 anos sem vir a Brasília, por causa das circunstâncias políticas que envolveram a minha vida. Confesso que senti uma emoção terrível. E a um jornalista que me perguntou, que emoção sentia eu ao vê-la, disse: "A mesma do semeador da Bíblia, aquele que pôde ver do alto da colina a seara que ele havia plantado dar flores e frutos."

— O senhor como pai da capital mais bonita do mundo, acha que existirá outro homem, corajoso, pioneiro e amante do bom gosto para fazer outra cidade como esta?

— (Riso) Minha filha, é difícil de responder, mas é uma tarefa realmente muito pesada e também exige uma série de circunstâncias para que surja a oportunidade de construção de uma capital. Eu tive que enfrentar terríveis dificuldades, mesmo na questão política, porque os meus adversários naturalmente que haviam de se atirar contra isso. Não é fácil realmente que surja nova oportunidade. Mas eu quero aqui acentuar um aspecto que é necessário: uma das grandes figuras da construção dessa cidade foi o seu tio, Israel Pinheiro, que vocês devem admirar muito, porque foi realmente um grande homem. Ele foi o presidente da Novacap, um homem extraordinário na realização dessa obra também.

— O que mais o senhor poderia acrescentar a esta grande obra, se o governo ainda estivesse em seu poder?

— Eu confesso que Brasília está crescendo e os governos que vieram depois de mim a trataram com muito carinho. Tanto que hoje vem se desenvolvendo como devia. A transferência dos funcionários todos das repartições, dos ministérios, do corpo diplomático, universidades. Basta dizer que já tem cinco universidades. Tudo isso mostra que todo mundo somou, juntou suas forças para ajudar a cidade a crescer.

— Se fosse possível, o senhor se candidataria de novo a presidente?
— Eu acho que ser presidente, minha filha, é um privilégio que Deus dá a poucos homens. É um sacrifício tremendo e, ao mesmo tempo, uma honra sem limites. Porque a gente tem a consciência de que pôde efetivamente trabalhar pelo país. E essa consciência graças a Deus eu tenho, de que pude ajudar o Brasil a andar, a desenvolver-se. Tudo isso constitui um prêmio, um privilégio que um homem não pode recusar. De modo que eu responderia afirmativamente a sua pergunta.

— Muito obrigada e fico muito satisfeita de ser sua amiga e sua parente.
— E eu também fico muito feliz de ter uma parente tão bonitinha, tão encantadora como você!

Brasília Kubitschek de Oliveira

Minha relação com Brasília criou asas e voou. Da perplexidade e encantamento ao amor maduro, compreensivo e indignado com seus sofrimentos. Quando comecei a vê-la, no início dos anos 70, eu me lembrava da paixão por ficção científica. Isaac Asimov, e outros. Mas sobretudo das aventuras de Flash Gordon, super-herói espacial dos quadrinhos. E também do astronauta russo Iuri Gagarin, herói da humanidade, primeiro homem a ver o planeta do espaço, que revelou: "A Terra é azul." Gagarin disse a JK, em 1961: "A ideia que tenho é a de que estou desembarcando num planeta diferente, que não a Terra." Revolucionária, aberta, grandiosa, impactante. Brasília era puro futuro. Especial, espacial, avião, Plano Piloto. Invenção, beleza, magia, surpresa.

Sempre a emoção de quem a descobre e redescobre. A ideia forte de algo inesperado, fora do lugar, diferente, único. Formas geométricas bem definidas, moderníssimas, saindo do nada, depois de quilômetros em vasto oceano de áspero cerrado. Concepção leve, arejada. Brasília coração é suavidade. A formosura mágica das flores de concreto branco brotando imponentes do agreste chão vermelho. Esculturas.

Lá longe, anterior à própria cidade e ao Lago Paranoá, agora quase levitando às suas margens, o Palácio da Alvorada, tão claro, de niemeyerianas colunas — símbolo mais popular —, residência de presidentes e de beleza arquitetônica, *As banhistas*, de Alfredo Ceschiatti, 1958, de 1,30 x 4m, ambas, enfeitando o espelho d'água, a cidade, o poder e a vida.

Praça dos Três Poderes. O poder bem ali, fisicamente perto, quase visível e tangível, bulindo com a cabeça, o coração e os interesses das pessoas. Tão familiar ao brasiliense, comum, parte do dia a dia. Principalmente de terça a quinta, quando os três costumam funcionar simultaneamente. Presidente, ministros, magistrados, senadores, deputados. Olhos e pensamento no presente e no futuro. Próprio e muitas vezes do país. Muitos jogos, muitos juízes. E, claro, alta média de mídia, também poder. Cidade de funcionários. Todos falam em leis, entendem de leis e de direito. O Palácio do Congresso, de exatas torres gêmeas, côncavo Senado e convexa Câmara. Heterogêneas homogeneidades, inesquecíveis. Palácio do Planalto, com *Os guerreiros* — também chamados de *Os candangos* — em frente, os dois de pé, em bronze, com oito metros de altura, marca e marco da cidade, de Bruno Giorgi, 1959. Do lado oposto da poderosa praça, o Supremo, também palácio. Diante dele, olhos vendados, sentada, *A Justiça*, de Ceschiatti, bloco único de granito, mais de três metros de altura, de 1961. Os palácios, todos, alvas naves espaciais que mal tocam o solo. Retilíneas algumas; outras de feminina sensualidade, curvilíneas, sinuosas, insinuantes. Extraterrestres na planura que põe 360 graus de horizonte ao alcance dos olhos. E o Panteão da Pátria e da Liberdade Tancredo Neves, de 1985, de Niemeyer, leve pomba branca, colosso de pedra prestes a voar, com painel de 84 metros quadrados de João Câmara sobre a Inconfidência Mineira, vitral colorido de Marianne Peretti e relevo em madeira pintada, em vermelho, de Athos Bulcão. Junto dele, a Pira da Pátria, para arder louvor cívico aos heróis nacionais. Ao lado, de Sérgio Bernardes, 1969, cravado na paisagem, o imponente megamastro escuro que ameaça furar as nuvens e tem no topo o auriverde pendão que a brisa de Brasília beija e balança.

Perto, o Itamaraty, com *O meteoro*, obra do coração de Bruno Giorgi, de 1967. Cerca de cinquenta toneladas de branquíssimas pétalas de mármore e sonho beijam o espelho d'água em frente ao edifício. Esculpido em Carrara, Itália, quase esmagou o criador durante a montagem em Brasília. Giorgi orientava os trabalhos de dentro da escultura, uma sugestão da esfera terrestre composta de cinco peças curvas conjugadas entre si, simbolizando os cinco continentes. Quatro já estavam no lugar. O guindaste não aguentou o peso do último e cedeu. Milagrosamente, o bloco parou a vinte centímetros da cabeça do escultor, que adoeceu com o susto. Em

1975, quando Clarice Lispector quis saber, em entrevista, se sentiu alguma vez, como Michelangelo — "Quem, Deus meu, senão Tu?" —, ter produzido obra maior que sua própria arte, respondeu: "Sim. Raramente. Quando realizei o *Meteoro* de Brasília" (...). E a maior alegria recente como escultor?, pergunta ela. Giorgi não vacila. Foi ouvir por acaso, sem ser visto, um candango dizendo a outro: "Não senhor, estás enganado, o Bruno Giorgi não é gringo, é nosso"; e, dentro do prédio de tão rico exterior, por muitos considerado um dos pontos mais luminosos da criação niemeyeriana, *O sonho de Dom Bosco*, afresco de Alfredo Volpi, 336 x 465 cm, de 1967.

Acima, a Catedral arredondada, arquitetada com magia máxima, quem sabe milagrosa. É de vidro e de concreto torcido, retorcido, trançado, envergado, traçado para a cúpula sinalizar coroa de grande rei ou poderosa rainha. Ou então, e não menos exato, sublimes mãos postas, dedos plenamente abertos, apontando o engrandecimento do homem quando se projeta para o céu, para Deus. Acima de tudo, grande cruz metálica. Dentro, espaço magicamente multiplicado, beleza ampliada. O céu físico visto através dos vitrais de Marianne Peretti; os seiscentos quilos de *Anjos*, de Alfredo Ceschiatti, em duralumínio, quase soltos no ar, voando. A paixão imutável de Jesus Cristo evoluindo em quinze quadros de Di Cavalcanti, 1970. Fora, tomando conta, *Os evangelistas*, Mateus, Marcos, Lucas e João, todos de três metros de altura, de Ceschiatti e Dante Croce. O firmamento tão vasto e escancaradamente exposto, abóbada gigante de azul profundo e geralmente de flutuantes montanhas de algodão, a luminosidade de doer na vista. Do outro lado, o bem representado Teatro Nacional, com relevo de Athos Bulcão na parede externa lateral e, no interior, *O contorcionista*, de Ceschiatti, obra executada em 1952 e instalada em 1980. Sempre no Eixo, rua abaixo, a uniformidade de dezessete disciplinados paralelogramas de seis andares perfilados, quase fardados, dos dois lados da Esplanada. Mistérios, ministérios.

Lá em cima, no alto do Eixo Monumental e da cidade, o Memorial JK, de Niemeyer. Nele, o *Monumento a* JK, com a estátua de 4,5 metros do presidente acenando para a cidade — obra de Honório Peçanha, de 1981 —, de pé num fuste de Niemeyer que termina em curva, protegendo e realçando a figura do presidente. No final do regime militar, houve quem visse no conjunto dissimulado emblema comunista. A foice e o martelo. Diziam até que a sombra projetada em determinada hora do dia comprovava solarmente o fato. Fanatismo cega ou faz ver demais. Mas a tentativa de censura foi-se e o braço erguido de JK, que seria o martelo, subiu e ficou. Niemeyer então fez belo desenho da estátua no pedestal, que foi reproduzido e entregue a amigos íntimos do presidente, com a seguinte mensagem manuscrita e assinada: "E contra a pressão dos mais reacionários, lá está JK, dominando a cidade que sonhou e construiu." Em 1985, foi-se o próprio regime militar; em 1989, o emblemático muro de Berlim; em 1991, a União Soviética, potência mundial, dona de poderoso arsenal atômico e audacioso programa espacial, fragmenta-se em várias repúblicas independentes. O mundo muda. Tudo muda, tudo passa. Lá do alto, a 28 metros do chão, JK parece vigiar o que se faz na cidade dele. Com a cidade dele. Se pudesse perceber os acontecimentos, certamente teria momentos de alegria. Como a eleição do amigo Tancredo Neves para a Presidência da República em 15 de janeiro de 1985, marco da tão sonhada redemocratização do país; talvez até mesmo — pelo valor simbólico, generosidade e paixão democrática — com a discreta posse deste humilde escriba e conterrâneo no cargo de governador de Brasília, o primeiro depois do regime militar, no início de abril de 1985, durante a agonia do amigo e chefe Tancredo Neves, cujo magoado corpo, capricho do destino impôs exatamente a mim receber na Base Aérea de Brasília, em 22 de abril de 1985, e acompanhar, com cachoeiras nos olhos, esperanças em xeque e o coração pequenino, por corredor de quinze quilômetros de lágrimas e dor do povo, até o Palácio do Planalto; com a unção eleitoral da filha Márcia Kubitschek pelo povo da capital: deputada federal em 1986 e vice-governadora em 1990; e com o reconhecimento de Brasília como patrimônio cultural da humanidade pela Unesco, em 7 de dezembro de 1987, seguido de tombamento que, pelo menos formalmente, protege seu belo coração de ambições menores e desastres maiores. Tomara!

Logo abaixo, o Palácio do Buriti, de Nauro Esteves, retângulo envidraçado, inaugurado em 25 de agosto de 1969, reto nas formas, cabeça do governo local.

Na avenida W-3, projeto de Carlos Naves, o Santuário Dom Bosco, o da última aparição de Tancredo: na missa de graças pela posse presidencial que não houve. No alto das paredes externas, oitenta vitrais do belga Hubert Van Doorne, em doze tons de azul e azul-violáceo. Tão esplêndidos que quase ofuscam o extravagante megalustre arredondado do interior, com cinco metros de diâmetro e três metros e meio de altura.

Cidade dos vastos espaços, das pistas monumentais de autódromo pendularmente vazias, das grandes e enganosas distâncias de tantos planos e pilotos. Brasilienses: cabeça, tronco e rodas. O mundo verde por todas as partes, em plantas rasteiras e altas, como no Parque Sarah Kubitschek, antes Parque da Cidade e também Rogério Pithon Farias, de 1978, 4,2 milhões de metros quadrados situados a oeste da Asa Sul, um dos maiores do mundo, latifúndio produtivo de proteção da cidade e do lazer popular. Terra do cerrado bravo e vigoroso, de incompreendida beleza e rude força, capaz de velozmente repintar de verde intenso, com apenas um ou dois dedos de chuva, o enorme e sofrido tapete de grama seca e inflamável trazido pela secura quase de deserto da cidade entre junho e setembro. Rebrota a grama, as árvores se recompletam e se enfeitam, a vida respira aliviada. Cidade parque.

E, num começo de noite, outro assombro celestial. Dois milagres. Primeiro, o horizonte incendiado do pôr do sol. Depois, a lua cheia, talvez amarelamente alaranjada, ou amarelo-rosa ou cor de fogo de queimada — quem sabe dessas cores todas ou apenas cor de lua nascente de Brasília? —, nascendo ampliada, adulta vitória-régia subindo leve e soberana, solta no ar, enciumando estrelas, flutuando inexplicavelmente imensa diante de minha mente enganada por pobres olhos hipnotizados, iludidos. Pois, afinal, como explicá-la tão gigantesca no horizonte se, à mesma distância, pouco tempo depois, mais em cima no céu, aparece cinco ou seis vezes menor? Oftalmológico mistério. A ciência não tem resposta. Os namorados, sim. Mas não conseguem explicar para ninguém.

Vista do alto, na noite fechada, a cidade é plana e colossal árvore de Natal, luminosidade cintilante. E o céu, o mar de Brasília, tem nuvens de estrelas, algumas sóis de outras civilizações, pensava flashgordonianamente meu coração de menino verde de esperança e inimigo da solidão. Mesmo a da humanidade, precariamente embarcada neste lindo, frágil e vulnerável planetinha azul, milagre vivo que boia e gira sobre o nada e navega perigosamente à deriva na eternidade e no infinito, atrelado pela gravidade a uma estrelazinha de quinta grandeza, o sol. Mistério profundo.

De volta à Mãe Terra. Coisa esquisita: Brasília sempre desperta paixões, ninguém é neutro. Caso de amor ou desamor. Desde o primeiro ronco do trator de Bernardo Sayão e até antes. Nunca vi nada igual. Nem eu nem ninguém.

Última palavra: Oscar Niemeyer

— *Por que Kubitschek decidiu fazer Brasília, mestre Oscar?*
— Ele queria construir a nova capital. Era o sonho dele. Achava que era importante levar o progresso para o interior. Era essa a conversa dele.

— *Como o senhor vê a oposição a Brasília? Desde o início, com as críticas ferozes de Carlos Lacerda, Eugênio Gudin, Gustavo Corção, Gilberto Freyre e muitos outros?*
— Teve sempre. Armaram uma campanha fantástica contra a cidade, contra o Juscelino. Ele fez Brasília assim no peito. Mas a campanha era geral. Achavam que era impossível. Ninguém achava que era possível construir Brasília lá sem condições, sem transportes, nada. Mas ele tinha entusiasmo e fez.

— *E opiniões como a de Roberto Campos? Ele fala em palácios de vidro, que considera incompatíveis com as condições locais: luminosidade, clima...*
— Isso é burrice. Isso é atraso do que quer contestar e fica inventando essas bobagens. Não tem palácios de vidro! Os prédios de Brasília foram até pequenos demais. Tanto que o Juscelino foi obrigado a fazer anexos, não é? Não era possível construir Brasília se fosse querer fazer um exame exato das necessidades, dos programas. A coisa foi feita de corrida! O Congresso, por exemplo. Eu fui com o Israel Pinheiro ao Rio de Janeiro, medi o Congresso antigo e multiplicamos! Foi feito. O prazo era a coisa principal. Era construir a nova capital. E foi importante. Criou otimismo. Brasília tá lá, tá pronta. Agora, tem sempre os que querem protestar, que são contra. Coisas da política. Às vezes sórdidas demais, mas o que se vai fazer? A vida é assim.

— *O senhor diria que o grande encanto de Brasília é ser uma cidade diferente?*
— Lógico! Evidente! Foi importante. É uma cidade diferente, arquitetura diferente. Senão não tinha tido o sucesso que teve. Hoje querer dizer que Brasília não devia ter sido feita... Ihhh! É um argumento tão frágil, quando o mundo inteiro já apoiou Brasília! Ela é reconhecida no mundo inteiro. Foi bom para o Brasil. Mas é sempre assim. Os homens são fracos mesmo.

— *Sua avaliação é exatamente oposta à de Roberto Campos.*
— Eu penso completamente diferente dele em tudo! Eu sou brasileiro.

— *Um breve perfil de JK.*
— É entusiasmo, esperança, determinação. A vontade de fazer coisas importantes pelo país dele. Uma figura assim cheia de otimismo. Um grande brasileiro. E um sujeito bom, generoso, aberto para todos, sem ódio, sem nada. Uma figura humana assim que deve ser respeitada.

— *Lucio Costa.*
— Também. Foi importante para Brasília. Um brasileiro ilustre.

— *Brasília hoje.*
— Acho que Brasília está num momento grave. A cidade está crescendo demais, é preciso conter. É o que acontece com todas as cidades. Chega um momento crítico assim, em que o tráfego começa a ficar difícil. O governador está chamando o pessoal que conhece a cidade, que sempre defendeu a cidade. Acho que ele quer acabar o Eixo Monumental, que é o mais importante, o cartão de visita de Brasília. Quem vai lá quer ver os palácios e o Eixo Monumental. O Lucio criou uma coisa importante para a Capital, que precisa ser completada. E isso o governador quer fazer.

— *Como proteger Brasília?*
— Para defender Brasília é preciso enfrentar essa campanha do poder imobiliário de querer aumentar gabarito, de entrar em áreas

que não devem ser invadidas. Essa coisa toda que a gente já conhece por experiência nas grandes cidades brasileiras. Eles sabem que é ruim, mas continuam querendo fazer essas coisas. É o problema do lucro, não é? Mas isso a gente já conhece e nem adianta discutir. É protestar! Defender Brasília é protestar! Nós estamos fazendo uma Ação Popular contra uma ideia de aumentar o gabarito dos prédios já existentes, fazer mais um andar. É uma sacanagem completa!

— *É a proposta de acrescentar coberturas aos prédios existentes?*
— É. Uma sacanagem! Uma coisa antipatriótica, um negócio ruim! Mexe no projeto dos outros, no trabalho alheio, na arquitetura, na conformação da cidade. No Brasil é assim.

— *E aquela história de que a capital é ilha da fantasia?*
— Brasília está lá, tem condições de trabalho. Agora depende da evolução das coisas, de o Brasil ser bem conduzido. A arquitetura não mexe nisso. Aí são os governos que estão com a coisa na mão.

— *A preservação é sobretudo uma tarefa política?*
— É tarefa política, mas profissional também, não é? Quando mexem na arquitetura, sou obrigado a me mexer. Mexem no urbanismo, os que acompanharam o Lucio têm que fazer a mesma coisa. E os que gostam da cidade têm que defendê-la também. Afinal, eles vivem lá. Os que moram em Brasília não querem sair.

— *O que foi mais difícil: fazer os projetos de Brasília ou ter de viajar de avião?* [risos]
— Quanto aos projetos, havia tanto entusiasmo que me custou pouco. [risos] Havia aquela determinação do JK, do Israel Pinheiro. Eles é que fizeram a coisa. Nós trabalhamos na prancheta.

— *Futuro de Brasília.*
— A cidade está lá, crescendo. Tem que ser defendida, tem de ser bem utilizada. O Brasil é um problema assim de esperança. A gente tem que ter esperança nas coisas.

— *Brasília é continuação da Pampulha?*

— Em termos de arquitetura, ela é continuação da Pampulha. Porque a Pampulha foi feita com o mesmo tipo de arquitetura. Arquitetura nova que a gente estava se impondo. Mais leve, utilizando a curva, mais próxima das igrejas de Minas Gerais, mais de acordo com o clima. E os meus problemas de tempo, de corrida! Tanta coisa! Pampulha foi o começo de Brasília.

— *Como vê a autonomia política de Brasília?*

— Disso eu não entendo. Acho que Brasília está lá. É uma questão de saber utilizá-la. De fazer uma política brasileira de acordo com as nossas necessidades, o nosso interesse, as nossas riquezas. Enfim, o Brasil — a gente tem que ter esperança! — um dia vai ser melhor.

— *Como conjunto, Brasília é seu principal trabalho?*

— Eu comecei a minha arquitetura com a Pampulha. E Brasília foi o seguimento natural. E minha preocupação sempre foi a invenção arquitetônica. Quem vai a Brasília pode gostar ou não dos palácios, mas não pode dizer que viu antes coisa parecida. É o principal.

— *Qual o principal desafio dos que gostam e respeitam a cidade?*

— É preservá-la! Lutar por isso!

Rio de Janeiro, 29 de dezembro de 1999.

O fim de Brasília

E se a cidade morresse?

A resposta é de André Malraux, referência cultural francesa, homem público e escritor, autor de *A condição humana*, ministro de Estado da Cultura (1959-69) do governo Charles de Gaulle. Ele a visitou em agosto de 1959, auge da construção. Impressionou-se, apaixonou-se, batizou-a de Capital da Esperança.

Cinco anos depois, em Paris, quando Le Corbusier lhe contou que a cidade estava ameaçada de abandono pelo governo militar, disse:

— Seria uma pena! Mas que belas ruínas teríamos!

Notas

1. Depoimento do embaixador Walther Moreira Salles ao autor, 10 jan. 2000.
2. Frei Vicente do Salvador, *História do Brasil (1627)*, p. 45-46.
3. Citado por Moacir Werneck de Castro, "Os intelectuais e a Independência", *Ultima Hora*, Rio de Janeiro, 27 ago. 1970.
4. *Autos de Devassa da Inconfidência Mineira*, v. 2, p. 26.
5. Ibid., v. 1, p. 95, e v. 3, p. 406-407.
6. Ibid., v. 2, p. 311-312.
7. Francisco Iglésias, *A industrialização brasileira*, p. 21.
8. Luiz Felipe de Alencastro, "Lições do Barroco", *Veja*, 24 nov. 1999, p. 26.
9. *Guia preliminar de fontes para Brasília*, p. 17.
10. Criterioso inventário de antecedentes da interiorização pode ser encontrado em Ernesto Silva, *História de Brasília*, p. 11-122.
11. Ernesto Silva, *História de Brasília*, p. 37-39; Juscelino Kubitschek, *Por que construí Brasília*, p. 19 e *Cinquenta anos em cinco*, p. 171-172.
12. Juscelino Kubitschek, *Cinquenta anos em cinco*, p. 171.
13. Roberto de Oliveira Campos, *A lanterna na popa: memória*s, p. 314-315.
14. Citado por José Adirson de Vasconcelos, *A mudança da capital*, p. 196-197.
15. Depoimento de Affonso Heliodoro ao autor, 11 set. 2000. A carta de Kubitschek está reproduzida em Affonso Heliodoro, *JK: exemplo e desafio*, p. 5.
16. Depoimento de José Bolivar Brant Drummond ao autor, 22 jan. 2001.
17. Juscelino Kubitschek, *A experiência da humildade*, p. 216.
18. Ibid., p. 234.
19. Juscelino Kubitschek, *A escalada política*, p. 61-62.
20. Depoimento de César Prates ao autor, 30 jan. 2001.
21. Depoimento de Antonio Soares Neto (Toniquinho da Farmácia) ao autor, 22 dez. 1999.
22. Idem.
23. Juscelino Kubitschek, *A escalada política,* p. 367-368.
24. Depoimento de Affonso Heliodoro ao autor, 11 set. 2000.
25. Juscelino Kubitschek, *Por que construí Brasília*, p. 28.
26. Valentina da Rocha Lima e Plínio de Abreu Ramos, *Tancredo fala de Getúlio*, p. 45-46.
27. *Correio Braziliense,* 13 set. 2000, p. 15.

28. Valentina da Rocha Lima e Plínio de Abreu Ramos, *Tancredo fala de Getúlio*, p. 44.
29. Depoimento de Emival Caiado ao autor, 10 ago. 2000.
30. Juscelino Kubitschek, *Cinquenta anos em cinco*, p. 80-81 e *Por que construí Brasília*, p. 40.
31. Oscar Niemeyer, *Minha experiência em Brasília*, p. 28-29.
32. Darcy Ribeiro, *Mestiço é que é bom*, quarta capa.
33. Oscar Niemeyer, *Meu sósia e eu*, p. 71-72; *IstoÉ,* edição nº 1.548, especial 5, maio 1999, p. 11.
34. Depoimento de Nelson Teixeira ao autor, 15 out. 2000.
35. Entrevista de Oscar Niemeyer ao autor, 29 dez. 1999.
36. Juscelino Kubitschek, *A escalada política*, p. 64.
37. Oscar Niemeyer, *As curvas do tempo: memórias*, p. 180.
38. *O Globo,* 24 set. 2000, Segundo Caderno, p. 10.
39. Depoimento do general Leônidas Pires Gonçalves ao autor, 27 dez. 1999.
40. Geraldo Mayrink, *Juscelino*, p. 77.
41. Juscelino Kubitschek, *Por que construí Brasília*, p. 369-370.
42. Oscar Niemeyer, *As curvas do tempo: memórias*, p. 191-192.
43. Depoimento de César Prates ao autor, 30 jan. 2001.
44. Alisson Mascarenhas Vaz, *Israel, uma vida para a história*, p. 35-37.
45. Trecho de entrevista de Oscar Niemeyer à TV Senado, levada ao ar em 18 set. 2000.
46. Alisson Mascarenhas Vaz, *Israel, uma vida para a história*, p. 6. O artigo de Nelson Rodrigues foi publicado em *O Globo*, 7 jul. 1973.
47. Depoimento de Israel Pinheiro Filho ao autor, 2 fev. 2000.
48. Idem.
49. Depoimento de Aldo Zaban ao autor, 4 jul. 2000.
50. Idem.
51. Fonte: arquivo do autor.
52. Juscelino Kubitschek, *Por que construí Brasília*, p. 52.
53. Depoimento de Lia Sayão de Sá ao autor, 24 ago. 2000.
54. Idem.
55. Léa Sayão Carvalho Araújo, *Meu pai, Bernardo Sayão*, p. 453. Baseado em texto de José Adirson de Vasconcelos, publicado originalmente no *Correio Braziliense*, 9 set. 1967.
56. Juscelino Kubitschek, *Por que construí Brasília*, p. 67.
57. Autran Dourado, *Gaiola aberta: Tempos de JK e Schmidt*, p.189-190.
58. Oscar Niemeyer, *As curvas do tempo: memórias*, p. 43.
59. *IstoÉ,* edição nº 1.548, especial 5, maio 1999, p. 9.
60. *O Globo,* 24 set. 2000, Segundo Caderno, p. 10.
61. *O Globo,* 24 set. 2000, p. 43-44.
62. Oscar Niemeyer, *Minha experiência em Brasília,* p. 13-14 e 55-56.

63. Ernesto Silva, em *História de Brasília*, aborda detidamente o concurso do Plano Piloto e o trabalho apresentado por Lucio Costa, especialmente no capítulo XII, p. 147-175.
64. Oscar Niemeyer, *As curvas do tempo: memórias*, p. 224.
65. Geraldo Mayrink, *Juscelino*, p. 78.
66. Cêça de Guimaraens, *Lucio Costa*, p. 14 e 16.
67. Texto baseado em informações da arquiteta Maria Elisa Costa ao autor, 26 dez. 2000.
68. Depoimento de Israel Pinheiro Filho ao autor, 2 fev. 2000.
69. Juscelino Kubitschek, *Diretrizes gerais do plano nacional de desenvolvimento*.
70. José Asmar, *O legislador da construção de Brasília*.
71. Depoimento de Emival Caiado ao autor, 10 ago. 2000.
72. Oscar Niemeyer, *As curvas do tempo: memórias*, p. 111-113.
73. Ibid., p. 112.
74. Oscar Niemeyer, *Minha arquitetura*, p. 24-29.
75. *Folha de S. Paulo*, 2 out. 2000, p. G4.
76. Oscar Niemeyer, *As curvas do tempo: memórias*, p. 117-120.
77. Ibid., p. 78.
78. Oscar Niemeyer, *Meu sósia e eu,* p. 36-37.
79. Ibid., p. 65.
80. Ibid., p. 37.
81. Oscar Niemeyer, *As curvas do tempo: memórias*, p. 12.
82. *IstoÉ*, edição n° 1.577, especial 12, dez. 1999, p. 7.
83. *Correio Braziliense*, 30 ago. 2000, p. 17.
84. Oscar Niemeyer, *As curvas do tempo: memórias*, p. 9.
85. Ibid., p. 123 e 148.
86. *O Globo*, 24 fev. 2001, p. 4, coluna de Márcio Moreira Alves.
87. Juscelino Kubitschek, *Cinquenta anos em cinco*, p. 129-130 e *Por que construí Brasília*, p. 81.
88. Juscelino Kubitschek, *A experiência da humildade*, p. 109.
89. Depoimento de Nelson Teixeira ao autor, 15 out. 2000.
90. Affonso Heliodoro, *JK: exemplo e desafio*, p. 60-62.
91. Depoimento de Carlos Murilo Felício dos Santos ao autor, 25 jan. 2000.
92. Marcos Sá Corrêa, *Oscar Niemeyer*, p. 118.
93. Trecho de carta ao amigo Mário Braga, citado em Juscelino Kubitschek, *Cinquenta anos em cinco*, p. 183.
94. Juscelino Kubitschek, *Por que construí Brasília*, p. 110.
95. Ibid., p. 85-87 e 99-100.
96. Juscelino Kubitschek, *A marcha do amanhecer,* p. 76.
97. *O Cruzeiro*, jan. 1959.
98. Juscelino Kubitschek, *Por que construí Brasília*, p. 182.
99. Ibid., p. 110.
100. Depoimento de Affonso Heliodoro ao autor, 2 ago. 2000.

101. Depoimento de Lia Sayão de Sá ao autor, 24 ago. 2000.

102. Juscelino Kubitschek, *Cinquenta anos em cinco*, p. 266.

103. Depoimento de José Sarney ao autor, 3 jun. 2000.

104. Depoimento de José Alves de Oliveira (Seu Zé) ao autor, 30 dez. 1999.

105. Idem

106. Idem.

107. Companhia do Desenvolvimento do Planalto Central (Codeplan), agosto de 2000. Números arredondados pelo autor.

108. Depoimento de César Prates ao autor, 30 jan. 2001.

109. Juscelino Kubitschek, *Cinquenta anos em cinco*, p. 281.

110. Depoimento de Ecla Assis Cunha ao autor, 19 out. 2000.

111. Idem.

112. Idem.

113. Geralda Dias Aparecida, *Pesquisa histórica sobre a UnB*, p. 3.

114. *UnB Revista,* edição especial, jul. 2000, p. 6.

115. Depoimento de Celso Furtado ao autor, 27 nov. 1999. Sobre a criação da UnB, ver Juscelino Kubitschek, *Por que construí Brasília*, p. 211-213 e 294; Darcy Ribeiro, *Confissões*, p. 263-284.

116. Entrevista de Oscar Niemeyer em 17 fev. 1997.

117. Ernesto Silva, *História de Brasília*, p. 217-218.

118. *IstoÉ,* edição nº 1.577, especial 12, dez. 1999, p. 11.

119. Depoimento de Affonso Heliodoro ao autor, 2 ago. 2000.

120. *Folha de S. Paulo*, 2 out. 2000, p. G4.

121. Juscelino Kubitschek, *Por que construí Brasília*, p. 300.

122. *Correio Braziliense*, 27 dez. 2000, p. 15.

123. Depoimento de Antonio Soares Neto (Toniquinho da Farmácia) ao autor, 22 dez. 1999; Juscelino Kubitschek, *Por que construí Brasília*, p. 283-305; Frei Vicente do Salvador, *História do Brasil (1627)*, p. 213-225.

124. Depoimento de Dinah Ferreira Chagas ao autor, 3 dez. 1999.

125. *O Globo,* 9 dez. 2000, Prosa e Verso, p. 3. Carlos Lessa é autor de *O Rio de todos os Brasis: uma reflexão em busca de autoestima.* Marly Silva da Motta, do CPDOC/FGV, estuda os quinze anos do Rio-Guanabara em *Saudades da Guanabara.*

126. *Jornal do Brasil*, 9 dez. 2000, Ideias, p. 3.

127. Juscelino Kubitschek, *A experiência da humildade*, p. 110-112.

128. Lucília de Almeida Neves Delgado e Vera Alice Cardoso Silva, *Tancredo Neves: a trajetória de um liberal*, p. 278.

129. Valentina da Rocha Lima e Plínio de Abreu Ramos, *Tancredo fala de Getúlio,* p. 45 e 58.

130. Depoimento de Carlos Murilo Felício dos Santos ao autor, 25 jan. 2000.

131. Depoimento de Márcia Kubitschek ao autor, 9 fev. 2000. Márcia morreu em agosto de 2000.

132. Idem.

133. Juscelino Kubitschek, *A escalada política*, p. 333.
134. Juscelino Kubitschek, *Por que construí Brasília*, p. 307.
135. Juscelino Kubitschek, *A marcha do amanhecer*, p. 65.
136. Depoimento de Roberto de Oliveira Campos ao autor, 18 dez. 1999.
137. Idem. Nos Anos JK, a atual *Folha de S. Paulo* era dirigida por José Nabantino Ramos. Tinha posição desenvolvimentista e favorável à construção de Brasília. Foi comprada por Octavio Frias de Oliveira e Carlos Caldeira Filho em agosto de 1962. Orlando Dantas morreu em 1953, portanto antes do governo JK.
138. Depoimento de José Sarney ao autor, 3 jun. 2000.
139. Depoimento de Celso Furtado ao autor, 27 dez. 1999.
140. Diário da Assembleia, Rio de Janeiro, 11 set. 1946, discurso do deputado Israel Pinheiro da Silva, p. 4.815.
141. Juscelino Kubitschek, *Por que construí Brasília*, p. 40 e 48.
142. Ibid., p. 42-48.
143. Depoimento de Emival Caiado ao autor, 10 ago. 2000.
144. Geraldo Mayrink, *Juscelino*, p. 69.
145. Affonso Heliodoro, *JK: exemplo e desafio*, p. 166.
146. *Veja,* edição nº 1.495, 14 maio 1997, p. 114.
147. Gilberto Freyre, *Brasis, Brasil e Brasília*, p. 19, 192, 196, 256 e 261; Thomas E. Skidmore, *Uma história do Brasil*, p. 235.
148. *Correio Braziliense*, 19 out. 1980, Caderno Cidades, p. 17.
149. Oscar Niemeyer, *Minha experiência em Brasília*, p. 43-44.
150. *Brasília 40 anos*, p. 39; o artigo de Corção foi publicado no *Diário de Notícias*, do Rio de Janeiro.
151. *Brasília 40 anos*, p. 67-68; Glauco Carneiro, *Brasil, primeiro: história dos Diários Associados,* p. 420-425.
152. Ib Teixeira, "O custo-Brasília", p. 30; Eugênio Gudin, *Para um Brasil melhor,* p. 362-363 e 368.
153. Entrevista de Eugênio Gudin a Virgílio Moretzsohn Moreira e Lúcia Hippolito, *O Globo*, 26 nov. 1979, p. 22.
154. Depoimento de Roberto de Oliveira Campos ao autor, 18 dez. 1999.
155. Depoimento de Celso Furtado ao autor, 27 dez. 1999.
156. Depoimento de Mário Henrique Simonsen ao autor, 2 fev. 1995. Simonsen morreu em 1997.
157. Depoimento de Bolívar Lamounier ao autor, 27 dez. 1999.
158. Idem.
159. Depoimento de Antonio Delfim Netto ao autor, 16 mar. 2000.
160. Oscar Niemeyer, *As curvas do tempo: memórias,* p. 261 e 266; Paulo Rónai, *Dicionário universal Nova Fronteira das citações*, p. 685-686.
161. Depoimento de Antonio Ermírio de Moraes ao autor, 4 dez. 1999.
162. Depoimento de Rubens Vaz da Costa ao autor, 9 abr. 2000.
163. Depoimento de Paulo Roberto Haddad ao autor, 7 fev. 2000.

164. Maria Elisa Costa, *Com a palavra, Lucio Costa*, p. 108.

165. *Ernesto Geisel* [Depoimento ao CPDOC], p. 132.

166. *Jornal do Brasil*, 3 jan. 2000, p. 5.

167. Paulo Rónai, *Dicionário universal Nova Fronteira das citações*, p. 119.

168. Clarice Lispector, *Para não esquecer (crônicas)*, p. 73.

169. Clarice Lispector, *De corpo inteiro*, p. 95-96. Clarice (1925-77) visitou Brasília em 1962 e 1974.

170. Gilberto Freyre, *Brasis, Brasil e Brasília*, p. 19.

171. Paulo Francis, *Trinta anos esta noite: 1964, o que vi e vivi*, p. 51 e 56.

172. "Brasília, 41", *Folha de S. Paulo*, 21 abr. 2001.

173. O artigo, publicado na revista *The New Yorker*, foi transcrito pelo jornal *Folha de S. Paulo*, 12 set. 1999, com o título: "Utopia no Planalto Central".

174. Oscar Niemeyer, *Minha arquitetura*, p. 91.

175. *Veja*, edição n° 1.637, 23 fev. 2000, p. 145, e edição n° 1.676, 22 nov. 2000, p. 128.

176. Juscelino Kubitschek, *Por que construí Brasília*, p. 351.

177. Depoimento de José Roberto de Paiva Martins ao autor, 29 jun. 2000.

178. *IstoÉ*, edição n° 1.566, especial 9, p. 26.

179. Ib Teixeira, "O custo-Brasília", p. 25-30. O ensaio foi indicado ao autor por Roberto de Oliveira Campos.

180. Juscelino Kubitschek, *Por que construí Brasília*, p. 83.

181. *Ernesto Geisel* [Depoimento ao CPDOC], p. 131-132.

182. Ib Teixeira, "O custo-Brasília", p. 28.

183. Ibid., p. 28 e 30.

184. Depoimento de Israel Pinheiro Filho ao autor, 2 fev. 2000.

185. Depoimento de Roberto de Oliveira Campos ao autor, 18 dez. 1999.

186. Juscelino Kubitschek, *A marcha do amanhecer*, p. 77.

187. Depoimento de Israel Pinheiro Filho ao autor, 2 fev. 2000.

188. Depoimento de Sebastião Baptista Affonso ao autor, 18 fev. 2000.

189. Idem.

190. Idem.

191. Depoimento de José Roberto de Paiva Martins ao autor, 29 jun. 2000.

192. Depoimento de Celso Furtado ao autor, 27 dez. 1999.

193. Depoimento de Aldo Zaban ao autor, 4 jul. 2000.

194. Juscelino Kubitschek, *A escalada política*, p. 21.

195. Depoimento de Roberto de Oliveira Campos ao autor, 18 dez. 1999.

196. Roberto de Oliveira Campos, *A lanterna na popa: memórias*, p. 313 e 809. Campos credita a frase ao jornalista Wilson Figueiredo, integrante de sua equipe no Ministério do Planejamento, ao lado de outros futuros expoentes da mídia brasileira: Walter Fontoura, Oliveira Bastos, Pedro Gomes, Nahum Sirotsky.

197. Valentina da Rocha Lima e Plínio de Abreu Ramos, *Tancredo fala de Getúlio*, p. 47.

198. Depoimento do embaixador Walther Moreira Salles ao autor, 10 jan. 2000.
199. Murilo Paulino Badaró, *José Maria Alkmim: uma biografia*, p. 372-373.
200. Roberto de Oliveira Campos, *A lanterna na popa: memória*s, p. 562.
201. Carlos Heitor Cony, *JK: Memorial do exílio*, p. 85.
202. *Ernesto Geisel* [Depoimento ao CPDOC], p.177-178.
203. Carlos Heitor Cony, *JK: Memorial do exílio*, p. 84-86; Luís Viana Filho, *O governo Castelo Branco*, p. 94-96; Carlos Chagas, *A Guerra das Estrelas*, 1985.
204. *Ernesto Geisel* [Depoimento ao CPDOC], p. 179.
205. Depoimento de Nelson Teixeira ao autor, 15 out. 2000.
206. *Veja*, edição nº 1.495, 14 maio 1997, p. 112.
207. *Veja* (edição nº 1.495, 14 maio 1997) contabilizou as citações nas 450 páginas do diário de JK.
208. Josué Montello, *O Juscelino de minhas recordações*, p. 240.
209. Carlos Heitor Cony, *JK: Memorial do exílio*, p. 140-142.
210. Josué Montello, *O Juscelino de minhas recordações*, p. 239.
211. Affonso Heliodoro, *O memorial JK*, p. 8-9.
212. Depoimento de Carlos Murilo Felício dos Santos ao autor, 19 jan. 2001.
213. Geraldo Mayrink, *Juscelino*, p. 109-110. O inventário dos bens deixados por Kubitschek está reproduzido em Carlos Heitor Cony, *JK: Memorial do exílio*, p. 176-178.
214. *IstoÉ*, edição nº 1.577, especial 12, dez. 1999, p. 19.
215. Depoimento de José Paulo Sepúlveda Pertence ao autor, 14 set. 2000.
216. Depoimento de Celso Furtado ao autor, 1º fev. 1995.
217. Luís Viana Filho, *O governo Castelo Branco*, p. 87.
218. Carlos Chagas, *O Brasil sem retoque. A História contada por jornais e jornalistas: 1808-1964*.
219. Neiva Moreira, *Brasília, hora zero*, p. 83.
220. Carlos Castello Branco, *A renúncia de Jânio*, p. 33-34.
221. Depoimento do almirante Floriano Faria Lima ao autor, 23 dez. 1999.
222. Depoimento de Joel Silveira ao autor, 28 ago. 2000.
223. Depoimento de Carlos Chagas ao autor, 23 set. 2000.
224. *Correio Braziliense*, 20 jun. 2000, p. 19.
225. Entrevista do presidente Kubitschek em 17 de janeiro de 1972, *O Estado de S. Paulo*, 18 jan. 1972.
226. Oscar Niemeyer, *Meu sósia e eu*, p. 37.
227. Carlos Heitor Cony, *JK: Memorial do exílio*, p. 11.
228. John W. F. Dulles, *Castelo Branco: o presidente reformador*, p. 22.
229. Depoimento de Carlos Chagas ao autor, 23 set. 2000.
230. Idem.
231. Depoimento do almirante Floriano Faria Lima ao autor, 23 dez. 1999.
232. *Veja,* 12 jan. 2000, p. 47.

233. Glauco Carneiro, *Brasil, primeiro: história dos Diários Associados*, p. 423.

234. Depoimento de Antonio Delfim Netto ao autor, 16 mar. 2000.

235. Depoimento de Roberto de Oliveira Campos ao autor, 18 dez. 1999.

236. Depoimentos de José Bolivar Brant Drummond ao autor, 11 e 13 nov. 2000; Fernando Araújo, *Juscelino Kubitschek, o médico*, p. 379-383.

237. Depoimento de José Bolivar Brant Drummond ao autor, 22 jan. 2001.

238. *Veja*, edição nº 1.495, 14 maio 1997, p. 112: "Em 1975, o presidente descobriu que a operação não havia sido tão bem-sucedida quanto imaginava. O câncer havia-se espalhado por outros órgãos. Só Lúcia [Maria Lúcia Pedroso] e o médico de JK, Guilherme Romano, sabiam da metástase."

239. Carlos Heitor Cony, *JK: Memorial do exílio*, prefácio do autor, p. xv.

240. Depoimento de Affonso Heliodoro ao autor, 11 set. 2000.

241. Depoimento de Josué Montello ao autor, 6 jan. 2000.

242. Depoimento de César Prates ao autor, 30 jan. 2001.

243. Fragmento de depoimento prestado em 27 de junho de 2000 à Comissão Externa da Câmara dos Deputados que examina as circunstâncias da morte do presidente Kubitschek.

244. A família Kubitschek vendeu a fazenda JK no início da década de 1980, depois de muitos problemas e tentativa de mantê-la mediante cultivo de hortigranjeiros, arroz e milho.

245. Carlos Heitor Cony, *JK: Memorial do exílio*, p. 138-139.

246. Josué Montello, *O Juscelino de minhas recordações*, p. 239.

247. Carlos Heitor Cony, *JK: Memorial do exílio*, p. 134. A contusão no tendão de aquiles decorreu de queda no banheiro do apartamento da avenida Vieira Souto, Ipanema, depois de tropeçar num velho cabide metálico de banheiro.

248. Depoimentos de Ildeu de Oliveira ao autor, 4 e 19 jan. 2001.

249. Carlos Heitor Cony, *JK: Memorial do exílio*, p. 29.

250. *Veja*, edição nº 1.495, 14 maio 1997, p. 112.

251. Entrevista de Carlos Heitor Cony ao jornalista Boris Casoy, programa *Passando a limpo*, da TV Record, levado ao ar em 2000 e repetido em 21 jan. 2001.

252. Tancredo de Almeida Neves, *Tancredo Neves: sua palavra na História*, p. 132.

253. Depoimento de Carlos Murilo Felício dos Santos ao autor, 13 jan. 2000.

254. Jurados da categoria líderes e estadistas: Marco Antonio de Oliveira Maciel, político, vice-presidente da República, ex-ministro de Estado e ex-governador; Roberto de Oliveira Campos, ex-ministro de Estado, economista, diplomata, político e escritor; Antonio Delfim Netto, ex-ministro de Estado, economista, professor, político, escritor; Jáder Barbalho, político, ex-ministro de Estado e ex-governador, presidente do PMDB, senador; Ronaldo Sardenberg, diplomata, ministro de Estado; Alberto Cardoso, militar, oficial-general, ministro de Estado; Olívio Dutra, político, governador do

Rio Grande do Sul; Roberto Freire, político, senador; Paulo Hartung, político, senador; José Dirceu Nogueira, político, presidente do Partido dos Trabalhadores; Miro Teixeira, político, deputado federal; Aspásia Camargo, historiadora; Jarbas Medeiros, professor universitário; Jorge Mautner, músico e escritor; Josué Montello, escritor; David Fleischer, cientista político, professor; Walmor Chagas, ator; Rafael Villa, professor; Celina Vargas do Amaral Peixoto, historiadora; Villas-Bôas Corrêa, jornalista político; Bolívar Lamounier, cientista político, professor, escritor; Wilson Figueiredo, jornalista; Eliane Catanhêde, jornalista; Franklin Martins, jornalista; Homero Costa, professor; Ives Gandra, jurista; Oscar Schmidt, jogador de basquetebol; Jair Krischke, presidente do Movimento de Justiça e Direitos Humanos — RS; Walquíria Leão Rego, professora; Wanderley Guilherme dos Santos, cientista político. A classificação final foi definida por votos dos leitores da revista *IstoÉ*, promotora do evento.

255. *IstoÉ*, edição n° 1.577, especial 12, dez. 1999, p. 24-28.

256. "Brasília rumo ao Terceiro Milênio", in *Brasília* (coletânea de artigos de vários autores), p. 67.

257. Osvaldo Peralva é autor de *Brasília, patrimônio da humanidade: um relatório*.

258. Depoimento de José Aparecido de Oliveira ao autor, 18 jan. 2000.

259. *Jornal do Brasil*, 10 fev. 2001, p. 2.

260. Depoimento de Roberto de Oliveira Campos ao autor, 18 dez. 1999.

261. Depoimento de Eliseu Andrade Alves ao autor, 17 nov. 2000.

262. Depoimento de Antonio Delfim Netto ao autor, 16 mar. 2000.

263. Depoimento de José Alves de Oliveira (Seu Zé) ao autor, 30 dez. 1999.

264. Juscelino Kubitschek, *Por que construí Brasília*, p. 370.

265. Pesquisa gentilmente preparada para este livro pelas universitárias Marcela Mihessen e Monique Mihessen.

266. Ernesto Silva, *História de Brasília*, p. 109 e 385; depoimento de Oscar Niemeyer ao autor, 29 dez. 1999; *Correio Braziliense*, 5 nov. 2000, primeira página.

267. Depoimento de Roberto de Oliveira Campos ao autor, 18 dez. 1999.

268. Maria Elisa Costa, *Com a palavra, Lucio Costa*, p. 108.

269. Depoimento de Antonio Delfim Netto ao autor, 16 mar. 2000.

270. Depoimento de José Sarney ao autor, 3 jun. 2000.

271. Valentina de Rocha Lima e Plínio de Abreu Ramos, *Tancredo fala de Getúlio*, p. 47.

Bibliografia

ALMEIDA, Theodoro Figueira de. *Brasília, a cidade histórica da América*. Rio de Janeiro: Departamento de Imprensa Nacional, 1960.

ANDRADE, Carlos Drummond de. *Poesia e prosa*. In: *Obra completa (1902-1987)*. Rio de Janeiro: Nova Aguilar, 1992.

APARECIDA, Geralda Dias. *Pesquisa histórica sobre a UnB*. Brasília: Departamento de História da UnB, 2000.

ARAÚJO, Fernando. *Juscelino Kubitschek, o médico*. Belo Horizonte: Gráfica Líthera Maciel, 2000.

ARAÚJO, Léa Sayão Carvalho. *Meu pai, Bernardo Sayão*. 5. ed. Brasília: Senado Federal, 1994.

ASMAR, José. *O legislador da construção de Brasília*. Goiânia: Editora Kelps, 2000.

Autos de Devassa da Inconfidência Mineira. Brasília: Câmara dos Deputados; Belo Horizonte: Governo do Estado de Minas Gerais, 1978.

BADARÓ, Murilo Paulino. *José Maria Alkmim: uma biografia*. Rio de Janeiro: Nova Fronteira, 1996.

BARBOSA, Francisco de Assis. *Juscelino Kubitschek: uma revisão na política brasileira*. Rio de Janeiro: Livraria José Olympio Editora,1960.

BENAVIDES, Maria Victoria de Mesquita. *O governo Kubitschek: desenvolvimento econômico e estabilidade política*. Rio de Janeiro: Paz e Terra, 1979.

BOJUNGA, Claudio. *JK: o artista do impossível*. Rio de Janeiro: Ed. Objetiva, 2001.

BRAGA, Andrea da Costa, FALCÃO, Fernando A. R. *Guia de urbanismo, arquitetura e arte de Brasília*. Brasília: Fundação Athos Bulcão, 1997.

BRANT, Vera. *Ensolarando sombras*. Rio de Janeiro: Francisco Alves, 1986.

Brasília, patrimônio cultural da humanidade. Caixa Econômica Federal (texto de Walmir Ayala). Rio de Janeiro: Spala Editora, 1987.

Brasília 40 anos. Brasília: *Correio Braziliense*-TV Brasília, 2000.

Brasília. Rio de Janeiro: Fundação IBGE, 1972.

Brasília rumo ao Terceiro Milênio. In: *Brasília* (coletânea de artigos de vários autores). Brasília: Verano, 1989.

BUENO, Eduardo. *História do Brasil*. São Paulo: *Folha de S. Paulo*; Publifolha; *Zero Hora*, 1997.

CALDAS, Ricardo Wahrendorff. *A política externa do governo Kubitschek*. Brasília: Thesaurus, 1996.

CALDEIRA, Jorge et al. *Viagem pela História do Brasil*. São Paulo: Companhia das Letras, 1997.

CAMPOS, Manoel França. *Brasília: terceiro marco*. Rio de Janeiro: São José, 1960.

CAMPOS, Roberto de Oliveira. *A lanterna na popa: memórias*. Rio de Janeiro: Topbooks, 1994.

CARNEIRO, Glauco. *Brasil, primeiro: história dos Diários Associados*. Brasília: Fundação Assis Chateaubriand, 1999.

CASTELLO BRANCO, Carlos. *A renúncia de Jânio*. Brasília: Senado Federal; Rio de Janeiro: Revan, 2000.

CASTELO BRANCO, Paulo. *A morte de JK*. Rio de Janeiro: Diadorim, 1997.

CASTRO, Ruy. *Ela é carioca*. São Paulo: Companhia das Letras, 1999.

CHAGAS, Carlos. *A Guerra das Estrelas*. Porto Alegre: L&PM, 1985.

———. *O Brasil sem retoque. A história contada por jornais e jornalistas: 1808-1964*. Rio de Janeiro: Record, 2001.

CHAGAS, Paulo Pinheiro. *Esse velho vento da aventura*. Belo Horizonte: Editora Itatiaia,1977.

CONY, Carlos Heitor. *JK: Memorial do exílio*. Rio de Janeiro: Bloch Editores, 1982.

———. *JK: como nasce uma estrela*. Rio de Janeiro: Editora Record, 2002.

CORRÊA, Marcos Sá. *Oscar Niemeyer*. Rio de Janeiro: Relume-Dumará, 1996.

COSTA, Lúcio. *Lucio Costa: registro de uma vivência*. São Paulo: Empresa das Artes, 1995.

———. *Brasília revisitada*. Brasília, Diário Oficial do Distrito Federal nº 194, 1987.

COSTA, Maria Elisa (roteiro e seleção de textos). *Com a palavra, Lucio Costa*. Rio de Janeiro: Aeroplano, 2000.

COTRIM, Márcio. *O outro lado do concreto armado (crônicas)*. Brasília: Thesaurus, 1987.

———. *Em cada quadra uma flor: 50 ideias para Brasília*. Brasília: Plural, 1990.

———. *Miolo de Pão*. Brasília: Arte Capital, 1996.

COUTO, Ronaldo Costa. *Tancredo vivo: casos e acaso*. Rio de Janeiro: Record, 1995.

———. *História indiscreta da ditadura e da abertura. Brasil: 1964-1985*. Rio de Janeiro: Record, 1998.

———. *Memória viva do regime militar. Brasil: 1964-1985*. Rio de Janeiro: Record, 1999.

CRULS, Luiz. *Relatório da Comissão Exploradora do Planalto Central do Brasil*. Rio de Janeiro: H. Lombaerts, 1894.

D'ARAUJO, Maria Celina, CASTRO, Celso (orgs.). *Democracia e Forças Armadas no Cone Sul*. Rio de Janeiro: Editora FGV, 2000.

DELGADO, Lucília de Almeida Neves, SILVA, Vera Alice Cardoso. *Tancredo Neves: a trajetória de um liberal*. Petrópolis: Vozes; Belo Horizonte: Universidade Federal de Minas Gerais, 1985.

DOURADO, Autran. *Gaiola aberta: Tempos de JK e Schmidt*. Rio de Janeiro: Rocco, 2000.

DULLES, John W. F. *Castello Branco: o presidente reformador*. Brasília: Editora UnB, 1983.

FAUSTO, Boris. *História do Brasil*. São Paulo: Edusp, 1994.

FERREIRA, Marieta de Moraes (coord.). *Rio de Janeiro: uma cidade na história*. Rio de Janeiro: Editora FGV, 2000.

FORMIGA, Marcone. *Resumo da Ópera: jornalismo, entrevistas*. Brasília: Dom Quixote; Verano, 1996.

FRANCIS, Paulo. *Trinta anos esta noite: 1964, o que vi e vivi*. São Paulo: Cia. das Letras, 1994.

FREYRE, Gilberto. *Brasis, Brasil e Brasília*. Rio de Janeiro: Record, 1968.

GEISEL, Ernesto. *Ernesto Geisel* [Depoimento ao CPDOC]. Rio de Janeiro: Editora FGV, 1997.

GICOVATE, Moisés. *Brasília, uma realização em marcha*. São Paulo: Melhoramentos, 1959.

GOMES, Ângela de Castro (org.), FARO, Clovis de et al. *O Brasil de JK*. Rio de Janeiro: Editora FGV; CPDOC, 1991.

GUDIN, Eugênio. *Para um Brasil melhor*. Rio de Janeiro: Apec Editora, 1969.

Guiarquitetura Brasília. São Paulo: Empresa das Artes, 2000.

Guia preliminar de fontes para Brasília. Brasília, Arquivo Público do Distrito Federal, 1988.

GUIMARAENS, Cêça. *Lucio Costa*. Rio de Janeiro: Relume-Dumará, 1996.

HAYDT, Humberto. *JK: mitos e metas*. Rio de Janeiro: Ed. Gráfica Lagunilla S.A., 1963.

———. *Trajetória política do Brasil: 1500/1964*. 2. ed. São Paulo: Companhia das Letras, 1993.

———. A *industrialização brasileira*. São Paulo: Brasiliense, 1994.

HELIODORO dos Santos, Affonso. *JK: exemplo e desafio*. Brasília: Thesaurus, 1991.

———. *O Memorial JK: Um monumento e centro de cultura*. Brasília: Verano, 1996.

IGLÉSIAS, Francisco. *História geral e do Brasil*. São Paulo: Ática, 1989.

JARDIM, Serafim. *Onde está a verdade?* (Depoimento aos jornalistas mineiros Luiz Carlos Bernardes e Orlando Marques Pinto Leite.) Petrópolis: Vozes, 1999.

JK, o estadista do desenvolvimento. Brasília: Memorial JK; Senado Federal (Subsecretaria de Edições Técnicas), 1991.

KERN, Iara. *De Akenaton a JK, das pirâmides a Brasília*. 3. ed. Brasília: Thot Livraria e Editora Esotérica, 1991.

KUBITSCHEK de Oliveira, Juscelino. *A marcha do amanhecer*. São Paulo: Bestseller, 1962.

———. *Diretrizes gerais do plano nacional de desenvolvimento*. Belo Horizonte: Livraria Oscar Nicolai, 1955.

————. *A experiência da humildade*. Rio de Janeiro: Bloch Editores, 1974. (Meu caminho para Brasília, v. I)

————. *A escalada política*. Rio de Janeiro: Bloch Editores, 1976. (Meu caminho para Brasília, v. II).

————. *Cinquenta anos em cinco*. Rio de Janeiro: Bloch Editores, 1978. (Meu caminho para Brasília, v. III).

————. *Por que construí Brasília*. Rio de Janeiro: Bloch Editores, 1975.

LACERDA, Carlos. *Depoimento*. Rio de Janeiro: Nova Fronteira, 1978.

LAFER, Celso. *JK e o programa de metas: processo de planejamento e sistema político no Brasil*. Rio de Janeiro, Editora FGV, 2002.

LAMOUNIER, Bolívar. *Da Independência a Lula: dois séculos de política brasileira*. São Paulo: Augurium Editora, 2005.

LESSA, Carlos. *O Rio de todos os Brasis: uma reflexão em busca de autoestima*. Rio de Janeiro: Record, 2000.

LIMA, Valentina da Rocha, RAMOS, Plínio de Abreu. *Tancredo fala de Getúlio*. Porto Alegre: L&PM, 1986.

LISPECTOR, Clarice. *Para não esquecer (crônicas)*. São Paulo: Siciliano, 1992.

————. *De corpo inteiro*. Rio de Janeiro: Rocco, 1999.

LUSTOSA, Isabel. *Histórias de presidentes: a República do Catete*. Petrópolis: Vozes, 1989.

LUZ, Clemente. *Invenção da cidade*. Brasília: Ebrasa Editora de Brasília, 1967.

MAXWELL, Kenneth R. *A devassa da Devassa*. São Paulo: Paz e Terra, 1995.

MAYRINK, Geraldo. *Juscelino*. São Paulo: Nova Cultural, 1988.

MELO FILHO, Murilo. *Testemunho político*. Rio de Janeiro: Bloch Editores, 1997.

MIRANDA, Antonio. *Brasília, capital da utopia: visão e revisão*. Brasília: Thesaurus, 1985.

MONTELLO, Josué. *Diário da noite iluminada, 1977-1985*. Rio de Janeiro: Nova Fronteira, 1994.

————. *O Juscelino de minhas recordações*. Rio de Janeiro: Nova Fronteira, 1999.

MOREIRA, Neiva. *Brasília, hora zero*. 2. ed. Brasília: Câmara dos Deputados, 2000.

MOTTA, Marly Silva. *Saudades da Guanabara*. Rio de Janeiro: Editora FGV, 2000.

NAPOLEÃO, Aluizio. *Juscelino Kubitschek: audácia, energia, confiança*. Rio de Janeiro: Bloch Editora, 1988.

NERY, Sebastião. *Grandes pecados da imprensa*. São Paulo: Geração Editorial, 2000.

NETO, Geneton Moraes. *Dossiê Brasil: as histórias por trás da História recente do país*. Rio de Janeiro: Editora Objetiva, 1997.

NEVES, Tancredo de Almeida. *Tancredo Neves: sua palavra na História* [Discursos]. Rio de Janeiro: Atheneu, 1988.

NIEMEYER, Oscar. *Minha experiência em Brasília*. Rio de Janeiro: Editorial Vitória, 1961.

————. *Meu sósia e eu*. Rio de Janeiro: Revan, 1992.

————. *As curvas do tempo: memórias*. Rio de Janeiro: Revan, 1998.

————. *Diante do nada*. Rio de Janeiro: Revan, 1999.

————. *Minha arquitetura*. 2. ed. Rio de Janeiro: Revan, 2000.

OLIVEIRA, José Aparecido de. *Brasília, uma sinfonia*. Brasília: Dom Quixote, 1986.

————. *Três faces de uma cidade*. Brasília: Secretaria de Comunicação Social do Governo do Distrito Federal, 1987.

ORICO, Osvaldo. *Brasil, capital Brasília*. 3. ed., revista e atualizada. Rio de Janeiro: Record, 1961.

PAVIANI, Aldo (coord.). *Brasília, ideologia e realidades: espaço urbano em questão*. São Paulo: Projeto, 1985.

————. *Urbanização e metropolização: a gestão dos conflitos em Brasília*. Brasília: Editora UnB, 1987.

————. *Brasília: a metrópole em crise*. Brasília: Editora UnB, 1989.

————. (org.) *Brasília — gestão urbana: conflitos e cidadania*. Brasília: Editora UnB, 1999.

PENNA, José Oswaldo Meira. *Quando mudam as capitais*. Rio de Janeiro: IBGE, 1958.

PERALVA, Osvaldo. *Brasília, patrimônio da humanidade: um relatório*. Brasília: Ministério da Cultura, 1988.

PETIT, Jean. *Niemeyer, poète d'architecture*. Lugano: Fidia Edizioni d'Arte, 1995.

PINHEIRO NETO, João. *Juscelino, uma história de amor*. Rio de Janeiro: Mauad, 1994.

PRATES, César. *Do Catetinho ao Alvorada*. Belo Horizonte: Imprensa Oficial de Minas Gerais, 1983.

RIBEIRO, Darcy. *Confissões*. São Paulo: Companhia das Letras, 1997.

————. *Mestiço é que é bom*. Rio de Janeiro: Revan, 1997.

RÓNAI, Paulo. *Dicionário universal Nova Fronteira das citações*. Rio de Janeiro: Nova Fronteira, 1985.

SALGADO, Plínio. *13 anos em Brasília*. Brasília: Asteca, 1973.

SALVADOR, Frei Vicente do. *História do Brasil (1627)*. 4. ed. revista por Capistrano de Abreu. São Paulo: Melhoramentos.

SANTOS, Joaquim Ferreira dos. *Feliz 1958: o ano que não devia terminar*. Rio de Janeiro, Editora Record, 6ª ed.,1998.

SANTOS, Milton. *A cidade nos países subdesenvolvidos*. Rio de Janeiro: Civilização Brasileira, 1965.

SILVA, Ernesto. *História de Brasília*. 4. ed. Brasília: Linha Gráfica Editora, 1999.

————. *O militante da esperança e a história de Brasília*. Brasília: Editora Brasília, 2004.

SILVA, Hélio, CARNEIRO, Maria Cecília Ribas. *Desenvolvimento e democracia — 1956/1960*. São Paulo: Edições IstoÉ, 1998. (Coleção História da República Brasileira).

SKIDMORE, Thomas E. *Uma história do Brasil*. São Paulo: Paz e Terra, 1998.

STEINBERGER, Marília. Formação do aglomerado urbano de Brasília no contexto nacional e regional. In: Aldo Paviani (org.). *Brasília — gestão urbana: conflitos e cidadania*. Brasília: Editora UnB, 1999.

TAMANINI, Lourenço Fernando. *Memória da construção*. Brasília: Royal Court, 1994.

TEIXEIRA, Ib. O custo-Brasília. *Conjuntura Econômica*, Rio de Janeiro, Fundação Getulio Vargas, maio 1996.

TOYNBEE, Arnold. *A sociedade do futuro*. Rio de Janeiro: Zahar, 1973.

VAITSMAN, Maurício. *Quanto custou Brasília*. Rio de Janeiro: Posto de Serviço, 1968. (Coleção Livro-Verdade, v. 1).

VARNHAGEN, Francisco Adolfo de. *A questão da capital: marítima ou interior?* Apresentação Edgard D'Almeida Victor. Brasília: Thesaurus, 1978. (Coleção Memória do Brasil, v. 5).

VASCONCELOS, José Adirson de. *Conhecendo e compreendendo Brasília*. Brasília: s.ed., 1969.

———. *A mudança da capital*. Brasília: Gráfica e Editora Independência, 1978.

———. *As cidades-satélites de Brasília*. Brasília: Ed. do Autor, 1988.

VAZ, Alisson Mascarenhas. *Israel, uma vida para a história*. Rio de Janeiro, Companhia Vale do Rio Doce, 1996.

VESENTINI, José William. *A capital da geopolítica*. 2. ed. São Paulo: Ática, 1987.

VIANA FILHO, Luís. *O governo Castelo Branco*. Rio de Janeiro: Biblioteca do Exército; J. Olympio, 1975.

VIGGIANO, Alan. *José Aparecido: inventor de utopias*. Brasília: André Quicé Editor, 1999.

WERNECK, Humberto. *Juscelino Kubitschek: o tocador de sonhos*. São Paulo: Fundação Odebrecht, 2002.

Jornais

Brasília em Dia, Brasília.
Correio Braziliense, Brasília.
Diário da Assembleia, Rio de Janeiro.
Diário de Notícias, Rio de Janeiro.
Folha de S. Paulo, São Paulo.
Gazeta Mercantil, São Paulo.
Hoje em Dia, Belo Horizonte.
Jornal da Comunidade, Brasília.
Jornal de Brasília, Brasília.
Jornal do Brasil, Rio de Janeiro.
O Estado de Minas, Belo Horizonte.
O Estado de S. Paulo, São Paulo.
O Globo, Rio de Janeiro.
Ultima Hora, Rio de Janeiro.

Revistas

Carta Capital, São Paulo.
Conjuntura Econômica (FGV), Rio de Janeiro.
Época, São Paulo.
IstoÉ, São Paulo.
Manchete, Rio de Janeiro.
O Cruzeiro, Rio de Janeiro.
Revista do Instituto Histórico e Geográfico do Distrito Federal, Brasília.
Rio Magazine, Rio de Janeiro.
UnB Revista (UnB), Brasília.
Veja, São Paulo.

Abreviaturas e siglas

ABI — Associação Brasileira de Imprensa
AI-5 — Ato Institucional nº 5
ARENA — Aliança Renovadora Nacional
BID — Banco Interamericano de Desenvolvimento
BNDE — Banco Nacional do Desenvolvimento Econômico
CEDEPLAR — Centro de Desenvolvimento e Planejamento Regional da UFMG
CEI — Campanha de Erradicação de Invasões
CHESF — Companhia Hidrelétrica do São Francisco
CIBPU — Comissão Interestadual da Bacia do Paraná-Uruguai
CODEPLAN — Companhia do Desenvolvimento do Planalto Central
COSIPA — Companhia Siderúrgica Paulista
CPDOC — Centro de Pesquisa e Documentação de História Contemporânea do Brasil (FGV)
CPI — Comissão Parlamentar de Inquérito
DNER — Departamento Nacional de Estradas de Rodagem
ECISA — Engenharia, Comércio e Indústria S.A.
EMBRAPA — Empresa Brasileira de Pesquisa Agropecuária
EXIMBANK — Export-Import Bank
FGTS — Fundo de Garantia por Tempo de Serviço
FUB — Fundação Universidade de Brasília
GEB — Guarda Especial de Brasília
GP — Guarda Policial (da Novacap)
IAB — Instituto dos Arquitetos do Brasil
IAPC — Instituto de Aposentadoria e Pensões dos Comerciários
IAPETEC — Instituto de Aposentadoria e Pensões dos Empregados em Transportes de Cargas
IAPI — Instituto de Aposentadoria e Pensões dos Industriários
IBC — Instituto Brasileiro do Café
IBGE — Instituto Brasileiro de Geografia e Estatística
IDH — Índice de Desenvolvimento Humano
IPASE — Instituto de Previdência e Assistência dos Servidores do Estado
IPEA — Instituto de Pesquisa Econômica Aplicada
JK — Juscelino Kubitschek
MDB — Movimento Democrático Brasileiro
NOVACAP — Companhia Urbanizadora da Nova Capital do Brasil
OEA — Organização dos Estados Americanos

ONU — Organização das Nações Unidas
PETROBRAS — Petróleo Brasileiro S.A.
PIB — Produto Interno Bruto
PM — Polícia Militar
PMDB — Partido Movimento Democrático Brasileiro
PORTOBRÁS — Empresa de Portos do Brasil S.A.
PSD — Partido Social Democrático
PSP — Partido Social Progressista
PTB — Partido Trabalhista Brasileiro
RODOBRÁS — Rodoviário Brasileiro de Transportes Ltda.
SNI — Serviço Nacional de Informação
SPHAN — Serviço do Patrimônio Histórico e Artístico Nacional
SPVEA — Superintendência do Plano de Valorização Econômica da Amazônia
SQS — Superquadra Sul
SUDENE — Superintendência do Desenvolvimento do Nordeste
TCDF — Tribunal de Contas do Distrito Federal
TCU — Tribunal de Contas da União
UDN — União Democrática Nacional
UFMG — Universidade Federal de Minas Gerais
UNB — Universidade de Brasília
UNESCO — Organização das Nações Unidas para a Educação, a Ciência e a
    Cultura
USIMINAS — Usinas Siderúrgicas de Minas Gerais S.A.
USP — Universidade de São Paulo

Índice onomástico

Abreu, João d' 42
Affonso, Sebastião Baptista 245
Agache, Alfred Donat 77
Akhenaton (Amenófis IV) 190, 191
Albuquerque, José Pessoa Cavalcanti de 44, 45, 89, 91, 93
Aleijadinho (Antônio Francisco Lisboa) 30
Aleixo, Pedro 52
Alencastro, Luiz Felipe de 30
Alighieri, Dante 347
Alkmim, José Maria 52, 243, 253, 270
Almeida, Dom Luciano Mendes de 138
Almeida, José Ludovico de 65, 68, 71, 72, 91, 94
Almeida, Ribeiro de 116
Almeida, Rui de 156
Almeida, Sebastião Paes de 243, 259
Alves, Eliseu Andrade 338, 415
Alves, Márcio Moreira 178
Amaral, Gilberto 307, 415
Américo, Pedro 37
Andrada, Antônio Carlos Ribeiro de 316
Andrada, Fábio 316
Andrada e Silva, José Bonifácio de 32, 73
Andrade, Carlos Drummond de 52, 124, 228, 297
Andrade, Rodrigo Melo Franco de 77, 79, 81
Anjos, Augusto dos 82
Anjos, Cyro Versiani dos 175, 176

Ankesenamon 191
Antipoff, Helena 84
Aquino, Deusdedith Righi de 415
Araújo, Paulo Cabral de 415
Arreghini 35
Asimov, Isaac 371
Assis, Joaquim Maria Machado de 38, 329
Azeredo, Renato de Alencar 108, 127, 149, 325

Balbino, Antonio 90-91
Baldo Niemeyer, Annita 78
Barão de Itararé 194
Barbará Neto, Baldomero 267, 313
Barbosa, José Eduardo 415
Barbosa, Luiz Hidelbrando Horta 118
Barbosa, Rui 325, 329
Barros, Adhemar Pereira de 194, 260
Barros Filho, Adhemar de 316
Barroso, Sabino 132
Batista, Geraldo 143, 147
Beethoven, Ludwig van 126
Berens, Odilon 52
Bernardes, Arthur da Silva 41
Bernardes, Sérgio 22, 372
Bernhard (príncipe) 170
Bicca, Briane Panitz 334
Bilac Pinto, Olavo 52
Bittencourt, Régis 91, 152
Bloch, Adolpho 210, 267, 312, 315, 316, 323, 325
Borges, Ladislau 317

Bosco, São João (Dom Bosco) 33, 34, 35, 69, 94, 154, 167, 191, 342, 373, 375
Bouhid, Waldir 152
Boumedienne 286
Braga, Rubem 122
Brant, Vera 133, 134, 177, 178, 315, 323, 324, 415
Brasil, Aristóteles 300
Bréa, Sandra 172
Brest, Romero 211
Briggs 244
Britto, Saturnino de 94, 105
Buarque de Holanda, Chico 329
Bulcão, Athos 22, 372, 373
Burle Marx, Roberto 125, 126, 226, 242

Cabral, Dom Antônio dos Santos 80, 81
Cabral, Maria da Conceição Samarco 51, 52, 149, 301, 415
Café Filho, João de Campos 41, 44, 67, 68, 89, 194, 215
Caiado, Emival 72, 73, 127, 128, 205, 415
Caldas, Sílvio 268
Callado, Antônio 155
Câmara, João 372
Câmara, José Sette 143, 325
Camões, Luís Vaz de 211
Campofiorito, Ítalo 132, 213, 334
Campos, Francisco 53
Campos, Milton Soares 52
Campos, Oswaldo Pinheiro 311
Campos, Roberto de Oliveira 21, 147, 193, 200, 216, 223, 237, 238, 244, 251, 253, 254, 259, 292, 338, 344, 379, 380, 415
Cantanhede, Plínio 285, 287
Capanema, Gustavo 53, 54, 79, 122
Cardoso, Adauto Lúcio 52, 199, 205
Cardoso, Fernando Henrique 329
Cardozo, Joaquim 132

Carneiro, Francisco 325
Carneiro, Geraldo 174
Carneiro, Octávio Dias 91
Carrero, Tônia 174
Carroll, Lewis 345
Carter, Howard 191
Carvalho, Daniel de 42
Carvalho, Osvaldo Ferraro de 259
Carvalho, Serafim de 50, 60, 63
Carvalho, Vladimir 106
Carvalho Pinto 315
Carvalho Sobrinho 215
Casasanta, Mário 52
Castello Branco, Élvia Lordello 415
Castello Branco, Humberto de Alencar 100, 101, 245, 246, 253, 254, 257, 258, 259, 260, 261, 270, 284, 285, 286, 287, 344
Castelo Branco, Paulo 318, 415
Castro, Aguinaldo Caiado de 43, 44
Castro, Fidel 138, 170
Cerejeira, Cardeal Manuel Gonçalves 182
Ceschiatti, Alfredo 22, 84, 371, 373
Chagas, Carlos 108, 209, 278, 287, 415, 416
Chagas, Dinah Ferreira 185, 415
Chardin, Teilhard de 115
Chateaubriand, Assis 214, 226, 258, 291
Chaves, Juca (José Ferreira de Castro Chaves) 107, 109
Chuis, Daniel 415
Clementino, Dario de Souza 325
Coelho, Djalma Poli 43
Cony, Carlos Heitor 264, 266, 286, 300, 314, 315, 318, 415
Corção, Gustavo 214, 379
Cordeiro, Leny 415
Correia, Diogo Álvares (Caramuru) 96
Cosenza, Antônio 99
Costa, Cândido 89
Costa, Dom João Resende 81

408

Costa, Helena 122
Costa, Lucio 22, 54, 78, 81, 115, 117, 119, 120, 121, 122, 123, 124, 125, 132, 137, 139, 141, 168, 171, 175, 183, 204, 212, 226, 229, 232, 242, 278, 334, 339, 344, 347, 380, 381
Costa, Maria Elisa 122, 334, 413
Costa, Rubens Vaz da 223, 415
Costa e Silva, Arthur da 101, 220, 257, 258, 259, 261, 268, 284, 287
Costa Júnior, Joaquim da 107
Costa P. F. de Mendonça, Hipólito José da 31, 32
Croce, Dante 373
Cruls, Louis Ferdinand 38, 39
Cruz, Oswaldo 82, 329
Cunha, Ari 214
Cunha, Ecla Assis 171, 415
Cunha, Euclides da 95
Cunha, Paulo 169
Cury, Lindberg Aziz 325

Dantas, Francisco Clementino de San Tiago 70
Dantas, Orlando 201
De Gaulle, Charles 286, 385
Delfim Netto, Antônio 220, 291, 339, 345, 413
Deroche, Jean 81
Dias, Fernão 150
Di Cavalcanti, Emiliano 269, 373
Domingues, Oswaldo Ignácio 413
Dom João III 96
Dom João VI 202
Dom Pedro I 32
Doorne, Hubert Van 375
Dornelles, Ernesto 53
Dornelles, Hélio 195
Dourado, Autran 114
Drummond, José Bolivar Brant 297, 299, 415
Drummond, Olavo 316, 325, 415
Dulles, John Foster 170

Dutra, Eurico Gaspar 42, 292

Eisenhower, Dwight D. 171, 244
Elias, Augusto 51
Elias, João 51
Ellis, Bernardo 268
Emmanuel (senador de Roma) 82
Esteves, Nauro 375
Etelvina (cozinheira de JK) 143

Falcão, Armando 307
Farhat, Saïd 268
Faria Lima, Floriano 279, 281, 282, 289, 301, 323, 413
Faria Lima, Hilda 280, 281
Faria Lima, José Vicente 279, 282
Faria Lima, Regina 281
Ferraz, José Carlos Figueiredo 334
Ferreira, João Ephigênio 185
Ferreira, José Feliciano 60
Figueiredo, João Baptista de Oliveira 219, 220, 227, 237, 268, 276, 289, 325
Fleiuss 71
Fonseca, Oswaldo Nery da 126
Francis, Paulo 20, 230
Franco, Itamar 224
Frei Henrique de Coimbra 114, 182
Frei Mateus Rocha 176, 177
Freitas, Antônio de Pádua Chagas 189
Frei Vicente do Salvador 27, 95
Freyre, Gilberto de Melo 22, 210, 211, 212, 230, 379
Frias de Oliveira, Octavio 201
Frieiro, Eduardo 55
Frieiro, Noêmia 55
Furtado, Celso Monteiro 178, 202, 217, 219, 247, 275, 415

Gadelha (amigo de Niemeyer) 134, 135
Gagarin, Iuri 371
Garcez, Lucas Nogueira 315
Garrincha 353

Gehry, Frank 233
Geisel, Ernesto 137, 159, 219, 220, 227, 237, 240, 258, 260, 261, 276, 279, 288, 300, 301, 307, 324
Giorgi, Bruno 22, 372, 373
Goldberger, Paul 231
Gomes, Almir Francisco 325
Gomes e Souza, Moacyr 183
Gomide, Wadjô 285
Gonçalves, Leônidas Pires 93, 413
Gonçalves, Nélio Cerqueira 143
Gonzaga, Tomás Antônio 28
Gordon, Lincoln 242
Gosnat 286
Goulart, João Belchior Marques (Jango) 50, 128, 176, 177, 179, 182, 183, 185, 200, 246, 259, 275, 276, 283, 284
Goulart, Renato 146
Goyanna, Ruy 311
Graeff, Edgar 140
Griffin, Walter Burley 213
Gronchi, Giovanni 170
Gudin, Eugênio 215, 240, 241, 242, 379
Guerra, Joubert 205
Guignard, Alberto da Veiga 269
Guimarães, Honestino 178
Guimarães, João Lima 172
Guimarães, Ulysses 292, 315
Gullar, Ferreira 140
Gustavo, Miguel 240

Haddad, Paulo Roberto 224, 415
Harrison, Wallace 130, 131
Heliodoro dos Santos, Affonso 49, 57, 65, 139, 143, 147, 149, 205, 264, 265, 266, 301, 311, 325, 415
Holford, William 118, 123
Horta, Oscar Pedroso 283
Huxley, Aldous 170

Iglésias, Francisco 29
Irmã Dulce 329

Jardim, Serafim Melo 318, 413
Jesus, Teresa Maria de 51
João XXIII 176, 182
Jobim, Tom 132, 133, 136, 297

Kardec, Allan 83
Kent, Duquesa de 170
Kern, Iara 190
Kissinger, Henry 137, 138
Kubitschek, Jan Nepomuscky 51
Kubitschek, João Nepomuceno 51
Kubitschek, Júlia 50, 51, 52, 83, 143, 149, 169, 184, 263, 298, 300, 314
Kubitschek, Márcia 81, 114, 180, 196, 239, 267, 269, 293, 313, 317, 318, 329, 330, 374, 415
Kubitschek, Maria Estela 52, 81, 114, 182, 265, 269, 314
Kubitschek, Sarah 52, 54, 58, 59, 81, 114, 143, 168, 184, 210, 248, 264, 268, 269, 299, 308, 311, 312, 313, 314, 316, 317, 325, 326
Kubitschek de Oliveira, Eufrosina 52
Kubitschek de Oliveira, Juscelino 5, 9, 11, 12, 13, 19, 21, 22, 23, 34, 42, 49, 50, 51, 52, 53, 54, 55, 56, 57, 58, 60, 61, 62, 63, 64, 65, 66, 68, 69, 70, 71, 72, 73, 74, 77, 78, 79, 80, 82, 83, 89, 90, 91, 92, 93, 94, 95, 96, 100, 101, 102, 103, 104, 105, 106, 107, 108, 110, 112, 114, 122, 123, 125, 126, 127, 128, 129, 130, 132, 133, 139, 141, 142, 144, 145, 146, 147, 148, 149, 150, 151, 152, 153, 154, 155, 156, 157, 158, 159, 162, 163, 164, 165, 168, 169, 170, 171, 173, 174, 175, 176, 179, 180, 181, 182, 184, 186, 187, 190, 191, 192, 194, 195, 196, 197, 198, 199, 200, 201, 202, 203, 205, 206, 208, 209, 210, 211, 212, 213, 214, 215, 216, 217, 220, 222, 223, 227, 228, 230, 231, 234, 235, 237, 238, 239, 240, 241, 243, 244, 246, 248,

249, 251, 252, 253, 254, 257, 258, 259, 260, 261, 262, 263, 264, 265, 266, 267, 268, 269, 270, 273, 275, 276, 281, 284, 285, 286, 287, 297, 298, 299, 301, 302, 305, 306, 307, 308, 309, 311, 312, 313, 314, 315, 316, 317, 318, 319, 323, 324, 325, 326, 329, 330, 347, 351, 353, 357, 358, 365, 371, 374, 379, 380, 381

Lacan, Jacques 81
Lacerda, Carlos Frederico Werneck de 21, 127, 128, 175, 188, 205, 214, 260, 379
Lamaison, Aimé Alcebíades 325
Lamounier, Bolívar 219, 220, 413
Leal, Victor Nunes 176, 270, 325
Leão, Carlos 115
Le Corbusier 54, 78, 115, 124, 131, 184, 233, 385
Lemos, Elizabeth 209
Lemos, Jayme Gomes de Souza 52
Lemos, Luisinha Negrão 52, 59
Lemoyne (padre) 33
Lessa, Carlos 187, 189
Lima, Francisco Negrão de 52, 100, 189
Lima, Galdino Duprat da Costa 135
Lima, João Filgueiras (Lelé) 132
Lima, Octacílio Negrão de 52
Lima, Paulo Tarso Flecha de 143
Lima, Renato Costa 315
Lins, Álvaro 143
Lins, Claudio 415, 416
Lírio, Vivaldo 109
Lispector, Clarice 22, 228, 229, 373
Lontra, Dorita 133
Lopes, Berta Craveiro 168
Lopes, Francisco Higino Craveiro 168
Lopes, José 67
Lopes, Lucas 42, 193, 203, 238, 244, 314
Lopes, Rodrigo 267
Lopes, Walter Garcia (Eça) 134, 135

López Mateos, Adolfo 171
Lott, Henrique Batista Duffles Teixeira 66, 90, 92, 93, 194
Lübke, Heinrich 284
Luz, Carlos 194

Machado, Araripe 91
Machado, Jales 89
Machado de Assis, Joaquim Maria 38, 329
Maciel, Olegário Dias 53
Magalhães, Carlos 334
Magalhães, Dario de Almeida 52
Magalhães, Diógenes 42
Mainard, Diogo 230
Malraux, André 21, 170, 286, 385
Maluf, Otávio 316
Maluf, Paulo Salim 316
Marchais 286
Marinho, Roberto 201, 329
Marquês de Pombal 27
Martins, José Roberto de Paiva 181, 235, 247, 415
Matarazzo, Francesco 329
Mawe, John 143
Mazzarello, Santa Maria Domingas 33
Mazzoni, Dom Umberto 138
MBow, Amadou Mahtar 334
Médici, Emílio Garrastazu 141, 158, 159, 206, 207, 220, 237, 284, 285, 288, 289
Meinberg, Íris 13, 89
Meira, Lúcio Martins 90
Mello, Paulo (Paulão) 132
Melo, Corrêa de 146
Melo, Nelson de 91, 94
Melo Franco, Afonso Arinos de 23, 254, 335
Melo Franco, Virgílio Alvim de 53, 79
Mendes, Ivan de Sousa 415
Meneghetti, Mário 91
Menezes, Bezerra de 82

Mesquita, Júlio 201
Michelangelo 140, 373
Mihessen, Marcela 415
Mihessen, Monique 415
Mikasa (príncipe) 170
Mondadori, Giorgio 286
Montandon, Agostinho 109
Monteiro, Roberto Wagner 325
Montello, Josué 143, 263, 268, 305, 306, 334, 415
Montello, Yvonne 306
Montenegro, Fernanda 329
Montoro, André Franco 315, 324
Mora, José 170
Moraes, Antônio Ermírio de 222, 415
Moraes, José 108
Moraes, Vinicius de 132
Moraes, Waldemar de 415
Moreira, Flávio 184
Moreira, Jorge Machado 115
Moreira, Neiva 278
Moreira Alves, Márcio 178
Moses, Herbert 127
Motta, Dom Carlos Carmelo de V. 45, 113, 169
Mozart, Wolfgang Amadeus 126

Nabuco, Joaquim 292
Nabuco, Maurício 292
Natel, Laudo 315
Nava, Pedro 52
Naves, Carlos 375
Nefertiti 191
Neves, Alfredo 173
Neves, Celso Resende 146
Neves, Tancredo de Almeida 69, 72, 85, 141, 176, 186, 194, 196, 200, 252, 261, 264, 266, 289, 324, 335, 358, 372, 374, 375
Niemeyer, Anna Maria 78
Niemeyer, Oscar 21, 22, 54, 58, 64, 77, 78, 79, 80, 81, 84, 85, 91, 92, 93, 96, 101, 104, 107, 109, 114, 115, 117, 118, 119, 121, 122, 124, 125, 128, 129, 130, 131, 132, 133, 134, 135, 136, 137, 138, 139, 140, 141, 142, 148, 164, 168, 71, 174, 179, 183, 184, 186, 198, 204, 208, 212, 213, 219, 221, 228, 229, 231, 232, 233, 242, 278, 281, 286, 315, 323, 324, 325, 329, 333, 334, 343, 372, 373, 374, 415
Niemeyer, Paulo 134
Nóbrega, Manuel da 96
Nunes, Janari 72

Oliveira, Cícero Milton Martins de 235
Oliveira, Ildeu de 307, 312, 415
Oliveira, João César de 50, 51, 52, 298
Oliveira, José Alves de (Seu Zé) 22, 159, 160, 161, 162, 163, 164, 165, 341, 415
Oliveira, José Aparecido de 82, 85, 278, 334, 413
Oliveira, Josias Nunes de 317
Oliveira, Regina Alves de 160
Oliveira, Veloso de 31
Ortigão, Ramalho 135

Pacheco, Altamiro 91
Pacheco, Rondon 100
Palhano (padre) 278
Papadaki, Stamo 118
Parada, Boanerges de Oliveira 111
Parada, Joffre Mozart 111
Parada, Mônica Mülser 415
Passarinho, Jarbas Gonçalves 239, 285
Passos, Gabriel 52, 59
Passos, John Dos 155, 170
Peçanha, Honório 22, 325, 374
Pedro Geraldo 282
Pedroso, José 263
Pedroso, Maria Lúcia 263, 311, 314, 315
Pelé (Edson Arantes do Nascimento) 353

Penido, Oswaldo Maia 143, 169, 311, 325
Penna, Roberto 107, 109
Peralva, Osvaldo 334
Pereira, Anna Christina Kubitschek 318
Pereira, Luciano 168
Pereira, Paulo Octávio Alves 318, 415
Peretti, Marianne 22, 372, 373
Perriand, Charlotte 211
Pertence, José Paulo Sepúlveda 270, 415, 416
Pertence, Suely Castello Branco 415
Pessoa, Epitácio da Silva 39, 40
Pinay, Antoine 170
Pinheiro, Coracy 99, 235, 261, 270
Pinheiro da Silva, Israel 12, 13, 22, 42, 64, 89, 91, 92, 96, 97, 98, 99, 100, 101, 102, 103, 104, 106, 108, 110, 112, 117, 118, 124, 127, 129, 130, 133, 180, 183, 185, 186, 198, 203, 214, 215, 235, 236, 242, 243, 244, 261, 270, 278, 361, 367, 379, 381, 415
Pinheiro Filho, Israel 100, 102, 103, 124, 242, 244, 415
Pinto, Eurico 90
Pinto, Vilma Gontijo Alves 6
Pio XI 33
Portes, Sandra Castello Branco 415
Portinari, Candido 80, 81, 82, 84, 131, 132, 269
Prates, César 99, 107, 108, 109, 169, 268, 306, 415, 416
Prates, João Milton 104, 107, 109, 147
Pressouyre, León 334
Prestes, Luís Carlos 82

Quadros, Eloá 136, 282
Quadros, Jânio da Silva 23, 99, 157, 200, 238, 246, 275, 276, 277, 278, 279, 280, 281, 282, 283, 358
Queirós, Eça de 134

Queiroz, Cláudio José Pinheiro Villar de 415
Queiroz, Rachel de 154

Rabello, Marco Paulo 92
Rao, Vicente Paulo Francisco 19, 20
Reis, Aarão 198
Reis, Álvaro C. dos 112, 115
Reis, Dilermando 107, 108, 109, 169
Reis, Osório 109
Renault, Abgar 52
Ribeiro, Darcy 22, 82, 94, 140, 176, 177, 178, 179, 335
Ribeiro, Geraldo 315, 316, 317, 318, 319
Ribeiro, Maria de Lourdes 316, 415
Ribeiro, Paulo Antunes 117, 118
Ribeiro, Quintanilha 279, 283
Ribeiro, Sebastião de Almeida 316
Ribeiro de Almeida 116
Roberto, Mílton 115
Rocha, Emídio 107, 109
Rocha, Marta 162, 163, 165
Rocheta, Manoel 170
Rodrigues, Fernando 231
Rodrigues, Nelson 23, 101
Rolim, José da Silva e Oliveira (padre) 29
Roriz, Benjamim 415
Roriz, Joaquim Domingos 139, 293
Roriz, Orlando 308, 415
Rossi, Newton Egydio 325

Sá, Hernane Tavares de 155
Saavedra (barão) 131
Salazar, Alcino 259
Sales, Apolônio 127
Salgado, Clóvis 324
Salles, Aluísio 182, 311
Salles, Walther Moreira 19, 20, 253, 415
Santos, Carlos Murilo Felício dos 148, 149, 195, 264, 310, 313, 314, 315, 326, 365, 415

Santos, Déa Lúcia Pimenta Felício dos 310, 365, 415

Sarney, José 158, 201, 218, 290, 346, 415

Sayão Carvalho Araújo, Bernardo 22, 64, 89, 90, 91, 94, 107, 110, 112, 113, 150, 151, 152, 153, 154, 155, 156, 157, 158, 167, 242, 323, 324, 376

Sayão de Sá, Lia 111, 157, 413

Schmidt, Augusto Frederico 114

Segundo, Benedito 156

Senna da Silva, Ayrton 329

Silva, Dilermando 91, 108

Silva, Ernesto 22, 89, 91, 110, 127, 183, 416

Silva, Francisco Pereira da 71, 73

Silva, João Pinheiro da 98, 103

Silveira, Azeredo da 137, 138

Silveira, Joel 283, 415

Silveira, Jorge Roberto 138

Simonsen, Mário Henrique 219, 237, 276, 413

Sive, André 118

Soares, Júlio 108, 149

Soares Neto, Antônio (Toniquinho) 60, 65, 185, 415

Sousa, Tomé de 96

Souza, Décio 311

Steinberger, Marília 415

Stroessner, Alfredo 169, 259

Stumpf, André Gustavo 70, 184

Tavares, Sérvulo Coimbra 325

Távora, Juarez 194, 259

Teixeira, Anísio Spínola 22, 176

Teixeira, Carlos 182

Teixeira, Hildemar 415

Teixeira, Ib 239, 241

Teixeira, Lino 108, 146

Teixeira, Nelson 83, 146, 261, 415

Teixeira, Pedro Ludovico 42, 67

Telles, Augusto Carlos da Silva 334

Tiradentes (Joaquim José da Silva Xavier) 28, 29, 30, 126, 179, 182

Tutankamon 191

Valadares, Odete 53

Valadares Ribeiro, Benedito 41, 53, 54, 55, 98

Valle Júnior, Hedyl 184

Vargas, Alzira 195

Vargas, Getúlio Dornelles 19, 20, 40, 41, 43, 44, 53, 54, 59, 64, 68, 69, 98, 156, 193, 194, 195, 199, 202, 215, 239, 252, 276, 287, 329, 330, 358

Varnhagen, Francisco Adolfo de 35, 36, 39

Vasconcelos, José Adirson de 416

Vasconcelos, Sérgio Gomes de 325

Veiga Filho, João Pimenta da 337

Vieira, Domingos de Abreu 28

Villas-Boas, Luciana 416

Vinhadeli, Marli 414

Visconde de Barbacena 28

Volpi, Alfredo 22, 373

Werneck, Paulo Cabral da Rocha 85

Willy 132

Xavier, Chico 82, 83

Xuxa (Maria das Graças Meneghel) 133

Zaban, Aldo 104, 106, 248, 415

Zevi, Bruno 211

Ziraldo Alves Pinto 135, 136

Agradecimentos

Ajudaram a contar *Brasília Kubitschek de Oliveira*: Affonso Heliodoro, Aldo Zaban, Antonio Delfim Netto, Antonio Ermírio de Moraes, Antonio Marcos de Paulo, Antonio Soares Neto (Toniquinho da Farmácia), Ariadne Paixão, Aristeu Nogueira Soares, Benjamim Roriz, Bolívar Lamounier, Carlos Chagas, Carlos Heitor Cony, Carlos Murilo Felício dos Santos, Celso Furtado, César Prates, Cláudio José Pinheiro Villar de Queiroz, Claudio Lins, Daniel Chuis, Déa Lúcia Pimenta Felício dos Santos, Demóstenes Tres de Albuquerque, Deusdedith Righi de Aquino, Dinah Ferreira Chagas, Ecla Assis Cunha, Eliseu Andrade Alves, Élvia Lordello Castello Branco, Emival Caiado, Fábio Lucas, Floriano Faria Lima, Gilberto Amaral, Hildemar Teixeira, Herbert de Assis Gonçalves, Ildeu de Oliveira, Israel Pinheiro Filho, Iva de Assis Gonçalves, Ivan de Sousa Mendes, Jarbas da Silva Marques, Joel Silveira, José Alves de Oliveira (Seu Zé), José Aparecido de Oliveira, José Bolivar Brant Drummond, José Eduardo Barbosa, José Paulo Sepúlveda Pertence, José Roberto de Paiva Martins, José Sarney, Josué Montello, Juliana Felício dos Santos, Laura Haluch, Leny Cordeiro, Leônidas Pires Gonçalves, Lia Sayão de Sá, Marcela Mihessen, Márcia Kubitschek, Maria de Lourdes Ribeiro, Maria Elisa Costa, Maria da Conceição Samarco Cabral, Marília Steinberger, Mário Henrique Simonsen, Marli Vinhadeli, Marta Gontijo, Mônica Mülser Parada, Monique Mihessen, Nelson Teixeira, Olavo Drummond, Orlando Roriz, Oscar Niemeyer, Oswaldo Ignácio Domingues, Paulo Cabral de Araújo, Paulo Castelo Branco, Paulo César Ávila, Paulo Octávio Alves Pereira, Paulo Roberto Haddad, Renato Rainha, Roberto de Oliveira Campos, Rubens Vaz da Costa, Sandra Castello Branco Portes, Sebastião Baptista Affonso, Serafim Melo Jardim, Suely Castello Branco Pertence, Vera Brant, Waldemar de Moraes, Walther Moreira Salles, Welse de Assis Gonçalves.

A todos o meu reconhecimento de vultosa dívida de gratidão. Dobrada, com Luciana Villas-Boas, Affonso Heliodoro, Carlos Chagas, Claudio Lins e José Paulo Sepúlveda Pertence, que leram e melhoraram a versão original. A valiosa contribuição não os faz solidários com eventuais falhas e erros, todos de responsabilidade exclusiva do autor.

Minha homenagem especial e reconhecimento a Ernesto Silva (1914-2010), José Adirson de Vasconcelos, Raimundo Nonato, César Prates, Jarbas da Silva Marques e demais historiadores e pioneiros de Brasília.

Rio de Janeiro, 13 de fevereiro de 2010.
Ronaldo Costa Couto

Este livro foi composto na tipologia Class Garamond BT,
em corpo 11,5/15,2, e impresso em papel off-white,
no Sistema Digital Instant Duplex da
Divisão Gráfica da Distribuidora Record.